海关法学

CUSTOMS LAW

万曙春　娄万锁　吴　展／著

法律出版社 LAW PRESS · CHINA
北京

图书在版编目(CIP)数据

海关法学 / 万曙春, 娄万锁, 吴展著. -- 北京 :
法律出版社, 2022(2024.9 重印)
ISBN 978 - 7 - 5197 - 6901 - 7

Ⅰ. ①海… Ⅱ. ①万… ②娄… ③吴… Ⅲ. ①海关法
－法学－研究 Ⅳ. ①D912.24

中国版本图书馆 CIP 数据核字(2022)第 127062 号

海关法学
HAIGUAN FAXUE

万曙春　娄万锁　吴　展 著

策划编辑 刘秀丽
责任编辑 刘秀丽
装帧设计 汪奇峰

出版发行 法律出版社
编辑统筹 法商出版分社
责任校对 王　丰　郭艳萍
责任印制 胡晓雅
经　　销 新华书店

开本 710 毫米×1000 毫米　1/16
印张 25.25　　**字数** 380 千
版本 2022 年 9 月第 1 版
印次 2024 年 9 月第 3 次印刷
印刷 北京虎彩文化传播有限公司

地址:北京市丰台区莲花池西里 7 号(100073)
网址:www.lawpress.com.cn
投稿邮箱:info@lawpress.com.cn
举报盗版邮箱:jbwq@lawpress.com.cn

销售电话:010 - 83938349
客服电话:010 - 83938350
咨询电话:010 - 63939796

书号:ISBN 978 - 7 - 5197 - 6901 - 7
定价:98.00 元

凡购买本社图书,如有印装错误,我社负责退换。电话:010 - 83938349

前　言

海关问题呈现综合性的特征，对海关问题的研究，可以从多种角度展开。在国际贸易中，需要关注关税税额和通关成本；经济学家对海关问题是受到自由贸易主义还是国家保护主义引导展开论争。海关法，以海关问题的法律方面为研究对象，是调整和规范海关进出境监管活动的所有法律规范的总和，是现行海关制度实施的法制保障。海关法的内容随着时间和空间的变化而变化，海关法必须适应海关实践来调整其相应的概念和技术规范，从而反映海关实践的发展要求。海关问题的总体变化，经历以关税为核心的国家保护主义、自由贸易主义和国家安全预防主义为不同侧重的历史时期，在没有明显国际贸易摩擦的时期，海关实践为自由贸易理论提供了支持；相反，当贸易摩擦发生时，对海关政策起决定作用的，往往不是各种理论主张，而是贸易实践本身。从这个角度来说，海关问题是一个从实践出发的经验主义问题。因此，对海关法的研究离不开对海关实践的理解。

海关最初的设立，与其财政职能紧密相连，在过去很长时期内，海关工作的重心是对货物进出口征收税负不等的关税。关税在保护国家经济方面发挥重要作用，保护本国经济免受生产条件更优的外国产品的竞争。后来关贸总协定长期谈判的结果就是关税本身不断下降，这是一个总的发展趋势，因此，各国关税保护，就不能以游离于总发展趋势的方式来实行。同时，海关还负责执行一系列“非关税壁垒”，这些措施有时候用来抵消某些不正当行为效应，维护国家主权利益，如征收反倾销税等。2018 年，“国家质量监督检验检疫总局的出入境检验检疫管理职责和队伍划入海关总署”，进出境环节检验检疫成为我国海关职能。近年来，海关担负着创新监管体制机制、优化口岸营商环境的重要任务，以满足国际贸易经济主体需求和营造良好的营商环境。海关的监管，在同一时间和空间，一直需要面对两个要求：一是促进合法的国际贸易活动快速流动，促进“贸易便利化”。海关监管作为供应链中的一个环节，为促进物流快速流动，满足各项要求间的协调，需要大量借助电子技术，通过风险预判，增加提前对货物进行监管的可能性。二是海关需堵截和发现非法进出境活动。当今走私行为模式发生变化，危害国家安全的武器、毒品、非法贩运等违法活动，令作为“国门卫士”角色的海关不能放松。海关法各项规定体现海关法维护国家主权和利益的税收目标、经济目标以及安全保障目标。如今，海关既承担着促进高水平开放高质量发展的重要职责，又处在应对贸易发展所带来的实际的或者潜在威胁的防护前沿，即维护国门安全的“第一线”。为此，海关监管的目的是在“管得住”的前提下实现“通得快”，达成促进贸易安全与便利的双重目标。

海关法经历了长期的海关业务改革与发展，但构成海关法基础的传统法律框架始终是以海关监管为基础，本书系统阐述海关在进出境监管中的各项法律制度，以海关监管为基础，阐述货物物品跨境流动的海关规则以及基于海关组织机构、海关职能和海关业务所进行的大量改革，同时也阐述了基于海关监管手段和方式上不断进行改革，为适应新情况调整和创设的法律制度。本书的研究视角，是致力于解释海关法规定的出发点和落脚点，同时也必须关注海关最新实践，这是本书不可或缺的观察视角。海关法应当体现海关监管的时代回应，也必须符合海关业务改革带来的新变化，并呈现海关发展趋势，这使海关法总是处于某种变化中，但这种“变”正是海关法独特活力的标志，“变”也是海关法不变的特征之一。

现行《海关法》自 1987 年颁布实施以来经过了 6 次修改，其中 2000 年进行了一次大的修改，后面的 5 次修改是与取消行政许可有关的、对相关规定进行的较小的修改。如今全面系统修订《海关法》的准备与研究工作又成为海关法研习者的关注热点。面对海关法内容呈现的多样性，海关法立法宗旨成为本书结构安排的基本依据。海关监管有明确目标,维护国家主权和利益,代表国家行使主权,保障国家经济、国门安全,保证国家对外经济贸易政策的贯彻实施,促进对外经济贸易、科技、文化的交流,保障社会主义现代化建设。海关法多样化立法宗旨间的区别,体现了海关传统税收目标和新的经济目标、保障国门安全目标间的区别。海关法上的责任追究,相对于以立法宗旨为逻辑关联而言,是独立的,对在税收、经济目标、国门安全框架下的违法及不合规行为均适用。

因此,本书从四个维度八章内容展开阐述:首先,基于海关问题发展演变的观察,海关法需要探讨的是海关作为边境履职部门,为适应其工作独特性,所应拥有的物质手段和如何保障法律机制有效运行的问题。今天的海关承担着越来越多样化的任务,海关需要有效应对来自环境、经济、卫生与社会等各方面的挑战,海关问题间彼此关联密切,内容广泛,当今海关问题所覆盖的各领域,怎样组合在一起,形成一个完整单一的海关法体系?对海关法的诠释不能满足于对法律文本的简单分析,而是应努力解释法律规定的出发点和落脚点,因此,本书在第一章和第二章探讨了海关法原理和组织制度。其次,海关法的核心内容,是以海关税则为中心点进行拓展,例如,有关货物运抵、报关、通关及关税计征的法规都是向着“税则”靠拢的,即使是例外形式,如保税仓库、自由港等,它们也是税则实施的特殊条件。因此,本书在第三章和第四章,就关税征管要素和海关监管方式两部分展开陈述。在海关监管部分,介绍了海关对进出境运输工具、货物、物品的监管,通关手续及后续监管,这部分独立完整地构成了海关监管法律制度的内容。再次,本书第五章详尽阐述了海关促进经济发展的多种经济监管方式,包括有保税、保税仓储、保税仓库、暂时进境、进境加工、出口加工、转关监管和海关特殊监管区域、自由贸易试验区和自由贸易港等内容;第六章集中介绍了海关作为边境执法部门,在维护国家政治、经济、社会、文化、生态安全等方面如何适应新形势对海关工作的新要求,以及海关所承担的各项边境执法职能和制度。最后,第七章考察了对违反海关法行为进行海关调查和处罚的制度,海关法的前几部分也在这个领域表现出完善与统一,这部分制度成为海关税收制度和海关经济制度有效实施的有力保障;第八章从法律救济制度的视角,阐述了海关权力行使与权利保障间的平衡。

本书的特点在于:

1. 注重吸收海关法理论和实践发展最新成果,推进理论创新。本书的各个部分和章节，都尽力贴近海关法研究和实务发展的研究成果。

2. 章节和篇幅安排反映了海关法的内在逻辑结构，从海关法以税则为中心发展起来的历史传统出发，尽力表达海关法发展的基本方向或基本趋势，以及如今新的国际形势与新时代对海关法内容的更新提出的要求。

3. 立足中国现实，尊重现行海关法文本，遵循法治精神。中国有中国的基本情况，谈论中国的海关法问题不能脱离现行海关法框架和海关法实施的真实情况。本书作者从事海关法教学与研究，依托上海海关学院具有行业特色的办学基础，结合其在海关、缉私局产学研工作的经历，能够了解海关法律制度的运行。

4. 视角比较统一，知识比较准确，内容连贯，体系完整，适用范围较为广泛。为增强通用性，本书的读者对象比较广泛，除了供各院校开设海关法、海关管理、国际贸易、物流专业本科生使用外，因为本书具有一些探讨性、前沿性内容，从而也适合作为法律硕士生的海关法教材及从事海关法实务的从业人员作为参考读物。

当然，本书在以下方面或多或少都有不足：各章内容深浅还有些不同；不同作者撰写部分在微观层面仍然有不太协调的地方；有的学术观点可能只是撰稿人的看法，尚不足以成为通说。

本书写作分工如下：

万曙春：前言、第三章、第四章第一节至第七节、第五章、第七章。

娄万锁：第二章、第四章第八节、第六章。

吴展：第一章、第八章。

本书成书时间比较紧，书中会有不尽完善甚至谬误处，欢迎读者不吝批评指正。

万曙春

2022 年 8 月 20 日

目　录

Contents

Chapter 1 第一章
海关法和海关法学

第一节　海关法概述

一、海关法的概念与特征

(一)海关法的概念

依据我国海关法律规范的规定,海关可以被界定为依据本国(或地区)[①]海关法律、行政法规等法律规范行使进出境监督管理职权的国家行政机关。在具体职权方面,根据《深化党和国家机构改革方案》的规定,自2018年4月14日起,将国家质量监督检验检疫总局的出入境检验检疫管理职责和队伍划入海关总署。从此,机构改革后的海关在具体执法工作过程中除了依照海关法律规范监管进出境的运输工具、货物、行李物品、邮递物品和其他物品,征收关税和其他税、费,查缉走私,并编制海关统计之外,还要进行进出境领域的卫生检疫、动植物检疫、进出口商品检验、进出口食品安全监管并办理其他海关业务。[②] 从较为狭隘的角度来

① 主要表现为一些单独关税区。

② 参见吴展:《海关行政处罚实务全解与合规指引》,法律出版社2020年版,第5页。

说，海关是执法机关，职权法定是执法的基础，全面规定以上职权实体和程序内容的法律规范就是海关法。从较为广泛的意义上来说，海关法主要是指规定海关的具体职权，以调整海关与进出境活动当事人、有关的国家机关，以及海关机构之间在进出境监督管理过程中发生的社会关系的法律规范的总称。

总体而言，我们可以从以下三个方面理解海关法的含义：

其一，海关法规定海关的具体职权。在现代国家，对于包括海关在内的所有行政机关而言，由相应的法律规范规定具体职权是上述行政机关开展各种行政执法活动的规范前提。在此方面，海关的性质、组织体系、设置原则，以及海关的任务、职责、权力、义务等都由海关法明确规定。随着出入境检验检疫管理职责和队伍于 2018 年划入海关总署，“动卫商食”[①]等新职权加入，中国海关已成为世界海关组织（WCO）《商品名称及编码协调制度》（Harmonized Commodity Nomenclature and Coding System，以下简称《协调制度》或 HS）框架下，全球唯一全面、完整应用关税和非关税技术的海关，也是世界上业务量最大、监管任务最重、监管方式最多的海关。[②] 从法律规范层面来说，海关法应当成为以上职权的规范依据。通过提供规范依据，海关法不仅确立了海关在国家和社会活动中的法律地位，赋予了海关作出各种行政行为的资格，而且海关法作为法律规范也是海关履行进出境监督管理职责的法律依据。

其二，海关法的调整对象主要是国家在对国民经济进行管理中形成的涉外经济关系。换言之，货物、物品、运输工具以及人员在进出境时，海关与当事人之间形成的关系是一种涉外经济关系。海关法主要调整进出境活动的宏观管理和调控形成的社会关系。与此同时，海关法也调整一部分公民和法人在进出境活动中产生的社会关系。除传统的征收税费、查缉走私等职责以外，我国海关法还赋予海关对危害我国国家利益、有碍公共道德和社会风化、侵犯知识产权及影响环境保护情事实施进出境管制的权力，以促进社会主义精神文明建设。以打击淫秽物品为例，2017 年 11 月 7 日，S 海关驻邮局办事处在监管进境邮件时通过查验发现进境邮包内装有疑似淫秽漫画 72 册、其他疑似淫秽制品

---

① “动”，动植物检疫；“卫”，国境卫生检疫；“商”，进出口商品检验；“食”，食品安全。

② 肖霄：《高融昆委员：优化营商环境　对“一带一路”沿线最不发达国家实施关税优惠》，载天山网，http://news.ts.cn/system/2019/03/06/035589716.shtml。

10件及少量非涉案物品,邮单申报物品品名为“海报、文件夹、扇子、布袋、书、卡片、卡盒”。经S海关缉私局淫秽物品鉴定小组鉴定,上述邮寄进境的72册疑似淫秽漫画、10件其他疑似淫秽制品均为淫秽物品。根据《中华人民共和国禁止进出境物品表》的规定,淫秽物品属于禁止进境类物品。[①] 海关作为执法机关,通过类似上述执法活动,打击有碍公共道德和社会风化的违法行为,有利于我国社会主义精神文明建设的健康进行。

其三,我国调整涉外经济关系的法律不仅包括海关法,还包括《中华人民共和国对外贸易法》(以下简称《对外贸易法》)、《中华人民共和国出口管制法》(以下简称《出口管制法》)[②]、《中华人民共和国生物安全法》(以下简称《生物安全法》)[③]等其他法律。这里,海关法与其他法律的区别在于,海关法调整海关与进出境活动当事人、有关的国家机关之间的社会关系只能发生在海关对进出境的监督管理过程中,在具体执法层面通常由关境或者国境作为连接点。以食品安全为例,海关执法所涉及的食品安全问题是围绕食品进口或出口而与口岸产生直接法律关系的行为。与进口、出口无关,或者进口后在国内市场流通领域进行的销售等行为,由于已经完成进口手续,脱离了进出境的管理过程,该行为并非海关执法范围,不受海关法此类调整涉外经济关系的法律规范的调整。

(二)海关法的特征

海关法具有如下特征:

其一,综合性。海关法的综合性具体体现在三个方面。首先,就法律部门而言,海关法具有较多的行政法的特征,但也一定程度上含有民法、经济法、刑法、国际经济法的要素术语和特征。这体现了当代经济、社会发展到一定程度的复杂性且需要多个法律部门共同参与调整的时代特征,海关法在其发展过程中需要吸收其他法律部门的发展成果,便具有了综合性的特征。[④] 其次,就法律

---

① 参见吴展:《海关行政处罚实务全解与合规指引》,法律出版社2020年版,第57页。

② 由第十三届全国人民代表大会常务委员会第二十二次会议于2020年10月17日通过,自2020年12月1日起施行。

③ 由第十三届全国人民代表大会常务委员会第二十二次会议于2020年10月17日通过,自2021年4月15日起施行。

④ 参见陈晖:《海关法是一门什么性质的法?——综合性海关法概念之提倡》,载《上海海关学院学报》2008年第2期。

学科与其他学科的关系而言，海关法作为边缘学科，是各相关学科互相影响的反映。换言之，海关法的外部表现形式是法学，但是，海关立法的动因往往体现了经济学的原理或行政管理的原理或原则。从此角度来说，需要从经济学或行政管理学的角度审视才能够更深层次地理解海关法。最后，海关，尤其是我国海关，其本身职权的广泛性，整体上也决定了作为职权依据的海关法的综合性。

其二，涉外性。人类社会迄今为止的经验证明，没有一个国家能够在闭关锁国的状态下进入现代化强国行列。作为口岸执法机关，海关的具体执法与人员、货物、物品、运输工具的进出境密切相关，不可避免带有一定的涉外性，作为具体执法依据的海关法律规范自然具有一定程度的涉外性。[①] 具体到海关法律规范调整的社会关系而言，海关法所具有的涉外性体现在：第一，海关法所调整社会关系的主体涉外，即海关管理过程中涉及的行政相对人具有涉外因素，如外国人、无国籍人或者外国企业或组织，均可能构成某一具体海关法律关系的当事一方。第二，海关法所调整社会关系涉及的货物、物品、运输工具具有涉外因素，如通过过境、转运、通运方式经过我国关境的货物；以暂准进境方式进入我国关境拟在法定期限复运出境的货物等。理论上需运输到国外或境外。第三，海关法所调整社会关系中的行为具有涉外因素，即围绕货物、物品、运输工具、人员进出境的行为通常涉及跨越关境、国境。以某外籍船舶未经许可擅自上下人员案为例，[②]从越南海防港开往日本大阪港的塞拉利昂籍船舶“×××”轮在航行期间，中国籍船员潘某出现不明原因鼻出血且长时间无法止血的情况。当事人在未向W地海关申报，也未取得W地海关许可的情况下，擅自将潘某和陪同治疗的缅甸籍船员接下船，并送往W地某县第二人民医院。本案在具体执法方面涉及《中华人民共和国国境卫生检疫法实施细则》（以下简称《国境卫生检疫法实施细则》）第109条第2项和第110条第1款，由于本案中部分法律关系主体、行为等要素具有涉外性，以上海关法律规范体现出一定程度的涉外性。

其三，稳定性和多变性的统一。法律一旦制定颁布便具有相对的稳定性，这是法律的普遍规律。相比稳定性的法律，朝令夕改的法律会使人们无所适从，丧失对法律的信赖，因此，海关法律规范也应当具有稳定性。但从另一个角

---

① 参见吴展：《我国现行海关法律体系之立法检视》，载《海关与经贸研究》2016年第3期。

② 参见吴展：《海关行政处罚实务全解与合规指引》，法律出版社2020年版，第333～334页。

度来说，海关的角色和功能是丰富而多变的，可能会随着一国乃至全球的国际贸易环境而发生变化，从而产生或发挥一些应急或新兴职能。在具体监督管理活动中，海关所采取的措施、手段也主要具有行政和经济等性质。除了针对进出境货物、物品、运输工具的监管之外，各国海关或边境部门也负有将可疑传染病抵挡在国境口岸之外的职责，比如，美国的《移民和国籍法》(INA)就要求在国家入境点执法的海关和边境巡逻人员拒绝任何被怀疑患有该法"禁止"的某些传染病的人入境美国。① 同样，在贸易或经济方面，由于海关法所调整的进出境活动事关国家经济的进出口命脉，加之国际市场的瞬息万变等因素，需要国家具有快速的应变调控能力方能应对；否则，就会给国家经济带来严重后果。据此，我国的海关法律、法规规定了海关的基本制度和规则，具有相对的稳定性。但在更低位阶的行政规章和规范性文件层面，出于灵活应对复杂状况，更好地落实具体执法任务的需要，在海关具体执法实践层面通常会由海关总署自身或与其他部门予以发布。② 以上较低位阶的法律规范一定程度上具有多变性。

二、海关法的渊源

法律渊源又称法源，即法的表现形式，亦即各法律部门法律规范的来源、出处。海关法的渊源即海关法的法律渊源，是指海关法的表现形式。在我国，法的表现形式一般有宪法、法律、行政法规、地方性法规、自治条例、单行条例、规章以及规范性文件。鉴于海关法只有中央一级立法，没有地方立法，海关职权也属于中央事权，海关法的表现形式主要涵盖宪法、法律、行政法规、行政规章、规范性文件以及我国签订或缔结的国际海关条约或公约。

(一)宪法

《中华人民共和国宪法》(以下简称《宪法》)规定，宪法是"国家的根本法，具有最高的法律效力"；"一切法律、行政法规和地方性法规都不得同宪法相抵

---

① See § U.S.C. § 1182 (2013).

② 以规范性文件层面的公告为例，海关总署每年大致发布几百份公告，各直属海关往往也会发布一定数量的规范性文件。

触。一切国家机关和武装力量、各政党和各社会团体、各企业事业组织都必须遵守宪法和法律。一切违反宪法和法律的行为,必须予以追究。任何组织或者个人都不得有超越宪法和法律的特权”。[①] 作为海关法渊源的我国宪法,其所包含的海关法律规范主要有:其一,关于行政管理活动基本原则的规范。比如,关于依法治国、建设法治国家的原则,人民参与国家管理的原则,保障人权和保障公民权利自由的原则,法制统一的原则,工作责任制原则,行政首长负责制原则以及行政机关工作人员接受人民监督的原则等规范。其二,关于国家行政机关组织、基本工作制度和职权的规范。其三,关于公民基本权利和义务的规范。比如,关于公民批评权,建议权,申诉权,私有财产权,获得赔偿、补偿权以及非经法定程序不受逮捕、拘留等规范。

(二)法律

法律是指由我国的全国人民代表大会及其常务委员会制定,并由国家主席签署主席令颁布的法律规范。由于在行政执法层面并不直接适用宪法,法律在海关执法中具有最高法律效力。我国目前专门规范海关管理事项的法律有6部,即《中华人民共和国海关法》(以下简称《海关法》)、《中华人民共和国海关关衔条例》(以下简称《海关关衔条例》)、《中华人民共和国进出口商品检验法》(以下简称《进出口商品检验法》)、《中华人民共和国进出境动植物检疫法》(以下简称《进出境动植物检疫法》)、《中华人民共和国国境卫生检疫法》(以下简称《国境卫生检疫法》)、《中华人民共和国食品安全法》(以下简称《食品安全法》)。在以上法律中,《海关法》最为典型:其明确规定了海关的管理体制如机构设置、组织体系、领导关系,海关的职责、任务,海关的权力及其限制,海关监督管理活动的基本方针和基本原则,以及海关监督管理活动的具体内容和工作制度。与此同时,《海关法》还明确规定了违反海关法的行为(包括走私行为及其他违反海关监管规定的行为)应受的处罚方式(包括刑事处罚和行政处罚)。为保证海关关员奉公守法,《海关法》还专门设置了有关海关执法监管的规定,要求海关及海关人员要文明监管,方便当事人合法进出,对海关人员徇私舞弊或拖延验放、刁难当事人等行为要进行严厉处罚。以上规定,都为海关全面、正

---

① 参见《宪法》第5条。

确履行国家赋予的职能提供了最基本的法律依据。在关检融合之后,《海关法》面临如何协调其他5部法律以及其他相关法律的重要任务。

当然,从法律适用的角度来说,除以上所列法律外,海关执法过程中所涉及的法律更多。比如,《对外贸易法》等与进出口相关的贸易法律规范、《中华人民共和国船舶吨税法》(以下简称《船舶吨税法》)等与海关执法过程中税费征收相关的税费法律规范,乃至2020年制定的《出口管制法》《生物安全法》等都或多或少与海关执法存在关联。但与前述6部相对而言专门全面规定海关管理事项的法律不同,这里所讲的法律很多情形下只是其中的部分条款直接或间接涉及海关职权,可能成为海关执法的法律依据。

（三）行政法规

行政法规在海关执法中的法律效力仅次于法律。其内容如与法律相抵触,则应归于无效。目前,我国有规范海关管理的行政法规近30部。[①] 主要涉及《中华人民共和国海关行政处罚实施条例》(以下简称《海关行政处罚实施条例》)、《中华人民共和国进出口关税条例》(以下简称《进出口关税条例》)、《中华人民共和国海关事务担保条例》(以下简称《海关事务担保条例》)、《中华人民共和国进出口商品检验法实施条例》(以下简称《进出口商品检验法实施条例》)、《中华人民共和国进出境动植物检疫法实施条例》(以下简称《进出境动植物检疫法实施条例》)、《国境卫生检疫法实施细则》等。

（四）行政规章

行政规章的法律效力低于法律、行政法规。在其内容方面,作为海关法法律渊源的行政规章多是为了执行《海关法》、海关行政法规和国家涉及海关管理的相关法律、行政法规而予以制定,旨在因应执法实践,更好地实施海关法律规范设定的各项海关监管任务。以海关总署令第245号[②]为例,该令废止了海关总署令第179号,在减免税设备的海关监管期限等内容方面更新了《中华人民共和国海关进出口货物减免税管理办法》(以下简称《海关进出口货物减免税管

① 参见吴展:《海关行政处罚实务全解与合规指引》,法律出版社2020年版,第9页。

② 《关于公布〈中华人民共和国海关进出口货物减免税管理办法〉的令》(海关总署令第245号)。

理办法》)。

(五)规范性文件

如前所述,在海关执法实务领域,出于灵活应对复杂状况、更好地落实具体执法任务的需要,在某些情形下会由海关总署、其他部门,或者由海关总署与其他部门联合发布规范性文件。在我国法律体系当中,尽管这些规范性文件的法律位阶最低,但由于其通常更为具体、直接,也属于海关法的渊源的范畴。以新型冠状病毒肺炎防控为例,疫情暴发后,我国国家卫生健康委员会(以下简称国家卫健委)于2020年1月20日发布2020年第1号公告。[①] 随后,海关总署通过自身,或与国家卫健委一道联合发布了多份公告。以上公告为海关在疫情防控领域的执法措施提供了规范依据。尽管,在《中华人民共和国立法法》(以下简称《立法法》)、《中华人民共和国国务院组织法》(以下简称《国务院组织法》)、《行政法规制定程序条例》、《规章制定程序条例》、《中华人民共和国海关立法工作管理规定》(以下简称《海关立法工作管理规定》)等制定之后,海关领域的规范性文件数量已经大为减少,但主要由海关总署制定的各种规范性文件,由于构成直属海关、隶属海关各级海关日常工作的重要执法指引,在海关行政执法领域仍然能够发挥巨大的作用。

(六)我国签订或缔结的国际海关条约或公约

国际海关条约或公约是超越国内层面,在国际层面由多边主体签订的国际协议,在海关执法领域一定程度上发挥重要的统一、协调各国海关法国内立法、执法的重要功能,如《关于简化和协调海关业务制度的国际公约》(以下简称《京都公约》)等。就其内容而言,无论是多边协议还是双边协议,都属于国际法的范畴。在一般情形下,我国将承担的国际法义务通过国内相应的立法来明确规定。因此,只要执行国内法也就意味着履行了相应的国际法义务。循此逻辑,将我国参加或签订的国际海关公约或双边协议作为我国海关法的渊源已无

---

① 该公告内容有两项,第一项是将本次新型冠状病毒感染的肺炎纳入《中华人民共和国传染病防治法》规定的乙类传染病,并采取甲类传染病的预防、控制措施,第二项是将新型冠状病毒感染的肺炎纳入《国境卫生检疫法》规定的检疫传染病管理。

太大意义。但是,在实践中往往存在参加或者签订的国际海关公约或协议的生效与国内相关立法工作的完成有时间差的情形。在此情形下,将我国参加或签订并已生效的国际海关公约或双边协议作为我国海关法的渊源,并要求各级海关执行,就具有实际意义了。此外,在一些法律制度层面,也有个别国内法在其具体条款规定与国际法不一致时,将适用国际法的规定。[①] 在此情形下,相应的国际海关条约或公约显然具有海关法渊源的地位。

三、海关法律体系

海关法律体系,亦即海关法的体系,是指由体现我国海关职权的现行有效的法律、行政法规和行政规章等所有法律规范组成的有机统一的整体。中华人民共和国成立以来即存在海关法的实施经验,海关法的有机组成部分逐渐丰富,相关部分内容不断更新,海关法律体系的构成更加多元。

概括而言,我国现行的海关法律体系大致如下:

(1)《海关法》。这是我国海关法的基础,其确立了我国进出境管理与活动的宗旨、基本原则和基本制度。关检融合后,原检验检疫法律规范规定的职权、执法机关等内容均随之发生变化,相应法律规范的实体及程序内容均在实践中有所改变,《海关法》客观上需要处理与统辖检验检疫法律及原有的其他法律规范的关系并实现统一、协调。

(2)检验检疫法律。这是海关在进出口商品检验、进出境动植物检疫、国境卫生检疫、进出口食品安全监管等领域履行职责的法律规范的总称。实践中,检验检疫法律包括《进出口商品检验法》《进出境动植物检疫法》《国境卫生检疫法》《食品安全法》等。

(3)关税法。这是调整海关与纳税义务人之间的关税征缴关系的法律规范的总称。实践中,包括即将制定的“关税法”等。

(4)通关法。这是调整海关与行政相对人在进出境货物、物品、运输工具等具体通关过程中产生的法律关系的法律规范的总称。如《海关事务担保条例》等。

---

① 比如,《国境卫生检疫法》第 24 条。

(5)海关经济促进法。这是以海关保税制度为基础的特惠措施的相关法律规范的总称。主要包括《中华人民共和国海关对出口监管仓库及所存货物的管理办法》(以下简称《海关对出口监管仓库及所存货物的管理办法》)等。

(6)海关边境保护法。这是国家贸易管制制度,从海关管理的角度看又是一种海关边境保护措施的相关法律规范的总称。如《中华人民共和国知识产权海关保护条例》(以下简称《知识产权海关保护条例》)等。

(7)海关行政处罚法。这是调整海关与违法行为当事人之间在海关行政处罚中形成的法律关系的法律规范的总称。主要包括《中华人民共和国行政处罚法》(以下简称《行政处罚法》)、《海关行政处罚实施条例》等。

(8)海关统计法。这是规范海关编制进出口货物统计的法律规范的总称。

(9)海关组织法。这是有关海关机构设置、任务、权力及人事、机关事务等方面的法律规范的总称。主要包括《海关关衔条例》、《中华人民共和国公务员法》(以下简称《公务员法》)等。

(10)与海关法相关的国内法律和国际海关公约、协定。国内法律如《对外贸易法》《出口管制法》《生物安全法》等,国际海关公约、协定如《京都公约》、《国际卫生条例》(2005年)等。

第二节　海关法的历史沿革

在中国特色社会主义法律体系的框架下,海关法律体系只能算是其中分量较小的一部分。[①] 尽管如此,由于海关作为执法机关,其执法行为涉及大量的进出口法律行为,也关乎国家的经济及公共安全,海关法律自身兼具公法、私法的综合性等法律特征。自新中国成立以来,与我国对外贸易发展的进程相呼应,海关法逐渐完善,相关海关法律体系逐渐形成。在上述过程中,海关法的基本

① 这与海关法学研究的情形也是大致类似的。在法学学科框架下,海关法学研究处于比较边缘的位置。参见刘达芳:《公、私法交错中的海关事务担保制度研究》,复旦大学2013年博士学位论文,第157页。

理念、制度不断形成和完善。

一、1951年《暂行海关法》与1987年《海关法》实施

在我国历史上，海关作为国家机器的组成部门，其职能行使的基础性权力如关税自主权、行政管理权、税款收支权等一度被西方列强如英国窃取。中国近代史上，帝国主义列强假“自由贸易”之名，利用武力逼迫中国签订了大量不平等条约，极大地侵害了中国的政治、经济、外交权力，中国的海关和关税的独立和主权实质上丧失。[①] 正因如此，第一次世界大战后，中国历届政府在修约或废约斗争中都将恢复关税自主权作为首要目标之一。[②] 南京国民政府部分收回了关税自主权，并对当时的海关进行了一定程度的改革，[③]制定了《国定进口关税暂行条例》《中华民国海关进口税税则》《海关缉私条例》等海关法律规范。

中华人民共和国成立伊始，中国共产党即宣告与国民政府时期的旧法统彻底割裂，[④]“反动的法律和人民的法律没有什么‘蝉联交代’可言”，同时强调要“学习新民主主义的纲领、法律、命令、条例、决议，来搜集与研究人民自己的统治，制作出新的较完备的法律来”[⑤]。根据毛泽东主席在党的七届二中全会上提出的“彻底地摧毁帝国主义在中国的控制权的方针”和“立即统制对外贸易，改革海关制度”的重要指示，当时的中央人民政府即政务院于1950年3月7日发布实施《关于关税政策和海关工作的决定》，从而有步骤地从政治上、思想上、组

---

① 1842年，清政府和英国签订了《南京条约》，该条约中与海关事务关系重大的内容包括强迫清政府开放上海、福州、厦门、宁波、广州作为对外通商口岸，确立片面的协定税则，规定进出口货物只能“值百抽五”。1854年，英、法、美三国在上海组成“关税管理委员会”，全面获得中国海关的行政管理权。参见海关管理局：《第七讲　我国海关的性质和任务》，载《国际贸易问题》1976年第4期。

② 参见单冠初：《南京国民政府收复关税自主权的历程——以1927—1930年中日关税交涉为中心》，复旦大学2003年博士学位论文，第7页。

③ 参见叶元章：《抗战前海关往事琐记》，载《历史研究》1989年第2期。转引自吴展：《我国现行海关法律体系之立法检视》，载《海关与经贸研究》2016年第3期。

④ 当时起临时宪法作用的《中国人民政治协商会议共同纲领》第17条规定：“废除国民党反动政府一切压迫人民的法律、法令和司法制度，制定保护人民的法律、法令，建立人民司法制度。”

⑤ 董必武签署，董必武、蓝公武、杨秀峰以华北人民政府主席、副主席名义发布的训令“废除国民党的六法全书及其一切反动法律”，参见董必武：《董必武法学文集》，法律出版社2001年版，第15页。转引自张仁善：《百年中国司法权体系的发展进程及现实反思》，载《河南省政法管理干部学院学报》2007年第4期。

织上、制度上对海关进行了根本性的改革,确立了中国共产党对海关工作的领导。[①] 1951 年 4 月 18 日,中央人民政府公布《中华人民共和国暂行海关法》(以下简称《暂行海关法》)。[②] 此后,政务院又于 1951 年 5 月中旬公布实施了《中华人民共和国海关进出口税则暂行实施条例》(以下简称《进出口税则暂行实施条例》)。政务院和海关总署(局)又根据《暂行海关法》的原则精神,相继颁布了《进出口关税条例》和一大批行政规章,基本形成了较为规范的海关法律制度。[③] 当然,由于一些历史原因,当时国家和社会生活中的一些基本问题不是主要靠法律,而是依靠政策和群众运动来解决,[④]海关的大量工作也主要依靠行政命令来完成。[⑤]

1978 年党的十一届三中全会确立我国改革开放的基本国策之后,海关总署于 1979 年进行了长达 8 年的修订和制定新《海关法》的历程。在此期间,主持、参与海关立法的机构广泛借鉴了域外国家如匈牙利、法国、美国等国海关立法的具体经验,又在国内对新中国成立以来海关工作的经验教训予以系统总结,多次在全国范围内就新《海关法》草案广泛征求意见,最终于 1987 年第六届全国人民代表大会常务委员会第十九次会议通过了《中华人民共和国海关法》(以下简称 1987 年《海关法》)。[⑥] 随后,国务院又相继颁布了《中华人民共和国海关法行政处罚实施细则》(以下简称《海关法行政处罚实施细则》)、《进出口关税条例》和《中华人民共和国海关进出口税则》(以下简称《进出口税则》)等配套行政法规,海关总署也制定和清理修订了海关业务规章,从而形成了以 1987 年《海关法》为基础的较完备的海关法律体系,开启了我国海关管理的系统化法治道路。[⑦]

---

① 参见海关管理局:《第七讲　我国海关的性质和任务》,载《国际贸易问题》1976 年第 4 期。

② 参见周恩来:《中华人民共和国暂行海关法》,载《江西政报》1951 年第 5 期。之所以由政务院制定《暂行海关法》,与当时的特殊国家权力架构有关。由于当时正处于新中国建立之初,全国人民代表大会尚未成立,中国人民政治协商会议的会议时间又短,作为中央人民政府的政务院拥有制定并解释国家的法律、颁布法令并监督其执行等广泛权力。转引自吴展:《司法权规约体系研究》,武汉大学 2012 年博士学位论文,第 80 页。

③ 参见邵铁民、陈晖主编:《海关法学》,中国海关出版社 2010 年版,第 26 页。

④ 参见于承良:《政治法治化与社会主义政治文明建设》,载《理论月刊》2004 年第 11 期。

⑤ 参见万曙春编著:《海关法文献集疏》,立信会计出版社 2010 年版,第 3 页。

⑥ 参见邵铁民、陈晖主编:《海关法学》,中国海关出版社 2010 年版,第 26 ~ 27 页。

⑦ 参见邵铁民、陈晖主编:《海关法学》,中国海关出版社 2010 年版,第 27 页。

二、1987 年《海关法》实施与 2000 年修正《海关法》

就其内容来说，1987 年《海关法》确定了以海关监管、征税、缉私、统计四大海关传统任务为框架的海关法律制度体系。同时，其在制度创设方面也体现出一定的开放性和前瞻性，如在行政救济层面较早地确立了行政复议、行政诉讼制度。[①] 自 1987 年《海关法》实施以来，其在促进我国对外经济贸易的快速增长，增强我国企业发展外向型经济和国际竞争力，维护社会主义经济秩序等方面发挥了不可估量的作用。尽管如此，由于实施的时期同时也是我国由计划经济体制向社会主义市场经济体制转型的时期，1987 年《海关法》在海关法律制度层面确立的法律制度实际上无法充分回应海关具体业务领域的要求。为了应对以上转型时期的政治、经济和文化发展需要，相应的海关立法领域出现了许多突破 1987 年《海关法》的法律制度。[②] 此外，加入世界贸易组织（WTO）的任务又要求将 1987 年《海关法》按照市场经济体制的要求和世界贸易组织的相关规则进行修正并与其保持一致。[③] 修正 1987 年《海关法》的任务于是启动。

修正 1987 年《海关法》的进程中，海关总署于 1999 年年初提出修正 1987 年《海关法》的设想并被纳入全国人民代表大会的立法计划。经过全国人民代表大会、国务院有关职能部门的不懈努力，以及海关系统上上下下几经讨论，第九届全国人民代表大会常务委员会第十六次会议于 2000 年 7 月 8 日审议通过了《关于修改〈中华人民共和国海关法〉的决定》，并于 2001 年 1 月 1 日正式施行（此次修正的《海关法》，以下简称 2000 年修正《海关法》）。[④] 在其内容方面，2000 年修正《海关法》将改革开放以来逐步实践并成熟的一些海关业务制度、

---

① 参见万曙春编著：《海关法文献集疏》，立信会计出版社 2010 年版，第 3 页。国家法律层面的行政诉讼制度于 1989 年由第七届全国人民代表大会第二次会议通过，自 1990 年 10 月 1 日起施行，而行政复议制度直至 1999 年才由第九届全国人民代表大会常务委员会第九次会议通过，自 1999 年 10 月 1 日起施行。

② 如保税加工贸易进出口货物管理制度、早期的风险管理与企业分级制度、知识产权海关保护制度等。参见朱秋沅：《我国海关法性质发展进路的法理探析——写于我国当代〈海关法〉修订 10 周年之际》，载《研究生法学》2010 年第 6 期。

③ 参见邵铁民、陈晖主编：《海关法学》，中国海关出版社 2010 年版，第 27 页。

④ 参见邵铁民、陈晖主编：《海关法学》，中国海关出版社 2010 年版，第 27 页。

规则纳入其中,并增加了"海关事务担保"和"执法监督"两章,增加了42条条文,修改了27条条文,共计102条。2000年修正《海关法》反映了社会主义市场经济对海关法治建设的要求,体现了我国出于加入世界贸易组织的目的而与国际通行规则接轨的精神,基本适应了新世纪的要求。同时,根据2000年修正《海关法》,又对《进出口关税条例》《知识产权海关保护条例》等行政法规进行了修改,形成了适应社会主义市场经济和符合世界贸易组织规则的海关法律新体系。[①]

三、2000年修正《海关法》的实施及其他配套规范的革新

2000年修正了《海关法》,此次修正后,《海关法》中除了原有的海关组织法的内容保持了较强的稳定性之外,在通关制度、边境保护制度、知识产权保护制度、自由区制度、保税与加工贸易管理制度等领域都发生了较大变化。[②]之所以如此,很大程度上是因为国际海关立法发展的客观需要。首先,加入WTO需要进行大量的海关立法工作[③]:一方面,加入WTO意味着我国要依照承诺遵守一系列WTO法,大量WTO协议要在国内进行立法转化;另一方面,加入WTO之前业已实施的法律规范需要进行大量的立法清理工作,以使其能够与WTO法相一致。其次,一段时期以来国际海关立法的新发展也需要海关立法作出制度应对。基于繁重的进出口监管任务,国际海关立法形成了海关法的"去国家化""标本化""标准化""趋同化""区域化"等特点。[④] 作为回应,2000年修正《海关法》及配套海关行政立法将海关事务担保[⑤]、海关行政裁定[⑥]、

---

① 参见邵铁民、陈晖主编:《海关法学》,中国海关出版社2010年版,第27~28页。

② 参见朱秋沅:《我国海关法性质发展进路的法理探析——写于我国当代〈海关法〉修订10周年之际》,载《研究生法学》2010年第6期。

③ 参见孙荣燕:《论入世后海关行政立法的完善》,对外经济贸易大学2003年硕士学位论文,第31~37页。

④ 参见陈晖:《贸易便利化下国际海关立法的新特点及贡献》,载《东方法学》2010年第4期。

⑤ 具体可见2000年修正《海关法》第6章。

⑥ 2000年修正《海关法》第43条规定:"海关可以根据对外贸易经营者提出的书面申请,对拟作进口或者出口的货物预先作出商品归类等行政裁定。进口或者出口相同货物,应当适用相同的商品归类行政裁定。海关对所作出的商品归类等行政裁定,应当予以公布。"海关总署2001年发布《中华人民共和国海关行政裁定管理暂行办法》。

海关特殊监管区[1]、自由贸易区(Free Trade Zone,FTZ)[2]等予以细化,进一步更新了我国海关法律体系的有关内容。

此外,我国国内海关制度的改革也催生了海关法律规范的革新。以2013年9月29日正式设立的中国(上海)自由贸易试验区,以及此后设立的中国(广东)自由贸易试验区、中国(福建)自由贸易试验区、中国(天津)自由贸易试验区等自由贸易试验区为例,上述自由贸易试验区的设立及其运行在基本运作理念、基本运行制度等方面都存在许多根本性的变革。[3] 此后,海关业务改革领域推进了通关一体化、行政许可简化等各种改革。为了推进或回应上述改革,《海关法》于2013年、2016年、2017年、2021年分别进行了修正[4],与此相关的一系列配套海关行政法规、规章等也随后被修改或提上修改的议事日程。

四、进入新时期的海关法

自2018年4月14日起,原国家出入境检验检疫机构管理职责和队伍统一划入海关总署,原出入境检验检疫机构和直属单位统一以海关名义对外开展工作。[5] 关检融合不仅带来机构、职能的重大变化,而且在海关法律规范体系层面也提出一些新的要求。考虑到法律制度之间的差异性、机构融合的过程性以及

---

① 2000年修正《海关法》第34条规定:"经国务院批准在中华人民共和国境内设立的保税区等海关特殊监管区域,由海关按照国家有关规定实施监管。"国务院2003年发布的《中华人民共和国海关对出口加工区监管的暂行办法》、海关总署2010年发布的《中华人民共和国海关保税港区管理暂行办法》、海关总署2005年发布的《中华人民共和国海关对保税物流中心(A型)的暂行管理办法》(以下简称《海关对保税物流中心(A型)的暂行管理办法》)、海关总署2005年发布的《中华人民共和国海关对保税物流中心(B型)的暂行管理办法》(以下简称《海关对保税物流中心(B型)的暂行管理办法》)、海关总署2003年发布的《中华人民共和国海关对保税仓库及所存货物的管理规定》(以下简称《海关对保税仓库及所存货物的管理规定》)、海关总署2005年发布的《海关对出口监管仓库及所存货物的管理办法》等对不同类型的海关特殊监管区作出了规定。

② 上海市人民代表大会常务委员会2014年发布《中国(上海)自由贸易试验区条例》、广东省人民政府2015年发布《中国(广东)自由贸易试验区管理试行办法》(已失效)、福建省人民政府2015年发布《中国(福建)自由贸易试验区管理办法》(已失效)、天津市人民政府2015年发布《中国(天津)自由贸易试验区管理办法》(已失效)等。

③ 参见吴展:《行政审批制度改革:困境及出路——以中国(上海)自由贸易试验区的设立为背景》,载《海关法评论》2014年第0期。

④ 其中,2013年两次对《海关法》予以修正。

⑤ 《出入境检验检疫划入海关 建设中国特色社会主义新海关》,载海关总署官网2018年4月18日,http://www.customs.gov.cn/customs/ztzl86/302414/302415/1684635/1684638/1696533/index.html。

执法技术的科学性等因素,原检验检疫执法与原海关执法有关的法律规范体系客观上需要在海关法框架下予以重构。

其一,统一、协调海关法律规范体系。从法律适用的角度来说,海关直接适用的法律,除了行政组织法意义上的《海关关衔条例》之外,[①]关检合并之后海关直接适用的法律就增加了4部之多(见图1-1)。[②] 如果考虑到一些由海关执行的其他法律,则海关在适用法律方面的实体法律更多、更复杂。而且,这些法律中的部分法律已经过于陈旧,大多处于计划修改或修正过程中,且在具体法律制度方面,都存在与关检融合后的各项海关业务改革不相一致之处,客观上需要在海关法框架下予以统一、协调。

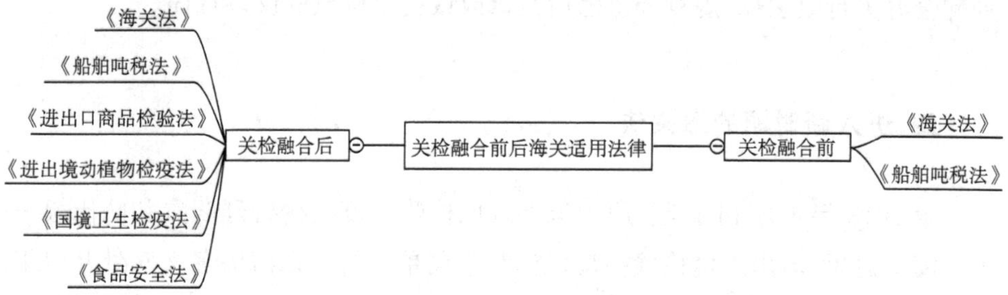

图1-1 关检融合前后海关执法适用法律变化

其二,统一、协调海关法律责任体系。在法治国家,法律责任的设定具有重要的功能:宏观上,其具体设定反映一国的立法水平;微观上,其具体设定是立法者为保证所立之法能够有效实施所采取的手段和举措。正因如此,探索如何科学合理地设定法律责任,使立法的法律责任符合法律责任设定的要求,体现立法的目的,就成为一项重要的立法内容。[③] 基于此,关检机构改革完成后,不仅海关法律体系需要体系化更新,海关法律体系当中法律责任体系的重构任务同样紧迫。以海关行政处罚领域为例,由于海关法律规范领域的不协调,加之海关执法领域相应商品知识、执法技术手段乃至法律规范自身较强的技术性特

---

① 参见吴展:《海关行政处罚实务全解与合规指引》,法律出版社2020年版,第12页。

② 应当指出的是,《海关关衔条例》由中华人民共和国第九届全国人民代表大会常务委员会第三十二次会议于2003年2月28日通过,并于同日公布并施行,在法律位阶上属于法律的范畴。鉴于该部法律主要涉及海关关员的关衔管理,可归为行政组织法的范畴,主要与内部行政行为有关,本书不作细致探讨。

③ 参见祝晓峰:《〈海关法〉中法律责任设定问题及完善建议》,载《海关法评论》2020年第0期。

点,行政相对人“同案同判”“过罚相当”方面的诉求往往难以实现。考虑到关检机构层面的融合和海关业务领域通关一体化等改革的不断推进,更新、重构海关法律责任体系至为重要。

其三,统一、协调海关执法程序。海关行政程序是海关实施行政行为时所需遵循的步骤、顺序、时限、方式、方法的总称,贯穿于海关实施行政行为的全过程。在此方面,关检融合前后海关的具体执法程序因职责权限等方面的区别而存在差异,客观上需要统一、协调。以海关行政处罚程序为例,海关行政处罚整合之后并未发生实质变化。概括来说,海关行政处罚程序仍分为简单案件程序、简易案件程序和一般案件程序。在《行政处罚法》规定的简易案件程序和一般案件程序之外,2021 年 6 月 15 日发布的《中华人民共和国海关办理行政处罚案件程序规定》(海关总署令第 250 号)规定了快速办理案件的情形和程序。当然,在检验检疫行政处罚与走私违规行政处罚、知识产权海关行政处罚之间可能存在的竞合、冲突等问题,目前只是在执法程序层面进行了规定,客观上仍需要在更高位阶的法律规范层面予以统一、协调才可能系统。

第三节　海关法学概述

一、海关法之学科属性

(一)海关法学之界定

一般意义上而言,海关法学是研究有关货物、物品及其载体、人员进出境领域海关监管立法、执法、守法规律的学科。在法学框架下,海关法学是从法学层面揭示其立法原意、经济背景及法律关系的学科,是一门法学分支学科。在研究对象方面,海关法学的研究对象是海关法,同样以海关法为学科载体。一般而言,海关法学是从法学原理、制度及适用的角度考察和研究海关法的学科。[①]

---

① 参见邵铁民:《海关法学》,上海财经大学出版社 2004 年版,第 1 页。

（二）海关法学科属性争鸣

在理论领域，有关海关法的学科属性一直存有争议，至今尚不存在通识性的概括。按照一种历时性的观察，有关争论在传统时期如我国制定海关法基本法律前后表现得较为充分。据有关学者的梳理，从1987年《海关法》颁布迄今，围绕海关法部门法属性的争论一直存在，且主要见于《海关法》制定前后。[①] 当然，从争论的具体内容来看，主要是行政法和经济法定性之争。择其要者，有关争论可以分为四种：一是行政法论。引人关注的是，大部分海关院校及实务部门的论者持此观点。只不过，囿于文章发表渠道，以上观点大多在内部刊物上载出。[②] 二是部分行政法论。该观点由当时比较权威的主流行政法学者提出，其认为由于《海关法》的主要法律规范都是行政法规范，所以海关法属于行政法，但这并不排除它具有某些经济法的成分。[③] 三是部分经济法论。该观点主张海关法是经济法的一个附属部门法，但在海关管理关系领域，可能存在一些调整非经济性管理关系的行政法律规范或其他部门法规范。[④] 四是行政法和经济法混合说，该观点认为海关法同时具备行政法与经济法两种特质，因此是两种法的混合。[⑤] 从海关法定性的演变历程来看，在海关法基本法律制定初期，海关行政法是占主导地位的定性方式，此后裹挟主流法学研究领域行政法与经济法之论争才出现部门经济法和部门行政法之分，再至后来才渐次出现混合法论。

进入新时期以来，随着对外贸易的迅猛发展，以及服务行政、给付行政、合作行政等行政法研究新领域的拓展，围绕海关法属性的争议依然渐次呈现。只不过比较传统时期的争议而言，相关争论的表现只是在较小的范围呈现，并未形成显明的学说争论，更未对各学科主流的研究话语产生较大的影响。但是，相比传统时期而言的一个进步在于，有关争论大多在公开刊物而非内部刊物上发表，学术观点的传播和影响力也有了相应的提升。概括新时期有关海关法学

---

① 参见万曙春：《我国海关法研究基本状况和发展趋势》，载《上海海关学院学报》2010年第1期。
② 参见万曙春：《我国海关法研究基本状况和发展趋势》，载《上海海关学院学报》2010年第1期。
③ 参见万曙春：《我国海关法研究基本状况和发展趋势》，载《上海海关学院学报》2010年第1期。
④ 参见万曙春：《我国海关法研究基本状况和发展趋势》，载《上海海关学院学报》2010年第1期。
⑤ 参见万曙春：《我国海关法研究基本状况和发展趋势》，载《上海海关学院学报》2010年第1期。

科属性的争议，大致可以分为以下几种：一是行政法论。该论点认为，无论是从一般法理划分部门法的所调整社会关系还是从法律调整机制来看，海关法都属于行政法。从调整的社会关系来看，海关法主要调整的是作为进出境监管管理机关的海关与相对人之间的一种行政关系。从法律调整机制来看，近年来我国对外贸易的发展推动着海关行政手段的多样化和复杂化，如海关与企业间关系定位的思考，导致海关与企业签订谅解备忘录现象的出现；海关担保、海关行政裁定和行政指导等行为都在实践中不断发展，甚至在传统海关执法理念、概念和特征的界定等领域也有了新的变化，海关行政处罚、海关行政强制执法标准和程序要求会更高，这些执法实践都推动了海关法研究的丰富和深入。[①] 二是经济法论。持此论点的学者认为，决定一门法律是什么性质的法应当看其目的、原则以及构成其主体部分的具体制度的内容的性质归属。从以上几大要素来观察，海关法是典型的经济法。[②] 三是综合法说。持此观点的学者跳出行政法和经济法争论的窠臼，认为“海关法是一门集国内法和国际法、公法和私法、实体法和程序法于一体的综合性法律”[③]。

（三）海关法学框架下海关法之学科属性界定

作为一个法律部门的海关法应当与作为行政机关的海关在执法过程中具体适用的所有法律规范加以区分。具体来说，作为一个法律部门的海关法应当是按照调整关系、调整手段抑或其他标准予以汇聚的所有海关法律规范的法律化集合；而作为行政机关的海关在执法过程中具体适用的法律规范则不可能存在学理上的汇集，它只可能呈现为各种位阶、各种形式的法律规范交糅在一起的“大杂烩”。[④] 从此角度来说，作为所有海关法律规范的法律化集合的海关法，实际上是调整行政关系、控制和规范海关权力的法律规范的总称，属于行政法的范畴。实践中有关否定海关法是行政法的论点，其大多源于行政法界定或

---

① 参见万曙春：《从行政法角度解读海关法的新发展——兼谈对“海关法属于典型经济法观点”的不同意见》，载《上海海关学院学报》2010 年第 3 期。

② 朱秋沅：《一种学科角度的尝试：谈我国海关法的相对独立性及海关法学的前路》，载《上海海关学院学报》2010 年第 1 期。

③ 陈晖：《海关法是一门什么性质的法？——综合性海关法概念之提倡》，载《上海海关学院学报》2008 年第 2 期。

④ 甚至在一些国家，国际条约也可能直接成为作为行政机关的海关适用的法律规范。

者行政法渊源的多元化认识所造成的混淆。[①] 此外,在海关行政法的渊源方面,所有作为行政机关的海关具体适用的法律规范并非都可归属于海关行政法的范畴,只有那些涉及作为行政机关的海关实体权限及运行程序的法律规范才属于海关行政法。从此角度来说,那些作为行政机关的海关并不具体适用的法律规范,比如我国现行宪法的原则、规则,也是海关行政法的渊源。

二、海关法学研究之问题

从当下我国海关法学之研究来看,整体上呈现研究团队及研究成果相对匮乏的状态。从研究团队来看,主要集中于和海关业务联系较为密切的海关实务部门、海关院校及少数主流院校。由于海关法学科属性尚存争议,且研究团队成员的学科背景差异等因素,真正具备主流法学学科影响力的专家、学者并不多见。在研究实践当中,海关法研究团队大多从各自实务需要出发,以自身的学科知识储备对海关法进行研究,具体进路上以解决问题为主要导向。从目前来看,尚未形成部门法乃至海关法研究的学术旨趣。由此导致的问题在于,非从部门法,而是从各种视角对海关法进行研究,由于着眼于解决具体问题,而不是利用主流法学研究的理论和智识从根本上分析、解决问题,相关研究与主流法学研究比较看来始终处于较为边缘的状态。[②] 有关学术话语和主流法学研究表现为一种相对隔绝的状态。

尽管最近几年来,海关法的研究快速发展,但其研究成果以及海关法研究的具体学术成果,无论是数量还是质量都处于相对而言比较微弱的状态。如前所述,海关法研究领域的相关专家、学者的数量极少,且其相关学术研究成果囿于交流渠道及载体,也很难进入主流法学研究的视野。从现有研究成果来看,普遍存在简单套用主流法学话语、范式,缺少本领域制度特色,以及相关研究在很大程度上与海关行政管理学的知识雷同等缺陷。实际上,海关法的研究尽管

---

① 参见胡建淼主编:《行政法学》,复旦大学出版社 2007 年版,第 8 ~ 12 页;应松年主编:《当代中国行政法》,中国方正出版社 2005 年版,第 9 ~ 11 页;关保英:《比较行政法学》,法律出版社 2008 年版,第 76 ~ 77 页;陈小文:《行政法的哲学基础》,北京大学出版社 2009 年版,第 1 ~ 21 页。

② 一个较为明显的例证是,海关法学的研究成果的发表载体大多为一般期刊或内部刊物,很少能够在法学核心期刊乃至权威刊物上发表。

需要深厚的海关行政管理学的学科知识，但就海关法这一部门行政法的研究而言，其研究所涉及的行政概念主要指涉法律或法学意义上的行政，[①]理应与一般行政管理话语下的行政作区分。综合来看，针对海关法的研究整体上面临相对窘迫的现实环境。

三、海关法学之发展

当下的世界是一个错综复杂的世界。国际贸易领域全球化与反全球化、贸易安全与贸易便利、贸易保护主义与贸易自由主义等理念可能会出现不断反复。在我国，海关机构和执法等层面的各项改革也在不断推进，海关法学直面以上复杂情形，其具体研究工作应当成为海关行政实践与一般行政法学研究的互动媒介，以期寻求探寻应对以上复杂局面和人物的基本法理。

（一）立足海关行政最新实践，提炼、总结海关行政法研究成果

从部门行政法研究范式的角度来说，海关行政法的研究应当以海关行政实践为基础，对其进行理论提炼，形成创新制度的规范化总结成果。直面我国最近一段时期以来的海关行政实践，可以发现其无论是在理念还是具体制度方面，都有许多能够进行一种法律化提炼的实务资源。从更进一步的分析可以发现，我国海关行政实践领域的上述改革，是与国际海关界的改革大致同步的。自 20 世纪 90 年代以来，西方主要国家与国际组织进行了各种综合性的改革。[②]概括来看，这些改革主要围绕如何调整、转变海关职能，改革海关制度以及创新和转变管理观念展开。各国海关及国际组织之所以改革，是面对急剧增加的贸易量和有限的人力资源不得已而为之。但从法律的角度来说，以上改革多借助海关立法的方式进行。当然，从海关立法的具体内容来看，除了一些直接的海

---

① 在我国的主要语言工具书中，1996 年版《现代汉语词典》对"行政"的释义是：行使国家权力的（活动）；机关、企业、团体等内部的管理工作。参见中国社会科学院语言研究所词典编辑室编：《现代汉语词典》（修订本），商务印书馆 1996 年版，第 1409 页。《法学词典》中将"行政"解释为："政府依法管理国家事务的活动。"参见《法学词典》编辑委员会编：《法学词典》（增订版），上海辞书出版社 1984 年版，第 333 页。因此，海关行政法研究所涉及的行政必然是国家意义上的公共行政，而非一般社会领域的公共行政或私人领域的私行政。

② 参见陈晖：《经济全球化下海关法面临的挑战及对策》，载《国际贸易问题》2005 年第 1 期。

关业务变革如监管方式之外，相关改革既涉及海关的行政职权，也涉及行政组织的变化。如果从行政法治的角度来看，也因应了一般行政法研究所提倡的合作行政、服务行政之理念。我国第九届全国人民代表大会常务委员会第十六次会议于2000年通过了《关于修改〈中华人民共和国海关法〉的决定》，对海关基本法律进行了正式修改。通览海关法的修改内容可以发现，其除了一些宣示性的内容之外，还增加了海关事务担保、海关行政裁定、加工贸易监管、贸易管制、知识产权海关保护、海关行政程序、关税征管法律责任等法律制度。以上改革内容中，许多也是一般行政法理论尚未涉足或深入研究的领域。此后，2013年、2016年、2017年、2021年分别对海关法的修正，实际上主要是以海关行政执法实践为基础，而具体修改内容又会对后续的海关行政执法实践产生重要影响。[①]由此，作为部门行政法的海关行政法，应当以这些行政实践为基础，努力进行一些学术化的提炼，以厘清其间的模糊之处。

（二）吸收一般行政法最新研究成果，作用于海关行政法之研究

在某种程度上，我国部门行政法如海关行政法之研究对相应海关行政实践领域的挖掘是不充分的。这一方面是因为接近具体海关行政实践资源的研究者可能囿于理论视野、部门利益导向，审视和判断具体资源所具有的法律价值的角度可能较为狭隘；另一方面也是因为部门行政法之具体研究实际上并不是一件容易进行的工作。[②] 部门行政法的研究客观上要求具有行政管理的背景知识。研究者必须有能力对部门行政管理中存在的主要问题、现实对策和发展改革趋势，以及西方主要国家相应的法律制度和管理模式有比较透彻的了解和把握。如果是只拥有行政法学的一般理论知识，则在具体部门行政法研究的过程中往往会难以区分部门行政法与行政管理学之间的研究角度及有关范畴。相对一般行政法研究而言，部门行政法研究需要利用卷帙浩繁的行政实践资料、实证性的研究手段，客观上还需要利用公共管理学、经济学、社会学、自然科学

---

① 以2017年修改《海关法》第33条为例，就是关注相对较为微观的加工贸易监管制度，旨在解决长期困扰这一领域的一些复杂问题，如单耗、内销、许可证件等方面的问题。

② 余凌云：《部门行政法的发展与建构——以警察（行政）法学为个案的分析》，载《法学家》2006年第5期。

等综合性的知识，因此对其研究是至为困难的工作。[①] 加之处于社会转型时期，我国经济、政治、文化体制和行政管理模式仍然处于变动不居的状态，行政过程领域的许多制度乃至行为都很难类型化、定型化，这都会对部门行政法的研究造成很大的困难。

当然，部门行政法研究之困难并不能成为学者们对其不深入研究的借口。无论是从我国行政法治的具体实际，还是从法律全球化背景下我国行政实践面临的挑战来看，部门行政法与一般行政法的研究都应当充分互动。唯有如此，行政法学研究的整体图景才可能成为一幅较为美妙、和谐的画面。而要描画这幅美妙的图画，无论是部门行政法，还是一般行政法，都需要吸收行政法领域的最新发展成果。[②] 在此方面，现代行政法发展的代表成果莫过于服务行政及合作行政的兴起。理论上，行政法所规制行政的运行要与其所处的时代背景相一致。传统行政很少涉及公民的私人领域。但是，随着社会的发展，行政的上述特性应当适时改变，“行政法的时代机能应当包括私人权益的司法保障和公共福祉的制度体现。将行政法定位为私人权益的司法保障，其背后的基本哲学是：行政机关在本质上倾向于滥权而侵害人民权益；容易滥权的行政机关必须受法律的拘束；不论是避免行政机关滥权或保障人民权益都必须借由独立、公正并具有法律专业的法院进行。将行政法定位为公共福祉的制度体现，其背后的基本哲学是：行政机关在本质上应被定位为增进公共福祉；法律并非消极地用来拘束行政机关，而是借由适当的制度设计，积极地促成公共福祉的增进；公共福祉的体现，并不能只靠独立公正并具有法律专业的法院，行政机关或政府整体所主导的程序，更是影响公共福祉体现的重要场域”[③]。在某种程度上，服务行政的引入，便是现代行政为了公民的公共福祉，开始广泛影响公民的各个领域的过程。而在合作行政方面，其主要从行政过程治理的角度建构行政法运行模式。区别于传统行政法控制行政权的管制模式，合作行政的治理模式试图

---

① 宋华琳：《部门行政法与行政法总论的改革——以药品行政领域为例证》，载《当代法学》2010 年第 2 期。

② 实际上，海关行政实践领域的一些改革举措，与现代行政法的发展潮流如服务行政、合作行政是大致协调的。只不过，以上协调性的实际状况未经系统化的学术总结。

③ 叶俊荣：《行政法案例分析与研究方法》，台北，三民书局 1999 年版，第 9 ~ 11 页。转引自周佑勇主编：《行政法专论》，中国人民大学出版社 2010 年版，第 361 页。

以公私合作模式来解决问题。在具体实践方面,合作行政强调公权力与私人主体之间就决策、实施与执行进行协商的观念。在此过程中,契约、协商等传统上主要适用于私人领域的法律制度开始成为行政过程中的重要解决方案。行政机关获得了更强的灵活性和投入的积极性,而私人主体在行政法律关系领域的角色划分也超越了公私的传统定位。① 对于海关行政法之研究而言,海关行政实践中存在大量体现服务行政、合作行政的具体资源。总体上,海关法的实践资源是相当丰富的。海关法学应当以海关法和丰富的海关法实践资源为基础,获得应有的革新和发展。

① [美]朱迪·费里曼:《合作治理与新行政法》,毕洪海、陈标冲译,商务印书馆2010年版,第35页。转引自胡敏洁:《合作行政与现代行政法发展的新方向——读〈合作治理与新行政法〉》,载《行政法学研究》2012年第2期。

Chapter 2 第二章 海关组织法

第一节　海关的概念与法律地位

一、海关的概念

海关俗称“国门”，通常被认为是一国主权的象征。不同学者从不同角度对其进行了定义，国内许多学者从海关法立法原意出发，提出我国海关是国家的进出关境监督管理机关。[①] 也有人结合海关职能及性质进行界定，认为海关是国家赋予权力管理货物、物品进出关境的行政机关，其管理的主要方法是关税和决定货物、物品是否可以出入关境，而人员的进出，则不是海关的管辖范围。且海关仅仅是国家法律、政策的执行机关，可以向政策制定机关、决策制定机关提供信息，但其本身不负责指导或影响宏观政策的制定。[②]

《布莱克法律词典》将海关界定为“设在货物进出口地的机构或办公室，其职责是根据进出口情况应收取或支付的关税、优惠税或退税，以及为船只等交通工具验关放行，是对商品进口税进行

① 参见邵铁民：《海关法学》，上海财经大学出版社 2004 年版，第 52 页。

② 参见刘达芳编著：《海关法教程》（第 3 版），中国海关出版社 2016 年版，第 1 页。

检查和估价的一个政府机关”。①

海关是一个主权国家(或者单独关税区)在关境设立的对进出境活动行使监督管理职责的政府机构。不同的国家(单独关税区)在不同的历史时期,为了维护国家主权、安全和利益,无一例外地设置了海关。基于不同国家对海关的定位不同、海关法律不同、赋予海关的职权和职责不同,海关的职能任务及组织机构也不同。自新中国成立以来,特别是党的十九大以来,随着国际国内政治经济形势的变化,我国海关的职能和任务不断调整,海关组织机构及管理体制随之发生变化。

二、海关的法律地位

海关的法律地位指海关根据法律赋予其的职权和职责而确立的在国家机构体系中所处的位置。《海关法》《进出口商品检验法》《进出境动植物检疫法》《国境卫生检疫法》《食品安全法》等法律是界定海关法律地位的依据。根据海关法及相关法律规定,我国海关的法律地位主要表现在以下三方面。

(一)海关是国家行政机关

根据我国宪法,国家机构从纵向上看包括中央国家机关和地方国家机关,从横向上看包括国家权力机关、国家主席、行政机关、军事领导机关、监察机关、检察机关和审判机关。

在我国,国务院是国家最高权力机关的执行机关,是国家最高行政机关,由全国人大产生,对全国人大负责并报告工作,在全国人大闭会期间则对全国人大常委会负责并报告工作。根据职能不同,国务院行政机构包括办公厅、组成部门、直属机构、办事机构、组成部门管理的国家行政机构和议事协调机构。其中,国务院直属机构是国务院根据工作需要和精简的原则设立的主管各项专门业务的机构,具有独立的行政管理职能。

行政机关与立法机关等其他国家机关不同,其主要职能是执行法律,让法律落地,保障和维护一国的政治秩序、市场秩序和社会秩序。行政机关的执法

① 袁建国:《海关行政法》,中国人事出版社 1993 年版,第 1 页。

是立法得以实现的保障和途径，因此，行政机关又称为行政执法机关。

海关总署属于国务院直属机构，全国海关实行垂直管理，专门负责进出境活动的监督管理，依照法定职权、法定程序及有关法律、法规的规定作出行政行为，执行关税征收、出入境检验检疫、知识产权边境保护、进出口贸易管制等相关的法律。

晚清、民国时期的海关税务司署因许多外籍人士担任总税务司、税务司等高级官取而被称为“洋关”“国际官厅”，不但负责征收关税等海关事务，而且涉及外交、海军、邮政、港务、航政、气象、教育、世博会等国家事务，但其性质仍然是国家行政机关。

世界各国海关无一例外都属于行政机关，由于各国海关职能定位的重心不同而隶属于不同的行政部门，如美国海关偏重于安全职能，隶属于国土安全部(2003年以前一直隶属于财政部)，英国、法国、日本等国海关偏重于财政职能而隶属于财政部(日本叫财务省,2001年前称为大藏省)。从组织关系上看，美、法、英、日等国海关隶属于某一政府部门，而我国、俄罗斯等国海关则直接隶属于中央政府。

(二)海关是在关境行使职权的国家机关

海关工作人员常常被称为“国门卫士”，其工作对象是进出关境活动，其执法区域主要集中在海关监管区和海关附近沿海沿边规定地区。“海关作为进出关境活动的国家监督管理机关，依据海关法所赋予的权力，代表国家在口岸和与进出境运输工具、进出境物品有关的场所行使管理职能。”[①]因此，海关执法并非在我国整条边境“线”上，而是在整条线上设置为“国门”的各个“点”上。海关代表国家专门对进出关境环节的货物、物品或运输工具等实施监督管理。

与国家其他法律的效力遍及一国全境不同，海关法的空间效力主要集中在关境地区。“关境”不同于国境，国境是国家主权所及的领域，而关境(Customs territory)是指适用同一套海关法律的领域。[②] 我国的关境范围包括除享有单独关境地位的地区以外的中华人民共和国的全部领域，包括领水、领陆和领空。

---

① 杨向东：《外贸行政法概论》，中国法制出版社2012年版，第65页。

② 《京都公约》在总附约第二章“定义”中约定，“‘关境’系指缔约方海关法适用的地域”。(“Customs Territory” means the territory in which the Customs law of a Contracting party applies.)

目前我国的单独关境有香港特别行政区、澳门特别行政区和台湾、澎湖、金门、马祖单独关税区。

关境不同于海关执法区域。《中华人民共和国海警法》(以下简称《海警法》)规定,我国海上专门执法机关不是海关,而是海警机构。① 海关执法主要集中在陆上区域,而且限于海关监管区和海关附近沿海沿边规定地区。

关境也不等同于边境。边境相当于国与国之间边界线附近的特定区域,包括陆地边境和海上边境。随着航空、航运技术的进步,特别是全球化的不断深入,跨境电商等新型贸易业态的出现,单位和个人开展进出口贸易和对外交往交流越来越频繁,各国海关出于贸易便利和安全保障的需要,在关境之内的口岸设立"虚拟的"关境,海关在各个口岸对进出关境(包括"虚拟"关境线)的单位和个人履行征收关税、商品检验、卫生检疫、动植物检疫、知识产权保护、进出口贸易管制等职责,维护进出境秩序。这些"虚拟的"关境虽然在地理位置上隶属于关境的内部区域,但从法律上跨越该边界仍视其为进出关境。

随着国际贸易方式的演进,海关执法空间出现了前推后移的情形,海关到边境线之内(如加工贸易监管等)甚至到边境线之外执法(如检验检疫源头监管等)成为普遍现象。有人提出,"边界不仅仅是线,也是一种流——在全球范围内的合法或非法的人流和物流"。"我们的边界起点不在我们的口岸,而应该在乘客登上飞往这些口岸的飞机和货物被装上驶往这些口岸的船舶始发港。为了做出切实可行的安排来保证旅行和贸易的安全,应当把人流、物流看作是陆地、海上或空中的无数条线,并且从这个角度来观察和管理边界。"②但是,作为界定一国主权的主要标志,边境仍然是国际交流交往的国际法概念,而以关境为基础进行海关监管依然是维护进出口秩序的重要方式。

(三)海关是履行监督管理职责的国家机关

新中国成立伊始,中国海关一改以往由帝国主义国家掌控旧海关内外大权

---

① 根据《海警法》的规定,由海警机构在我国管辖海域及其上空开展海上维权执法活动,包括开展海上安全保卫,维护海上治安秩序,打击海上走私、偷渡,在职责范围内对海洋资源开发利用、海洋生态环境保护、海洋渔业生产作业等活动进行监督检查,预防、制止和惩治海上违法犯罪活动。因此,海上执法活动不属于海关管辖。

② [美]艾伦·帕森:《线与流:边界的起点和终点》,王菲易、黄胜强译,载《海关与经贸研究》2020年第2期。

的局面，把中国大门的钥匙收回自己的袋子里，恢复了海关主权的完整性。在20世纪50年代，由于美苏冷战的国际背景以及复杂的国内局势，1951年颁布的《暂行海关法》把我国海关定位为“把守国家经济大门的行政机关”，到1958年的全国海关关长会议又提出“海关是人民民主专政的工具之一，必须以经济、政治保卫为自己的工作中心”。1966年“文化大革命”爆发后，海关由原先的经济职能首位，调整为政治职能首位，海关职责从国家的经济保卫发展为承担政治经济保卫双重任务。海关监管的指导思想是广泛怀疑，在实际工作中需要做到细查细验。

改革开放前，我国对海关的定位强调政治优先，主要任务为政治保卫。与此同时，当时实行计划经济体制，政企不分，政事不分，政府直接组织企业经济活动。全国的进出口业务由13家国营外贸企业垄断经营[①]，实际进口单位和实际出口单位不与外商联系，而与这13家企业联系，由它们统一与外商谈判、签约和履约。生产与销售脱节，实际使用者与购买者也脱节，企业无权根据国际市场的变化决定自己的产品价格，企业与政府机关无异。

改革开放后，特别是我国确立建立社会主义市场经济体制的方略后，政企分开，政府与市场分开，政府直接组织企业经济活动的职能逐渐转变为间接管理，通过立法、宏观调控和监督进行管理，政府不再参与生产经营活动，而是定位为经济调节、市场监管、社会管理、公共服务、生态环境保护等职能。政府该管的事一定要管好，不该管的事坚决不管。根据市场、社会需要以及经济、文化活动不同领域的特点，调整或设置政府机构，各司其职，权责明确，廉洁高效。

作为国家的大门，海关应当是进出口贸易市场的维护者、国家安全的守卫者，不能拘泥于政治保卫机关的角色。1987年《海关法》明确规定，海关是国家的进出关境监督管理机关，海关的职责是监督管理，海关是专司监督、调控职能的机构。作为国家行政机关，海关应当依法行政，海关通过法律赋予的权力，对特定范围内的社会经济活动进行监督管理，并对违法行为依法实施行政处罚，保证社会经济活动按照国家的法律规范进行。海关的监督管理是依照法定职权、法定程序和有关法律、行政法规的规定，对进出关境的监督管理对象施加影

---

① 参见裴长洪主编：《共和国对外贸易60年》，人民出版社2009年版，第151页。

响，或直接进行监督检查，必要时，可采取行政强制措施，以排除执法过程中的阻力，督促管理相对人履行法定义务。

监督管理并不排斥服务。改革开放后，我国确立了“出口导向”的发展战略，海关工作方针也于20世纪80年代中期确立为“促进为主”，并于20世纪90年代提出建立现代海关制度，2001年提出“依法行政，为国把关，服务经济，促进发展”海关工作方针。2001年我国成为WTO正式成员，标志着我国进一步融入全球经济一体化，我国海关也在逐步顺应经济全球化和贸易便利化的要求，简化通关手续，建立海关与企业的合作伙伴关系，加强国际海关合作，促进贸易便利，服务社会经济发展。进入新时代，中国海关全面推进“政治建关、改革强关、依法把关、科技兴关、从严治关”五关建设，提出强化监管优化服务，优化服务仍是海关建设不变的主题。

当然，海关强调服务并不意味着无原则地放松监管，世界各国政府在倡导海关服务的同时，赋予海关在维护本国及国际的安全、环境和公平竞争等方面更多的职权。我国海关一方面致力于简政放权，优化通关流程，压缩通关时间，促进贸易便利；另一方面加强监管，严守国门安全，以风险管理为主线，进一步提高监管的智能化和精准度，保障经济安全，将“洋垃圾”、走私象牙等危害生态安全和人民健康的货物、物品以及传染病、病虫害等拒于国门之外，维护“强化监管”与“优化服务”之间的平衡。

第二节 海关的组织机构

一、海关在国家行政机关中的地位

根据《国务院组织法》的规定，国务院可以根据工作需要和精简的原则，设立若干直属机构主管各项专门业务，设立若干办事机构协助总理办理专门事项，每个机构设负责人2~5人，由国务院任免。直属机构的地位比部、委稍低，其负责人不是国务院的组成人员，不像各部、委负责人由全国人大或全国人大常委会任免。

国务院现有外交部、国家发展和改革委员会、司法部、生态环境部等部委26个，有直属机构10个。海关属于国务院的直属机构，代表国家专门在进出关境环节对运输工具、货物、物品及相关人员等实施监督管理。

二、海关的设立

《海关法》第3条规定，国务院设立海关总署，统一管理全国海关。国家在对外开放的口岸和海关监管业务集中的地点设立海关。海关的隶属关系，不受行政区划的限制。

新中国成立之初，海关机构视国家经济情况的需要，在开放对外贸易的地方设立。海关总署在非开放对外贸易的地方或为我国经济情况所不需开放的地方所设立的关、卡，不论是为监视走私还是尚在查验征税，都根据各地具体情况有计划、有步骤地予以撤销，并将其查私任务移交给公安机关。1951年4月公布的《暂行海关法》第11条规定，下列地方得设立海关机构：

(1)中央人民政府决定开放对外贸易的港口；

(2)边境及主要国际联运火车站；

(3)陆地边境及国界江河上准许货物、旅客进出的地方；

(4)准许上下客货的国际航空站；

(5)经中央人民政府特准办理货物进出口手续的地方。

根据这条规定，当时我国海关是以沿海省市及一些边界孔道为布设重点，内陆省区不设海关。

改革开放后，我国对外贸易、科技、文化、旅游等事业快速发展，对外交往日趋频繁，原有的海关设置模式已不能适应形势发展的需要了，外商投资和对外加工由沿海向内地发展而遍布全国，部分内陆省区因不设海关而产生了很大不便。1985年全国海关关长会议提出，调整海关设关原则，扩大海关覆盖面。

口岸通常是一国在地理位置优越、交通便捷的区域设置的对开展对外经济文化等交流活动进行必要检查和监管的特殊区域。根据《国务院关于口岸开放的若干规定》(国发〔1985〕113号)及《国务院关于口岸开放管理工作有关问题的批复》(国函〔2002〕14号)的规定，口岸是供人员、货物、物品和交通工具直接出入国(关、边)境的港口、机场、车站、跨境通道等。按照审批权限及开放程度不同,我国口岸分为一类口岸和二类口岸。一类口岸指由国务院批准开放的,允许中国籍和外国籍人员、货物、物品和交通工具直接出入国(关、边)境的海(河)、陆、空客货口岸(国家另有规定的除外)。二类口岸指由省级人民政府批准开放并管理,仅允许中国籍人员、货物、物品和交通工具直接出入国(关、边)境的海(河)、空客货口岸,以及仅允许毗邻国家双边人员、货物、物品和交通工具直接出入国(关、边)境的铁路车站、界河港口和跨境公路通道。

海关监管业务集中的地点,是指除口岸外,内地海关监管业务量较大的地方。随着我国内地对外加工贸易、补偿贸易、转关运输以及其他保税业务的开拓和发展,适时建立海关机构,便于企业就地办理通关手续,减轻口岸海关货物通关的压力,加快货物通关速度。同时,在海关监管业务集中的地点设立海关,对于促进内地对外开放,形成全国范围对外开放的格局,具有重要的意义。

国家在对外开放的口岸和海关监管业务集中的地点设立海关,不受行政区划的限制。根据这个原则,广东省设置直属海关多达 7 个(广州海关、黄埔海关、深圳海关、拱北海关、汕头海关、湛江海关、江门海关),因此海关总署在广东设立分署,指导和协调广东省各直属海关的海关业务工作。同时,在华东、华北分别设立特派员办事处,负责协调区域内各海关。

新设海关,应由所在地人民政府提出申请并具备必要的条件,经海关总署审定同意后,报国务院批准。改革开放以来,我国新批准设立了几百个海关机构,内地各省、市、自治区都有了海关,这对推动全国范围外向型经济的发展起到了积极的作用。值得注意的是,在改革开放初期,我们的海关管理主要是靠多设关、增加人力的方式来适应进出口货物数量激增的需求。这种粗放式的管理也必然会导致某些新设立的海关业务量不足、效益不高等情况,不符合行政管理的效益性原则。随着我国海关管理由粗放型以扩大外延为主的方式向集约型以增加内涵与高科技相结合的方式的转变,对现有海关机构进行必要的调整,使其布局合理化势在必然。

截至 2021 年,全国海关机构包括广东分署,天津、上海 2 个特派员办事处,42 个直属海关,600 多个隶属海关和办事处,近 4000 个通关监管点,2 所海关院校。全国海关关员将近 10 万人(含缉私警察)。

三、国家机构改革与海关组织机构的变迁

(一)改革开放前我国海关组织机构

新中国成立以来,海关机构及其隶属关系几经调整。1949 年 10 月 25 日,海关总署在北京成立,由中央人民政府政务院直接领导并受政务院财经委员会指导,实行集中统一的垂直领导体制、三级行政管理体系。各地海关受海关总署领导,并受所在地大行政区人民政府的指导。

新中国成立初期,我国海关分为海关(关)、分关和支关,设在沿海口岸的海关机构称为“海关”,设在陆路边境及内陆的海关机构称为“关”,海关(关)下设分关、支关。当时区分海关(关)、分关、支关的原则是:凡经常有大宗出进口货物(包括国际邮包及旅客行李在内)的地方或经常数量较少的出进口货物(包括国际邮包及旅客行李在内)但有政治经济重要性的地方,设立海关(或关),凡经常有数量较少的出进口货物(包括国际邮包及旅客行李在内)的地方,设立分关;凡不经常有出进口货物或经常有而数量很少或对国外出进口贸易有局限性的地方,设立支关。1950 年,全国共设立海关 27 个,分关 19 个,支关 127 个。[①] 到 1959 年,全国设有海关 25 个,分关 17 个,支关 30 个,这样的规模水平一直维持了近 20 年,到 1978 年全国共设海关 31 个,分关 18 个,支关 36 个。[②]

1953 年 1 月 9 日政务院实行“关局合并”,海关总署划归中央人民政府对外贸易部领导,原对外贸易部所属的对外贸易管理总局与海关总署合并,仍称海关总署。各口岸对外贸易管理局与当地海关合并,统称海关。各地海关仍然直属海关总署,实行垂直领导,并且受海关所在地大行政区或省、市财政经济委员会监督指导。

1960 年 11 月,对外贸易部决定:海关总署改为海关管理局,仍归对外贸易部领导;各地海关建制下放到各省、市、自治区,受地方党政和外贸部双重领导,并以地方领导为主,使海关成为各地对外贸易局的组成部分。这个决定使海关

① 宿世芳主编:《当代中国海关》,当代中国出版社 1992 年版,第 33 ~ 35 页。

② 王意家、甄鸣、孙国权编著:《海关概论》(第 2 版),中山大学出版社 2000 年版,第 188 ~ 191 页。

从垂直领导机构变为属地领导机构。

在我国实行外贸体制改革和逐步建立社会主义市场经济的情况下,对外经济贸易不再由国家垄断经营,更多地包括各种经济成分的企业从事对外经济贸易活动,各地方政府在规划和组织本地区经济活动时也越来越注重对外经济贸易的发展,对外经济贸易活动涉及中央、地方和企业三方利益平衡。为了维护全国人民根本利益和总体利益,防止企业之间的不正当竞争,抑制地方保护主义,国家除制定法律、法规来规范各地的对外经济贸易活动外,还规定必须由专门机构对各地分散经营的对外经济贸易活动实施统一的监督管理,以保证贯彻国家对外经济贸易政策、法律的一致性。

(二)改革开放后海关组织机构调整

1980 年 2 月国务院发布了《关于改革海关管理体制的决定》,全国海关建制收归中央统一管理,成立中华人民共和国海关总署,作为国务院直属机构,统一管理全国海关机构和人员编制及其业务。海关又重新成为垂直领导机构。

1985 年 2 月,海关总署下发了《关于统一海关机构名称和调整隶属关系的通知》,将原来的海关(关)、分关、支关统一改称为海关,并将当时的 121 个海关机构(包括 3 所海关院校)分为局级、副局级、处级和科级四级。其中局级海关、部分副局级及处级海关由海关总署直接领导,称为直属海关。其余海关分别隶属于这些直属海关,称为隶属海关。海关机构的隶属关系由海关总署根据需要确定,不受行政区划的限制。

改革开放以来,我国政府进行了 8 次机构改革,其中涉及海关改革力度比较大的有 1998 年、2013 年和 2018 年 3 次改革。1998 年,根据《国务院关于部委管理的国家局设置的通知》(国发〔1998〕6 号)、《国务院办公厅关于印发海关总署职能配置内设机构和人员编制规定的通知》(国办发〔1998〕114 号)等文件,海关总署从副部级升格为正部级,建立走私犯罪侦查局,受海关总署与公安部双重领导且以海关总署领导为主。

1998 年,原国家进出口商品检验局、农业部动植物检疫局和卫生部卫生检疫局合并为国家出入境检验检疫局,由海关总署管理;2001 年原国家质量技术监督局和国家出入境检验检疫局合并,成立国家质量监督检验检疫总局,直属国务院,出入境检验检疫部门又与海关脱离;2018 年,根据《国务院机构改革方案》,国家质量监督检验检疫总局的出入境检验检疫管理职责和队伍划入海关总署,再次实现关检融合。

2013 年根据《国务院机构改革和职能转变方案》,海关总署海上缉私警察与国家海洋局及其中国海监、公安部边防海警、农业部中国渔政的队伍和职责整合,重新组建国家海洋局,由国土资源部管理,接受公安部业务指导,推进海上统一执法,提高执法效能。根据 2021 年通过的《海警法》规定,人民武装警察部队海警部队统一履行海上维权执法职责,包括开展海上安全保卫,维护海上治安秩序,打击海上走私、偷渡,在职责范围内对海洋资源开发利用、海洋生态环境保护、海洋渔业生产作业等活动进行监督检查,预防、制止和惩治海上违法犯罪活动。

(三)垂直领导体制

根据《海关法》第 3 条的规定,国务院设立海关总署,统一管理全国海关。海关依法独立行使职权,向海关总署负责。

垂直领导体制在管理学上称为直线式结构,其特点是上级直接领导下级,行政指挥和命令按照垂直方向自上而下地传达和贯彻。与垂直领导对应的是属地领导,其特点是重大决策由地方政府决定。地方政府往往容易受到地方利益或自身视角的限制,从而自觉或不自觉地过多干预职能部门的工作,使职能部门缺乏必要的独立性、自主性,限制其正常作用和效率的发挥,容易导致许多不良现象的发生,如地方保护主义等。垂直管理的目的是中央通过对某些领域的行政事务的纵向直接控制,摆脱地方保护和干预,维护法制统一和政令畅通,加强行政执法的权威性、统一性。①

垂直领导就是分离地方利益与权力,推动和确保中央政令统一、畅通,加强对地方经济宏观调控,规范执法管理,严格查处违法案件,防止和纠正地方保护主义,营造公正、公平竞争的经济发展环境。

海关实行垂直领导体制,设在全国各地的海关机构都是海关总署的派出机构,其人、财、物都由海关总署集中统一管理。各海关机构在海关法律、法规的

---

① 参见杨海坤、金亮新:《中央与地方关系法治化问题刍议》,载张千帆、[美]葛维宝编:《中央与地方关系的法治化》,凤凰出版传媒集团、译林出版社 2009 年版,第 159~160 页。

规范下独立行使职权，向海关总署负责。地方各级人民代表大会和人民政府对海关的工作不负领导责任，只负责指导和监督。

世界各国海关普遍实行垂直领导体制，根本出发点在于国家的海关政策能够在关境内得到统一的执行，世界贸易组织等国际组织提倡国民待遇等原则实际上也是要求各国内部统一执法。垂直领导管理体制具有事权集中、权责明确、指挥统一、便于控制等优点。海关作为国家的进出境监督管理机关，只有实行垂直领导，才能独立行使行政权，排除各种干扰，坚持局部利益服从全局利益的原则，才能更好地维护国家主权和利益，严守国门安全，促进贸易便利，优化口岸布局。

四、海关的内部机构设置

海关实行海关总署、直属海关和隶属海关三级行政管理体系。隶属海关由直属海关领导，向直属海关负责；直属海关由海关总署领导，向海关总署负责。

（一）海关总署

中华人民共和国海关总署是国务院直属机构，为正部级。负责全国海关工作、组织推动口岸“大通关”建设、海关监管工作、进出口关税及其他税费征收管理、出入境卫生检疫和出入境动植物及其产品检验检疫、进出口商品法定检验、海关风险管理、国家进出口货物贸易等海关统计、全国打击走私综合治理工作、制定并组织实施海关科技发展规划以及实验室建设和技术保障规划、海关领域国际合作与交流、垂直管理全国海关、完成党中央国务院交办的其他任务。中央纪委、国家监委在海关总署派驻纪检监察组。

海关总署设署长一人，副署长若干人，成立党委为最高决策机构。目前海关总署内设机构主要包括办公厅（国家口岸管理办公室）、政策法规司、综合业务司、自贸区和特殊区域发展司、风险管理司、关税征管司、卫生检疫司、动植物检疫司、进出口食品安全局、商品检验司、口岸监管司、统计分析司、企业管理和稽查司、缉私局（全国打击走私综合治理办公室）、国际合作司（港澳台办公室）、财务司、科技发展司、督察内审司、人事教育司、政治部、机关党委（思想政治工作办公室、党委巡视工作领导小组办公室）、离退休干部局共22个部门。

海关总署还设机关服务中心、全国海关教育培训中心、全国海关信息中心(全国海关电子通关中心)、海关总署物资装备采购中心、中国海关出版社、中国电子口岸数据中心、海关总署研究中心、中国海关博物馆、海关总署国际检验检疫标准与技术法规研究中心等企事业单位和中国海关学会、中国进出境生物安全研究会等社会团体,以及驻欧盟使团海关处、驻俄罗斯联邦大使馆海关组、驻美国大使馆海关组、中央人民政府驻港联络办公室警务联络部海关联络处四个驻外机构。

海关总署的基本任务是在国务院领导下,领导和组织全国海关正确贯彻实施《海关法》和其他法律、法规以及国家政策,坚持依法行政,维护国家主权与利益,促进和保护社会主义现代化建设。

(二)直属海关

直属海关是指直接由海关总署领导,依法负责管理一定区域范围内海关业务的海关。直属海关管辖的区域叫关区。直属海关对本关区内的隶属海关、人员和海关业务等海关事务依法独立行使其职能,并向海关总署负责。直属海关在海关三级职能管理中发挥着承上启下的作用,在海关总署的直接领导下,承担着在关区内组织开展海关各项业务和关区集中审单作业等,全面有效地贯彻执行海关各项法律、法规以及国家政策。

(三)隶属海关

隶属海关是指由直属海关直接领导,依法负责办理具体海关业务,是海关进出境监督管理职能的基本执行单位。

(四)海关缉私警察机构

海关缉私警察是专司打击走私犯罪活动的警察队伍。1998 年,根据党中央、国务院的决定,由海关总署、公安部联合组建走私犯罪侦查局,设在海关总署。走私犯罪侦查局既是海关总署的一个内设局,又是公安部的一个序列局,实行海关总署和公安部双重领导、以海关领导为主的体制。走私犯罪侦查局在广东分署和全国各直属海关设立走私犯罪侦查分局,在部分隶属海关设立走私犯罪侦查支局。各级走私犯罪侦查机关负责其所在海关业务管辖区域内的走私犯罪案件的侦查工作。

2003年起,海关对部分打私办案职能进行了内部调整,走私犯罪侦查机构增加了行政执法职能。各级海关走私侦查部门统一更名,其中,海关总署走私犯罪侦查局更名为海关总署缉私局,各直属海关走私犯罪侦查分局更名为各直属海关缉私局;各隶属海关走私犯罪侦查支局更名为各隶属海关缉私分局。

海关是国家行政机关,只能拥有行政执法权,根据法律规定,执行拘留、逮捕等限制人身自由的刑事执法权力只属于司法机关,不应属于海关等行政机关。但是,作为缉私主管部门的海关若没有刑事执法权,就会在查办走私犯罪案件中贻误战机,导致抓人难、取证难的后果,难以将走私犯罪分子绳之以法,难以有效打击走私犯罪活动。为反映国家打击走私的决心,维护健康、有序的进出境秩序,2000年对《海关法》专门作了修改,成立了缉私警察,实行双重领导,以海关领导为主。

缉私局是集刑事执法权和行政执法权于一身的部门。按照《海关法》、《中华人民共和国刑事诉讼法》(以下简称《刑事诉讼法》)的规定,缉私局对其管辖的走私犯罪等案件行使侦查、拘留、执行逮捕和预审的权力。在侦办走私犯罪案件过程中,需要提请批准逮捕走私犯罪嫌疑人时,直接移送缉私局所在地的分、州、市级人民检察院审查决定。对犯罪事实清楚,证据确实、充分,已侦查终结的案件,缉私局应当制作起诉意见书,连同案卷材料、证据,一并移送缉私局所在地的分、州、市级人民检察院审查决定。

此外,经缉私局侦查不构成犯罪和人民检察院依法不起诉或者人民法院依法免予刑事处罚的刑事案件,缉私局还承担对走私行为的调查和行政处罚职能。2018年,根据中共中央办公厅、国务院办公厅发布的《行业公安机关管理体制调整工作方案》,缉私局调整为以公安部领导为主。

(五)其他组织

海关还有两所海关院校:上海海关学院和中国海关干部管理学院。中国海关高等教育已有百年历史,1908年清政府在北京建立税务学堂(后更名为税务专门学校,并迁址上海),该学堂是世界上最早从事海关高等专业教育的学校之一。新中国成立后,1953年上海海关学校设立;1980年经国务院批准,升格为上海海关专科学校;1996年更名为上海海关高等专科学校。2007年3月,教育部批准在上海海关高等专科学校的基础上设立上海海关学院,2018 年 5 月,学校获批成为硕士学位授予单位,同时获批公共管理以及税务 2 个硕士专业学位授权点,同年海关管理专业成为世界海关组织 PICARD 标准认证专业。学院承担海关教学、科研和培训职能,是全国唯一一所直属于中华人民共和国海关总署、具有高等学历教育招生资格的全日制普通高等学校。

中国海关干部管理学院位于秦皇岛,是海关总署直属单位,是中国海关一所专司培训的干部学院。中国海关干部管理学院于 1984 年在广州创建,2000 年迁入上海,与上海海关学院实行“一套班子,两块牌子”的管理体制,2012 年海关总署决定将中国海关干部学院迁入秦皇岛,原海关总署秦皇岛培训学校人员整建制转入学院工作。中国海关管理干部学院主要承担海关处、科级领导干部、关衔晋升、业务尖子和技术能手等培训任务以及监管理论与技术研究、监控查验技术设备与手段研究等工作。

五、海关关衔制度

(一)关衔制度

海关以习近平新时代中国特色社会主义思想为指引,强化监管优化服务,锻造“政治坚定、业务精通、令行禁止、担当奉献”的准军事化纪律部队,实行关衔制度。

根据 2003 年 2 月 28 日第九届全国人民代表大会常务委员会第三十二次会议通过的《海关关衔条例》规定,海关总署、分署、特派员办公室、各直属海关、隶属海关和办事处的国家公务员可以授予海关关衔。海关缉私警察实行人民警察警衔制度。

(二)关衔的衔级

1. 海关关衔设五等十三级

(1)一等:海关总监、海关副总监;

(2)二等:关务监督:一级、二级、三级;

(3)三等:关务督察:一级、二级、三级;

(4)四等:关务督办:一级、二级、三级;

(5)五等:关务员:一级、二级。

2. 海关工作人员实行职务等级编制关衔

(1)署级正职:海关总监;

(2)署级副职:海关副总监;

(3)局级正职:一级关务监督至二级关务监督;

(4)局级副职:二级关务监督至三级关务监督;

(5)处级正职:三级关务监督至二级关务督察;

(6)处级副职:一级关务督察至三级关务督察;

(7)科级正职:二级关务督察至二级关务督办;

(8)科级副职:三级关务督察至三级关务督办;

(9)科员职:一级关务督办至一级关务员;

(10)办事员职:二级关务督办至二级关务员。

第三节　海关的职能与权力

一、海关职能的概念

海关职能既是政府职能的组成部分,也是政府职能的体现。政府职能是政府在社会中所承担的职责和功能,包括对内职能与对外职能,其中对内职能又包括政治统治职能和社会管理职能。政治统治职能指统治阶级为维护其统治地位和特殊利益的职能,主要表现为运用军队、警察、监狱等暴力手段镇压被统治阶级的反抗或制裁国内外敌对分子损害统治阶级利益的行为,维护国家主权、领土完整和公共安全等。社会管理职能指政府维护社会公共利益,推动社会发展的职能。“政治统治到处都是以执行某种社会职能为基础,而且政治统治只有在它执行了它的这种社会职能时才能持续下去。”[①]党的十九大报告提

① 王沪宁主编:《政治的逻辑:马克思主义政治学原理》,上海人民出版社2004年版,第143页。

出："转变政府职能，深化简政放权，创新监管方式，增强政府公信力和执行力，建设人民满意的服务型政府。"①社会管理职能针对全社会，包括统治阶级和被统治阶级，主要体现为维持社会秩序，发展社会经济和公共服务事业，提高国民福利等。

海关职能指海关作为国家进出关境监督管理机关依法所承担的职责和功能。作为政府机关之一，海关职能也分为对外职能和对内职能，也体现政治统治和社会管理职能。随着全球化的发展，国际国内政治经济形势的变化，以及不同时期海关性质定位及海关担负的任务不同，海关职能也随之不断调整和深化。结合海关工作的具体特点，根据不同时代背景以及海关承担的工作内容差别，通常把海关职能分为传统职能和非传统职能。

二、海关的传统职能

传统职能与非传统职能不是严格意义上的时间先后关系，也并非主次关系。② 传统职能是指长期以来海关所承担的主要职责和功能，非传统职能是在新形势下凸显出来而被赋予的职责和功能，有些非传统职能原来就与传统职能并存，由于在 20 世纪末凸显其重要性而被忽视。

海关职能常常被表述为海关业务或海关任务。1951 年颁布的《暂行海关法》第 2 条规定："中华人民共和国海关，依据本法和中央人民政府对外贸易管制的法令和决定，对进出国境的货物、货币、金银、邮递物品、旅客行李、运输工具及其服务人员所带物品，执行实际的监管；稽征关税和其他法定由海关征收的税捐规费；查禁走私；办理其他海关业务。"当时海关承担监管、征税、查私三项职能。1953 年政务院决定关局合并，原对外贸易管理机关的任务也成了海关的任务，按照对外贸易管理条例的规定，海关增加了三项职能：（1）执行对外贸

① 习近平：《决胜全面建成小康社会　夺取新时代中国特色社会主义伟大胜利——在中国共产党第十九次全国代表大会上的报告》，人民出版社 2017 年版，第 39 页。

② 有学者提出，以时间先后为标准划分传统职能与非传统职能，将人为地割裂海关职能内在的发展延续性。传统职能与非传统职能的区别在于法定性层次不同，即授予法律级别不同，由法律授予行使职权的是传统职能，而由行政法规授予行使的职能则是非传统职能。海关传统职能为主导职能，而非传统职能为辅助职能。参见周阳：《我国海关非传统职能研究的基本状况及发展趋势》，载《上海海关学院学报》2011 年第 1 期。

易许可证制度,审查价格,签发进出口许可证;(2)管理登记进出口厂商;(3)拟订本口岸进出口计划,报中央批准,并组织其实施。1955年对外贸易部发布了《海关对进出口货物的监督检查职责和实施办法》,海关又增加一项任务,要求海关监督进出国境货物在口岸上的正确装卸、包装、保管、运输,检查揭发一切足以引起国家物资损失的事故(以下简称检查揭发货运事故)。当时,海关执行七大职能。

改革开放前,这七大职能几经调整,1956年9月5日,海关所执行的签发许可证、将进出口厂商的登记管理和编制地方进出口计划等三项职能移交给各地对外贸易局(处)负责办理,海关职能又变为了四项:监管、征税、查私和检查揭发货运事故。其中监管职责于1969年被解除,1972年逐步恢复;检查揭发货运事故的职能1981年被解除。

改革开放后,1980年2月9日国务院发布的《关于改革海关管理体制的决定》提出:"做好海关监督管理、征收关税、查禁走私和编制海关统计等工作。"1987年7月1日实施的《海关法》明确规定,我国海关主要有四项基本业务,即监管进出境运输工具、货物、行李物品、邮递物品和其他物品(监管)、征收关税和其他税费(征税)、查缉走私(缉私)和编制海关统计(统计)。与《暂行海关法》相比,《海关法》增加了"编制海关统计"这一职能,这项任务是新中国海关建立之初就已经承担的一项任务,但由于此后海关的作用被逐渐削弱,海关统计被外贸统计取代,直到恢复海关统计工作。

(一)监管

海关监管指海关通过报关登记、审核单证、查验放行、后续管理、查处违法等环节对进出境的运输工具、货物、物品进行监督管理。进出境运输工具是指用以载运人员、货物、物品进出境,并在国际间运营的各种境内或境外船舶、车辆、航空器和驮畜等。进出境货物是指一般进出境货物,保税货物,暂准进出境货物,特定减免税货物,过境、转运和通运货物及其他进出境货物。另外,一些特殊形态的货物,如以货品为载体的软件等也属监管的范围。进出境物品是指进出境的行李物品、邮递物品和其他物品。以进出境人员携带、托运等方式进出境的物品为行李物品;以邮递方式进出境的物品为邮递物品;其他物品主要包括享有外交特权和豁免的外国机构或者人员的公务用品或自用品等。

(二)征税

海关征税是指海关依法对进出口货物、物品征收关税及其他税费。海关负责征收两种税:关税和进口环节税。关税是海关代表国家以进出口货物、物品的流转额为课税对象征收的一种流转税,包括进口关税和出口关税。关税是国家财政的重要来源,也是抵御境外商品进入境内从而保护国内相关产业的一个重要手段,关税是调节国家对外经济贸易关系的一个重要经济杠杆。随着贸易自由化成为全球共识,推行关税减让,调低关税税率已成为各国的一个普遍趋势。

进口环节税指海关在进出口环节,按照关税征收程序征收的有关国内税费,主要包括增值税、消费税及船舶吨税等。

1980 年我国海关税收为 34.8 亿元人民币,2000 年海关税收为 2241.95 亿元人民币,2019 年征收税款为 18,701 亿元人民币,2020 年在暴发了新冠肺炎疫情的情况下海关全年税收入库 17,099.1 亿元人民币。[①] 这一方面反映了我国改革开放以来进出口贸易量快速增长,另一方面也表明了海关为我国财政收入作出了巨大贡献。

(三)缉私

走私是破坏国家对外经济贸易管理秩序和社会环境,损害国家利益,危害社会主义现代化建设的违法行为。由于我国幅员辽阔,边境及海岸线长,走私活动一直难以杜绝,在特定时期特定地区甚至出现走私活动猖獗的现象。

查缉走私是世界各国海关普遍承担的一项职责,但海关的职权不同,大多数国家海关拥有对走私行为的行政执法权。我国海关于 1999 年 1 月专门组建了缉私警察队伍,实行“联合打私、统一处理、综合治理”的缉私体制。海关既拥有行政执法权,又拥有刑事执法权,海关负责组织、协调、管理、查缉走私工作,与社会各界通力合作,查破多起走私大案要案,有效遏制了大规模走私势头。尽管打私力度一直很大,但走私活动依然存在,而且手法会越来越隐蔽,因此,

---

① 来源:海关总署每年发布的消息。

海关缉私工作任重道远。

(四)统计

海关统计是国家统计的重要组成部分,以数字形式反映实际进出口情况。列入海关统计的进出口货物有两大类,一是实际进出口的对外贸易货物,二是能影响我国物资储备增减的进出口货物。

海关统计的作用是使政府部门及时了解对外贸易的实际情况,包括进出口的规模、发展趋势及存在问题,为国家的宏观调控提供了信息依据,起到了决策咨询作用。在国家政策作出调整以后,海关又及时进行跟踪分析,报告进出口情况是否符合国家政策的调整,起到了信息反馈作用。

海关四项职能是统一的有机联系的整体。其中监管是基础,征税工作所需要的数据资料是在海关监管的基础上获取的,缉私工作是监管和征税的延伸与保障,编制海关统计是在监管与征税工作的基础上完成的,它为国家宏观经济调控提供准确、及时的信息,与此同时,其对监管与征税业务环节的工作质量起到检验把关的作用。

三、海关非传统职能

海关非传统职能是21世纪海关承担的新职责的统称。海关在经济全球化进程中如何定位,如何适应不同经济方式与贸易形式,如何正确处理好严密监管与便利贸易之间的矛盾,这是包括中国海关在内的世界各国海关都必须面对的新任务,也对中国海关所承担的任务提出了新的要求。20世纪90年代以来,国际海关为适应形势的发展变化,纷纷掀起了改革与现代化的浪潮,其中调整海关管理职能,积极探索海关新任务,则是这种浪潮的核心。知识产权边境保护、打击出口骗税、防核扩散、反洗钱、反恐等非传统职能是未来海关面临的重大挑战。边境安全保护已扩大到国家安全、社会安全、金融安全、对外贸易安全、公共卫生安全、环境安全等多个领域,海关在此方面有更大的职能作为空间。[①] 除了传统的

① 参见周卫前:《论新时期加快转变海关职能的实现方式》,载《上海海关学院学报》2013年第4期。

四大职能，海关还应履行以下非传统职能。

（一）保障关境安全

冷战结束之后，特别是进入21世纪以来，以民族国家之间军事冲突为主要内容的传统安全问题慢慢退隐，而以非政府组织、跨国犯罪集团等为主体的跨境非法贸易、走私、恐怖主义，以及传染病传播等非传统安全问题日渐凸显。2001年“9·11事件”、2020年新冠肺炎疫情等全球重大事件使非传统安全问题成为各国政府面临的新挑战。

习近平主席于2014年提出了总体国家安全观的理念，并指出“发展是安全的基础，安全是发展的条件。富国才能强兵，强兵才能卫国”①。党的十九大进一步强调，必须坚持国家利益至上，以人民安全为宗旨，以政治安全为根本，统筹外部安全和内部安全、国土安全和国民安全、传统安全和非传统安全、自身安全和共同安全，完善国家安全制度体系，加强国家安全能力建设，坚决维护国家主权、安全、发展利益。② 其中传统安全一般指人民（国民）安全、政治安全、国土安全、军事安全、经济安全、社会安全、资源安全，而文化安全、科技安全、信息安全、生态安全、核安全、生物安全往往被称为非传统安全。③

传统的安全问题仍然是各国关注的焦点，也是世界和平与发展的严重障碍。同时，非传统安全问题日益突出，流行疾病、环境、恐怖主义、信息安全、民族分裂主义等非传统安全因素，已经构成了对国家安全的重要威胁，也深刻影响各国的经济社会发展。面对非传统安全因素带来的挑战，如何坚持始终把国家安全置于首要位置，有效应对各种非传统安全威胁，确保国家总体安全，是包括海关在内的所有国家政府部门的共同职责。

传统安全与非传统安全并非与海关传统职能与非传统职能是对应关系，如打击走私是海关的传统职能，但走私既是对政治安全、经济安全等传统安全的

---

① 2014年4月15日习近平主席在中央国家安全委员会第一次会议上指出，既重视传统安全，又重视非传统安全，构建集政治安全、国土安全、军事安全、经济安全、文化安全、社会安全、科技安全、信息安全、生态安全、资源安全、核安全等于一体的国家安全体系。2020年2月14日习近平主席在中央全面深化改革委员会第十二次会议上提出，把生物安全纳入国家安全体系。

② 习近平：《决胜全面建成小康社会　夺取新时代中国特色社会主义伟大胜利——在中国共产党第十九次全国代表大会上的报告》，人民出版社2017年版，第24页。

③ 刘跃进：《非传统的总体国家安全观》，载《国际安全研究》2014年第6期。

威胁,也是对生态安全、核安全等非传统安全的挑战。世界海关组织2008年发布的“21世纪的海关远景规划”中提出,当前全球贸易供应链容易受到多种因素的干扰,如不道德的贸易商和一些有组织犯罪集团利用供应链进行逃税避税、走私、洗钱及贩卖假冒商品等违法犯罪行为。一系列恐怖事件又使全球贸易供应链处于前所未有的威胁之中,全球经济可能因此而遭受灾难性的后果。海关传统职能也关注边境安全问题,但在21世纪对边境安全的关注将更加突出。

全球化是当前的一个时代特征。贸易自由化和便利化成为全球贸易的共同需求,国际贸易的形式日趋多样,不再局限于有形贸易,服务、技术等无形贸易形式不断涌现,国际贸易的范围越来越广,特别是全球贸易供应链管理已成为推动经济全球化的重要载体,第三方以及第四方物流成为新的贸易主体,跨境电商等新型贸易业态不断涌现,对海关监管提出了新的要求,海关面临更复杂的安全考验。与此同时,进出境的各种货物、物品、运输工具以及自然人都有可能携带给国家安全带来潜在破坏的病菌以及生物产品。“随着中国打开国门走向世界,成为世界第二大经济贸易体和第一贸易大国,各种与人的安全和社会安全直接相关的‘不定时炸弹’的种类品名繁多,这些‘不定时炸弹’除了与各类出入境的工业产品、医用药品、生活用品及食品相关,还与动植物、人体携带的病菌的传入传出以及各类生物产品的引入、进入或侵入等相关。”①

此外,受2008年美国次贷危机以及2020年新冠肺炎疫情的影响,全球经济出现下行趋势,各国贸易保护主义抬头,推出更加隐蔽的技术性贸易壁垒,阻碍我国产品出口,影响国家经济安全。逆全球化与全球化共存并行,海关面临着更加复杂的形势。

“知识产权海关保护”是海关非传统职能的内容之一,指的是海关在进出口环节采取的对与进出口货物有关的知识产权的保护。自从世界贸易组织成立以来,知识产权保护的重要性持续上升,无论是发达国家还是发展中国家都对知识产权保护作出了明确的规定,在国际贸易中,保护知识产权甚至已经成为一些国家制造贸易壁垒的一个重要手段。《与贸易有关的知识产权协议》明确

---

① 余潇枫:《非传统安全治理能力建设的一种新思路——“检验检疫”的复合型安全职能分析》,载《人民论坛·学术前沿》2014年第9期。

赋予了海关知识产权边境保护职责,并称知识产权的海关保护为"有关边境措施的特殊规定",突出了海关在边境保护中的地位。

为应对生态安全、生物安全等非传统安全的挑战,2018 年中国海关机构进行了调整,国家质量监督检验检疫总局的出入境检验检疫管理职责和队伍划入海关总署,实现了关检融合。《进出口商品检验法》第 3 条规定:"商检机构和依法设立的检验机构(以下称其他检验机构),依法对进出口商品实施检验。"《进出境动植物检疫法》第 3 条第 1 款规定:国务院设立动植物检疫机关,统一管理全国进出境动植物检疫工作。国家动植物检疫机关在对外开放的口岸和进出境动植物检疫业务集中的地点设立的口岸动植物检疫机关,依照本法规定实施进出境动植物检疫。《国境卫生检疫法》第 2 条规定:在中华人民共和国国际通航的港口、机场以及陆地边境和国界江河的口岸,设立国境卫生检疫机关,依照本法规定实施传染病检疫、监测和卫生监督。《食品安全法》第 91 条规定:国家出入境检验检疫部门对进出口食品安全实施监督管理。对进出口商品法定检验、出入境卫生检疫、出入境动植物及其产品检验检疫、进出口食品监督管理等,是新时代中国海关应对非传统安全挑战的新职责。

作为国家大门的守卫者,保障关境安全是新时代海关压倒一切的首要任务。海关为堵截武器弹药、核材料等走私,维护政治、军事安全等传统安全,应对流行传染病、固体废物走私等非传统安全因素给本国国民及贸易供应链带来的威胁,履行其作为国家进出境监督管理机关所应尽的职责和应发挥的作用。

(二)促进贸易便利

强调安全并不意味着弱化便利。减少通关时间,提高通关效率,是全球贸易界的共同呼声,也是衡量一国营商环境的主要指标。世界海关组织 2005 年通过的《全球贸易安全与便利标准框架》,旨在制定全球范围内供应链安全与便利的标准,以增强各国海关保障供应链安全与便利的能力,并提出保障供应链安全与便利的两大支柱,即海关与海关之间的合作安排和海关与商界之间的伙伴关系。"供应链的安全"是"供应链的便利"的基础,"供应链的便利"是"供应链的安全"的目的,只有在"供应链安全"的条件下,才可能享受"供应链便利"。如果没有"供应链便利"而一味强调"供应链安全",不仅没有任何价值,还会成为全球贸易新的障碍。以美国、澳大利亚为首的一些发达国家也制定了"海关—商界伙伴反恐”(以下简称 C-TPAT 措施)、“客户认证计划”等措施,旨在加快进出口货物流通速度的同时,保证货物的安全,从而在供应链的安全与便利之间取得平衡。

世界贸易组织于 2013 年通过了《贸易便利化协定》,要求成员方保持海关程序及管理的透明度,及时(以网络方式)提供与通报信息,并建立咨询点,最大限度地简化与进出口和运输相关的手续,建立“单一窗口”(single window),采用国际标准认证体系,不得强制要求使用报关代理,各成员方共享海关信息等,降低贸易成本。

营商环境是衡量一个国家或地区投资、贸易以及商务环境的重要标志,其由几个量化的指标组成,最终的综合数据将决定一个国家或地区的排名。其中跟海关有关的一级指标为“跨境贸易”,二级指标为“办理进口与出口分别所需文件、时间、成本”。如果进出口所需文件少,时间短,成本低,那么在跨境贸易领域的营商环境就比较好,排名就靠前。①

促进贸易便利是世界各国海关共同面临的新职能。中国海关致力于简政放权,整合海关作业内容,推进“查检合一”,拓展“多查合一”;整合各类政务服务资源与数据,推进国际贸易“单一窗口”,实现企业“一次登录、全网通办”;加快“互联网 + 海关”建设,通关证件资料一地备案、全国通用,一次提交、共享复用;建设服务进出口企业的信息公共服务平台,收集梳理各国进出口产品准入标准、技术法规、海关监管政策措施等,为进出口企业提供便捷查询咨询等服务,实现信息免费或低成本开放,优化通关流程,压缩通关时间,促进贸易便利。

(三)优化口岸布局

口岸是国家对进出境货物、物品、运输工具及人员进行监督管理的场所,除海关外,还涉及税务、外汇、交通运输等国家机关。考虑到海关在口岸执法机构中重要而特殊的地位,各国海关一直致力于口岸一体化管理,许多国家也选择海关作为实施口岸管理的主导力量。2003 年 3 月,美国在全美 300 个口岸提出“一张面孔对外”,在口岸上由海关与边境保护局承担海关、移民、动植物检验检疫等各项口岸执法活动,实施“一站式”服务。目前,加拿大、澳大利亚、新加坡

---

① 世界银行在 2020 年之前发布的营商环境报告(doing business)。

等国家在边境口岸执法上已实现了海关“一口对外”。实施口岸一体化管理的另一种重要方式是推行“单一窗口”,即由单一的权威机构接受纸质和电子数据信息,把该信息传递给各相关政府部门,协调各部门监管活动,以防止对供应链产生不必要的阻碍。如瑞典通过实施“单一窗口”,由海关代国家税务总局、统计局、农业局和国家贸易局,实施进口增值税管理、贸易统计、进口许可证管理等执法活动。新加坡海关负责实施“单一窗口”,贸易商通过统一的程序将电子申报数据发送到不同政府部门进行处理和审批,各政府部门将处理结果反馈到贸易商。我国则实施“电子口岸”计划,以实现高效、便捷的通关。

优化口岸布局是中国海关为履行国家赋予自身在口岸管理中应尽的职责和应发挥的作用,即发挥海关在中国口岸管理部门中的主导和牵头作用,从国家安全和整体利益大局出发,科学规划口岸发展,合理配置口岸管理资源,在各口岸部门之间形成良好的大通关机制,创新口岸管理模式,提高口岸管理技术水平,提升口岸的整体通关能力和综合效能。

优化口岸布局具体包括:研究提出并组织实施中国对外开放口岸的整体规划及规范管理的具体措施;根据国务院的总体要求组织协调口岸通关中各有关部门的工作关系,指导和协调地方政府口岸工作;合理配置中国口岸的管理资源;参与中国口岸管理法律法规的制定和修改;积极推动中国口岸管理体制改革和电子口岸的建设,逐步实现口岸管理的“单一窗口”模式,提升中国口岸管理水平等。

“电子口岸”是利用现代信息技术,通过网络联合共建的公共数据中心,用于存放进出业务的信息流、资金流、货物流电子底账数据,以实现政府部门间数据交换和数据共享。电子口岸将向企业提供全天候、全方位的网上服务,联网办理各种进出口业务,使口岸业务更方便、更快捷,从而提高贸易效率,降低贸易成本,方便合法企业进出口,并有效地防范和打击走私违法活动。中国“电子口岸”的建成将满足包括海关总署、商务部、国家税务总局、中国人民银行、国家外汇管理局、国家市场监督管理总局、公安部、交通运输部、工业和信息化部等在内的国务院组织机构严密监督管理的内在要求,降低管理成本,提高工作效率,进一步加强廉政建设;对企业来说,能及时获取各种信息,实现网上办公,迅速完成通关的各项业务,降低企业成本。

四、海关的权力

我国海关是集行政执法权与刑事执法权于一体的国家机关。

(一)行政执法权

行政权是对国家意志的执行,指国家行政机关对社会事务的管理权力。由于行政权是为了维护公共利益,执行国家意志,所有权力都必须通过法律赋予,并通过法律来制约和控制。首先,必须依法行政。其次,行政权是执行性权力,在法律许可的范围内追求最小的成本获取最大的收益,关心法律本身能否以最有效的方式得到贯彻,强调效率性。而且与立法权坚持少数服从多数的民主原则不同,行政权强调权力履行的等级制特征,行政命令自上而下进行贯彻,下级必须服从上级,对上级负责。

我国政府在改革开放后进行了几次大的行政改革,但行政机构庞大、行政权力过大的状况尚未从根本上改变,政府机构“精简—膨胀—再精简—再膨胀”的怪圈也充分说明行政权扩展的事实。

根据行政法平衡理论,为了维护社会秩序,保障公平正义,授予行政机关必要的管理权力是正当的,行政权需要权威性。但“权力具有一种侵犯性质,应该通过给它规定的限度在实际上加以限制”①。为了防止行政权被滥用,除了“以权力制约权力”,立法权、司法权制约行政权,还需要建立包括政党、人民群众、社会舆论等在内的综合监督机制。

海关是国家行政机关,海关权力是指国家为保证海关依法履行其职责,通过立法或相应的国家政策赋予海关对进出境运输工具、货物、物品等的监督管理权。海关权力属于国家行政权,海关在行使其权力时必须在法律、法规规定的范围内行使,即海关的权力应依法行使、接受监督并且要受到相应的制约。

为了有效地管理和监督与进出关境相关的活动,海关必须依法行使相应的行政执法权力。根据《海关法》及其他法律、法规的规定,我国海关行政执法权内容主要包括:

---

① [美]汉密尔顿等:《联邦党人文集》,程逢如等译,商务印书馆1980年版,第252页。

1. 海关行政立法权

在现代社会，市场化和全球化使各国的经济规模以前所未有的速度增长，专业化分工也越来越细，与此同时产生的社会矛盾也越来越尖锐，经济危机越来越频繁，个人无力解决大量出现的社会问题，承担行政权的政府干预和管理社会经济生活在所难免，而且干预的职能与范围也越来越大，行政权不约而同地扩张。面对错综复杂的社会经济问题，立法权已不可能是立法机关一家的事情，大量的事项委托行政机关立法已成为必要和可能。有人指出，我们已生活在委任立法的汪洋大海之中，而议会立法只是伫立于汪洋大海中偶见的礁石。[①]行政立法在各国已成为普遍现象。

我国《立法法》第 80 条规定，国务院各部、委员会、中国人民银行、审计署和具有行政管理职能的直属机构，可以根据法律和国务院的行政法规、决定、命令，在本部门的权限范围内，制定规章。部门规章规定的事项应当属于执行法律或者国务院的行政法规、决定、命令的事项。没有法律或者国务院的行政法规、决定、命令的依据，部门规章不得设定减损公民、法人和其他组织权利或者增加其义务的规范，不得增加本部门的权力或者减少本部门的法定职责。

鉴于海关行使的职能处于不断拓展之中，海关业务运行所依据的国内、国际规则具有频繁变动的特性，作为国务院直属机构，海关被赋予一定的立法权。

海关立法有广义和狭义两种界定。从广义上来说，海关立法指的是一国特定国家机关包括全国人大及其常委会、国务院、海关总署在内的有权国家机关制定、认可、修改、废止有关海关事项或海关业务的规范的所有立法活动。鉴于 WTO 规则等国际海关法国内适用方面的转化、纳入等方式，世界各国大多不承认 WTO 规则等国际海关法的直接法律渊源地位，而是把它们当作国内海关法制定时的基础。因此，海关立法主要是在一国国内法律体系的层面探讨。狭义的海关立法则指海关总署及其直属机构制定涉及海关业务或海关事项的行政规章、其他规范性文件等行为，本节所指的海关立法是海关作为行政机关实施的行政行为之一，因此指的是狭义的海关立法。

海关总署作为国务院具有行政管理职能的直属机构，为了执行《海关法》及海关行政法规，制定了大量的海关行政规章。海关行政规章是海关总署在海关

---

① 参见王名扬：《法国行政法》，中国政法大学出版社 1989 年版，第 137 页。

管理权限内制定发布的行政规章，其所规定的内容属于执行《海关法》、海关行政法规以及国家涉及海关管理的相关法律、行政法规、决定、命令的事项，海关行政规章的主要发布形式是中华人民共和国海关总署令。

实践中，由于海关立法的综合性，海关总署也会联合国务院其他部门如商务部、财政部、农业农村部等联合制定涉及海关事务的海关行政规章，发布有关行政命令。

此外，海关总署制定未按总署令发布的具有普遍约束力的命令、决定、规定、公告等的行为，以及海关总署各业务司局和直属海关发布的具有普遍约束力的公告等规范性文件的行为，也都是海关立法行为。

当然，海关立法是依照一定立法程序进行的。海关在进行各种海关立法活动中，应当遵循特定的步骤和方法。我国《立法法》规定，部门规章应当经部务会议或者委员会会议决定，由部门首长签署命令予以公布。部门规章签署公布后，应及时在国务院公报或者部门公报和“中国政府法制信息网”以及在全国范围内发行的报纸上刊载。

立法程序的设置能够保障各种立法活动的民主性、科学性、协调各种利益诉求、合理配置社会资源，最大限度地维护国家海关法律关系的正常秩序，从而保障国家对外贸易的正常发展。

2. 海关行政执法权

(1)行政许可权

由于海关对进出关境相关活动的监督管理是代表国家进行的，而海关监督管理权是国家主权内容之一，与海关相关的活动可能涉及国家公共安全和公共秩序等重要内容，因此，我国对与进出关境相关的有些行为采取许可制，如海关对出口监管仓库、保税仓库设立审批，对进境动植物产品的国外生产、加工、存放单位注册登记，对出境动植物及其产品、其他检疫物的生产、加工、存放单位注册登记等业务必须经过我国海关许可才可进行，否则就是非法行为。

随着我国政府持续简政放权，优化营商环境，海关不断取消或者下放行政许可事项，改善许可程序，同时把许可改为备案，并实行“告知承诺”制度等，但是必要的许可仍是不可少的。

(2)税费征收权

海关有权依法对进出货物、物品征收关税及其他税费。海关对通关放行后的有关进出口货物、物品，当发现少征或者漏征税款的，有权对其依法补征、追征税款。当然，海关也可依法对特定的进出货物、物品减征或免征关税。

(3)行政监督检查权

行政监督检查权主要包括：

①检查权

海关有权检查进出境运输工具，不受海关监管区域的限制。

在海关监管区和海关附近沿海沿边规定地区，海关有权检查有走私嫌疑的运输工具和有藏匿走私货物、物品嫌疑的场所，检查走私嫌疑人的身体。

在海关监管区和海关附近沿海沿边规定地区以外，海关在调查走私案件时，经直属海关关长或者其授权的隶属海关关长批准，可以检查有走私嫌疑的运输工具和有藏匿走私货物、物品嫌疑的场所，但不能检查公民住处；检查时，有关当事人应当到场，当事人未到场的，在有见证人在场的情况下，海关可以径行检查。

②查验权

海关依法有权对进出境货物与物品进行查验。

③查阅与复制权

海关依法有权对进出境人员的证件进行查阅，对与进出境运输工具、货物、物品有关的合同、发票、账册、单据、记录、文件、业务函电、录音录像制品和其他有关资料进行查阅与复制。

④查问权

海关依法有权对违反海关法或其他相关法律、法规的嫌疑人员进行查问。

⑤查询权

经直属海关关长或者其授权的隶属海关关长的批准，海关依法有权在调查走私案件时，查询案件涉嫌单位和涉嫌人员在金融机构、邮政企业的存款、汇款。

⑥稽查权

海关依法有权对自进出口货物放行之日起 3 年内或者在保税货物、减免税进口货物的海关监管期限内及其后的 3 年内，与进出货物直接有关的企业、单位的会计账簿、会计凭证、报关单证以及其他有关资料和有关进出口货物实施稽查。

(4)行政强制权

行政强制权主要包括:

①扣留权

海关依法行使下列扣留权:对违反与海关相关的法律、法规的进出境运输工具、货物和物品以及与之有关的合同、发票、账册、单据、记录、文件、业务函电、录音录像制品和其他资料进行扣留;在海关监管区和海关附近沿海、沿边规定地区,对有走私嫌疑的运输工具、货物、物品和走私犯罪嫌疑人,经直属海关关长或者其授权的隶属海关关长批准,对其可以扣留,对走私犯罪嫌疑人扣留时间一般不得超过 24 小时,在特殊情况下可以延长至 48 小时;在海关监管区和海关附近沿海、沿边规定地区以外,对其中有证据证明有走私嫌疑的运输工具、货物、物品,可以扣留。海关对查获的走私罪嫌疑案件,应扣留走私犯罪嫌疑人,移送海关侦查走私犯罪公安机构。

②滞报金、滞纳金征收权

海关依法有权对超期未报货物征收滞报金;对于逾期缴纳进出口税费的货物,海关有权对其征收滞纳金。

③提取货物变卖,先行变卖权

海关依法有权对进口货物超过 3 个月未向海关申报的,提取并进行变卖处理;进口货物收货人或其所有人声明放弃的货物,海关依法有权提取并变卖处理;海关依法扣留的货物、物品不宜长期保留的,经直属海关关长或其授权的隶属海关关长批准,可以依法变卖。

④强制扣缴和变价抵缴关税权

当进出货物的纳税义务人、担保人超过规定期限未缴纳税款的,经直属海关关长或者其授权的隶属海关关长批准,海关依法有权采取下列措施:书面通知其开户银行或者其他金融机构从其存款内扣缴税款;将应税货物依法变卖,以变卖所得抵缴税款;扣留并依法变卖其价值相当于应纳税款的货物或者其他财产,以变卖所得抵缴税款。

⑤税收保全权

当进出口货物纳税义务人在海关依法责令其提供纳税担保,而纳税义务人不能提供纳税担保的,经直属海关关长或者其授权的隶属海关关长批准,海关依法有权采取下列税收保全措施:书面通知纳税义务人开户银行或其他金融机构暂停支付纳税义务相当于应纳税款的存款；扣留纳税义务人价值相当于应纳税款的货物或者其他财产。

⑥抵缴与变价抵缴罚款权

当进出口货物当事人逾期不履行海关处罚决定，又不申请复议或者向人民法院提起诉讼的，海关依法有权将其保证金抵缴，或者将其被扣留的货物、物品、运输工具依法变价抵缴。

(5)佩带和使用武器权

海关为履行职责，可以配备武器。海关工作人员佩带和使用武器的规定，由海关总署会同公安部制定，报国务院批准。

(6)行政处罚权

海关依法有权对尚未构成走私罪的违法当事人处以行政处罚。如对走私货物、物品及违法所得处以没收，对有走私行为和违反海关监管规定行为的当事人处以罚款，对有违法行为的报关企业责令改正，处以罚款等。各有关行政执法部门查获的走私案件，应当给予行政处罚的，移送海关依法处理。

(7)其他行政处理权

包括海关依法有权采取行政裁定权、行政命令权、行政奖励权等。

3. 海关准司法权

海关作为行政机关，根据《中华人民共和国行政复议法》(以下简称《行政复议法》)的规定，公民、法人或者其他组织认为海关具体行政行为侵犯其合法权益的，可以向上一级海关申请行政复议，上一级海关将作出行政复议决定。

行政复议的目的在于让上一级海关以“中立第三方”的身份对原海关的行为进行合法性审查，化解纠纷，行使监督权，因此具有司法行为的特征。但由于上一级海关也是行政机关，其作出复议决定的行为性质仍然是行政行为。“行政复议是行政复议机关对申请人和被申请机关之间的纠纷居中作出裁决、解决行政争议的制度，这与一般的监督不同，是一种三方关系。居中裁决，必须遵循裁决的规则，但它是行政机关居中裁决，裁决者不是司法机关，因此称为准司法性。”[①]因此，行政复议行为属于准司法行为。

上一级海关复议决定有三种可能结果：(1)维持原具体行政行为；(2)撤

---

① 应松年：《中国行政复议制度的发展与面临的问题》，载《中国法律评论》2019年第5期。

销、变更原具体行政行为或者确认该具体行政行为违法;(3)原海关不履行法定职责的,决定其在一定期限内履行。

(二)刑事执法权

根据《海关法》的规定,海关负责对其管辖的走私犯罪案件的侦查、拘留、执行逮捕、预审。2020 年 9 月公安部发布《公安部刑事案件管辖分工规定》,2020 年 12 月 26 日第十三届全国人民代表大会常务委员会第二十四次会议通过《刑法修正案(十一)》,新增了"走私人类遗传资源材料罪",后公安部通过会议纪要形式确定,该罪名的侦查也由海关缉私局管辖。因此,海关总署缉私局管辖范围包括 16 种案件:

1. 海关关境内发生的走私普通货物、物品案,又称为涉税案件。

2. 海关监管区内发生的走私罪和走私、贩卖、运输、制造毒品罪中的下列案件,又称为非涉税案件,具体包括:

(1)走私武器、弹药案;

(2)走私核材料案;

(3)走私假币案;

(4)走私文物案;

(5)走私贵重金属案;

(6)走私珍贵动物、珍贵动物制品案;

(7)走私国家禁止进出口的货物、物品案;

(8)走私淫秽物品案;

(9)走私废物案;

(10)走私毒品案;

(11)走私制毒物品案;

(12)走私人类遗传资源材料案。

3. 扰乱市场秩序罪中的逃避商检案。

4. 危害公共卫生罪中的下列案件:

(1)妨害国境卫生检疫案;

(2)妨害动植物检疫案。

海关依法查处我国海关关境内涉税走私犯罪案件和发生在海关监管区内

的走私武器、弹药、核材料、伪造的货币、文物、贵重金属、珍贵动物及其制品、国家禁止进出口的货物、物品、淫秽物品、废物、毒品和制毒物品、人类遗传资源材料等非涉税走私犯罪案件，以及逃避商检、妨害国境卫生检疫、妨害动植物检疫犯罪案件，并接受地方公安机关（包括公安边防部门）和工商行政等执法部门查获移送的走私犯罪案件。对于海关监管区以外的非涉税走私案件一般由地方公安机关查处。各有关行政执法部门查获的走私案件，涉嫌犯罪的，应当移送海关、地方公安机关依据案件管辖分工和法定程序办理。

（三）海关权力的特征

不难发现，与其他行政权力比较，海关权力具有如下特征：

1. 独立性

我国《海关法》第 3 条规定，海关依法独立行使职权，向海关总署负责。现代法治强调职权法定，国家机关依照法定职权行使权力，既不能不作为，也不能乱作为滥用权力。同时海关直属领导体制要求海关行使其权力时，除对海关上级领导部门负责之外，不受任何单位和个人的干预，具有独立性。

2. 特定性

根据《海关法》规定，海关是国家进出关境监督管理机关。海关依法仅对进出关境的活动行使监督管理权，在进出关境组织推动口岸“大通关”建设、海关监管工作、进出口关税及其他税费征收等管理行为的监督管理主体只能是海关，任何其他机构、组织或个人不得行使此权力，同时，这种特定性也表明海关的权力只能适用于对进出关境有关的活动进行监督管理，不能越权。

3. 复合性

海关是行政机关，其履行职责作出的行为属于行政执法行为。同时，《海关法》第 4 条规定，国家在海关总署设立专门侦查走私犯罪的公安机构，配备专职缉私警察，负责对其管辖的走私犯罪案件的侦查、拘留、执行逮捕、预审。海关侦查走私犯罪公安机构履行侦查、拘留、执行逮捕、预审职责，应当按照《刑事诉讼法》的规定办理。第 5 条还规定，各有关行政执法部门查获的走私案件，应当给予行政处罚的，移送海关依法处理；涉嫌犯罪的，应当移送海关侦查走私犯罪公安机构、地方公安机关依据案件管辖分工和法定程序办理。在侦查走私犯罪的过程中，海关还承担着司法机关角色，行使了部分司法权。因此，海关权力兼具行政和司法的复合性。在经济转轨时期，面对走私活动猖獗、对外贸易秩序被严重破坏的态势，对贸易安全与便利的需求需要海关行政行为快捷、高效并保障安全，海关可以直接动用司法权对妨害贸易安全的行为采取强制措施，克服单纯行政权的不便，海关法确认了这种复合性。随着建设法治海关目标的确立，为严格规范公正文明执法，这种复合性将逐渐取消。

海关权力的复合性，强调海关权力行使除了具有行政执法权，还兼具刑事执法权。针对前述 16 种刑事案件，海关具有侦查、拘留、执行逮捕、预审的刑事执法权。

第四节　对海关权力的规范与监督

一、海关行使权力应遵循的原则

海关权力范围广泛，海关在行使权力时，任何随意性或滥用都将导致国家利益或管理相对人的权益受到侵害，从而影响行政法治。行使海关权力应遵循以下基本原则。

（一）合法原则

权力的行使要合法，这是依法行政原则的基本要求。根据行政法原理，海关在行使其权力时，其合法性至少包括下列内容：（1）主体资格合法，即行使权力的主体必须有法律授权。例如，涉税走私犯罪案件的侦查权，只有缉私警察才能行使，海关其他人员无此项权力。又如，《海关法》规定海关行使某些权力时应“经直属海关关长或者其授权的隶属海关关长批准”，如果未经直属海关关长或者其授权的隶属海关关长批准，则该行为无效，法律后果由相关人员承担；其中的“授权”，不仅仅指一事一授权，也包括一般性授权，这是为保证海关执法的有利时机和有效性，保障行政效率。隶属海关经直属海关关长授权的隶属海关关长批准后行使上述权力的法律责任由直属海关承担。若隶属海关超越职权，未经直属海关关长授权，径行行使上述权力的法律责任则由其自己承担。（2）行使权力要以法律规范为依据，依法行政。《海关法》第 2 条规定，海关行使职权的依据是《海关法》和其他有关的法律、行政法规。没有法律规范依据的执法行为，属于越权行为，应属无效。(3)内容合法，海关行使权力不仅要符合实体法要求，而且要符合执法方法、手段、步骤、时限等程序法要求。落实行政执法公示、执法全过程记录、重大执法决定法制审核"三项制度"。(4)若有违法行为，应承担相应的法律责任。当然，依法行政的前提是有法可依，合法原则建立在立法完善的基础之上，健全而强有力的立法系统才能使海关的一切执法活动都有法可依。

（二）合理原则

现实生活丰富多彩，立法通常滞后于现实生活，而海关监督管理活动涉及面又很广。为了使海关管理活动有序而又高效地进行，国家给予海关在验、放、征、减、免、罚等管理活动中适当的自由裁量权，即法律仅规定一定原则和幅度，海关关员可以根据具体情况和自己的意志，自行判断和选择，采取最为合适的行为方式行使职权。但这种自由裁量权的行使必须体现法律的公平、公正、正义之理念，这就是行政法的合理原则。不断健全完善海关行政执法裁量基准制度，规范执法自由裁量权。

行政法合理原则是合法原则之补充。为了防止乱用或滥用合理原则，即随意使用自由裁量权，目前我国对自由裁量权进行监督的主要途径是行政复议程序和行政诉讼程序。审判机关拥有行政纠纷的终裁权，海关行使权力造成行政行为明显不当的，人民法院可以根据《中华人民共和国行政诉讼法》（以下简称《行政诉讼法》）予以撤销或纠正。

（三）保障原则

海关依法行使权力是为了履行法定职责，为使海关工作得以顺利进行，实现国家职能，因此，海关依法行使权力时应受到相应保障。《海关法》第7条规定，各地方、各部门应当支持海关依法行使职权，不得非法干预海关的执法活动。第12条规定，海关依法执行职务，有关单位和个人应当如实回答询问，并予以配合，任何单位和个人不得阻挠。海关执行职务受到暴力抗拒时，执行有关任务的公安机关和人民武装警察部队应当予以协助。

二、海关内部监督

为了确保海关能够严格依法行政,保证国家法律、法规得以正确实施,使当事人的合法权益得到有效保护,海关活动必须接受广泛的监督,海关权力必须受到制约。《“十四五”海关发展规划》确立了建设法治海关的目标,其中要求建立更加严密有效的行政权力监督制约机制。我国建立了一套包括内部监督和外部监督的监督体系,其中内部监督包括:

(一)层级监督

层级监督是指基于行政隶属关系,由上级对下级进行检查和督促。《海关法》第77条规定,上级海关应当对下级海关的执法活动依法进行监督。上级海关认为下级海关作出的处理或者决定不适当的,可以依法予以变更或者撤销。

(二)对海关的专门监督

除了上述监督方式,鉴于海关权力的特殊性,《海关法》还设置了对海关的专门监督。

1. 把接受监督设定为海关基本义务。《海关法》第71条第1、2、4款规定,海关履行职责,必须遵守法律,维护国家利益,依照法定职权和法定程序严格执法,接受监督。

2. 要求海关加强队伍建设。《海关法》第73条规定,海关应当根据依法履行职责的需要,加强队伍建设,使海关工作人员具有良好的政治、业务素质。海关专业人员应当具有法律和相关专业知识,符合海关规定的专业岗位任职要求。海关应当有计划地对其工作人员进行政治思想、法制、海关业务培训和考核。海关工作人员必须定期接受培训和考核,经考核不合格的,不得继续上岗执行职务。《海关法》第78条规定,海关应当依照有关法律、行政法规的规定,建立健全内部监督制度,对其工作人员执行法律、行政法规和遵守纪律的情况,进行监督检查。

3. 对完善海关内部的监督机制提出明确要求。《海关法》第79条规定,海关内部负责审单、查验、放行、稽查和调查等主要岗位的职责权限应当明确,并相互分离、相互制约。

(三)对海关公务员的监督

行政机关职责的履行和权力的行使是由公务员的行为来具体体现的,海关权力由海关公务员行使。海关公务员是指在海关依法履行公职、纳入国家行政编制、由国家财政负担工资福利的工作人员。世界各国大都通过立法来规定公务员的权利、义务和纪律,防止滥用权力,促进依法行政。《公务员法》《海关法》等法律法规既是保护海关公务员合法权益的"护身符",也是防止其滥用职权的"紧箍咒"。

1. 对海关关长的监督

我国公务员分为领导职务和非领导职务两类,海关关长属于领导职务公务员,也是一关的领导成员。《海关法》第74条规定,海关总署应当实行海关关长定期交流制度。海关关长定期向上一级海关述职,如实陈述其执行职务情况。海关总署应当定期对直属海关关长进行考核,直属海关应当定期对隶属海关关长进行考核。

2. 对海关普通公务员的监督

海关公务员与其他公务员一样,享受《公务员法》规定的权利,履行公务员法规定的义务,遵守公务员法规定的纪律。

我国《公务员法》规定,公务员享有下列权利:

(1)获得履行职责应当具有的工作条件;

(2)非因法定事由、非经法定程序,不被免职、降职、辞退或者处分;

(3)获得工资报酬,享受福利、保险待遇;

(4)参加培训;

(5)对机关工作和领导人员提出批评和建议;

(6)提出申诉和控告;

(7)申请辞职;

(8)法律规定的其他权利。

《公务员法》规定公务员应当履行下列义务:

(1)忠于宪法,模范遵守、自觉维护宪法和法律,自觉接受中国共产党领导;

(2)忠于国家,维护国家的安全、荣誉和利益;

(3)忠于人民,全心全意为人民服务,接受人民监督;

(4)忠于职守,勤勉尽责,服从和执行上级依法作出的决定和命令,按照规定的权限和程序履行职责,努力提高工作质量和效率;

(5)保守国家秘密和工作秘密;

(6)带头践行社会主义核心价值观,坚守法治,遵守纪律,恪守职业道德,模范遵守社会公德、家庭美德;

(7)清正廉洁,公道正派;

(8)法律规定的其他义务。

《公务员法》规定公务员必须遵守纪律,不得有下列行为:

(1)散布有损宪法权威、中国共产党和国家声誉的言论,组织或者参加旨在反对宪法、中国共产党领导和国家的集会、游行、示威等活动;

(2)组织或者参加非法组织,组织或者参加罢工;

(3)挑拨、破坏民族关系,参加民族分裂活动或者组织、利用宗教活动破坏民族团结和社会稳定;

(4)不担当,不作为,玩忽职守,贻误工作;

(5)拒绝执行上级依法作出的决定和命令;

(6)对批评、申诉、控告、检举进行压制或者打击报复;

(7)弄虚作假,误导、欺骗领导和公众;

(8)贪污贿赂,利用职务之便为自己或者他人谋取私利;

(9)违反财经纪律,浪费国家资财;

(10)滥用职权,侵害公民、法人或者其他组织的合法权益;

(11)泄露国家秘密或者工作秘密;

(12)在对外交往中损害国家荣誉和利益;

(13)参与或者支持色情、吸毒、赌博、迷信等活动;

(14)违反职业道德、社会公德和家庭美德;

(15)违反有关规定参与禁止的网络传播行为或者网络活动;

(16)违反有关规定从事或者参与营利性活动,在企业或者其他营利性组织中兼任职务;

(17)旷工或者因公外出、请假期满无正当理由逾期不归;

(18)违纪违法的其他行为。

此外,海关公务员还必须接受更多的纪律约束。《海关法》第72条规定,海关工作人员必须秉公执法,廉洁自律,忠于职守,文明服务,不得有下列行为:

(1)包庇、纵容走私或者与他人串通进行走私;

(2)非法限制他人人身自由,非法检查他人身体、住所或者场所,非法检查、扣留进出境运输工具、货物、物品;

(3)利用职权为自己或者他人谋取私利;

(4)索取、收受贿赂;

(5)泄露国家秘密、商业秘密和海关工作秘密;

(6)滥用职权,故意刁难,拖延监管、查验;

(7)购买、私分、占用没收的走私货物、物品;

(8)参与或者变相参与营利性经营活动;

(9)违反法定程序或者超越权限执行职务;

(10)其他违法行为。

同时,根据《公务员法》的要求,海关公务员还要遵守考试录用制度、公务回避制度、违纪处分制度等规定。

三、海关外部监督

为了保证行政机关及其工作人员依法行使职权,我国建立了一套完整的外部监督体系,这个监督体系对海关及其公务员同样具有约束力。这个体系主要包括中国共产党的监督、最高国家权力机关的监督、最高国家行政机关的监督、监察机关的监督、审计机关的监督、司法机关的监督、管理相对人的监督、社会监督等。

(一)中国共产党的监督

中国共产党对海关的监督主要体现在:通过制定正确的路线、方针、政策保证和指导海关各项工作沿着正确的方向发展;通过组织人事关系使主要领导及其主持的行政工作受到党的严格监督;党的纪委对海关工作人员中的中共党员进行党纪监督,查处违法乱纪案件。

（二）最高国家权力机关的监督

最高国家权力机关的监督是指全国人大及其常委会对海关权力的监督，又称立法机关的监督。权力机关主要通过制定法律、对有关法规实施备案、听取工作报告、检查工作、提出质询等形式监督海关的行政执法活动，监督海关制定的有关规章是否与国家的法律相抵触等。

（三）最高国家行政机关的监督

国务院作为最高国家行政机关，有权对海关的行政管理实施监督。国务院对海关工作的监督主要是检查海关的有关规章是否与行政法规相抵触、听取海关工作汇报、检查海关相关的工作等。

（四）监察机关的监督

根据《中华人民共和国监察法》《中华人民共和国公职人员政务处分法》等相关法律、法规的规定，监察机关有权对行使公权力的公职人员进行监察，调查职务违法和职务犯罪，开展廉政建设和反腐败工作。《海关法》第75条规定，海关及其工作人员的行政执法活动，依法接受监察机关的监督。监察机关对海关的监察属于一种法定专门监督。按照监察机关的管辖，国家监察委员会以及中央纪委、国家监察委员会的派出机构即中央纪委、国家监察委员会驻海关总署纪检监察组负责监察海关总署及全国海关工作。

（五）审计机关的监督

根据《中华人民共和国审计法》的规定，国务院各部门和地方各级人民政府及其各部门的财政收支，国有的金融机构和企业、事业组织的财务收支，以及其他依照法律规定应当接受审计的财政收支、财务收支，应当依法接受审计监督。《海关法》第76条规定，审计机关依法对海关的财政收支进行审计监督，对海关办理的与国家财政收支有关的事项，有权进行专项审计调查。

（六）司法机关的监督

司法机关的监督是指检察机关和审判机关对海关执法的监督。《海关法》

第 75 条规定，缉私警察进行侦查活动，依法接受人民检察院的监督。检察机关还通过追究海关及其工作人员违法犯罪行为的法律责任来实现对海关权力的监督制约。审判机关则主要通过受理海关管理相对人的诉讼申请，审查海关行政执法行为的合法性，作出维持或撤销海关原决定的处理。

(七)管理相对人的监督

为了防止海关及其工作人员不依法行政或滥用自由裁量权，维护公民、法人或其他组织的合法权益，管理相对人即进出口企业、报关企业和报关人员等可通过批评、建议、检举、控告和申诉等方法对海关实施监督。

(八)社会监督

社会监督是指人民政协、各民主党派、社会团体、群众组织、人民群众等各种社会组织和个人对海关行政管理活动实施的监督。《海关法》第 80 条规定，任何单位和个人均有权对海关及其工作人员的违法、违纪行为进行控告、检举。收到控告、检举的机关有权处理的，应当依法按照职责分工及时查处。收到控告、检举的机关和负责查处的机关应当为控告人、检举人保密。

社会监督可通过网络、报刊、电视等媒介，反映人民群众的意见和要求，形成社会舆论，从而对海关行政行为实施监督。

Chapter 3

第三章 关税法律制度

第一节 关税法律制度概述

海关税收的法定要素与货物的具体特性对应起来，就可以计算出每票进口货物所应缴纳的关税总额。海关税收征管的目标就是根据货物的特性在关税税则上找到适用于它的税率，据此计税，但海关税收征管是一门非常复杂的技术，实际操作会复杂得多。海关税收专业性特点比较强，关税技术还会时时影响关税征管本身，所以海关在执行税则所取得的执法效果上，总是不断地在宽严之间寻找一个平衡点。

一、关税

（一）关税的定义和分类

关税，定义于一个正式标准，是指根据关税税则计算确定的税收。关税作为国家税收的重要组成部分，是指由海关代表国家，按照国家制定的法律、法规、进出口税则和关税政策，对国家准许进出境的货物、物品所课征的一种流转税。依法征收关税是海关的重要任务之一，关税是国家中央财政收入的重要来源，也是世界贸易组织允许各缔约方保护其境内经济的一种手段。海关负责征收关税和船舶吨税，同时也负责代征其他税费。因此，在所有以货物跨境流动为对象的税收中，需区分海关征收的税种与海关负责代征的其他税。关税有着一套独立的法律制度，很容易辨识，当然，也不是所有的关税都具有同样的特征，因而首先需要进行分类。

1. 从量关税和从价关税

关于从量关税与从价关税各自利弊的争论和分歧如今已不存在，尽管对应税货物进行估价和征管的工作并不简单，但在现代海关制度下从价关税已得以广泛应用。从量关税根据货物的简单物理度量衡确定，如按照货物的计量单位重量、容量、长度、面积、容积、件数等数量单位为课税标准，以每计量单位应纳的关税金额作为税率计征的一种关税。而从价计税方法反其道而行之，某一票货物应征的税额是以符合法律定义的价格作为征收标准，乘以用百分比来表示的税率加以计算得出，征收税款，即是指以课税对象的价值量为课税标准计征的一种关税。它是一种最常见的计征关税的方法。我国关税的计税标准也是以从价关税为主。但即使如此，从价关税的税则结构并不简单。事实上，关税保护作用，并不取决于所选择的征税制度，而是通过税率水平有着多层次的差别来进行分别保护。从价关税的最大优越性在于，关税的保护水平能迅速适应国际市场的行情变幻，不需要像从量关税那样进行定期调整。当然从量关税并没有完全从关税征管中消失，我国目前对啤酒、原油、胶卷、冻鸡等少量进口商品按从量税计征关税。因为有些征税对象十分特殊，确实需要使用从量关税，比如说，已冲洗的电影胶片，其载体价格几乎为零，但电影包含的“内容”价格无法估价，只能采用固定税额的计税方式。但据此，对啤酒或原油产品仍坚持按从量税计征关税，就似乎缺乏充足的理由。对此进行解释的理由是，从量关税的优点在于对数量众多、体积庞大、价值低廉的产品征税手续简便，可以节省大量征收费用。

在当代世界经济环境下，货物价格会随着市场变化有规律地浮动，因此从价关税的税率已成为一种真正的滑动税率，在实践层面上成为国家收入的一个有效保证。滑准税，是对同一税号的商品按不同价格段制定不同的税率，使征税后的价格差距趋缓，在不同的价格段，高价商品的税率较低，低价商品的税率较高。滑准税的特点是可保持实行滑准税商品的国内市场价格的相对稳定，不受国际市场价格波动的影响。我国曾对进口新闻纸实行过滑准税。2003 年对新闻纸实行单一的从价税税率后,停止了滑准税。另外,我国 2005 年 5 月开始对关税配额外棉花进口配额征收滑准税,税率滑动的范围为 5% ~40%。

最后必须提到混合关税,它同时兼具从价关税和从量关税两个特征,是在税则的同一税目中规定了从价和从量两种税率,征税时同时使用两种税率计征税款。在计税方法上除按一个最低的从量关税征税外,还需要再加上一个从价关税,以两者之和作为应税额而计征得出的关税。征收对象为某些水果、蔬菜及某些陶瓷和玻璃制品。同样,对于其他货物,根据货物的性质,还可以在从价计税时,另规定一个最高税额或一个最低税额,或最高和最低都有。这种多样性的计税方法,可以在需要时弥补从价关税和从量关税各自的内源性弊端。

2. 财政性关税和保护性关税

按照征收关税的主要目的,关税可以分为财政性关税和保护性关税两种,这是制定关税政策时会使用的关税概念。以增加国家财政收入为主的财政关税,在一些加工出口或是资源出口的国家很流行。关税法律制度的财政功能就是为国家组织财政收入,通过依法征税使税款成为国家财政资金,这是关税法律制度最原始、最基本的社会功能,古今中外概莫能外。当然,不同经济发展水平的国家和一个国家在经济发展的不同时期,关税制度所体现的财政功能所处的地位是不完全相同的。一般来说,经济发展水平较低的国家或时期,关税制度的财政功能作用大些。

为保护国内经济行业而征收的保护关税,称为保护性关税。关税法律制度的保护功能就是通过依法对进口商品征收关税来提高该商品的成本,从而使本国同类商品在市场竞争中增强竞争力,对本国的民族工业起到保护的作用。关税法律制度的保护功能也是一种古老和基本的社会功能,尤其当国家经济发展水平较低时,通过关税壁垒抵御外来经济的入侵被视为海关的基本职能。一国政府可以在其国内市场受到某种外国商品的倾销时,特别为保护本国相关行业而临时立法征收保护关税中的反倾销税。

(二)关税税额

确定关税税额时,会遇到两个应当由负责确定税率的主管机关来决定的问题。一个问题是由该主管机关来确定国家经济保护水平程度;另一个问题是应以什么方式来使关税总水平能适应国家贸易政策的需要，并且能够达到对同一货物通过订立不同税率，来实现不同国别贸易政策的现实需要。这两个问题是一个整体，常常需要放在一起来考虑，因此，关税税额一方面取决于采用税率的性质，另一方面决定于税率的结构。

1. 关税税额和税率性质

税率按其性质可划分为自主税率和协定税率，也可以叫作普通税率和优惠税率。普通税率由一国主管部门自主订定，因此表现为一种主权的宣示。和一般税收一样，一国政府有权根据国家经济发展需要自行修订或暂时取消某项税率。相反，通常优惠税率的订定必须遵守国际承诺。关税税额就有普通关税和优惠关税（Preferential Duty）之分。普通关税，又称一般关税，指对与本国没有签署贸易或经济互惠等友好协定的国家原产的货物征收的非优惠性关税。优惠关税，指对来自特定国家的进口货物在关税方面给予优惠待遇，按比普通关税税率低的税率征收的关税。优惠关税又可分为最惠国关税、协定关税、特别优惠关税等。

我国进口税则税目税率表设置税则号列、货品名称、最惠国税率、协定税率、特惠税率、普通税率等栏目。当今世界几乎所有国家的关税税率都是协定优惠税率。但普通税率也并没有完全消失。对原产于除适用最惠国税率、协定税率、特惠税率国家或地区以外的国家或地区的进口货物，以及原产地不明的进口货物，适用普通税率。根据《关税与贸易总协定》（General Agreement on Tariffs and Trade，GATT）这项重要的国际公约在关税上的要求，最惠国税率适用于原产于共同适用最惠国待遇条款等世界贸易组织成员的进口货物。我国还与一些国家或者地区之间签订含有关税优惠条款的区域性贸易协定，对这些国家或地区适用协定税率。此外，对原产于与我国签订含有特殊关税优惠条款的贸易协定的国家或者地区的进口货物，适用特惠税率。

此外，还有差别关税（Differential Duty），即对同一种进口商品，由于输出国家或生产国家不同，或输入情况不同，而适用有差别对待的进口关税。甚至一些国家以各种名义对原产于他国的产品征收歧视性关税（Discriminating Duty）或给予歧视性差别待遇。广义的差别关税大体上可分为两类：一类是税率高于一般正常税率的加重关税，也称歧视性关税；另一类是税率低于一般最惠国待遇的关税税率的差别关税，一般称为优惠关税。一般意义上的差别关税指的是歧视性关税，其主要可分为反倾销税（Anti-Dumping Duty）、反补贴税（Anti-

Subsidy Duty)和报复关税(Retaliatory Duty)。

2. 关税税额和税率结构

进口税,即一国海关对进入其境内货物和物品征收的关税,是关税中最主要的一种。出口税,即一国海关对出境货物和物品征收的关税。进口关税与出口关税之间的传统区别,在很多国家基本上没有意义了,目前,发达国家已相继取消出口关税。欧盟现行税则不再对出口规定征收关税,美国宪法中规定不准征收出口关税。但有国家考虑本国经济的需要,并没有完全取消出口关税。出口关税的目的是限制、调控某些商品的出口,特别是防止本国的自然资源外流。根据我国《进出口关税条例》第 9 条的规定,对出口货物在一定期限内可以实行暂定税率。此外,还有一种过境税,是一国对于通过其关境的外国货物所征收的一种关税。最初各国征收过境税的主要目的是增加财政收入,后来随着国际贸易和国际货物运输的发展,各国通过签订条约逐渐废除了过境税。《关税及贸易总协定》第 5 条明确规定:成员国对通过其领土的过境运输,应对它免征过境税或有关过境的其他费,大多数国家对通过其领土的外国货物免征过境税,而只收取少量的准许费、登记费、统计费等。

所以,这里主要是讲进口关税,现行海关税则的结构仍比较复杂,同一项货物会适用多个不同的税率。进口关税分别设最低和普通两栏税率。最低税率原则上适用于原产于与进口国签订有相关关税或贸易协定的国家的货物。普通税率明显较最低税率要高,只适用于原产于其他国家的进口货物。由于国际关税条约风靡全球,普通税率的适用范围在不断缩窄。但即使如此,税率的适用仍旧相当复杂,除了适用于原产于与该国没有任何协定关系的国家的货物的税率之外,协定税率中的税率也互有区别,分别适用于与我国所签署的国际协定或双边协定。

所以,很多的关税优惠制度,都有各自的适用规则,每笔税款都必须仔细查阅税则后,才能准确地计算出来。

二、其他税及海关代征税

货物的国际流动不仅会导致关税的征收,而且会导致各个国家施征关税以外的其他税的环节的产生。进口货物和物品在办理海关手续放行后,允许其在国内流通，与国内货物同等对待，但其应缴纳应征的国内税费。为了节省征税人力，简化征税手续，严密管理，进口货物和物品的国内税通常在进口时由海关代征，即我国海关在对进口货物和物品征收关税的同时，还负责代其他机关征收若干种类的进口环节税。从总体上，海关征管税收除了与跨越关境边界相关联的税之外，还有一类是直接因为货物在境内存在而产生的税。

外国货物被允许进入关境后，外国货物与本国货物一视同仁的原则，导致国家可以继续对在其境内消费的货物征收本国的税收，这些税收由海关来负责征收。

目前除关税外，由海关征收的税种还有船舶吨税，海关代征的国内税主要有增值税、消费税，此外，海关还负责对进口电器电子产品征收废弃电器电子产品处理基金。

船舶吨税，是由海关对从境外港口进入我国境内港口的船舶征收的一种税。国际航行船舶在我国港口行驶，使用了我国的港口和导航设备，应缴纳一定的税费，这是一种实用性质的税。船舶吨税的应纳税额按照船舶净吨位乘以适用税率计算。由于香港特别行政区、澳门特别行政区为单独关税区，目前对专营内地与港澳航线的港澳籍船舶和内地船舶免征船舶吨税，对专营台湾海峡两岸直航航线的大陆船舶和台湾籍船舶免征船舶吨税。

增值税，是对在我国境内销售货物或者提供加工、修理、修配劳务，进口货物的单位和个人就其取得的货物或应税劳务的销售额，以及进口货物的金额计算税款，并实行税款抵扣的一种流转税。商品的具体税率与该项商品的国内增值税税率一致。除此之外，国家还对部分进口商品实行增值税先征税后返还政策。

必须指出，有必要考虑对外贸易的某些专门要求（保税监管方式），还要考虑到增值税的征税基础与关税不同，不是按货物进入关境之时的价格来征税，它的完税价格是关税的完税价格加上其他进口税（主要是关税）的税额以及货物运至关境内第一个目的地之前发生的各种费用（运输费、保险费等）的总和。

消费税，是以消费品或消费行为的流转额作为课税对象的一种税，属于流转税的范围。消费税的征税范围，主要是根据我国社会经济发展现状和消费政策、居民的消费结构以及财政需要，并借鉴国际上的经验和通行做法确定的。目前仅选择少数消费品征收。

废弃电器电子产品处理基金是国家为促进废弃电器电子产品回收处理而

设立的政府性基金,用于废弃电器电子产品回收处理费用的补贴。电器电子产品生产者、进口电器电子产品的收货人或者其代理人应当按照规定承担废弃电器电子产品处理基金的缴纳义务。进口电器电子产品的收货人或者其代理人在货物申报进口时缴纳基金。海关对基金的征收缴库管理,按照关税征收缴库管理的规定执行。

统观以上各种税费,我们可以得出这样一个结论,海关税收征管是一项非常复杂的工作,与税收征管相配套的某些海关技术也因为其专业性,而令这项工作更加复杂。

三、关税法律制度

(一)关税法定要素的确定

关税法定要素,由关税法律制度确定。有关税法的概念,国内税法理论界有以下三种观点:一种观点把税法定义为国家制定的各种有关税收活动的法律规范的总称,包括税收法律、法令、条例、税则和制度等。另一种观点认为,税法是规定国家与纳税人之间在征收和缴纳税款方面的权利、义务关系的法律规范的总称,是国家向纳税人征税的法律依据。[①] 还有一种观点认为,税法就是国家权力机关及其授权的行政机关所制定的调整税收关系的法律规范的总称。[②]

从关税法的基本结构来看,其必须包括以下几项要素:

1. 关税的征税对象,法学上也可称为纳税客体,是指对什么征收关税。这是为防止关税征收中可能发生的扩大或缩小征税范围而必须由法律明确规定的。关税的征税对象是进出口货物和进出境物品的完税价格。

2. 纳税义务人,习惯上也称作纳税人,是指根据关税法律规定承担缴纳关税义务的管理相对人。在法学上,也可称为纳税主体。

3. 税率,是指应纳税额和征税对象之间的比例,也可以说是计算每一商品

---

① 截至2020年8月初,我国18个税种中已有11个立法,分别为车辆购置税法、车船税法、船舶吨税法、个人所得税法、耕地占用税法、环境保护税法、企业所得税法、烟叶税法、资源税法、契税法、城市维护建设税法。

② 施正文等:《关税法立法架构的国际比较》,载《国际税收》2017年第1期。

单位的征税对象与应纳税额的比率。税率既是计算税额的尺度,也是衡量关税总水平和每一具体进出口货物税收负担轻重的标志。我国关税的税率采用比例税率,即不分征税对象数额大小,均规定一定比例的税率。

4. 纳税环节,是指在商品的流转过程中,规定应纳税在什么环节缴纳。关税是进出口税,其是在进出关境的环节缴纳税款。

5. 纳税期限,是指缴纳关税的时间期限,这是为保证税款及时入国库成为国家财政收入的必要条件,税法对此予以明确规定,作为纳税人履行义务的时间限制。

6. 税目,是指关税制度中规定的若干个征税项目,是征税对象的具体化和明确化。关税的税目由《进出口税则》具体列明。

7. 关税的减免,是指对应纳税额的减征或免征,是税收征收中的例外,是国家对外开放、吸引外资、宏观调控等经济政策在关税立法方面的具体体现。

8. 违法处理,是对纳税人违反税法的行为所规定的惩罚措施,体现了国家关税法律制度具有的规范性和强制性。

9. 纳税争议处理,是对纳税争议进行解决的机制。纳税争议是指纳税义务人对海关作出的征收关税等有关具体行政行为不服而发生的争议,包括对进出口货物的商品归类、原产地确定、适用的税率、完税价格的审定、关税税款的计算、关税的缴纳、追征、补征、退还、加收滞纳金以及关税减免的审批等行政行为不服的争议。

(二)我国关税立法发展与变迁

税收是海关最古老、最传统的职能。新中国成立之初至改革开放前的近30年,海关税收工作主要职能是"拟订海关税则税率方案及有关海关税则方面的国际条例和协定草案,并解释海关税则,审定完税价格",征税采用自1951年政务院颁布的《进出口税则》及其暂行实施条例①,该税则"是以当时传统进出口商品为基础,参照国际联盟税则分类目录和苏联关税税则的商品分类办法制定的。按照商品自然属性、用途和加工程度的不同,分为17大类、89组、939个税

① 参见郭彩萍:《中国海关税收:60年增长2572倍》,载中国经济网2009年8月24日,https://www.chinaacc.com/zhuanti/09shuishou/index.shtml。

号,共1700多个税目"[①],并一直沿用到1985年。

《进出口关税条例》和《进出口税则》于1985年3月7日公布,3月10日起实施。1951年5月10日前中央人民政府政务院公布的《进出口税则》和《进出口税则暂行实施条例》同时废止。国务院公布实施《进出口关税条例》,明确《进出口税则》是《进出口关税条例》的组成部分。"这次修订的《关税条例》和《进出口税则》,贯彻了对外开放政策,体现了鼓励出口,扩大必需品进口,保护与促进国民经济发展以及保证国家财政收入的原则。"[②]1987年1月22日,第六届全国人民代表大会常务委员会第十九次会议通过《海关法》,《海关法》和《进出口关税条例》的实施,极大推动了中国关税制度的建立和健全。1992年国务院通过《关于修改〈中华人民共和国进出口关税条例〉的决定》(国务院令第96号),该法已失效;现行《进出口关税条例》(国务院令第392号)于2003年11月23日发布,于2011年、2013年、2016年和2017年经过了4次修订。此外,与《进出口关税条例》相配套的行政法律法规还有2004年发布的《中华人民共和国进出口货物原产地条例》(以下简称《进出口货物原产地条例》),2019年该条例进行了一次修订;2006年发布的《中华人民共和国海关审定进出口货物完税价格办法》(以下简称《审定进出口货物完税价格办法》),2013年海关总署令第213号重新发布《审定进出口货物完税价格办法》,2006年《审定进出口货物完税价格办法》同时废止;2007年发布的《中华人民共和国海关进出口货物商品归类管理规定》,2021年9月《中华人民共和国海关进出口货物商品归类管理规定》公布,自2021年11月1日起施行2007年公布、2014年修订的《中华人民共和国海关进出口货物商品归类管理规定》同时废止;2008年12月29日海关总署发布的《海关进出口货物减免税管理办法》(海关总署令第179号),2020年12月《海关进出口货物减免税管理办法》公布,自2021年3月1日起施行,2008年《海关进出口货物减免税管理办法》同时废止。

2013年,全国人大立法规划将"增值税法等若干单行税法"列入第一类立法项目。2015年,由全国人大常委会法工委牵头起草的《贯彻落实税收法定原

① 《历史看点——新中国首部关税税则》,载人民日报海外网2019年8月3日,https://baijiahao.baidu.com/s?id=1640868769643544607&wfr=spider&for=pc。

② 参见国发〔1985〕30号文。

则的实施意见》获得党中央审议通过，同年8月，第十二届全国人大常委会对立法规划进行调整，将关税立法的制定列入"增加的立法项目"。2016年，国务院立法工作计划将"关税法"列为研究项目，由财政部和海关总署共同负责法律草案的起草工作。我国《立法法》修正案明确了税率等基本税收要素法定的条款。关税立法工作是根据《立法法》税收法定的原则要求，将税种的设立、税率的确定和税收征收管理等税收基本制度上升为法律的过程，即通过关税立法规定税收实体性要件（包括税收主体、客体、计税依据、税率等）的法定和税收程序性要件（包括税收的确定程序、税收征收程序、税收检查等程序）的法定，关税立法的顶层设计必须符合国家宏观经济调控、产业政策导向、增加财政收入、维护公平贸易环境等形势需要。

税收法定原则，又称税收法律主义，指导着税收立法、执法和司法，是规范政府征税权、保障纳税人权利的重要依循。立法实践中，税收法定主要是指国家征税必须要有法律依据，没有法律依据，任何主体不得征税或减免税收，任何主体也不负纳税义务，其核心理念是民主、法治。关于税收法定的内涵，主要包括三个方面：一是税收要素法定，即纳税人、征税对象、计税依据、税率、征税环节、行税时间、税收优惠等基本税收要素应当由法律规定；二是税收要素明确，即上述基本税收要素在法律中的规定应尽可能是明确、详细的，避免出现漏洞和歧义；三是征税程序法定，即征税部门严格按照法律规定的征纳程序来征收税款。这三方面，前两者是关于税收要素的实体确定，解决了税收法律与法规的关系以及征纳关系问题；后者是关于税收征纳的程序确定，解决了征税过程中的权力义务关系问题。税收法定的核心内容是法律保留，即税收要素和征税程序都要由最高立法机关通过立法程序制定法律。

关税立法需要明确的基本制度包括以下方面：（1）关税法律关系规定：立法依据、调整对象、规定体系构成、相关法律主体的权利义务等；（2）关税税种税率的设置和适用：货物、物品、跨境电商商品等进出口商品的关税税种税率的设置原则、适用规则、发布渠道及程序等；（3）税收征管要素（商品归类、完税价格、原产地等）的确定原则和规则等；（4）进出口商品关税征税管理作业的程序基本规定等；（5）税收征管法律救济及法律责任等。

第二节　关税征管法律制度

我国海关征税管理法律制度,就是调整海关与纳税义务人在关税征纳过程中相互关系的法律规范的总称,是以《海关法》为基本法律依据,以《进出口关税条例》为核心,以《中华人民共和国进出口货物征税管理办法》及其他税收征管规定为框架的海关征税管理的法律体系。

一国海关监管中对国际贸易货物进行分类的必要性一直存在。根据海关法律对货物的定性,相同类别的货物将被适用于同一种待遇。进出境货物应税价格的计算基于以下三个基本要素:商品税则归类、原产地和海关估价。在例外情况下,也会考虑某些其他要素。

一、海关商品归类法律制度

对货物进行税则归类的基础是商品分类目录。所谓商品归类,是指在《协调制度》商品分类目录体系下,以《进出口税则》为基础,按照《进出口税则商品及品目注释》、《中华人民共和国进出口税则本国子目注释》(以下简称《进出口税则本国子目注释》)以及海关总署发布的关于商品归类的行政裁定、商品归类决定的要求,确定进出口货物商品编码的活动。

商品归类法律制度,是指调整商品归类行为的法律规范的总称,目前我国商品归类法律制度的依据包括《进出口税则》、《进出口税则商品及品目注释》、《进出口税则本国子目注释》、《中华人民共和国海关进出口货物商品归类管理规定》、《中华人民共和国海关预裁定管理暂行办法》(以下简称《海关预裁定管理暂行办法》)等。商品分类目录,就是一份详尽的商品清单,其间按某种规则来列明各种商品,商品分类目录的特征取决于负责确定该商品分类的机关以及为实施该分类所遵循的原则。

（一）负责制定商品目录的主体

制定商品分类目录和海关税率的确定一样，在很长时间内，一直是各主权国权限。自19世纪末以来，在国际层面上制定一部统一的商品分类目录成为一种共识。在《布鲁塞尔公约》签署之前，各国的商品分类目录五花八门，相互间大不相同。《布鲁塞尔公约》作为海关税则商品归类非常重要的公约，其签署对改变过去商品分类目录状况是一次决定性的进步。从此之后，签约国家不得单方在商品分类目录上做出变动，各国的权限被限制在对商品归类目录编制一般条目下设立子目上。海关合作理事会（自世界贸易组织创立以后成为世界海关组织）负责该公约的管理事务，并根据国际贸易需要定期修订公约。由于贸易往来的国际化和越来越多的用于非海关监管目的（如统计）的商品归类目录的出现，需要对《布鲁塞尔公约》进行重大改革，海关合作理事会于1983年6月14日通过了《协调制度公约》及其附件《协调制度》。1988年1月1日《协调制度》正式实施。这一协调制度是对前一部商品归类目录的全面重组，是国际上多个商品分类目录协调的产物，其最大特点就是适合于与国际贸易有关的各方面需要，成为国际贸易商品分类普遍采用的商品目录，贯穿着贸易便利化和管理现代化与信息化的指导思想。目前世界上使用《协调制度》的国家和地区涵盖了国际贸易总量的98%，使之成为国际贸易的“标准语言”。根据我国《国务院关于加入〈商品名称及编码协调制度的国际公约〉的批复》（国函〔1991〕90号），该公约自1992年1月1日起对我国生效。

（二）商品归类的原则

对商品进行归类国际统一的原则就是，统一分类并终止各国商品归类目录之间因结构不同所带来的不便。从根本上讲，《协调制度》如同《布鲁塞尔公约》目录一样，是海关商品分类目录真正的基石，它致力于按照商品的属性、构成、用途或生产技术来列明不同的商品。商品的归类一般也考虑商品的加工程度，例如税目的变化与某一项特定的工业生产过程相结合。

从形式上看，《协调制度》是一部结构性目录，它将国际贸易中的商品按类、章、品目、子目进行分类。商品归类目录的基础建立在一套分为21“类”商品的数字编码制度之上，这些类基本上是按社会生产的分工（或称生产部类）区分的。它将属于同一生产部类的产品归在同一类内,如农产品在第一、二类;化工产品在第六类;纺织原料及纺织品在第十一类;冶金工业制品在第十五类;机电制造业产品在第十六类等。《协调制度》的类下分章,共97章,章基本上是按商品的属性或用途来划分的。《协调制度》的章由品目和在品目下进一步细分的子目及其相对应的编码构成。所有的商品名称在《协调制度》中分为两大类,一类为品目,它们的编码(品目号)为四位数;另一类为子目,它们的编码(子目号)为五位或六位数。从目的排列上看,它一般也是按动、植、矿物质顺序排列,更为明显的特征是原材料先于制成品,加工程度低的产品先于加工程度高的产品,列明具体的品种先于列明一般的品种。

(三)商品归类的一般方法

商品归类的一般方法已在与商品归类目录配套的归类总注释以及各章或节的注释中规定下来了。过去的布鲁塞尔商品归类目录所采用的各项原则在协调制度框架中基本上得到了传承。为厘清商品范围,使各个品目和子目之间界限分明,不会发生交叉,在《协调制度》的类、章标题下加注释(Notes),称为类注、章注。有的注释是专门针对某个子目的,叫子目注释(Subheading Notes)。对于涉及整个协调制度各类、章商品分类的规则,协调制度专门列出,称之为归类总规则(The General Rules for the Interpretation of the Harmonized System),作为指导整个协调制度商品分类的总原则。

目录中类、章或分章的标题仅具有一种提示作用,以便于查找,最后依据条目名称、类注或章注的规定进行的归类才具有法律效力,这种归类的逻辑思路有几种,例如,应归类商品的特征及客观属性必须与其在商品分类目录的定义及其描述相符;有时候分类目录的某个条目,列明的任何一项物品,也包括该物品的半成品状态,但半成品必须具有成品的主要特征,被拆散或未组装状态的成品应按成品对待;有时候归类目录的某个品目中的任何一种物质,包括该物质的纯状,也包括与其他材料混合或结合构成的该物质,正是因为编制商品分类目录所采用的归类标准具有多样性,有些商品有时候会看上去可以同时归入不止一个的条目。相反,有些商品似乎找不到一个对应的归类。为了满足进出境经营主体对归类确定性的需求,商品归类目录确定了若干规则,但在现实中,还是会出现归类上的困难。例如,如果从商品名称上看,可以同时归入不止一个条目,那么列明最具体的条目应优先适用于列明一般的条目。如艺术丝印,即使有艺术家的签名而且是限量印刷的,也应归入“印刷方法获得的图像”的条目,而不归入“未经加工的木版画、铜版画或石版画”的条目。同理,对于复合产品,应最好参照构成其基本特性的材料或物品归类。如果按前述的所有规则都无法确定归类,可以诉诸一条辅助规则,即归入商品归类目录中在顺序上的最后一个可以归入的品目或子目。无条目可归的现象为少数,因为大多数章都包括“其他”或“未列名”的条目或子目,以便于灵活归类。但是,有时候会出现新产品没有纳入商品归类目录,这时候就借助“比照”的方法来处理此类情况。无品目可归的商品可以归入与其最相类似的商品所适用的条目,归类还应注重的原则就是向使用人提供便利。归类规则非常精准而且层次很分明,但在商品税则归类作业中还是会经常引发争议。

（四）商品归类

将某种商品归入由商品归类目录所规定的税则类别中,实际上就是给商品进行税则归类。人们对税则归类有确定性的期待,就需要有方便使用的一些配套做法。我国进出口税则是以世界海关组织制定的《协调制度》为基础,结合我国贸易政策以及其他政策情况编制而成的。它是海关凭以征收关税的法律依据,也是一个国家关税政策的具体体现。《进出口税则》以《协调制度》为基础制定,即《进出口税则》的第 1 类至第 21 类、第 1 章至第 97 章及税目、子目的前 6 位数编码及税目条文、子目条文所包含的商品范围与《协调制度》完全一致,本国增列的 7 位数、8 位数子目的商品范围的总和应与《协调制度》相应的品目或 5 位数、6 位数子目的商品范围完全一致,而且《进出口税则》的归类原则和归类方法应与《协调制度》完全一致。现行《进出口税则》结构与《协调制度》商品分类目录结构基本相同,也由归类总规则、注释和商品编码表三部分组成。但《进出口税则》商品编码表中增设了税率栏,并将商品编码改称税则号列,将前 4 位数码改称税目。税则号列的前 6 位数码及其条文与《协调制度》相应品目及子目完全一致。为适应我国关税、统计和贸易管理的需要,税则增设了第七、八位数码,分别代表第三、四级子目,无第三、四级子目的税则号列,第七、八位数码为 0。我国采用的是复式税则,即一个税目设有两个或两个以上的税率,以便对不同国家或地区采用不同的税率。税率栏分列最惠国税率、协定税率和普通税率三栏。

收发货人或者其代理人对申报货物进行商品归类,应当按照法律、行政法规规定以及海关要求如实、准确申报其进出口货物的商品名称、规格型号等,并且对其申报的进出口货物进行商品归类,确定相应的商品编码。海关依法对收发货人或者其代理人申报的进出口货物,按照向海关申报时货物的实际状态,确定商品归类进行审核。使用人如果对某项货物的税则归类没有把握,可以向海关请求咨询并向其提供必要的详情(货物的技术或商业名称、具体成分、使用等),海关据此会作出一个归类意见。

《海关预裁定管理暂行办法》整合优化了海关商品预归类、原产地预确定、价格预审核制度,明确了全关境统一适用的海关预裁定制度。

二、原产地法律制度

(一)原产地的含义

货物的原产地,是指依照原产地条例确定的获得某一货物的国家(地区),相当于货物的"国籍",在国际贸易中原产地的概念是与原产国通用的。原产地制度是对进出口货物确认其生产或制造国的法律依据,进口货物的原产地确认关系到征收关税时的税率适用,原产地是构成海关税收征管的一项基本要素。从海关征税的角度讲,由于包括我国在内的各国海关税则大多按进口商品原产国别的不同而适用不同的税率,原产地认定与海关估价、商品归类共同构成了海关征税的三大技术。

货物的原产地可以定义为该货物与它所来自的某个国家(地区)之间的地理联系。如今,原产地认定的意义已超出仅为实施关税税则所具有的意义。随着国际贸易中各国关系都建立在一整套不断变化的差别待遇之上,原产地的意义如今就显得越来越与非关税保护相关联。国际间的经济和政治关系决定了一些国家出于政治或经济上的考虑,需要对从另一些国家(地区)进口的货物,施以行政和经济手段的控制,例如,实行进口配额、限额、许可证管理、禁止进口等行政措施;对危害本国经济利益的进口货物采取反倾销、反补贴等措施。一批货物一旦被认定为某个具体的原产地,就会产生使其禁止入境或者必须符合某些条件才能入境的法律效力，因此，海关也非常关注经济活动主体是否通过规避原产地规则来使其货物获得享受优惠待遇的原产地的问题。可见，原产地的内涵会因贸易政策目标而异，认定某项货物的某个地理上的原产地，不仅决定对其应适用的关税税率，还可能有相对应的非关税措施（数量限制、自由准入或反倾销措施等）。原产地技术的复杂性正源于此。原产地是正确适用各国优惠关税、差别关税和其他贸易措施的基础和前提，确定了商品国籍，即可依照进口国的贸易政策适用关税和非关税待遇。

（二）原产地规则

货物原产地的认定需要以一定的标准为依据，原产地规则（Rules of Origin）是各国以本国立法形式制定的用于鉴定货物来源地的标准。WTO《原产地规则协定》将原产地规则定义为：一国（地区）为确定货物的原产地而实施的普遍适用的法律、法规和行政决定。

原产地规则从适用角度分为非优惠原产地规则和优惠原产地规则。非优惠原产地规则，是一国根据实施其海关税则和其他贸易措施的需要，由本国立法制定的规则，也称自主原产地规则。它适用于非优惠贸易政策措施，其实施必须遵守最惠国待遇原则，即必须普遍地、无差别地适用于所有原产地为最惠国的进口货物。优惠原产地规则，是为实施区域贸易安排需要而制定的，其优惠范围以原产地为受惠国的进出口货物为限。优惠原产地规则又可分为两种情况：一种是适用于由进口国单方向赋予、非互惠的优惠关税措施，如普惠制、给予最不发达国家的特别优惠关税措施等；另一种是适用于双边或地区性互惠贸易安排，如《中国—东盟自贸协定》等。

1. WTO 原产地规则

在对货物的原产地进行认定时，有两种情形：一种是货物完全是在一个国家获得或生产的，即该货物的生产或制造只发生在一国境内；另一种是货物有在两个或两个以上的国家生产或制造的过程。按国际惯例，各国制定的原产地规则，无论是非优惠原产地规则还是优惠原产地规则，都是根据这两种不同性质的货物确定原产地标准。

原产地规则一直被视为属于某个国家的自主贸易政策。海关商品归类目录和海关估价这两项技术，已经可以制定公认的国际定义，但原产地却仍停留在由单边法规来定义的阶段。

国际上为实现原产地规则协调统一经历了三个阶段，即国际商会最早的定义、《京都公约》的原产地规则和 WTO《原产地规则协定》。在《关税及贸易总协定》乌拉圭回合的谈判后期，各国签署《原产地规则协定》，旨在协调各国现行的非优惠原产地规则，统一世界多边贸易体系中普遍适用的货物原产地判别标准，实现原产地认定标准的公平、统一，避免原产地规则成为阻碍国际贸易的一种壁垒。

该协定作为一项规范原产地规则的多边协议，确立了货物原产地的两项标准，即“完全获得”(wholly obtained)和“实质性改变”(substantial transformation)标准，对于完全在一国获得或生产的货物，即以货物的种植、开采或生产国为原产国，这一标准通常称为“完全获得”标准。对于经过几个国家(地区)加工或制造的货物，各国多以最后完成实质性加工的国家为货物的原产国，这一标准通常称为“实质性改变”标准。但是，如何对货物是否经过实质性加工加以认定，各国采用的标准会有不同。《原产地规则协定》规定“实质性改变”的评定标准应尽可能以国际通用的《协调制度》目录中的税则归类改变标准为主，必要时采用增值百分比和加工工序标准作为补充。

《原产地规则协定》除序言外共由四个部分和两个附件组成。按照《原产地规则协定》，WTO 设立由各缔约方代表组成的原产地规则委员会，每年至少召开一次会议，就协定的实施情况及其目标的设立进行磋商，促进协定原产地规则工作计划的实施。此外，设立原产地规则技术委员会，具体执行协调原产地规则的工作计划。

《原产地规则协定》为各成员制定原产地规则提供了指导性原则，但确定原产地的标准仍由各国自主决定。该协定仅就非优惠原产地规则达成共识，对优惠原产地规则仅作出原则声明，对约束和规范优惠原产地规则的问题并未作出具体规定。我国政府已签署 WTO 乌拉圭回合“一揽子”协议，包括《原产地规则协定》。

2. 我国原产地规则

我国 2004 年颁布，经 2019 年修订的《进出口货物原产地条例》是规范非优惠原产地规则的主要法律文件，实施最惠国待遇、反倾销和反补贴税、保障措施、国别数量限制、关税配额、原产地标记管理非优惠性贸易措施或贸易统计、政府采购等活动所采用的原产地规则即属此类。

优惠原产地规则是自由贸易协定(Free Trade Agreement,FTA)的主要内容之一,优惠原产地规则均为双边或者多边的国际协定,其国内法体现为海关规章。

我国优惠原产地规则主要包含在《中华人民共和国海关进出口货物优惠原产地管理规定》(以下简称《进出口货物优惠原产地管理规定》)以及目前我国对外签署的自由贸易协定中。例如,我国已实施18项优惠贸易安排,包括15项自由贸易协定和3项其他优惠贸易安排。15项自由贸易协定包括中国—东盟、中国—智利、中国—巴基斯坦、中国—新西兰、中国—新加坡、中国—秘鲁、中国—哥斯达黎加、中国—冰岛、中国—瑞士、中国—澳大利亚、中国—韩国、中国—格鲁吉亚自由贸易协定,海峡两岸经济合作框架协议(ECFA),我国内地与我国香港特别行政区、澳门特别行政区更紧密经贸关系安排(香港、澳门CEPA)。3项其他优惠贸易安排包括亚太贸易协定、对最不发达国家特别优惠关税待遇和大陆对部分原产于我国台湾地区农产品零关税措施。2020年11月15日,第四次区域全面经济伙伴关系协定领导人会议以视频方式举行,会后东盟10国和中国、日本、韩国、澳大利亚、新西兰共15个亚太国家正式签署了《区域全面经济伙伴关系协定》(Regional Comprehensive Economic Partnership,RCEP)。上述每个优惠贸易安排下都包含了相应的原产地规则。

作为谈判双方博弈的结果,优惠原产地规则既要使本国利益最大化,又要与谈判各方实现共赢。因此,与非优惠原产地规则有很大区别。优惠原产地规则与非优惠原产地规则的不同有:

(1)适用情形

优惠原产地规则是为了实施国别优惠(关税)政策而制定的原产地规则,如自由贸易协定成员国间适用的即属于此类;非优惠原产地规则适用于除此以外的其他目的,包括实施最惠国待遇等。

(2)原产地标准的具体内容

优惠原产地规则和非优惠原产地规则在原产地标准方面都可以分为“完全获得”标准和“非完全获得”标准,但这两种标准的具体内容是不一样的。由于优惠原产地规则是用以认定进口货物有无资格享受特别优惠待遇,因此,其判定标准比非优惠原产地规则的判定标准严格,对享受优惠的商品种类有严格限制。

完全获得标准的一般性要求是指产品在出口国完全获得或者生产。非优惠原产地规则与优惠原产地规则关于这一标准的表述方式均为分类列举，大的类别一般都包括植物（或者农产品）及其制品、动物及其制品、矿物、水产品或者海产品、其他天然生成的物品、废旧物品或者回收物品等，但每一类均存在细微差别，这些细微差别导致的经济条件的差别就很大。比如在特定国领海以外获得的鱼产品，非优惠原产地规则的要求是“由合法悬挂该国旗帜的船舶从其领海以外海域获得的海洋捕捞物和其他物品”以及在合法悬挂该国旗帜的加工船上加工前述物品获得的产品。优惠原产地规则的要求则会更多，如主体上一般会限制为在成员国注册或者登记并悬挂或者有权悬挂其国旗的船只、成员国的自然人或者法人；在地理位置上一般会要求为成员国领水以外的水域、海床或者海床底土，以及成员国根据符合其缔结的相关国际协定可适用的国内法确定的领水、领海外的专属经济区或者公海等。

非完全获得标准适用于在出口国完成部分或者主要加工、生产过程，或者完成主要增值部分的货物。我国实施的非优惠原产地规则关于非完全获得的主要标准是实质性改变标准，按照《进出口货物原产地条例》规定，非优惠原产地规则实质性改变标准，以税则归类改变为基本标准，税则归类改变不能反映实质性改变的，以从价百分比、制造或者加工工序等为补充标准。

(3)运输要求

优惠原产地规则一般要求由出口成员国直接运输至进口成员国，同时对可以视为直接运输的情形有明确限定；非优惠原产地规则对运输环节没有要求。

直接运输一般包括两种情况，第一种是未经过成员国以外国家或者地区的运输，这是直接运输的基本形式；第二种是视为直接运输，主要指运输途中经过了成员国以外的国家或者地区的情形。可以视为直接运输的情形必须满足规定条件，即仅出于地理原因或者运输需要、未做任何增值性处理、未进入途经国消费或者贸易领域等。有的自贸协定还要求在视为直接运输情形下，进口货物收货人应当按照进口国海关的要求提交途经国家或者地区海关出具的证明文件，如中国—智利、中国—巴基斯坦、中国—新西兰等协定。

(4)申报要求

在优惠原产地规则中，收发货人提交原产地证明是申报的基本要求，即进出口货物必须提交指定机构签发的原产地证明，并申报适用相应协定项下的优惠税率，否则不能享受相应的税收优惠；而非优惠原产地规则中，收发货人仅在海关要求的情况下提交原产地证书，其余情况下均无须提交。非优惠原产地规则下需要提交原产地证书的情形主要为“两反一保”，即实施反倾销、反补贴及保障措施的进出口货物需要提交原产地证书。

3. 原产地证明

每当对某货物适用的税收待遇取决于对其原产地国家的认定时，就必须要求对该货物的原产地进行证明。原产地证明是各国根据相关的原产地规则签发的证明商品原产地，即货物的生产或制造地的一种具有法律效力的证明文件。

原产地监管实际上构成了对关税税则的正确实施的贸易政策有效执行的基本保障，在大多数情况下，即使货物的原产地都可以通过其随附的各种贸易单证来证明，但有时仍需要更为具体的证明，而且该证明应作为一项真正的进口条件。为了满足这些要求，就原产地证书还有一系列的规定，这些规定构成了证明货物原产地的常规方法。

对于进口到我国的货物，我国无权单边地要求其他国家当局出具原产地证书，但这些国家的当局应当了解其贸易国认可其出具的原产地证书的有效性的条件。对于从我国出口的货物，我国有权负责制发原产地证书的组织规定条件，但该原产地证书是否具有证明力，则属于他国是否认定事项。

原产地证明的作用主要在于：一是进行货物交接，贸易关系人将原产地证书作为交接货物、结算货款、索赔理赔的凭证之一。二是进口国实施特定贸易政策，比如对特定国家实行差别关税待遇，实行数量限制和控制进口等。三是减免关税，尤其是各类优惠原产地证书是在进口国享受优惠关税待遇的必要凭证。比如，我国出口至东盟国家的产品，会征收8% ~30%不等的关税，凭借原产地证书可以享受一定幅度的关税减免，有些甚至可以达到零关税。

三、海关估价法律制度

（一）海关估价制度概述

海关估价是根据本国法律规定的估价准则，确定某一进出口货物海关完税价格(Customs Value)的法律行为。海关估价与从价税的产生和发展有密切关系。在对货物从量征税的海关税收征管制度中,货物价格的确定仅具辅助意义,但在从价征税的税收征管制度中,海关估价变得关键。货物的价格会用于计征关税以及其他税费(如增值税),可以想见外贸经营者和海关对此关键要素的关注。

货物的价格多采用不同的客观标准(商品交易所的牌价、专业认定等)确定,但海关法制度设计,先是对贸易合同双方之间的关系进行主观评判,海关原则上承认货物的价格与其销售价格有直接关联,但海关也不会无条件地承认这种关联。一方面,考虑国际贸易业务的复杂性,海关需要确定在哪些条件下,可以接受买卖双方价格作为计税的基础;另一方面,海关会保留基于公共经济秩序需要使用特别的估价规则来替代买卖双方价格的权力。随着国际贸易的发展,市场竞争愈加激烈,各国征收关税的目的不再单纯是增加财政收入,更是保护和调节本国的经济发展。从价税以货物的价格为计税基础,在征收关税中更能有效体现上述作用,我国海关对绝大多数进出口货物和物品征收的关税都是从价税,海关在征收关税时必须确定一个计征关税的价格,海关对进出口货物完税价格的确定行为是海关估价行为。

随着从价税的广泛应用,海关估价成为现代关税制度中的一项重要内容,海关估价从纯属一国事务发展到国际规则适用的普遍性,这是海关估价领域突出的变化。

(二)海关估价制度的发展

20世纪30~40年代,世界贸易保护主义盛行。由于各国海关估价不一致,给国际贸易发展带来障碍,有必要对海关估价下一个国际定义。1947年,23个国家在日内瓦签订了一个包括海关估价在内的多边国际协定《关税与贸易总协定》,该协定第7条明确规定,进口商品的完税价格,应以所估进口商品或同类商品的实际价格为依据,不应根据本国产品的价格、任意或虚构的价格。该协定的23个签约方承诺遵守以下原则:一是海关估价应当是货物的实际价格,不应是任意的、虚构的价格,更不得根据原产地为本国货物的价格来确定;二是用于确定海关价格的标准及所采用的方法,应当具有连贯的一致性、对外公布;三是海关估价法规的实施应当统一、中立、公平且可仲裁。《关税与贸易总协定》

在历史上首次明确了进口货物海关估价的基本原则并为各国海关估价立法明确了基本方针,海关估价规则应当是公平和非歧视性的,而且还要与商业惯例相吻合。

为了使《关税与贸易总协定》第7条的估价原则具体化、标准化,欧洲关税同盟研究小组在1950年拟定了《海关商品估价公约》(Convention on the Valuation of Goods for Customs Purpose),该公约中的布鲁塞尔估价定义(Brussels Definition of Valuation),规定海关估价的依据应是进口货物的正常价格,即在公开市场上相互独立的买卖双方之间进行交易的货物的销售价格。该规定既有利于打击偷漏税行为、保护诚信商人的利益,又有利于简化海关估价管理,因此受到许多国家的认可。

1973年至1979年举行的关税及贸易总协定东京回合谈判中,为了制定一套被广为接受的海关估价制度,以逐步取消海关估价对国际贸易的壁垒作用,实现国际贸易自由化及促进贸易额的增长,各国于1979年4月12日在日内瓦签订了《关于实施关税与贸易总协定第七条的协议和议定书》(以下简称《东京回合海关估价守则》),该守则规定了完税价格应为进口货物的成交价格,在成交价格不能确定时,才可采用其他方法确定进口货物的价格。它解决了《关税与贸易总协定》第7条和《布鲁塞尔估价公约》中一些估价原则和估价概念过于笼统和不够规范的弊端,将各成员国据此制定的估价制度之间的争议减小到最低。布鲁塞尔估价定义被替代,是签署东京多边贸易谈判的协定的直接结果。但《布鲁塞尔公约》对于没有退出的国家仍然有效,而且新的估价定义只适用于《东京回合海关估价守则》的签约方①。

1994年4月,《东京回合海关估价守则》作为乌拉圭回合所达成的"一揽子"多边贸易协议之一,正式更名为《关税与贸易总协定估价协定(1994)》(以下简称《WTO估价协定》),实施范围也扩大到世界贸易组织的所有成员国,成为真正意义上统一的国际海关估价制度。《WTO估价协定》旨在建立一套"公平、统一、中性"的估价制度,它主要由一般性说明、序言、海关估价规则、管理及争端的解决、特别和差别待遇、最后条款等内容组成。

---

① 虽然已经接受新的估价定义的国家,它们在全球所占的经济总量应当会导致接受布鲁塞尔估价定义的国家最终放弃它,但这两种根本不同的估价制度仍有可能长期共存。

国际海关估价制度的发展历程就是国际贸易发展方向的折射:在贸易保护主义时期,海关估价带有关税壁垒的色彩,经常以武断或虚构的估价来阻碍进口;在国际经济要求贸易自由化时,有关国家就会要求消除海关估价的关税壁垒作用,主张海关估价应最大限度地尊重贸易实际,为贸易自由化扫清障碍。

2001 年 12 月 11 日起我国加入世界贸易组织,我国履行"入世"后全面实施《WTO 估价协定》的承诺。《海关法》规定:"进出口货物的完税价格,由海关以该货物的成交价格为基础审查确定。成交价格不能确定时,完税价格由海关依法估定。"《海关法》明确了海关估价的原则性规定,为海关估价提供了法律依据。《进出口关税条例》作为《海关法》的配套法规,对估价定义、估价方法、海关和纳税义务人之间的权利义务均作了具体规定。《审定进出口货物完税价格办法》进一步增强了规定的指导性、可操作性。

(三)海关估价原则

1. 海关估价原则

海关估价应当遵循"客观、公平、统一"原则。所谓"客观",系指一方面要求海关估价应该尊重贸易实际,以进出口货物的成交价格为基础,只有在成交价格不能确定的时候,才可以依次使用其他估价方法估价;另一方面对实付、应付价格的调整和在使用其他估价方法的过程中,都必须以客观量化的数据资料为依据。所谓"公平",系指海关在估价工作中,在保障国家经济利益的同时,切实保障进出口商的合法权益。所谓"统一",主要是指估价方法和程序适用应保持一致。

2. 进口货物完税价格

《进出口关税条例》第 18 条第 1 款、第 2 款规定,进口货物的完税价格由海关以该货物的成交价格以及该货物运抵中华人民共和国境内输入地点起卸前的运输及其相关费用、保险费为基础审查确定。进口货物的成交价格,是指卖方向中华人民共和国境内销售该货物时买方为进口该货物向卖方实付、应付的,并且按有关规定调整后的价款总额,包括直接支付的价款和间接支付的价款。

"调整"是根据法定应计入完税价格的费用以及不计入完税价格的税收费用进行的价格调整,调整的理由在于需要对纯发票价格增加或扣除某些实际产生的费用。

《进出口关税条例》第 19 条规定,进口货物的下列费用应当计入完税价格:(1)由买方负担的购货佣金以外的佣金和经纪费;(2)由买方负担的在审查确定完税价格时与该货物视为一体的容器的费用;(3)由买方负担的包装材料费用和包装劳务费用;(4)与该货物的生产和向中华人民共和国境内销售有关的,由买方以免费或者以低于成本的方式提供并可以按适当比例分摊的料件、工具、模具、消耗材料及类似货物的价款,以及在境外开发、设计等相关服务的费用;(5)作为该货物向中华人民共和国境内销售的条件,买方必须支付的、与该货物有关的特许权使用费;(6)卖方直接或者间接从买方获得的该货物进口后转售、处置或者使用的收益。

该条例第 20 条明确规定,进口时以下税收、费用不计入完税价格:厂房、机械、设备等货物进口后进行建设、安装、装配、维修和技术服务的费用;进口货物运抵境内输入地点起卸后的运输及其相关费用、保险费;进口关税及国内税收。

采用基于成交价格的海关估价制度,体现了东京回合谈判者的最大愿望,即在绝大多数情况下,国际贸易交易双方订立的价格能作为海关接受的完税价格。

我国《进出口关税条例》没有对买卖双方订立价格可作为海关接受完税价格的条件做出定义,而是列举出可接受的成交价格的情况:①对买方处置或者使用该货物不予限制,但法律、行政法规规定实施的限制、对货物转售地域的限制和对货物价格无实质性影响的限制除外;②该货物的成交价格没有因搭售或者其他因素的影响而无法确定,比如进口货物的价格以买方必须向卖方购买一定数量的其他货物为条件;③卖方不得从买方直接或者间接获得因该货物进口后转售、处置或者使用而产生的任何收益,即该货物转售所得的任何部分,都不得直接或间接地返还给卖方;④买卖双方没有特殊关系,或者虽有特殊关系但未对成交价格产生影响。

买卖双方有无特殊关系的界定,《审定进出口货物完税价格办法》第 16 条列举了一个详细的清单:①买卖双方为同一家族成员的;②买卖双方互为商业上的高级职员或董事的;③一方直接或者间接受另一方控制的;④买卖双方都直接或间接地受第三方控制的;⑤买卖双方共同直接或间接地控制第三方的;⑥一方直接或者间接地拥有,控制或者持有对方 5% 以上(含 5%)公开发行的有表决权的股票或者股份的;⑦一方是另一方的雇员、高级职员或者董事的;⑧买卖双方是同一合伙的成员的。买卖双方在经营上相互有联系,一方是另一方的独家代理、独家经销或者独家受让人，如果符合上述情形，也应当视为存在特殊关系。

特殊关系的存在本身并不构成认定成交价格不能接受的充分理由。实际上，进口人只要证明所涉及的特殊关系没有实际影响价格即可。如果能够证明进口货物成交价格与同时或者大约同时发生的任何一款价格相近，应当视为进口货物的成交价格没有受到特殊关系的影响：①向境内无特殊关系的买方出售的相同或类似进口货物的成交价格；②按照倒扣价格估价方法所确定的相同或者类似进口货物的完税价格；③按照计算价格估价方法所确定的相同或类似进口货物的完税价格。如果没有找到测试价格，海关审查买卖双方的交易符合一般商业惯例的，也可以确定特殊关系未对成交价格产生影响。

“特殊关系”在实际中非常受关注，如果最终由海关决定“特殊关系”是否影响了价格，那么经济主体从东京回合谈判期望获得海关估价的确定性可能落空。跨国企业内部的“转移价格”问题，即如何防止跨国企业通过高估或低估价格来达到利润转移的做法，也涉及海关对国家经济利益的保障问题。

3. 估价方法

以成交价格为基础审查确定进口货物的完税价格时，海关对各种应计入或不应计入完税价格的调整因素按规定进行审核。估价制度的主要创新在于规定了数种估价方法供各国海关按具体规定的规则采用。

《审定进出口货物完税价格办法》规定了除成交价格估价方法以外的其他五种海关估价方法予以选用，以确定货物的完税价格，这五种估价方法之间，应按可参照的程度依次采用。进口货物的成交价格不符合规定的，或者成交价格不能确定的，海关经了解有关情况，并与纳税义务人进行价格磋商后，依次以下列方法审查确定该货物的完税价格：

①与该货物同时或者大约同时向中华人民共和国境内销售的相同货物的成交价格（相同货物成交价格估价方法）。

②与该货物同时或者大约同时向中华人民共和国境内销售的类似货物的成交价格（类似货物成交价格估价方法）。

③以进口货物、相同或者类似进口货物在境内的销售价格，扣除境内发生的有关费用（倒扣价格估价方法）。

④按照下列各项总和计算的价格：生产该货物所使用的料件成本和加工费

用,向境内销售同等级或者同种类货物通常的利润和一般费用(包括直接费用和间接费用),该货物运抵境内输入地点起卸前的运输及其相关费用、保险费(计算价格估价方法)。

⑤以合理方法估定的价格,在不能适用上述4种方法时,以客观量化的数据为基础确定的价格(合理方法估价方法)。

纳税义务人向海关提供有关资料后,可以提出申请,颠倒上述第3项和第4项的适用次序。

只有在无法采用第一种估价方法的情况下才能采用第二种估价方法,无法采用第二种估价方法时才允许采用第三种估价方法,以此类推。一种估价方法的无法采用(采用下一种估价方法的可能性),只能是客观考量的结果,即需要用客观事实来证明前一种估价方法采用条件不具备。

4. 海关估价程序

(1)海关和纳税义务人的权利义务

海关为审查进出口货物申报价格的真实性、准确性,可以行使查阅复制权、调查询问权、对货物进行查验和样品送检权、进入经营场所检查权、查询金融机构账户资金往来权,以及查询国内税缴纳情况的权力来进行价格核查。

纳税义务人承担如实申报、提供单证及其他相关资料的义务,即货物买卖中发生所列价格调整项目及相关费用需要分摊计算时,纳税义务人应当根据客观可量化的标准进行分摊,并同时向海关提供分摊的依据;以及提供证明其申报价格真实、准确或者双方之间的特殊关系未影响成交价格的资料或证据。同时纳税义务人享有申请具保放行货物、估价方法的选择权以及知情权、救济权。

(2)海关估价程序

①价格质疑

在确定完税价格过程中,海关对申报价格的真实性或准确性有疑问,或认为买卖双方的特殊关系影响成交价格时,可以启动价格质疑程序,制发海关价格质疑通知书,将质疑理由书面告知纳税义务人或其代理人。纳税义务人或其代理人应自收到价格质疑通知书之日起5个工作日内,以书面形式提供相关资料或者其他证据,证明其申报价格真实、准确或者双方之间的特殊关系未影响成交价格。纳税义务人或其代理人确有正当理由无法在规定时间内提供有关材料的,可以在规定期限届满前以书面形式申请延期,除特殊情况外,延期不得超过10个工作日。

②价格磋商

价格磋商是为了使海关和纳税义务人充分交流掌握的价格信息,以便确定恰当的估价方法和准确估定货物完税价格。价格磋商,是指海关在使用除成交价格估价方法以外的方法时,在保守商业秘密的基础上,与纳税义务人交换彼此掌握的用于确定完税价格的数据资料的行为。海关经过审查认为进出口货物无成交价格,可以不进行价格质疑,直接进入价格磋商程序。

需要价格磋商的,海关应当向纳税义务人制发海关价格磋商通知书。纳税义务人需自收到海关价格磋商通知书之日起5个工作日内与海关进行磋商,纳税义务人未在通知规定的时限内与海关进行磋商的,视为其放弃价格磋商的权利,海关可直接按规定审查确定进出口货物的完税价格。海关审查确定进出口货物的完税价格后,纳税义务人可以提出书面申请,要求海关就如何确定其进出口货物的完税价格做出书面说明,海关应出具海关估价告知书。

第三节　关税征管中的技术配套规则

海关依法征收税款,是海关税收征管工作的核心,但在海关工作中,还有一些不同性质的一般性措施,一部分是出于强化海关国家保护职能的措施;另一部分则是根据经济发展状况,为促进经济发展做出放松国家保护的措施。

一、以强化国家利益为目标的保护措施

有时仅通过征收关税对国内经济的保护尚不充分,这时候就有必要限制货物的准入数量,甚至对其他国家采取对等或报复措施。

(一)对关境准入的禁限措施

1. 贸易管制措施

对外贸易管制是指一国政府为了国家的宏观经济利益、国内外政策需要以

及履行所缔结或加入国际条约的义务,确立实行各种管制制度、设立相应管制机构和规范对外贸易活动的总称。

基于保护本国产业和市场,扩大本国产品的出口,保障政府的财政收入,确保有限的资源得以合理利用,维护社会的安全与稳定,促进本国经济、社会的可持续发展等各种不同的需求,各国政府都会制定代表本国利益的贸易管制政策和措施。世界各国在不同的历史时期形成了纷繁复杂、各具特色的贸易管制制度,采取的手段、方法与借以实现的目标也各有侧重和取舍。

与其前身关税与贸易总协定相比,世界贸易组织涵盖货物贸易、服务贸易以及知识产权贸易,而关税与贸易总协定只适用于商品货物贸易。世界贸易组织是协调、处理国家间关税与贸易政策的全球性国际经济组织,其协调和处理的内容,也正是各国贸易管制的内涵。

国际贸易中的禁限措施是一国对外贸易政策的体现。对特定的货物或物品禁止进口或出口采取进出口禁限措施是一种直接的海关技术。进出口许可制度作为一项非关税措施,是世界各国管理进出口的一种常见手段,在国际贸易中长期存在,并广泛运用。我国货物进出口许可制度是根据国家的有关法律、行政法规、国内市场需求以及我国所缔结和加入的国际条约协定,对部分进出口货物品种、数量等所实行的进出口许可管制的制度。货物、技术进出口许可管理制度是我国进出口许可制度的主要内容,是国家进出口贸易管制中极其重要的管理制度。我国的货物进出口许可制度分为一律不予许可的禁止性措施、有条件许可的限制性措施和一律予以许可的自动进口许可措施。

为维护国家安全和社会公共利益,保护人民的生命健康,履行我国所缔结或参加的国际公约和协定,国务院授权商务部会同其他国务院有关部门制定、调整并公布禁止进出口货物和技术目录,海关对禁止进出口目录货物和技术实施监督管理。禁限措施的适用往往只能是出于国家利益和公共秩序(公共卫生、公共安全、外交往来等)的需要。正是基于这个特点,禁限措施的国家主权性特征非常明显。

根据我国《对外贸易法》第16条规定,国家基于下列原因,可以禁止有关货物、技术的进口或者出口:

(1)为维护国家安全、社会公共利益或者公共道德,需要限制或禁止进出口的;

(2)为保护人的健康或者安全,保护动物、植物的生命或者健康,保护环境,需要限制或禁止进出口的;

(3)为实施与黄金或者白银进出口有关的措施,需要限制或禁止进出口的;

(4)国内供应短缺或者为有效保护可能用竭的自然资源,需要限制或禁止出口的;

(5)输往国家或者地区的市场容量有限,需要限制出口的;

(6)出口经营秩序出现严重混乱,需要限制出口的;

(7)为建立或者加快建立国内特定产业,需要限制进口的;

(8)对任何形式的农业、牧业、渔业产品有必要限制进口的;

(9)为保障国家国际金融地位和国际收支平衡,需要限制进口的;

(10)依照法律、行政法规的规定,其他需要限制或禁止进出口的;

(11)根据我国缔结或者参加的国际条约、协定的规定,其他需要限制或禁止进出口的。

为维护国家安全和利益,履行防扩散等国际义务,加强和规范出口管制,2020 年 12 月 1 日起我国《出口管制法》施行,规定国家对两用物项、军品、核以及其他与维护国家安全和利益、履行防扩散等国际义务相关的货物、技术、服务等物项实行出口管制。

2. 数量配额

数量配额(必须严格区别于关税配额)用于规定某项货物在某个给定的时段可以进口或者出口的最大数量。在国际贸易自由化的环境下,该项技术趋向适用于国家之间专营贸易制度或者针对某些敏感货物。

3. 其他限制措施

由于国际贸易领域出现新的参与者,不同国家需要做出各种不同的应对,而这带来了新的经济问题。这种方式一反传统保护技术的严厉特征,其形式呈多样化,主要是为了防止给某些特殊行业的市场造成无序。这些保障措施或调控措施,多属临时性,对象多为某些敏感货物。

(二)反制或报复措施

无论实现国际贸易自由化的意愿如何,每个国家都有必要保留一些保护措施,以备经济环境变化之需要。这些保护措施,归纳起来主要有以下几大类。

(1)反倾销措施

倾销在国际贸易中被视为不正当的贸易做法。倾销是一种个体行为,不仅损害财政利益,而且损害受害国家的企业家的经济利益。倾销是一种通过以大大低于被倾销的国家的正常市场价格倾销货物以占领这个国家的市场的蓄意行为,它扭曲了竞争条件而且会导致严重的后果,最终会扼杀受害国家的某些国内产业。因此,它显然已超出严格意义上的海关政策所能解决的问题。

(2)其他反制或报复措施

反制及报复措施的轻重程度之间的跨度非常大,有一些与海关技术关系不大的报复手段,比如制定表面上的技术规范而实际上是为了阻止某些外国货物进入本国关境的做法。同样,还有某些有利于出口产业的各种形式的资助和补贴。这些可以体现为保障措施以及涉及一些产业部门的补偿税。保障措施这个概念本身并没有独立的法律内涵,主要是通过措施阻止某些对一国经济均衡带来威胁的货物进入国境。保障措施的特点在于它的时限性,按照规定的程序对相关货物加以监控,然后通过调查确定这些货物是否"以数量剧增和/或以造成或者可能带来某种严重损害或严重损害威胁为条件进入一国境内"。

二、关税减免措施

征收关税是国家有关政策的体现,关税减免是执行国家有关政策的一种灵活性措施,它是海关关税管理制度中一项必不可少的内容。在国家对外经济贸易交往中,由于受某些国际惯例、国家间关系、国内外经济发展状况、政策以及突发事件等各种因素的影响,国家在关税上采取一定的优惠措施,把某些应上缴国家的部分或者全部税款留给纳税人,给予纳税人特别的扶持和照顾,这种措施就是关税减免。

关税减免又称为关税优惠,是减征关税和免征关税的合称。根据我国《海关法》第56条、第57条和第58条的规定,关税减免分为三大类,即法定减免税、特定减免税和临时减免税。特定减免税和临时减免税都属于政策性减免税范围,由国务院决定,两者并无明显的区别。

(一)法定减免税

法定减免税,一般是指《海关法》《进出口关税条例》以及其他法律、法规明确实施的减免税,大多与国际通行规则相一致,除外国政府、国际组织无偿赠送的物资外,其他法定减免税货物一般无须办理减免税审核确认手续。

我国《海关法》第56条规定,无商业价值的广告品和货样;外国政府、国际组织无偿赠送的物资;在海关放行前遭受损坏或者损失的货物;规定数额以内的物品;法律规定减征、免征关税的其他货物、物品以及我国缔结或参加的国际条约规定减征、免征关税的货物、物品,减征或免征关税。《进出口关税条例》第45条规定了法定免征、减征关税情形:

(1)关税税额在人民币50元以下的一票货物,免征关税。即一票货物的关税税额未达到起征点的,可免征关税。

(2)无商业价值的广告品和货样,免征关税。按照国际惯例给予免税待遇。例如,单只的鞋、袜、手套以及外商署名且无使用价值的广告宣传品。

(3)外国政府、国际组织无偿赠送的物资,免征关税。这些物资一般是基于友好的赠送或是出于人道主义的援助以及我国对国际组织、公约与协定规定的国际义务的履行。"无偿援助"项目包括国际组织、外国政府无偿赠送和我国履行国际条约规定进口的物资,属于法定减免税范围,与其他法定减免税进口货物不同,"无偿援助"项目进口货物须由海关审核确认并进行后续管理。

(4)在海关放行前损失的货物,免征关税。

(5)进出境运输工具装载的途中必需的燃料、物料和饮食用品,免征关税。这属于国际惯例,我国参加的许多国际公约和双边运输协定都有此类规定。

(6)法律规定的其他免征或者减征关税的货物,海关根据规定予以免征或者减征。

(7)在海关放行前遭受损坏的货物,可以根据海关认定的受损程度减征关税。

(二)政策性减免税

放宽关税保护做出减免税决定的原因有很多,这种政策性减免税,是出于国家政治、经济政策的需要,我国《海关法》规定,对特定地区、特定企业或者有特定用途的进出口货物,可以给予减免关税,包括基于特定目的实行的临时减免税政策,按照国务院有关规定执行。例如,对进口至特定区域(如海南自由贸易港等)、进口用于特定项目(如外商投资鼓励项目、自有资金项目和中西部外资鼓励项目)或特定用途(如慈善捐赠物资)的进出口货物减免关税。

这些特定目的还包括,例如,国家为促进科学研究、教育事业的发展,对科学研究机构、学校和技术开发机构进口国内不能生产或者性能不能满足需要的科学研究和教学用品、科技开发用品且直接用于科学研究、教学或者技术开发的,免征进口关税和进口环节增值税、消费税。

又如,国家为扶持重大战略产品、关键共性技术和重大工程的研究开发,营造激励自主创新的环境,对经认定符合享受科技重大专项进口税收优惠政策条件的承担科技重大专项项目(课题)的企业和大专院校、科研院所等事业单位,使用中央财政拨款、地方财政资金、单位自筹资金以及其他渠道获得的资金进口直接用于项目(课题)科学研究、技术开发和应用的合理数量的国内不能生产的关键设备(含软件工具及技术)、零部件、原材料,免征进口关税和进口环节增值税。

此外,有一些其他短期、特定的税收优惠政策,是海关总署或海关总署会同有关部门按照国务院的规定,根据进出口货物的特殊情况,对进出口应税货物特案予以的税收减免。

三、减免税货物的管理

2020 年 12 月 21 日海关总署发布的《海关进出口货物减免税管理办法》(海关总署令第 245 号),将以往有关减免税审批的规定调整为减免税审核确认。由于海关办理进口货物减免税手续实质上是对减免税申请人主体资格及其进口货物相关情况是否符合国家有关进口税收优惠政策规定进行审核确认,属于国务院规定的“具有政策扶持和资金扶持性质的其他权力事项”,并不是审批性质事项,因此将减免税审批的规定调整为减免税审核确认,取消了减免税备案环节,精简了减免税管理业务流程。《海关进出口货物减免税管理办法》规定,在海关监管年限内,减免税申请人应当按照海关规定保管、使用进口减免税货物,并依法接受海关监管,监管年限根据货物种类有所不同,自货物进口放行之日起计算,一般船舶、飞机为8年,机动车辆为6年,其他货物为3年。

减免税申请人负有如实申报义务,对申报事项和提供的材料的真实性、准确性、完整性和规范性承担相应法律责任;在监管年限内,应向海关报告减免税货物使用状况,海关对减免税申请人实施信用管理。在海关监管年限及其后3年内,海关依照《海关法》和《中华人民共和国海关稽查条例》(以下简称《海关稽查条例》)的规定对有关企业、单位进口和使用减免税货物情况实施稽查。

减免税申请人符合以下条件,可申请凭税款担保先予放行有关货物:(1)主管海关已经受理审核确认申请,尚未办理完毕的。(2)有关进口税收优惠政策已经国务院批准,具体实施措施尚未明确,主管海关能够确认减免税申请人属于享受该政策范围的。(3)其他经海关总署核准的情况。但国家对进出口货物有限制性规定,应当提供许可证件而不能提供的,以及法律、行政法规规定不得担保的其他情形,不得办理减免税货物凭税款担保放行手续。

减免税货物申请税款担保先予放行的,主管海关在受理申请后,5个工作日内出具是否准予办理担保的意见,符合规定的,应当制发准予办理减免税货物税款担保通知书,主管海关通知申报地海关办理减免税货物的税款担保手续。

进口减免税货物的后续处置,包括抵押、转让和移作他用等。海关对于减免税货物的后续监管理念和原则从"未经海关许可,不得擅自处置"的限制性规定,《海关进出口货物减免税管理办法》调整为"经主管海关审核同意并办理有关手续,可以处置",以促进减免税货物在保证海关有效监管的前提下能够"物尽其用"。

在海关监管年限内,减免税申请人要求以减免税货物向银行或者非银行金融机构办理贷款抵押的,应向主管海关提出申请并提供税款担保;减免税申请人需要将减免税货物转让给进口同一货物享受同等减免税优惠待遇其他单位的,应当办理结转手续;将减免税货物转让给不享受进口税收优惠政策或者进口同一货物不享受同等减免税优惠待遇的其他单位,应补缴税款,需补办许可证的应补交许可证件,才能解除海关监管;减免税申请人需要将减免税货物移作他用的,应当事先向主管海关提出申请。经海关核准同意,减免税申请人可以按照海关批准的使用单位、用途、地区将减免税货物移作他用。主要包括以下情形:

(1)将减免税货物交给减免税申请人以外的其他单位使用。

(2)未按照原定用途使用减免税货物。

(3)未按照原定地区使用减免税货物。

以上规定将减免税货物移作他用的,减免税申请人应当按照移作他用的时间补缴相应税款;移作他用时间不能确定的,应当提交税款担保,税款担保金额不得超过减免税货物剩余监管年限可能需要补缴最高税款总额。

减免税货物海关监管年限届满的,自动解除监管,减免税申请人要求提前解除监管的,应当向主管海关提出申请,并办理补缴关税手续;需补办许可证的,应当补交许可证件,自办结上述手续之日起,海关监管解除;减免税申请人可以自办结补缴税款和解除监管等相关手续之日或者自海关监管年限届满之日起1年内,向主管海关申请领取解除监管证明。

第四节　关税征缴法律制度

一、关税的征收

税收征管是海关进出境监管的重要内容,并直接涉及纳税义务的履行。海关征税应当遵循准确归类、正确估价、依率计征、依法减免、严肃退补、及时入库的原则。

(一)纳税义务人申报

根据《海关法》第54条规定,进口货物的收货人、出口货物的发货人、进出境物品的所有人,是关税的纳税义务人。对海关监管货物负有保管义务的人,在一定条件下,要承担纳税义务。《海关法》第38条第3款规定:"……在保管海关监管货物期间造成海关监管货物损毁或者灭失的,除不可抗力外,对海关监管货物负有保管义务的人应当承担相应的纳税义务和法律责任。"纳税义务人进出口货物时应当依法向海关办理申报手续,如实申报进出口货物的商品名称、税则号列(商品编号)、规格型号、价格、运保费及其他相关费用、原产地、数量等。海关对纳税义务人的申报进行审核。

(二)税款的征收

海关根据进出口货物的税则号列、完税价格、原产地、运用的税率和汇率计征税款。

我国《进出口关税条例》第38条规定:"海关征收关税、滞纳金等,应当按人民币计征。进出口货物的成交价格以及有关费用以外币计价的,以中国人民银行公布的基准汇率折合为人民币计算完税价格;以基准汇率币种以外的外币计价的,按照国家有关规定套算为人民币计算完税价格。适用汇率的日期由海关总署规定。"

根据《海关法》第60条的规定,进出口货物的纳税义务人,应当自海关填发税款缴款书之日起15日内缴纳税款。银行收讫税款日为纳税义务人缴清税款之日。纳税义务人因不可抗力或国家税收政策调整不能按期缴纳税款的,依法提供担保后,可以延期缴纳。

根据《进出口关税条例》第37条第1款的规定,纳税义务人应当自海关填发税款缴款书之日起15日内向指定银行缴纳税款。银行是我国纳税义务人的纳税地点。

(三)滞纳金

征收滞纳金,从法律行为性质上被认为是一种行政强制措施。征收滞纳金是迫使纳税义务人承担新的金钱给付义务,促使其尽快履行先前的关税给付义务。

我国《进出口关税条例》第37条第1款规定:"……纳税义务人未按期缴纳税款的,从滞纳税款之日起,按日加收滞纳税款万分之五的滞纳金。""万分之五"的固定利率操作起来简单易行,但其缺点是不能对纳税义务人未能按时缴纳税费被征收滞纳金的不同情形作出区分,有时结果可能有失公平。

二、关税的补征、追征和退还

我国《海关法》第62条规定,进出口货物、进出境物品放行后,海关发现少征或者漏征税款，应当自缴纳税款或者货物、物品放行之日起1年内，向纳税义务人补征。因纳税义务人违反规定造成少征或者漏征，海关在3年内可以追征。《进出口关税条例》第51条还规定了对追征税款从应缴纳税款或者货物放行之日起按日加收少征或者漏征税款万分之五的滞纳金。

《进出口关税条例》第52条规定："海关发现多征税款的，应当立即通知纳税义务人办理退还手续。纳税义务人发现多缴税款的，自缴纳税款之日起1年内，可以以书面形式要求海关退还多缴的税款并加算银行同期活期存款利息；海关应当自受理退税申请之日起30日内查实并通知纳税义务人办理退还手续。纳税义务人应当自收到通知之日起3个月内办理有关退税手续。"

纳税义务人申请退还关税应当以书面形式并说明理由。申请退还关税具体情形包括：(1)已征进口关税的货物，因品质或者规格原因，原状退货复运出境的；(2)已征出口关税的货物，因品质或者规格原因，原状退货复运进境，并已重新缴纳因出口而退还的国内环节有关税收的；(3)已征出口关税的货物，因故未装运出口，申请退关的。

在退还金额的支付上，我国《进出口关税条例》第53条中明确规定："……退还税款、利息涉及从国库中退库的，按照法律、行政法规有关国库管理的规定执行。"目前，《船舶吨税法》规定，纳税义务人可以自缴纳税款之日起3年内要求海关退还多缴的税款并加算银行同期活期存款利息，这一规定期限与追税期限保持一致，显得更具合理性。

三、关税的保障制度

（一）关税的担保制度

2000年《海关法》专门增设一个章节，对海关事务担保做出规定。在确定货物的商品归类、估价和提供有效报关单证或者办理其他海关手续前，收发货人要求放行货物的，可在提供与其应当履行的法律义务相适应的担保后申请放行。在《海关行政处罚实施条例》《知识产权海关保护条例》等行政法规中也先后对海关担保做出了一些规定，它们与关税担保制度共同构成海关事务担保制度的重要内容。

我国海关事务担保的类型有通关环节担保、特定业务担保(如货物物品暂时进出境)以及行政处罚担保(如有违法嫌疑的货物物品、运输工具应当或者已经被海关扣留,当事人可以提供担保,申请免予或解除扣留)。

我国《海关法》第67条规定:"具有履行海关事务担保能力的法人、其他组织或者公民,可以成为担保人。法律规定不得为担保人的除外。"担保人应具有履行关税担保义务的能力,海关法上担保人的担保能力,以担保的财产和权利来实现。

《海关法》第68条规定:担保人可以以下列财产、权利提供担保:(1)人民币、可自由兑换货币;(2)汇票、本票、支票、债券、存单;(3)银行或者非银行金融机构的保函;(4)海关依法认可的其他财产、权利。当事人提供担保金额不得超过其可能承担的最高税款金额。除此之外,在暂准进出口ATA单证册项下进出口的货物,ATA单证册也是一种特殊的担保方式。

担保生效后,担保人应在担保期限内承担担保责任。担保人履行担保责任的,不免除被担保人办理有关海关手续的义务。按照海关总署的规定,经海关认定的高级认证企业可以申请免除担保并按照海关规定办理有关手续。

(二)担保创新

1. 企业增信担保。企业通过第三方机构为其向银行提供增信方式,取得银行出具的税收保函,向海关申请办理担保通关手续。有两种模式可供选择:①同业联合担保模式,即允许同一行业或同一产业的企业中,由大公司向银行申请海关税款保函,供中小微企业凭此保函办理海关事务担保;②"银关保"模式,由企业向保险机构申请担保保险,以此获得银行保函,办理海关事务担保。

2. 企业集团财务公司担保,即由集团内的财务公司为企业集团的进出口公司出具税收保函,向海关办理通关担保手续。

3. 关税保证保险。海关总署与银保监会联合对外发布《关于开展关税保证保险通关业务试点的公告》(2018年第155号),自2018年11月1日起,海关总署、银保监会在全国海关范围内开展关税保证保险改革试点。

关税保证保险以进出口货物收发货人作为投保人,海关作为被保险人,企业向保险公司购买关税保证保险后,凭借保险公司出具的关税保证保险单向海关办理税款类担保手续,即可实现"先放行后缴税"。

关税保证保险，是海关税款担保除现金保证金、银行保函、财务公司担保以外的新一种选择。相比传统的现金保证金、银行保函等海关税收担保方式，关税保证保险具有缓解企业资金压力、不占用企业银行授信额度、应用灵活便捷等优势。

（三）税收强制措施与税收保全措施

行政强制措施，是指行政机关在行政管理过程中，为制止违法行为、防止证据损毁、避免危害发生、控制危险扩大等情形，依法对公民的人身自由实施暂时性限制，或者对公民、法人或者其他组织的财物实施暂时性控制的行为。

在我国，作为关税课税对象的进出口货物，一般是在海关的监管、控制之下进出境的，并且从海关做出征税决定到纳税义务人履行纳税义务的时间一般较为短暂。在这一期间内，纳税义务人转移、藏匿应税货物或其他财产，导致关税落空的可能性较小。有可能发生纳税义务人转移、藏匿应税货物或其他财产，导致关税落空情况发生的，主要是在关税滞纳、关税缓税期间和减免税货物、保税货物的海关监管期限内。

根据《海关法》第 60 条第 1 款、第 2 款的规定，进出口货物的纳税义务人，应当自海关填发税款缴款书之日起 15 日内缴纳税款；逾期缴纳的，由海关征收滞纳金。纳税义务人、担保人超过 3 个月仍未缴纳的，经直属海关关长或者其授权的隶属海关关长批准，海关可以采取下列强制措施：(1)书面通知其开户银行或者其他金融机构从其存款中扣缴税款；(2)将应税货物依法变卖，以变卖所得抵缴税款；(3)扣留并依法变卖其价值相当于应纳税款的货物或者其他财产，以变卖所得抵缴税款。海关采取强制措施时，对前款所列纳税义务人、担保人未缴纳的滞纳金同时强制执行。

《海关法》第 61 条规定了税收保全措施：进出口货物的纳税义务人在规定的纳税期限内有明显的转移、藏匿其应税货物以及其他财产迹象的，海关可以责令纳税义务人提供担保；纳税义务人不能提供担保的，经直属海关关长或者其授权的隶属海关关长批准，海关可以采取下列税收保全措施：(1)书面通知纳税义务人开户银行或者其他金融机构暂停支付纳税义务人相当于应纳税款的存款；(2)扣留纳税义务人价值相当于应纳税款的货物或者其他财产。纳税义务人在规定的纳税期限内缴纳税款的，海关必须立即解除税收保全措施；期限届满仍未缴纳税款的,经直属海关关长或者其授权的隶属海关关长批准,海关可以书面通知纳税义务人开户银行或者其他金融机构从其暂停支付的存款中扣缴税款,或者依法变卖所扣留的货物或者其他财产,以变卖所得抵缴税款。采取税收保全措施不当,或者纳税义务人在规定期限内已缴纳税款,海关未立即解除税收保全措施,致使纳税义务人的合法权益受到损失的,海关应当依法承担赔偿责任。

四、关税争议解决制度

关税争议解决制度是法定机关通过法定程序解决纳税争议的过程。纳税争议,是指对海关确定纳税义务人、确定完税价格、商品归类、确定原产地、适用税率或者汇率、减征或者免征税款、补税、退税、征收滞纳金等涉及税款征收的具体行政行为有异议而发生的争议。

(一)纳税争议复议制度

《海关法》第 64 条规定:"纳税义务人同海关发生纳税争议时,应当缴纳税款,并可以依法申请行政复议;对复议决定仍不服的,可以依法向人民法院提起诉讼。"《进出口关税条例》对纳税争议的主体、范围等内容进行了明确和细化。根据《进出口关税条例》第 64 条的规定,纳税义务人、担保人对海关确定纳税义务人、确定完税价格、商品归类、确定原产地、适用税率或者汇率、减征或者免征税款、补税、退税、征收滞纳金、确定计征方式以及确定纳税地点有异议的,应当缴纳税款,并可以依法向上一级海关申请复议。对复议决定不服的,可以依法向人民法院提起诉讼。对于纳税争议,实行上一级行政机关复议制度(海关总署除外)和复议前置程序。

(二)纳税争议复议的申请人与第三人

纳税争议复议的申请人包括"纳税义务人"或者"担保人"两种。《海关法》第 54 条规定:"进口货物的收货人、出口货物的发货人、进出境物品的所有人,是关税的纳税义务人。"如果有权申请纳税复议的公民死亡的,其近亲属可以申请复议。有权申请复议的法人或者其他组织终止的,承受其权利的公民、法人或者其他组织可以申请复议。

纳税争议复议期间，海关行政复议机构认为申请人以外的公民、法人或者其他组织与被审查的具体行政行为有利害关系的，应当通知其作为第三人参加复议。当然，申请人以外的公民、法人或者其他组织认为与被审查的具体行政行为有利害关系的，可以向海关行政复议机构申请作为第三人参加复议。申请作为第三人参加复议的，应当对其与被审查的海关具体行政行为有利害关系负举证责任。第三人不参加复议，不影响复议案件的审理。

（三）纳税复议的被申请人与复议机关

纳税义务人或者担保人对海关作出的与税款征收有关的具体行政行为不服，申请复议的，做出该具体行政行为的海关是被申请人。

一般情况下，复议机关是作出具体行政行为的海关的上一级海关。对海关总署作出的具体行政行为不服的，向海关总署提出复议申请。如果是两个以上海关以共同的名义作出具体行政行为的，以作出具体行政行为的海关为共同被申请人，向其共同的上一级海关申请复议。

全国通关一体化改革之前，海关的管理体制和运行模式是“海关总署—直属海关—隶属海关”三级，业务现场大多位于隶属海关这一层级，与相对人产生纳税争议的海关主体绝大多数是隶属海关。根据《海关法》《行政复议法》《行政诉讼法》的规定，在与隶属海关发生纳税争议时，相对人向上一级海关申请行政复议，即向隶属海关所属的直属海关申请行政复议；对复议决定不服的，可以向人民法院提起诉讼。全国通关一体化改革后，海关的税收征管作业模式变成了“中心—现场”两级，税管局是海关总署的内设机构，其行为应视为海关总署的行为，由海关总署承担相应的法律责任。对税管局行使确定税收要素的权力，实施的具体税收征管行为，可以提起行政复议。根据《行政复议法》第 14 条的规定，对国务院部门或者省、自治区、直辖市人民政府的具体行政行为不服的，向作出该具体行政行为的国务院部门或者省、自治区、直辖市人民政府申请行政复议。对行政复议决定不服的，可以向人民法院提起行政诉讼；也可以向国务院申请裁决，国务院依照本法的规定作出最终裁决。相对人对海关总署作出的与纳税争议相关的具体行政行为不服的，向海关总署申请行政复议；对海关总署作出的复议决定不服的，可以向人民法院提起行政诉讼或者向国务院申请裁决。

关于纳税前置的规定很大程度上是为防止国家税款流失而设置的。如今随着国民经济的快速发展,我国税收法律制度在保障税款征收方面已经有较为完备的保障制度,在税法领域,除了实体法层面上的税负公平,程序法层面上的救济公平也很重要。在税收争议期间,税务机关强制执行并未受到任何阻碍,如今纳税前置程序对国家税款的保障作用显得也没有那么重要,可以考虑适时进行修改。

Chapter 4 第四章

海关监管法律制度

第一节 海关监管法律制度概述

当货物进入一国关境或离开该关境时,海关适用海关法律制度,进行监管。海关监管与货物的物理流动之间的这种联系,是海关法制度的基础①。海关与国际贸易行为之间关系的深刻变化,也反映在一国海关监管政策和海关法的变化中。国际贸易中的标的物及承载这些货物的运输工具,从一国进入另一国,在跨越国与国之间的边境时,一国基于主权、国家安全、财政利益、文化遗产保护等多方面的考虑,对国际贸易进出境活动设定规则与程序,并设立专门机构执行该规则与程序,以实现监管目标。我国海关法规定,海关是国家的进出关境监督管理机关,这既是对海关基本性质的界定,也是对海关基本职能的确定。

一、海关监管的任务和对象

(一)海关监管任务

海关监管的基本任务,就是代表国家依照海关法和其他有关

---

① 这也部分地解释了传统海关制度不太关心"无形的"转移,更普遍地不关注服务贸易。

法律、行政法规，对进出关境的活动实施有效的监督管理。

为与实现海关监管任务相适应，海关法授权海关行使相关权力，并对有关监督管理作出具体规定。海关所有监督管理措施和工作部署，也都围绕着实现这个基本任务展开。海关监管实质就是将海关监管的法律规定付诸实施，而海关法为实现海关监管任务提供法律保障。因此，实现海关监管任务与实施海关法的规定两者是紧密结合在一起的，不可分离。这两者也会由于现实的发展变化，而出现需要调整的内容，这时候就需要按照法定权限和程序进行调整，从而有利于建立稳定的海关监管的法律秩序。

（二）海关监管对象

海关法就海关监管对象作出了明确具体的规定。海关法条款内容设计上有自己的特色，它不是围绕法律关系主体来设定相关权利与义务条款，而是针对不同海关监管对象来设计和制定相关条款，这样，就使很复杂的监管情况集中到具体的对象上来，海关采取有针对性的、必要的和相适宜的监管措施来实现对具体监管对象的监管。

依照海关法和有关法律、行政法规的规定，海关监管对象有：

1. 运输工具

货物、物品的进出境总离不开运输工具的载运，必须将两者结合起来实施监管，因此，进出境运输工具成了海关监管中的监管对象。进出境运输工具具体是指用以载运人员、货物、物品进出境的各种船舶、车辆、航空器和驮畜。同时考虑到物品的进出境总是与人的携带有直接关系，因而载运人员和货物、物品的运输工具一样，都被列入监管对象。海关对运输工具的监管，包括海关对水上运输工具、陆上运输工具、空中运输工具的监管。

2. 货物

将进出境货物作为海关监管对象，又称货物监管。在海关监管中，对货物的监管是数量最多、涉及面最宽、情况最复杂的一种监管，海关法对不同性质、不同状态的货物规定了不同的海关监管措施。因此，海关监管货物，也可以定义为处在海关监管期限之内的货物。《海关法》从监管方式上将海关监管货物分为：《海关法》第 23 条规定的一般进出口货物，过境、转运、通运货物，特定减免税货物，以及暂时进出口货物、保税货物和其他尚未办结海关手续的进出境货物。

(1)一般进出口货物。一般进出口货物,是指在进出境环节缴纳进出口税费,并办结各项海关手续后可以直接进出口的货物。一般进出口货物的监管是海关监管业务中适用最为广泛的一项,在对其他种类的海关监管货物的监管中,也始终包含对一般进出口货物的监管内容。

(2)过境、转运和通运货物。《海关法》第 100 条规定,过境、转运和通运货物,是指由境外启运、通过中国境内继续运往境外的货物。其中,通过境内陆路运输的,称过境货物;在境内设立海关的地点换装运输工具,而不通过境内陆路运输的,称转运货物;由船舶、航空器载运进境并由原装运输工具载运出境的,称通运货物。

(3)保税货物。保税货物,是指经海关批准未办理纳税手续进境,在境内储存、加工、装配后复运出境的货物。经营保税货物的储存、加工、装配、展示、运输、寄售业务和经营免税商店统称经营保税业务。

(4)暂时进出境货物。暂时进出境货物,是指经海关批准暂时进境、暂时出境并在规定期限内复运出境、复运进境的货物。除特殊情况并经海关同意延期外,暂时进出境货物应当在 6 个月内复运出境或者复运进境。到期不能复运出境或者复运进境的,应向海关办理正式进口或者出口手续并照章纳税。

3. 物品

我国海关法规定的监管对象“物品”,是相对于“货物”而言的。“物品”与“货物”的区分,并非来自该物件的自然属性,而是考虑物的性质、用途以及海关监管原则基础上所做的区分。一般来说,物品的性质是非贸易性的,为自然人所有且用途属个人自用,而与进出境运输方式无关。《海关法》将进出境物品分为行李物品、邮递物品和其他物品。进出境的物品作为海关监管的对象,具体包括个人进出境的行李物品、邮寄进出境的物品、其他物品、准予暂时免税进境或者暂时免税出境的物品。海关对进出境物品以“自用、合理数量为限”的原则实施监管。由于物品的本质特征是非贸易性的,所以,物品首先应是进出境旅客本人自用、馈赠亲友而非为出售或出租,或者说是非牟利性的,即属于“自用”范围。“合理数量”意味着海关可以根据进出境旅客旅行目的和居留时间等因素确定进出境物品的合理数量。

海关对货物和物品进行监管的原则和重点不同,海关对进出境货物监管的重点是税（税收政策）、证（贸易管制）；而进出境物品是非贸易性的，所以，物品监管一般不涉及证件的监管，海关监管的重点是如何以“自用和合理数量”原则认定物品以及征多少税的问题。在征税问题上，两者适用的依据是不同的。进出境物品适用的是专门的入境旅客税率表和完税价格表；为了方便旅客进出境，上述两表采用某一类或某几类物品统一归类、单一税率或统一定价的方法。而进出境货物的税则税率则适用《进出口税则》；进出境货物的完税价格以货物的成交价格为基础确定。基于以上不同，虽然进出境物品和货物都应向海关如实申报，并接受海关查验，但是，物品申报的内容和程序相对于货物要简要得多。在此，一般意义上讲到的海关监管，多数以货物监管对象来论及。

4. 国境卫生检疫对象

我国《国境卫生检疫法》规定，为了防止传染病由国外传入或者由国内传出，实施国境卫生检疫，保护人体健康。入境、出境人员、交通运输工具、运输设备以及可能传播检疫传染病的行李、货物、邮包等物品，都应当接受检疫，经许可，方准入境或者出境。国境卫生检疫对象包括入出境人员，入出境交通工具和国境口岸相关从业人员入境、出境交通工具、集装箱等运输设备、货物、废旧物、行李、邮包等物品、动物以及为出入境交通工具和人员提供服务的区域和单位。进出境人员和国境口岸相关从业人员，这些人员应当按照海关要求，进行健康申报。例如，在新冠肺炎疫情防控期间，海关总署全面启动了健康申报制度，要求所有出入境人员都必须进行健康申报，海关对所有出入境人员严格实施“三查、三排、一转运”的检疫措施。所谓“三查”就是百分之百查验健康申报、全面开展体温监测筛查、严密实施医学巡查，“三查”中发现有症状的、来自疫情比较严重的国家或地区以及接触过确诊病例、疑似病例的人员，要严格实施流行病学排查、医学排查以及实验室检测排查这“三排”，“三排”中判定的确诊病例、疑似病例、有症状人员、密切接触者四类人员要进行转运、隔离、留观等。针对境外发生的一些重大传染病如埃博拉、拉沙热等，在口岸海关采取严格的入境检疫；同时海关根据国家卫健委制定的防控方案，及时修订口岸防控技术方案，进一步健全信息共享机制。

5. 动植物、食品、化妆品

我国《进出境动植物检疫法》规定，进出境的动植物、动植物产品和其他检疫物，装载动植物、动植物产品和其他检疫物的装载容器、包装物以及来自动植物疫区的运输工具,应当实施检疫。动物主要指饲养、野生的活动物;植物包括栽培植物、野生植物及其种子、种苗及其他繁殖材料等。动物产品指源于动物未经加工或者虽经加工但仍有可能传播疫病的产品;植物产品指源于植物未经加工或者虽经加工但仍有可能传播病虫害的产品;其他检疫物包括动物疫苗、血清、诊断液、动植物性废弃物等。装载容器则是指可以多次使用、易受病虫害污染并用于装载进出境货物的容器,如笼、箱、桶、筐等。

二、海关监管程序

海关法对于海关监管程序的基本要求是,要有利于保证实施海关监管,方便运输工具、货物、物品的合法进出,保证关税征收,严格防止逃避海关监管的行为,有利于严厉打击走私犯罪。海关监管程序,就是指海关对其监管对象办理进出境手续的法定步骤或者有关规则,针对不同监管对象,海关监管措施不同,因而监管程序上也有差别。一般进出境货物的监管程序是从申报开始,然后接受海关查验,再则就是依法征税,最后由海关签印放行。而对进出境运输工具的监管程序则依次为:如实申报、交验单证、接受监督检查;其他的一些监管对象还有一些特定的具体的监管程序,如对保税货物的监管等。

如果从边境管理机构执法主体角度来理解,其针对货物、物品、运输工具的跨境活动适用相关程序执行监管规则的过程,就是进出境监管。

而对从事货物、物品、运输工具跨境经济活动主体来说,遵守一国出入境规则,获得进出境管理机关许可,履行相关手续的进出境过程,往往用"通关"进行表述。

在国际立法中,对海关制度加以简化与协调是通关制度的发展趋势,海关法总体发展呈现的趋势是海关关税水平降低,传统的非关税化措施(如配额、许可证和数量限制等)受到约束。为此,商界及相关的国际组织对贸易便利化的呼声主要集中于此。关于通关制度简化,国际立法的集中体现就是《京都公约》,它是世界海关组织在全球范围内为实现各国和地区的海关制度简化、协调和统一发展的重要依据。区域性立法的典型代表是2008年4月产生的欧盟《现代化海关法典》,但该法典没有实施,而是被2016年《欧盟海关法典》替代。

《京都公约》总附约指南第2章定义的"通关",是指完成必需的海关手续以使货物出口、为境内使用而进口或置于另一种海关制度下。这一定义保持开放状态，以便能够容纳各国或地区对“通关”的定义。《京都公约》中，除了对各种海关手续进行描述外，还包含了很多实体性的内容，因此，在海关监管程序或者流程章节中，每一环节都承载了通关中权利与义务的实体法律制度，以及海关的权力与责任，如依法征税、查验权与依法监管的义务。因此，海关监管程序或通关制度既包含实体规则，即包括海关职权与义务、收发货人的权利与义务等实体内容，也规定了权利义务实现的阶段、形式与方法，即相应的程序规则。

我国《海关法》是海关实现监管任务的法制保障，对进出境监督管理作出了具体规定，但《海关法》条款中没有采用通关概念。我国《海关法》第 2 条规定：“中华人民共和国海关是国家的进出关境（以下简称进出境）监督管理机关。海关依照本法和其他有关法律、行政法规，监管进出境的运输工具、货物、行李物品、邮递物品和其他物品（以下简称进出境运输工具、货物、物品），征收关税和其他税、费，查缉走私，并编制海关统计和办理其他海关业务。”海关进出境监管涉及“有形货物”的进出境活动的方方面面，具体业务包括申报、查验、归类、价格、原产地、加工贸易、禁限性管制、商品检验、动植物检疫、食品安全、卫生检疫、特殊监管区域、海关稽查、行政处罚等诸多门类。从监管措施来看，海关总署发布了 184 部规章，此外，还有大量的实务操作和规范要求体现在超过 2200 部的海关公告中，可以说，每一项进出境活动均涉及多部海关规章、多个海关公告所设定的管理制度。

三、海关监管的空间和时间

我国《海关法》没有对“关境”作出明确定义，但“关境”作为海关法的法律适用空间是一个一直存在的特别概念，海关法是于“关境”内发生法律效力的法律制度。关境，是海关法上一个独特的概念，又称单独关税区（Separate Customs Territory），通常指在一个国家（地区）的海关法的效力范围。世界海关组织主持制定《京都公约》，将关境定义为“缔约方海关法适用的地域”。关境与一般法的适用空间范围所指国境略有区别，由于政治、历史、宗教、民族、文化的原因，特别是国际贸易的复杂性使一个国家不同地区可能适用不同海关法，例如，在一国境内设立自由港或自由贸易区，则自由港、自由贸易区内不适用该国海关法，而适用不同于其国境其他区域的海关制度；也有可能出现几个国家和地区适用共同的海关法的情况，例如，欧盟成员国之间适用《欧盟海关法典》，建立关税同盟的美国和加拿大之间适用北美贸易协定。因此当一个国家领土（包括领海）内设有不同的关境时，国境大于关境；当几个国家和地区设有共同的关境时，则出现国境小于关境的情形。目前，我国海关法实施的范围所指向的关境，就是指除我国香港特别行政区、澳门特别行政区、台湾地区之外的其他地区。香港特别行政区、澳门特别行政区、台湾地区都是中国领土，但目前都是单独关税区，实行各自的海关制度。

海关对货物的监管体现在海关对货物行使监管权的空间范围和时间界限。海关监管工作的特殊性，决定了海关监管权行使受到特定范围限制。

1. 海关监管空间范围通常限定在特定区域。海关监管业务往往与海关监管的特定区域有密切关系，通常海关监管业务的办理，都在设立海关的某一特定区域。例如，海关对进出境货物、物品、运输工具行使监管权，是就货物与单证相一致进行确认的过程，原则上在海关办公地点和工作时间内进行，这意味着所有“通关”的货物、物品和运输工具都有在特定时间和地点接受海关检查和查验的义务。但基于经济活动及贸易发展便利化的需求，随着海关监管模式在时间上的前伸与后延，令海关实施监管的范围并非一直限制于海关办公室或者海关监管下的地点。

《海关法》将海关监管的特定区域称为“海关监管区”，指设立海关的港口、车站、机场、国界孔道、国际邮件互换局（交换站）和其他有海关监管业务的场所，以及虽未设立海关，但是经国务院批准的进出境地点。经申请人向海关进行申报后，《海关法》第 28 条规定了进出口货物应当接受海关查验，海关查验一般在海关监管区内进行。“对在监管区外装卸危险品、鲜活产品、接驳运输的进出口货物，经收发货人或其代理人申请，海关可结合装卸环节在作业现场查验货物；在特殊情况下，经收发货人或其代理人申请，海关可同意派员到海关监管区外查验。”

海关作为进出境监管机关，边界孔道曾是海关履行职能的专属地点，但这一理念已逐渐发生了变化。例如，基于企业即时生产模式变化，海关监管必须适应新的经济活动发展需要，海关监管方式发生了变化，海关监管地点与监管活动本身便出现了脱离，例如，海关通过对从事加工贸易企业的账册进行监管部分取代实货监管。自由贸易(试验)区带来的“境内关外”的争辩,也意味着海关监管内涵的理解变得更丰富。但无论何时,对货物的监管都是海关法实施的最基本的注脚,自由贸易(试验)区实施的自由贸易,一线放开是放开边界监管,而不是监管这一概念本身,因为在其他方面的海关监管仍然必须存在。

同时我们看到,海关执法区域随着海关制度创新而有所延伸。海关法律规范规定海关对海关监管货物的流通进行监管,这就涉及更广泛的公共领域,甚至其监管范围可以延伸至企业营业所在地。例如,《海关稽查条例》第14条就规定了海关进入企业场所权,这事实上是对海关法规定的海关执法区域的扩张性条款,进入企业场所权涉及企业“关停转”等重大财产利益。

海关执法区域根据立法规定在行使紧追权的情形下得到延伸。《海关法》第6条第6项规定,进出境运输工具或者个人违抗海关监管逃逸的,办案人员可以连续追至海关监管区和海关附近沿海沿边规定地区以外,将其带回。2018年10月26日通过并公布的施行刑事诉讼法修改意见规定,由中国海警局对海上发生的刑事案件行使侦查权。《海关法》上的这一条款面临着被修改。

2. 海关监管的时间界限。对我国国籍的运输工具经营进出境运输的,从其经海关办理运输工具注册登记经营国际运输业务开始时起到结束国际运输业务并办理结关核销手续止,都应当接受海关监管。对我国境内企业的运输工具,在境内承运海关监管货物或物品的,该运输工具自装载海关监管货物开始至卸下货物为止受海关监管。海关对货物实施监管的期间,具体表现为进口货物自进境起至办结海关手续止;出口货物自申报起至办结海关手续离境止;过境、转运、通运货物自进境起到出境止;其他各类货物的海关监管期限各有不同。凡处在海关监管期限之内的货物,实际上就是广义上的“海关监管货物”。旅客携带进境的自用物品,从进境时起到复带出境或办结海关手续时止;旅客携带出境的自用物品,从向海关申报时起,到复带进境或办结出境海关手续时止;进境的个人邮递物品从进境时起,到办结海关手续时止;出境的个人邮递物品从向海关申报出境时起,到办结海关出境手续时止都属于海关监管期间。

四、现代海关监管制度发展

在海关现代化建设与改革理念逐渐发展的今天,国际贸易供应链的提出,要求各国海关制度的完善不能再处于封闭和孤立的状态,海关是供应链中的一个基础角色。从这个角度观察,通关作为一个重要概念,出现在海关监管制度竞争力发展的范畴内,海关监管时空从进出口环节向供应链转变。

货物、物品和运输工具从进入关境边界或申请出境到办结海关手续的过程以及应当遵循的制度,这一定义下的通关制度,侧重于认为通关是一种海关制度,其中不仅包括了一般贸易项下的进出境规则,而且还包括了货物、物品等办结海关手续前,与海关产生法律关系的全过程。从这个角度考虑,随着海关监管时间的前伸与后延,不同用途、不同种类的货物的通关内涵和时空概念都会有所拓展。

当今海关法的发展与变化,体现为促进海关监管统一性及加强海关监管竞争力发展的趋势,其特点集中体现在:第一,调整和扩大海关职责。"传统"海关着重履行财政职能,以监管、征税并打击偷逃税为主要职责;而现代海关负有促进贸易便利化的重要使命,为此,海关多次调整法律法规,采用 WTO 海关估价制度、协调制度,改革监管程序,提高通关速度,设立保税仓库和自由贸易区,尽可能为货物和人员的进出境提供方便。当然,海关在大力促进贸易便利化的同时,如何合理地加强监管,保障进出境人员、货物和物品以及整个国际贸易供应链和本国政治、社会的安全也成为关注的焦点。第二,简化通关程序和实行无纸化通关。海关立法需要提供一个标准来简化监管程序和相关制度,但实施这种标准必须以不损害国家实质性利益为限度。第三,电子海关及海关现代化建设。海关现代化建设的重要内容和标志,包括实行电子化报关,实行"一站式"服务、"单一窗口",实行集中放行以及信息化处理。海关制度不再是多多益善,而应该是减少到尽可能少的程度。第四,建立集中式监管。在海关实践中避免对法律的适用出现执法结果的不同,因此,在风险评估、自由裁量权以及海关稽查中,海关建立起统一标准的信息技术基础设施和数据库。

这些在海关监管机制竞争力发展方面的共同要求,显示了当今海关监管和立法必须从重视贸易供应链上各个环节的共同努力出发,也就是必须通过与供应链密切相关的各个环节——生产商、进出口商、物流经营者、报关企业等的密切合作和配合,才能在实现贸易便利的同时,最大限度地为国家安全提供可靠保障。

全国海关通关一体化在现代化海关监管制度发展中,产生的最主要的影响包括两方面:一是企业可以根据自身需要选择在任意地点报关进口,彻底消除了申报的关区限制,便利化程度大大提升;二是海关审核模式发生根本性改变,由原来各地海关的分散审核,改为集中统一审核,海关总署设立的风险防控局和税收征管局分别对安全准入风险和涉税要素进行把控,执法标准更加统一,对于归类错误、价格异常等问题更易查觉和发现。

第二节 进出境运输工具监管制度

《海关法》所称的进出境运输工具,一般只作为运载工具,其本身并不通过国际贸易进出口。根据《海关法》第100条规定,进出境运输工具,是指用以载运人员、货物、物品进出境的各种船舶、车辆、航空器和驮畜。进出境运输工具与进出境的货物、物品密切相关,海关对进出境运输工具实施监管的目的,是确保运输工具及其所载货物、物品合法进出境。

一、海关对进出境运输工具监管的内容

海关对进出境运输工具的监管规定主要包括对运输工具备案、进境、停留、境内续驶、出境、物料及运输工具工作人员携带物品的监管等。海关对经营国际运输的企业及运输工具采取注册登记制度。运输企业获准经营国际运输业务后,应向主管海关办理企业和运输工具的注册登记手续。载运进出境货物、物品的运输工具与进出境运输工具是不同的概念。载运进出境货物、物品的运输工具包括进出境运输工具和与境内接驳进出境货物、物品的运输工具这两种类型。这两种运输工具之间,进出境运输工具是海关主要监管对象,而境内接驳进出境货物、物品的运输工具居于从属地位。

海关对进出境运输工具的监管主要集中在停靠、行驶、申报等方面,运输工具负责人按照规定停靠和行驶、申报和交验有关单证和接受海关检查等。

1. 申报规则

进出境运输工具到达或者驶离设立海关的地点时,运输工具负责人应当向

海关如实申报，交验单证，并接受海关监管和检查。上下进出境运输工具的人员携带物品的，应当向海关如实申报，并接受海关检查。

2. 不得脱离监管规则

停留在设立海关的地点的进出境运输工具，未经海关同意，不得擅自驶离。进出境运输工具从一个设立海关的地点驶往另一个设立海关的地点的，应当符合海关监管要求，办理海关手续，未办结海关手续的，不得改驶境外。

3. 行走路线规则

进境运输工具在进境以后向海关申报以前，出境运输工具在办结海关手续以后出境以前，应当按照交通主管机关规定的路线行进；交通主管机关没有规定的，由海关指定。

4. 通知事项规则

进出境船舶、火车、航空器到达和驶离时间、停留地点、停留期间更换地点以及装卸货物、物品时间，运输工具负责人或者有关交通运输部门应当事先通知海关。

5. 装卸规则

运输工具装卸进出境货物、物品或者上下进出境旅客，应当接受海关监管。货物、物品装卸完毕，运输工具负责人应当向海关递交反映实际装卸情况的交接单据和记录。

6. 配合海关的义务

进出境运输工具负责人有配合海关执法的义务。例如，海关检查进出境运输工具时，运输工具负责人应当到场并根据海关的要求开启舱室、房间、车门，或开拆可能藏匿走私货物、物品的部位，搬移货物、物料等。海关根据工作需要，决定派员押运的，运输工具负责人应当提供方便。

7. 用途监管

进境的境外运输工具和出境的境内运输工具，未向海关办理手续并缴纳关税，不得转让或者移作他用。进出境船舶和航空器兼营境内客、货运输，需经海关同意，并应当符合海关监管要求。进出境运输工具改营境内运输，需向海关办理手续。

沿海运输船舶、渔船和从事海上作业的特种船舶，未经海关同意，不得载运或者换取、买卖、转让进出境货物、物品。

8. 不可抗力及时报告规则

进出境船舶和航空器，由于不可抗力的原因，被迫在未设立海关的地点停泊、降落或者抛掷、起卸货物、物品，运输工具负责人应当立即报告附近海关。

以上有关运输工具的准入及实施条件的法律规定，主要体现在我国《海关法》第 14 条至第 22 条。在这里，我们还应该注意到集装箱和托盘作为运输工具的出现，方便了货物的搬运和转装，使运输无卸货直至抵运地，目前我国《海关法》有关运输工具监管规则并没有将集装箱与托盘作为其调整对象，海关对这些运输设备进行暂时进出境监管。

二、进出境运输工具舱单传输和海关监管

进出境运输工具进出境，必须向海关申报，办理有关运输工具、运输工具所载人员及其所载货物的申报手续。运输工具负责人将正确的舱单等表示运输工具运载情况的电子数据和纸质文本及时传送海关，这不仅关系海关对运输工具本身的监管，还涉及进入下一步对进出口货物的监管。

进出境运输工具舱单（以下简称舱单），是指反映进出境运输工具所载货物、物品及旅客信息的载体。我国自 2009 年 1 月 1 日起实施《中华人民共和国海关进出境运输工具舱单管理办法》（以下简称《海关进出境运输工具舱单管理办法》），该办法经 2017 年、2018 年两次修正。

（一）舱单传输的内容

舱单规则统一适用于各种运输工具的舱单，如可进出境船舶、航空器、铁路列车以及公路车辆舱单，也适用于不同种类的舱单，如原始舱单、预配舱单、装（乘）载舱单。

"原始舱单"，是指舱单传输人向海关传输的反映进境运输工具装载货物、物品或者乘载旅客信息的舱单。"预配舱单"，是指反映出境运输工具预计装载货物、物品或者乘载旅客信息的舱单。"装（乘）载舱单"，是指反映出境运输工具实际配载货物、物品或者载有旅客信息的舱单。

进出境运输工具载有货物、物品的，其所指舱单还应当包括总提（运）单及其项下的分提（运）单信息。"提（运）单"，是指用以证明货物、物品运输合同和

货物、物品已经由承运人接收或者装载，以及承运人保证据以交付货物、物品的单证。“总提（运）单”，是指由运输工具负责人、船舶代理企业签发的提（运）单。“分提（运）单”，是指在总提（运）单项下，由无船承运业务经营人、货运代理人或者快件经营人等企业所签发的提（运）单。

舱单传输人，包括进出境运输工具负责人、无船承运业务经营人、货运代理企业、邮政企业以及快件经营人，应当按照海关备案的范围在规定时限向海关传输舱单电子数据。舱单相关电子数据包括装箱清单、运抵报告、理货报告。“装箱清单”，是指反映以集装箱运输的出境货物在装箱以前的实际装载信息的单据。“运抵报告”，是指进出境货物运抵海关监管场所时，海关监管作业场所经营人向海关提交的反映货物实际到货情况的记录，以及进出境物品运抵旅客通关类、邮件类场所时，相关场所经营人向海关提交的反映物品实际到货情况的记录。“理货报告”，是指海关监管作业场所、旅客通关类、邮件类场所经营人或者理货部门对进出境运输工具所载货物、物品的实际装卸情况予以核对、确认的记录。

（二）运输工具负责人提前传输舱单电子数据的法定义务

向海关传输舱单电子数据，不属于进出口货物申报范畴，但两者具有密切关系。根据《海关进出境运输工具舱单管理办法》的规定，舱单电子数据传输义务人应当在进境货物运抵目的港之前向海关传输原始舱单电子数据，海关接受原始舱单数据传输后，收发货人方可向海关办理货物申报手续。

舱单数据传输是保障国际贸易安全与便利的一个重要环节。海关对舱单数据提前研判，确定即将入境货物的安全风险等级，对禁限类或者高风险敏感货物实行“禁装”“禁运”“禁卸”等处置措施。根据《海关进出境运输工具舱单管理办法》第10条的规定，海关发现原始舱单中列有中国禁止进境的货物，可以通知运输工具负责人不得装载进境。此外，提前获取并向海关传输舱单电子数据，也是海关允许收发货人提前申报、“两步申报”等便利申报模式的前提条件。

企业通过海关“进出境舱单管理系统”进行舱单等电子数据的传输，海关据此可以充分了解舱单传输人及相关数据传输人的有关信息，开展风险管理工作。舱单电子数据的传输包括两部分：一部分是舱单电子数据，另一部分是与舱单相关的其他电子数据,如理货报告等。《海关进出境运输工具舱单管理办法》将传输上述舱单电子数据的主体分为两类:一类是舱单传输人,主要包括运输工具负责人、无船承运业务经营人、货运代理企业、船舶代理企业、邮政企业以及快件经营人等义务主体;另一类是相关数据传输人,包括理货部门、海关监管作业场所经营人及出口货物发货人。舱单传输人、监管场所经营人、理货部门、出口货物发货人在进行舱单传输之前,应当向其经营业务所在地直属海关或者经授权的隶属海关备案,并提交备案登记表。以上所列主体应在规定时限内向海关传输舱单电子数据。

《海关法》及有关行政法规都没有直接的条款对运输工具舱单管理作出规定,但海关规章规定了运输工具负责人等应向海关进行"舱单数据传输",提供舱单电子数据是否属于申报行为,条款中未予明确。在海关实务中,舱单传输也没有被作为申报行为看待,由于舱单传输行为法律性质不明确,有关责任主体的法定义务和法律责任也就没有明晰界定。可以参照美国、欧盟、日本相关海关规范,它们均明确舱单申报是一种法定义务。以欧盟为例,海关提前舱单规则自 2011 年 7 月 1 日起实施,根据该规则,凡进入欧盟辖区的所有货物必须由承运人(通过海运的情况下)在海关行政当局规定时限内、在货物运抵前通过电子方式提交声明,即只要船舶挂靠欧盟目的港都必须申报 ENS(Entry Summary Declaration,入境摘要申报)。

在海关法立法完善中,应建立和明确舱单申报制度,将"舱单传输管理"明确为"舱单申报管理",并明确申报主体及其权利义务,即舱单申报主体具有向海关如实申报舱单数据的法律义务。进境舱单和出境舱单电子数据的申报时限,可以根据各种运输工具和运输方式的特点,作出具体规定。

第三节　进出口货物监管制度

如果把运输工具舱单提前申报看作货物申报前的海关监管机制,那么,货物通关与其他海关手续,则构成海关业务的核心。与海关这部分职责相关的业务将海关置于国际贸易的中心。海关是国家进出境监督管理机关,在履行监管职责、维护国门安全神圣使命的同时，也担负着创新监管体制机制、促进贸易自由化的重要任务。海关监管制度在设计流程的时候，既要考虑促进企业经济竞争力的提升，国家经济与财政利益的实现，还要考虑反走私与保障国家安全利益的实现。赋予海关执法权力时，基于确保海关立法得以正确实施的需要，海关应当被授予广泛的监管权；同时又要考虑贸易经营者应获得公平和公正待遇的权利以及权利救济保障。

一、海关监管方式的概念

确保税收征管、贸易管制措施以及进出境检验检疫措施的相关法律法规得以正确实施的步骤与措施，在海关法上可以理解为海关监管。

但在理解海关监管的含义时，还不能局限于此。一方面，海关监管，意味着必须满足海关法规则的所有要求的同时，还应注意到，应当对货物征收相关国内税等法规规定。另一方面，对加工贸易保税货物或转关货物而言，收发货人办理符合"特定海关监管方式"的相关海关手续，即相较于一般进出口货物海关监管方式而言的某类特殊监管方式。

世界海关组织对海关监管方式所给的定义是"海关给予应受其监管货物的待遇"。可以说，进口货物或者出口货物能够适用的海关监管方式，是针对对外贸易经济活动主体基于不同经济目的需要的货物类型，根据海关核准的货物最终去向来决定。

海关监管每个阶段都有不同的要求，这些要求的目的均在于确保货物合规地进入关境并运抵海关监管所在地，在不同海关监管方式之下，办理一些基本的通关手续，如一般进出口货物的海关监管以及特殊监管方式下的海关监管。

一般贸易货物的进口与出口，都必须向海关办理通关手续，通常需经过申报、查验、纳税、放行几个步骤。但根据进口或出口的不同情况，海关法的规定也不同。在出口情况下，海关法所针对的是从国内市场采购的货物，这些货物在被运至可存放的通关地点之前，均可自由流动，直至向海关递交按某种监管方式监管的报关单后，货物才受海关监管。与之相反，在进口环节，货物一旦进入我国关境，在办结通关手续之前，整个期间都受到海关监管。鉴于出口货物所涉及的关税、许可证、配额的数量与种类远少于进口货物，因此，海关监管往往对涉证涉税的进口货物施以更多的监管资源。通关时间上,一般而言,货物出口放行时间远远短于进口货物放行时间。基于进出口货物通关与解除海关监管间的关系,有时候这些货物在通关准备阶段就需要采取一定的保全措施。

货物从实际进入关境到被确定适用某种海关监管方式之前,会有三个不同阶段:一是货物运抵海关,二是向海关申报,三是置于海关监管之下。对"先进境后报关"的货物,申报置于海关监管之后,其处在等待通关时采取的监管措施,应视为"运抵海关"情形的补充。

应征税货物脱离海关监管行为的发生具有稍纵即逝的特性,因此需制定防范货物跨境后非法流入国内市场的措施,否则各类走私行为就会乘虚而入。海关监管须采取一系列措施,这些措施的目标就是监督货物进行合规移动,防止货物逃避海关监管。

二、海关监管的一般性规定

货物运抵海关应当适用的条款,在《海关法》对运输工具监管和对货物监管的专门规定中。

货物一旦进入我国关境,就应置于海关监管之下并接受海关查验。货物由运输人运入境内,运输工具入境应按规定路线行驶,运至某个指定的设立海关的出入境地点,或者运入某自由贸易区。在转装运输工具的情形下,负责货物进境后的运输企业负有将货物运至海关监管地点这一义务。这些货物在其海关监管状态确定之前都受到海关监管,只有完成海关手续后,才会解除海关监管。

根据海关不同监管方式的要求,收发货人所办理的通关手续、步骤与阶段的内容不同,通关程序也有不同的分类。《海关法》第 23 条规定,进口货物自进境起到办结海关手续止,出口货物自向海关申报起到出境止,过境、转运和通运货物自进境起到出境止,应当接受海关监管。根据以上海关监管货物的方式,通关程序可以分为进口货物通关,出口货物通关与过境、转运、通运货物通关。上述五种进出境货物通关应当在以下期间内接受海关监管:

第一,海关对进口货物的监管期间是自进境起到办结海关手续止。进口货物自进入关境时起就成为海关的监管对象,应当依法办理海关手续,在办结海关手续前,一直应当处于海关的监管之下。进口货物的海关手续依法办结后,海关监管则解除。

第二,海关对出口货物的监管期间是自向海关申报起到出境止。出口货物自向海关申报出境起成为海关监管对象,置于海关的监管之下,只有办结海关手续运出关境后,海关才解除对它的监管。

第三,海关对过境、转运和通运货物的监管期间是自进境起到出境止。过境、转运和通运货物自进入关境时起直至运出关境时止,始终应当处于海关的监管之下。

进出口通关程序不仅指以上货物的通关,还包括暂准进出境货物的放行通关和保税货物的进出境等。

应接受海关监管的进出境活动,还包括进出境旅客携带行李物品进出境、个人邮递物品进境、边境贸易以及"无商业用途"或经济重要性甚微的活动下物品进出境等,此外,还有从我国境外按转运监管方式监管入境的货物。

进出境货物的海关监管期间,实质上是海关行使监管权力的期间,在此期间内,海关有权对进出境货物进行查验,查阅、复制与进出境货物有关的资料,扣留有走私嫌疑的进出境货物,对进出口货物依法征收关税等,进出境货物的所有人或者其代理人则有义务接受海关的监管。

三、进出口货物申报制度

货物一旦抵达设立海关的入境地点或者按规定指定的其他地点,货物收发货人须向海关申报,进出口货物申报是海关实施进出境监督管理的起点。

一般通关程序建立在若干海关监管沿袭而来的规定上,长期以来一直统一地适用于一般进出境货物的通关监管。事实上,一般通关程序适用越来越少,但这个流程是通关基础性的内容,主要体现在对一笔通关业务"完整"申报的审核。

(一)申报

1. 申报的概念

"申报"是指进出口货物的收发货人、受委托的报关企业,依照《海关法》以及有关法律、行政法规和规章的要求，在规定的期限、地点，采用法定形式，向海关报告实际进出口货物情况，并接受海关审核的行为。根据货物的性质、种类和特征，海关法规定了进出境的条件，有关当事人将其符合进出境条件的事实向海关申报并附上必要的单证。任何进出境货物都必须向海关申报，申报内容应列在一份载有基于该海关监管方式所需要素的报关单上。报关单传统上被定义为“完整申报单”，以更好地强调它的特性，并且跟海关其他形式的报关单，如概要申报（简化相关报关要素的报关单）相区别。在这里，除了明确提出概要申报等特殊情形的申报外，我们使用传统用语来解释申报概念。

2. 申报的本质

进口或者出口货物，必须向海关申报，这是对进出口货物实施海关监管的要求，也是海关监管的基础。为确保进出口货物海关监管的有效实施，进出口货物的收发货人负有如实申报的义务。如果违反这项法定义务，瞒骗海关，逃避监管，进行走私，就要承担相应法律责任。如果进出口货物的收发货人不是自行办理报关手续，而是委托报关企业报关，也必须承担如实申报的责任，向报关企业提供报关事项的真实情况，以便报关企业向海关如实申报。因进出口货物的收发货人提供情况不真实导致的虚假申报，应由进出口货物的收发货人承担责任。进出口货物的海关申报，主要是向海关交验规定的报关文件。

对报关各要素进行“海关审核”，是海关应用的一种常用模式。这种模式下，申报事实上包含了收发货人的申报和海关的审核两部分行为。一般进出口货物的收发货人或其代理人，在向海关申报时，海关会通过初步审核，确认其是否已具备申报的条件，符合海关受理要求的，海关则受理申报，并进行实质性审核。申报人向海关进行申报和接受海关查验货物，是否符合海关法规定，由海关对货物各要素进行审核和货物的查验来确定。在这种情形下，相对人的工作相对轻松，还能规避申报不规范带来的风险。但在实践中，对报关单单证的申报和监管，海关要求更为严格。根据海关对单证的监管原则，海关监管建立在对申报内容进行审核的基础之上。递交报关单，除了有利于明确管理相对人与海关的责任，并加强税收保障之外，海关对单证的监管模式，避免了对所有货物逐一查验，使海关干预限制在核查式监管的程度内，即通过核查相对人的申报内容，从而加速了通关。所以海关对单证的审核，在海关监管中占主导地位。

对单证进行审核没有任何例外。无论货物处于何种监管方式之下，也不论货物是否征收关税及其他税，是在进口环节还是在出口环节，均不能免除申报。这是一项源于《海关法》第 24 条第 1 款规定的法律义务："进口货物的收货人、出口货物的发货人应当向海关如实申报，交验进出口许可证件和有关单证。国家限制进出口的货物，没有进出口许可证件的，不予放行，具体处理办法由国务院规定。"

3. 申报方式

(1)逐笔申报原则

每笔进口或出口业务都应附有一份完整报关单，其货物将接受海关监管。这条"逐笔"申报的原则，使得海关法中对一般贸易方式下货物进口关税的监管，从根本上区别于国内税惯常所用的征管方法。在国内税征管中，实货监管是例外，即使实施监管，除罕见的特殊情况外，从来不针对流动的货物，而是在引起国内税发生的经济行为完成时进行监管。逐票监管的有效性，特别有助于抑制进出境瞒骗，这种方式使海关必须对纳税人每笔交易进行监管，并在接受实时申报时就地征收应征税款，但这种方式显然与国际贸易持续增长的要求不相适应，已无法满足经济发展和行政现代化改革需要，海关对这种逐票监管方式进行改革。最普遍的做法是，就应征收关税的交易，事后由纳税人定期进行批量申报，海关进行事后监管。

(2)集中申报

为了便利进出口货物收发货人办理申报手续，提高进出口货物通关效率，《中华人民共和国海关进出口货物集中申报管理办法》第 2 条规定，集中申报是指经海关备案，进出口货物收发货人在同一口岸多批次进出口规定范围内货物，可以先以《进出口货物集中申报清单》申报货物进出口，再以报关单集中办理海关手续的特殊通关方式。

符合集中申报条件的企业，应当向海关办理集中申报的备案手续。以集中申报通关方式办理海关手续的收发货人，应当在载运进口货物的运输工具申报进境之日起 14 日内，出口货物在运抵海关监管区后、装货的 24 小时前填制《进出口货物集中申报清单》向海关申报。收货人在运输工具申报进境之日起 14 日后向海关申报进口的，不适用集中申报通关方式，收货人应当以报关单向海关申报。海关审核集中申报清单电子数据时，对保税货物核扣加工贸易手册(账册)或电子账册数据；对一般贸易货物核对集中申报备案数据。经审核，海关发现集中申报清单电子数据与集中申报备案数据不一致的，应当予以退单。收发货人应当以报关单方式向海关申报。

收发货人应当自海关审结《进出口货物集中申报清单》电子数据之日起 3 日内，持《进出口货物集中申报清单》及随附单证到货物所在地海关办理交单验放手续。属于许可证件管理的，收发货人还应当提交相应的许可证件，海关应当在相关证件上批注并留存复印件。

收发货人未在规定期限办理相关海关手续的，海关删除集中申报清单电子数据，收发货人应当重新向海关申报。重新申报日期超过运输工具申报进境之日起 14 日的，应当以报关单申报。

收发货人应当对一个月内以《进出口货物集中申报清单》申报的数据进行归并，填制进出口货物报关单，一般贸易货物在次月 10 日之前、保税货物在次月底之前到海关办理集中申报手续。《进出口货物集中申报清单》归并为同一份报关单的，各清单中的进出境口岸、经营单位、境内收发货人、贸易方式（监管方式）、起运国（地区）、装货港、运抵国（地区）、运输方式栏目以及适用的税率、汇率必须一致。各清单中前述规定项目不一致的，收发货人应当分别归并为不同的报关单进行申报。对确实不能归并的，应当填写单独的报关单进行申报。各清单归并为同一份报关单时，各清单中载明的商品项在商品编号、商品名称、规格型号、单位、原产国（地区）、单价和币制均一致的情况下可以进行数量和总价的合并。一般贸易货物集中申报手续不得跨年度办理。收发货人对《进出口货物集中申报清单》申报的货物以报关单方式办理海关手续时，应当按照海关规定对涉税的货物办理税款缴纳手续，海关按照接受清单申报之日实施的税率、汇率计征税费。涉及许可证件管理的，应当提交海关批注过的相应许可证件。

（3）定期申报

经电缆、管道、输送带或者其他特殊运输方式输送进出境的货物，经海关同意，可以定期向指定海关申报。

经电缆、管道或者其他特殊方式输送进出境的货物，经营单位应当定期向指定的海关申报和办理海关手续。这是对以特殊方式输送货物进出境的单位所采用的一种特殊的海关监管方式。经电缆输送的电，或者经管道输送的天然气等货物，在输送进出境过程中，难以像普通货物那样接受海关的直接检查、清点和核对，而需要借助有关的仪器和特殊的度量工具进行测量，因此，应当由经营单位定期向指定的海关申报，办理海关手续。这种定期申报是经营单位的一项法定义务，经营单位必须严格履行这项义务。

4. 申报要素

海关法规定收发货人“如实申报”的义务，这种义务的履行通过交验单证来证明。这就涉及对其申报内容是属于事实要素还是法律要素的认定。

各国就通关货物需要申报的要素规定有所不同，在海关审核模式下，只需要提供“事实要素”，即申报人向海关提供确定货物税则归类或估价的事实要素即可。还有另一种模式，例如，欧盟海关法规定，纳税人进行申报时，对正确选用法律规定承担相应责任，这种模式下，海关能更迅速和有效地进行监管，但它要求纳税人必须正确理解复杂甚至有时候还存在一些不明确的法律规定，因此有时候纳税人也不能完全做到不出任何的差错。但针对海关估价申报的海关法适用中，一直存在就估价申报差错认定为违反海关法行为这一做法的争议，有些差错的确是基于对法律概念或条款适用的错误解读，而非事实要素的伪报。对这些技术性的问题，允许只涉及法律要素争议，在事实要素得以正确申报的情况下，不将其作为走私行为进行追诉，而只是作为补缴关税及其他税的一般行政案件处理可能更为合适。

5. 申报的法律效力

一份完整报关单，表明了申报人接受海关监管的意愿并承诺履行海关法上的义务。该申报的目的，是向海关提供对申报货物进行确认并正确适用相关法规所需要的信息。

申报主体独立完成并对其申报内容承担全部的法律责任，在整个申报环节海关不参与。但海关可能向申报人提供相关报关单填制的必要咨询或官方文件的查询。对相对人而言，他可以向海关征询对其拟申报货物相关法规的适用意见。

事实上，对外贸易从业人向海关咨询获得的答复，其法律效力在各国家各不相同。最常见的做法是这种咨询意见没有法律效力，仅构成一项海关不承担任何责任的意见。那么，这种做法，对相对人来说过于严苛，为了回应经济主体对确定性的担忧，我国建立了“有约束力的咨询意见”即预裁定制度，预裁定制度是目前国际海关通行的贸易便利化措施。

我国为提高企业对进出口贸易活动的可预期性，帮助企业准确掌握申报要素，确保海关精准有效监管，《海关预裁定管理暂行办法》对接国际规则，在整合优化海关商品预归类、原产地预确定、价格预审核制度(以下简称“三预”制度)的基础上，实施全关境统一适用的海关预裁定制度。

6. 预裁定制度

预裁定制度将海关对相关涉税要素的审查确认前置于企业申报，从而简化通关流程，提高通关效率。

预裁定，是指在货物实际进出口前，海关应申请人的申请，对其与实际进出口活动有关的海关事务作出有关决定。

与预裁定制度具有相近制度功效的是海关“三预”制度和行政裁定制度。这两者与预裁定制度既有共性，也有差异。预裁定制度与海关“三预”制度均是直属海关应申请人的申请，在货物实际进出口前对其与实际进出口活动有关的海关事务作出的相关决定。预裁定制度在海关全关境适用，但“三预”制度仅在作出决定的直属海关关区适用；且预裁定决定有效期为 3 年，而“三预”决定仅适用于当事人申请所指向的货物，“一事一申请”，“三预”决定不具有反复适用效力。自《海关预裁定管理暂行办法》出台后，预裁定制度全面取代“三预”制度。

《海关法》第 43 条规定了行政裁定制度，海关可以根据对外贸易经营者提出的书面申请，对拟作进口或者出口的货物预先作出商品归类等行政裁定。预裁定和行政裁定两者的共同点，均是海关应申请人的申请，在货物实际进出口前就有关海关事务作出的在全关境范围内适用的决定。两者的差异主要体现在：一是预裁定由有关直属海关作出，行政裁定由海关总署或者其授权机构作出；二是预裁定决定仅对申请该预裁定的申请人具有约束力，属于海关具体行政行为，对预裁定决定不服可以申请行政复议或提起行政诉讼；行政裁定不仅适用于申请人，对从事行政裁定所指向的有关海关事务的对外贸易经营者均具有约束力，属于海关抽象行政行为，对行政裁定不服不能申请行政复议或者提起行政诉讼。《海关预裁定管理暂行办法》出台后，预裁定制度与行政裁定制度并存。

(1)预裁定申请人

《海关预裁定管理暂行办法》第 4 条规定，预裁定的申请人应当是与实际进出口活动有关,并且在海关注册登记的对外贸易经营者。根据《对外贸易法》第8条规定,“对外贸易经营者”是指依法办理工商登记或其他执业手续,依照本法和其他有关法律、行政法规的规定从事对外贸易经营活动的法人、其他组织或者个人。在《海关法》中,进出口货物的收发货人是实际进出口贸易活动的主要参与者,就进出口货物所涉有关海关事务提前申请预裁定,对其之后开展的进出口贸易活动具有直接影响和实际意义,是预裁定的主要申请人。进出口货物的实际收发货人(报关单列明的“消费使用单位和生产销售单位”)如果需要申请预裁定,可以委托收发货人向海关提出有关申请。进出口货物的境外收发货人以及其他利益相关方不在预裁定申请人范畴,境外企业如有需要,可通过境内代理机构向海关申请预裁定。

预裁定的裁定机关是有关直属海关,即申请人注册地直属海关,企业可以通过登录中国电子口岸“海关事务联系系统”(QP系统)或者“互联网+海关”一体化平台向其注册地海关提交预裁定申请,海关所作预裁定决定不仅在本关区有效,而且在全关境适用。

(2)预裁定适用范围

预裁定适用于“与实际进出口活动有关”的海关事务,包括“进出口货物的商品归类”“进出口货物的原产地或原产资格”“进口货物完税价格相关要素、估价方法”和“海关总署规定的其他海关事务”。第1项、第2项事务为《海关估价协议》规定的各成员必须执行的约束类事务,第3项事务为成员选择执行的鼓励类事务。

我国预裁定适用情形包括约束类和鼓励类事务。在《海关估价协议》和《进出口关税条例》中仅规定了进口货物的完税价格估价方法和相关要素,且《海关估价协议》对完税价格事项预裁定也仅限于进口货物,因此,《海关预裁定管理暂行办法》关于完税价格相关要素及估价方法的预裁定未涉及出口货物。在这里,完税价格相关要素,包括特许权使用费、佣金、运保费、特殊关系以及其他与审定完税价格有关的要素。此外,预裁定针对进口货物完税价格预先确定的是“完税价格相关要素和估价方法”,有别于海关“三预”制度中的“价格预审核”,后者预先确定的是进口货物的具体完税价格。

申请人应当在货物拟进出口3个月之前向海关提出预裁定申请,特殊情况下,申请人确有正当理由的,可以在货物拟进出口前3个月内提出预裁定申请,上述“特殊情况”,海关总署2018年第14号公告规定:一是因不可抗力或者政策调整原因造成申请时间距货物实际进出口时间不足3个月的;二是申请企业在海关注册时间少于3个月的。海关应当自收到申请书以及相关材料之日起10日内审核决定是否受理预裁定申请。申请人递交申请材料不符合有关规定的,海关一次性告知申请人在规定期限内补正有关材料,补正申请材料的时间不计入受理期限。海关作出预裁定决定的期限为60日;需要通过化验、检测、鉴定、专家论证或者其他方式确定有关情况的,办理上述事项所需时间不计入预裁定决定作出期限。

预裁定决定对申请人和海关均具有约束力。对申请人而言,在预裁决决定有效期内,其进出口与预裁定决定列明情形相同的货物,应当按照预裁定决定申报;对海关而言,海关应当予以认可。

预裁定决定的有效期确定为3年。预裁定决定所依据的法律、行政法规、海关规章和海关总署公告相关规定发生变化,影响其效力的,预裁定决定自动失效。

(二)报关单

报关单是由海关总署规定统一格式和填制规范,由进出口货物收发货人或其代理人填制并向海关提交的申报货物状况的报关单据,是海关进行审核、查验、征税、放行以及统计的基本单据,采用报关单的形式办理报关手续,可以规范报关的内容和报关的方式,因此,办理进出口货物海关申报手续,应当采用报关单的形式。各国海关办理申报手续通常都采用报关单的形式。以何种形式进行申报在海关法中也非常重要。

(1)报关单的形式

每项进出口活动进行海关申报时,都必须在其实际进出境的同时接受海关监管,在这种情形下,似乎做出书面申报的必要性并不那么明显,因为纳税监管发生事实与向海关申报之间具有一种同时的关系。所以,如果所涉利益的重要程度没有达到需要书面申报的必要性,也并不是在任何情形下都需要书面申报的。例如,携带物品进出境的旅客即可准许口头申报。但对货物来说,虽然有时候也有申报和海关监管实时的情形,但事实上如果不采用这种模式,毫无疑问会遇到一些无法克服的困难,因为通关作业涉及的法规越来越复杂,货物放行与监管之间存在时间差。因此，加上书面申报要求，可确保通关监管更为有效。办理进出口货物海关申报手续采用规范的形式，可以约束进出口货物收发货人或者其委托的报关人正确地履行报关手续，有利于加强监管，也有利于提高通关效率。

根据《海关法》第25条的规定，办理进出口货物的海关申报手续，应当采用纸质报关单和电子数据报关单的形式。报关单的法定形式有两种，即纸质报关单和电子数据报关单。纸质报关单和电子数据报关单，都是办理进出口货物海关申报手续的法定形式，这两种报关单具有同样的法律效力。纸质报关单就是采用纸面形式的报关单，是传统的报关形式，目前，很多国家已经普遍采用电子申报的报关方式，但仍有一部分纸质报关单存在。电子数据报关单就是采用电子数据交换方式报送的报关单报文，是指进出口货物的收发货人、受委托的报关企业通过计算机系统向海关传送报关单电子数据并备齐随附单证的申报方式。电子申报方式是高科技手段在通关领域的应用，是海关管理现代化的充分体现，现也已被广泛采用。海关总署2012年发布的第38号公告，决定在全国海关试点开展“通关作业无纸化”改革工作。目前海关已全部实现通关无纸化，所有申报可以通过电子口岸系统完成。通关作业无纸化，就是运用信息化技术改变海关验核进出口企业递交纸质报关单和随附单证的做法，直接对电子数据进行无纸审核、验放处理。

（2）报关单申报内容

报关单中所有需要详细申报的内容，在此并不会做详细介绍。但为了能对义务人在此方面所承担义务的复杂程度有个量化了解，在此列举根据法律规定，其需要申报的有关货物的各种信息：

①海关及税收相关法规所要求的为征收关税及其他税的信息（主要是商品编号、商品名称及规格型号、原产地及价格）；

②与在进口环节应征收的特定减免税项下的税收或在出口环节享受的退税等类似优惠相关的规定信息（征免性质）；

③涉及关于金融、国际贸易的法规（发票金额、币制、贸易合同的性质等）；

④用于统计的信息；

⑤根据适用于某些货物（应进行卫生检疫和动植物检验检疫监管的货物、应受对外贸易管制的货物等）的特殊法规要求提供的各种信息。

这些必要的信息应该说是非常多而且很繁杂的,所以常常需要交给相关从业人员,来了解并正确申报所要通关的货物。自动化通关程序的建立,使海关对申报人所需的且间接惠及所有外贸经营者的信息渠道进行整理和规范,对申报人提供的经过编码的申报要素进行监管。除其他要求外,货物应按一种能直接全面理解所有适用法规的编码来列名。

完整报关单应随附单证,除了用于海关征税和许可证件的监管外,还需要提供其应遵守的监管状态下所要求的证明文件(原产地证书,卫生及动植物检疫证书,质量证书等)。

随附单证包括特定许可证件以外的其他进出口许可证件或监管证件、随附单据代码及编号。

(3)报关单的法律地位

完整报关单一经海关接受,即成为一种具有约束力的声明,意即接受海关监管,包括海关以税款征缴通知书的形式,对其应征关税及其他税款的征缴。

(三)提交报关单申请的条件

完整报关单的递交,除了应遵守报关单本身格式及内容的规定之外,还应符合若干申报人合法具有报关单填制资质、办理报关手续的地点及时间方面的条件。为了规范进出口货物的报关行为,明确相应的监管规则,海关法对进出口货物的报关人、报关时间、报关地点、报关形式等,都作出了明确规定。

1. 申报主体资质

有关申报主体资质的认定,我国《海关法》第 9 条规定,进出口货物收发货人,可以自行办理报关纳税手续,也可以委托报关企业向海关申报。向海关办理申报手续的进出口货物的收发货人、报关企业应当依法向海关备案。

收货人,是指进口货物在境内的最终消费、使用单位或个人;发货人,是指出口货物在境内的生产或销售单位或个人。报关企业进行代理报关分为直接代理报关和间接代理报关,报关企业以自己的名义进行代理行为,应当承担与收发货人相同的法律责任;报关企业接受委托办理报关手续的,应当对委托人所提供情况的真实性进行合理审查。

2018 年 4 月 16 日,海关总署发布 2018 年第 28 号公告(《关于企业报关报检资质合并有关事项的公告》),对企业报关报检资质进行了优化整合,将检验检疫自理报检企业备案与海关进出口货物收发货人备案，合并为海关进出口货物收发货人备案；将检验检疫代理报检企业备案与海关报关企业（包括海关特殊监管区域双重身份企业）注册登记，合并为海关报关企业注册登记。2021 年 4 月《海关法》修改，取消了企业（含进出口收发货人和报关企业）的注册登记，将“注册登记”要求修改为“备案”，删除了《海关法》第 9 条第 1 款中的“海关准予注册登记的”表述，《海关法》第 11 条修改为：“进出口货物收发货人、报关企业办理报关手续，应当依法向海关备案。报关企业和报关人员不得非法代理他人报关。”

2. 报关地点

《海关法》第 35 条规定，进口货物应当由收货人在货物的进境地海关办理海关手续，出口货物应当由发货人在货物的出境地海关办理海关手续。经收发货人申请，海关同意，进口货物的收货人可以在设有海关的指运地、出口货物的发货人可以在设有海关的启运地办理海关手续。有关报关地点规则设定，既要考虑严格监管，又要考虑便利原则。严格监管，就是要严防走私和其他逃避海关监管的行为；而便利，主要是从相对人角度出发，要考虑经济主体方便申报、查验，便利合法进出行为。2017 年 7 月 1 日起，海关通关一体化在全国实施后，企业可以在任意一个海关完成申报、缴税等海关手续，该做法消除了申报的关区限制。对企业而言，无论在哪里通关，全国海关都是同一执法口径和监管标准，为企业提供统一的通关便利待遇。因此，有关《海关法》中报关地点规定的相应条款，也将随着海关监管业务改革对相应概念进行调整。

3. 报关时间

进口货物的收货人应当自运输工具申报进境之日起 14 日内，出口货物的发货人除海关特准的外应当在货物运抵海关监管区后、装货的 24 小时以前，向海关申报。

海关法对进口货物的收货人和出口货物的发货人，在海关申报的时间上有不同的要求。首先，进口货物的收货人应当自运输工具申报进境之日起 14 日内向海关申报。进出境运输工具到达或者驶离设立海关的地点时，运输工具负责人应当向海关如实申报，交验单证，并接受海关监管和检查，因此，进口货物的收货人应从运输工具到达设立海关的地点，且运输工具负责人向海关申报之日起 14 日内，向海关申报。进口货物的收货人超过这一规定的期限向海关申报的，由海关从第15日起应该按进口货物到岸价格的0.5‰按日征收滞报金，3个月未向海关申报的进口货物按规定由海关提取变卖处理。以上是对拖延申报行为的一种行政强制措施，其目的在于督促进口货物收货人尽快按期申报，有利于加强海关监管，提高通关效率。根据《海关法》第24条第2款的规定，进口货物收货人的海关申报义务是自运输工具申报进境之日起才形成，如果运输工具尚未申报进境，则进口货物的收货人向海关申报法定义务尚未发生；而出口货物的发货人应当在货物运抵海关监管区后、装货的24小时以前向海关申报。这表明，出口货物的申报时间不是固定的，可能比较长，也可能比较短，但有两个明确的界限。一是最早应于货物运抵海关监管区后进行申报，二是最迟应于货物装运出境前24小时以前进行申报。出口货物在运抵海关监管区以前，不在海关监管范围之内，不必向海关申报；而在货物装运出境的24小时以前还不向海关进行申报，将会影响海关的正常监管，有逃避海关监管的嫌疑，这两种情况都是应当避免发生的。一般是，除明确为"预申报"或要求到监管现场以外查验的外，出口申报时有关货物尚未运抵海关监管区的，海关原则上不予受理。出口货物的发货人在海关特准的情况下，可以在特定的时间内进行海关申报。对进口转关运输的货物按进口货物申报时限规定向进口地海关申办转关运输手续，自进境之日起14日内未向进境地海关申报办理转关运输手续的，由进境地海关征收滞报金；进口货物运抵指运地之日起14日内向指运地海关正式申报，未能在规定的期限内办理正式申报手续的、应由指运地海关征收滞报金。

4. 提前申报

《中华人民共和国海关进出口货物申报管理规定》（海关总署令第243号）第18条第1款规定，经海关批准，进出口货物的收发货人、受委托的报关企业可以在取得提（运）单或载货清单（舱单）数据后，向海关提前申报。提前报关是一种不完全的预申报方式。完整报关单可以在货物运抵业务现场海关之前递交。提前递交报关单这项通关程序，允许申报人（特别是在口岸）提前准备他们的报关单，海关可以提前开始对单证审核，从而使通关作业更为灵活。货物运抵之后便可以立即开始查验，因此放行得以加速。

在进出口货物的品名、规格、数量等已确定无误的情况下，经批准的企业可以在进口货物启运后、抵港前或出口货物运入海关监管场所前3日内，提前向海关办理报关手续,并按照海关的要求交验有关随附单证、进出口货物批准文件及其他需提供的证明文件。

此外,对于快件货物,快件运营人需提前报关的,应当提前将进出境快件运输和抵达情况书面通知海关,并向海关传输或递交舱单或清单,海关确认无误后接受预申报。

提前申报作为允许企业在货物到港前提前将报关单数据申报至海关验核,货物抵港后直接提离放行的制度,对于简化通关流程、压缩货物通关时间、促进跨境贸易便利化具有重要意义。WTO《贸易便利化协定》即有“抵达前业务办理”的相关规定。当前对提前申报的性质究竟为一种特殊申报方式还是一项优惠便利措施,尚无明确规定,在《海关法》相关条款修订以前,提前申请尚不能作为一种义务来看待。《中华人民共和国海关注册登记和备案企业信用管理办法》第 30 条第 7 项将“可以在出口货物运抵海关监管区之前向海关申报”作为高级认证企业适用的一项优惠管理措施。《欧盟海关法典》进境提前申报和一般正常申报都是海关申报,两者只是在申报时间上有不同。任何在欧盟关境内设立的主体只要能够提供欧盟所需要的全部信息,都可以提交海关申报。《欧盟海关法典》允许货物在向海关呈验前 30 日内提交海关申报;对于货物先向海关呈验再提出申报的,《欧盟海关法典》规定海关当局应当立即接受,接受申报的日期即为适用相应海关监管程序并办理进出口手续的日期。

我国 1987 年《海关法》经 2000 年修订后,申报制度设计是基于“有货申报为原则、无货申报为例外”的监管原则,其目的是防止虚假申报、空箱进出、骗取出口退税等违法行为的发生。提前申报可能产生有关单证数据不准确的风险(如原始舱单与提单数据不符),若将提前申报作为一种常规申报方式,应允许企业根据实际情况自主选择,实现申报方式多样化,并完善提前申报容错机制,对海关而言,若拓展提前申报适用范围,则应有效防范企业的“试单”行为。

5. 两步申报

“两步申报”通关模式,可分为概要申报及完整申报进行分别申报。

第一步:概要申报,只需申报是否属于禁限管制和法检商品,之后即可提离货物;如果叠加使用“提前申报”,可以实现“船边直提”。即对于不涉及进口禁限管制、检验或检疫的货物,企业只需申报 9 个项目,确认 2 个物流项目;对于涉及进口禁限管制或检验检疫的,分别增加申报 2 个或 5 个项目;应税的须选择符合要求的担保备案编号。如果货物不需查验,即可提离;涉税货物已经提交税款担保的,或需查验货物海关已完成查验的,也可以提离。

第二步:完整申报,企业在规定时间内补充申报其他项目,办理缴纳税款等通关手续。通过完整申报补充提交全面信息并办理缴纳税款等其他手续。

"两步申报"大大减少了因通关审核产生的滞港时间,大幅提高了通关效率。

6. 报关单修改和撤销

完整报关单不可撤销,这个原则是不容置疑的。无论收、发货人或其代理人采用电子申报还是纸质申报,一旦被海关接受,即为生效,一般是不能修改和不能撤销的。所谓海关接受,对于电子申报而言是指海关收到报关单电子数据后,由计算机进行逻辑处理,将处理结果发送给申报人或予以公布,即为海关接受。对于以纸质报关单申报的,海关收到进行登记后即为海关接受。从海关接受之时起,申报人要对申报的内容承担法律责任。

《海关法》第26条规定,海关接受申报后,报关单证及其内容不得修改或者撤销,但符合海关规定情形的除外。向海关提交报关单证,是办理海关手续的第一个步骤。是否向海关提交报关单证以及向海关提交的报关单证内容如何,是确定进出口货物收发货人或者其委托的报关人是否有逃避海关监管行为的重要界限,报关单证具有重要的证据作用。海关接受申报后,进出口货物收发货人或者其委托的报关人的报关行为即告完成,报关行为是否符合法定要求,可以从报关单证及其内容上反映出来,报关单证是真实的、合法的,则报关行为也是符合法定要求的,如果报关单证不真实、不合法,则报关行为也不符合法定要求,甚至可能有逃避海关监管的行为。报关单证及其填写的内容是确认进出口货物收发货人及其委托的报关人责任的凭据,为保证报关单证的证据效力,防止利用修改或撤销舞弊,报关单证及其内容不得修改或者撤销。

但实际中可能会出现因进出口货物收发货人或者其委托的报关人的过失,致使报关单证及其内容发生错误的情况,不得修改或者撤销原则的严厉性有所减弱,但对它的认识应该说从根本上没有动摇。《中华人民共和国海关进出口货物报关单修改和撤销管理办法》规定了可以修改或者撤销的情形。符合规定情形并提交相关材料的,当事人可以办理修改或撤销报关单;对海关发现需要修改的情形,海关可以要求当事人修改或撤销或者直接撤销。为防范有差错的报关单的风险,在货物买卖过程中和货物运输到达后,为了解货物的种类、数量、品质、包装等是否与合同约定相符,了解货物在运输途中是否有损毁、灭失等情况,收货人需要对货物进行检验。《海关法》第 27 条规定,进口货物的收货人经海关同意,可以在申报前查看货物或者提取货样。需要依法检疫的货物,应当在检疫合格后提取货样。查看货物或者提取货样,就是对货物进行的一种初步检验。由于进出口货物自进境起至办结海关手续止的期间,都应当接受海关监管,那么进口货物自进境起到向海关申报前这段时间内,当然是应处于海关监管之下,为防止走私或其他逃避海关监管的情形发生,进口货物的收货人要在向海关申报前查看货物或者提取货样,必须经过海关同意。

需要依法检疫的货物,应当在检疫合格后提取货样。进口货物可能传播检疫性传染病或者属于动植物、动植物产品及其他检疫物的,都必须依法接受检疫,经检疫合格后才准予入境。提取货样,就是提取少量货物作为样品。收货人提取货样,一般是为了将样品带回其生产经营场所,而收货人将货物带回生产经营场所,货物即入境,因此,需要依法检疫的货物,在提取货样前,必须经过检疫,只有在检疫合格后,才能将货样提走、取出。需依法检疫的货物,未经依法检疫的,不得提取货样。

但是,该程序过于繁复事实上很少有人申请,通常只有在申报人由于缺少足够的关于应申报货物的信息而无法填制报关单的情况下才会申请。此外,这项程序的建立并没有消除差错风险及事后伪报的法律责任追究。

四、进出境货物查验(检查)制度

海关受理报关单之后,应对报关单及其随附单证进行审核,主要是为了确保报关单中申报的内容与这些单证中载有的信息一致。海关有权要求申报人提供其他单证来核实报关单申报内容的准确性。海关也有权只进行这些"纸面"监管,不对货物查验便认定报关单的内容是准确的。在此情况下,报关单被称为"被认可相符"。

查验(检查)制度,是指进出境的运输工具应当接受海关检查,进出境的货物和物品应当接受海关查验。海关通过检查或查验,确定当事人向海关申报的内容是否与真实情况相符,或者通过查验,确定商品的归类、价格、原产地等。

因此,海关在接受报关单位的申报后,为确定进出境货物的性质、原产地、货物状况、数量和价值是否与货物申报单上已填报的详细内容相符,对货物采用实际检查这一行政执法行为。《海关法》第28条第1款规定,进出口货物应当接受海关查验。海关查验货物时,进口货物的收货人、出口货物的发货人应当到场,并负责搬移货物,开拆和重封货物的包装。海关认为必要时,可以径行开验、复验或者提取货样。

海关查验的目的,一是检查报关单与进出口货物许可证件、进出口合同、提货单以及其他需要向海关提交的单证的内容是否相符,通过实际的查验发现申报、审单环节所不能发现的瞒报、伪报和申报不实等走私违规情事或其他不合规问题。二是检查报关单的内容与货物的实际情况是否相符,以核对申报是否属实,确定征收关税的事实依据,并且检查有无藏匿走私货物的情况或者验证审单环节提出的疑点,为征税、统计和后续管理提供监管依据。进口货物的税则归类号列及适用税率、申报价格海关是否接受,通过查验的结果确认查验结果与审单结果是否相符,税则归类及海关估价不当,不仅适用的税率可能发生差错,且估价也可能过高或过低,致使税负不公,从而使国家或进出口货物的收发货人蒙受损失。查验(检查)是海关监管的集中验证,海关一系列的风险管理运作和多种形式的风险布控,也需要通过查验(检查)环节进行验证。

(一)查验的选择性

查验货物,是海关的一项法定职责,对一般进出口货物来说,接受海关的查验是接受海关监管的法定程序。查验的选择性,意味着查验货物被视为由海关自行决定的一项权力。海关只有在认为必要时才对货物进行查验,在此方面只有海关才有权决定。因此,申报人无权申请海关对其货物进行查验,也不能(无论出于什么动机)利用对其货物没有进行过实际查验即认为其报关单被认可相符的事实来进行对抗或者投机。

(二)查验的地点

海关查验货物一般是在设有海关的码头、机场、车站的仓库、场院等海关监管场所或是在货物的装卸过程中进行。所以,一般查验全部在海关业务现场进行,因为这是货物的必经之地而且在通关期间货物必须在此由海关监管。在特殊情况下，经货主申请，海关也可以派人到有关公司或生产经营单位的仓库去查验货物。

（三）申报人应承担的义务

不管是采用哪种查验方法，也不管是在哪里进行查验，海关查验货物时，进出口货物的收发货人都应履行以下两项责任：一是在海关查验时，进口货物的收货人、出口货物的发货人应当到货物查验现场，这样便于海关及时在现场核实有关情况。海关在码头、机场、车站等海关监管场所验货，收发货人就应同时到达该监管场所，海关到有关公司、生产经营单位验货，收发货人也应同时到达该验货地点。收发货人是个人的，其本人或者其委托的代理人应当到海关查验现场；收发货人是单位的，应派其代表去海关查验现场。二是进口货物的收货人、出口货物的发货人应当负责搬移货物，开拆和重封货物的包装。这是收发货人协助海关查验货物的一项责任。

在海关查验货物时，有的收发货人不到场，拖延查验；有的不协助、配合海关查验；还有的甚至设置障碍，干扰查验等，在这些情况下，就需要赋予海关一种独立的、具有强制性的权力，以便于排除各种干扰，履行查验职责。这项权力是一种对货物的径行检查权，是在查验时行使的权力。行使这项权力的条件由海关确定，海关认为必要时，可以行使该项检查权。这项权力包括径行开验货物，径行复验货物或者径行提取货样。在前述条件下进行的货物查验中，海关发现的问题应与有申报人在场进行的查验时具有相同的法律效力。

将货物移位至查验地点、拆开包装以及所有与查验有关的其他必要的处置，均应由申报人负责并承担费用，但未经海关准许申报人不得移动货物，所以，海关只负责监控查验所必要的实质性作业。货物的任何损坏海关概不负责，除非海关工作人员在查验时损坏了被查验的货物物品。

（四）查验分类

海关查验货物，可以根据不同的情况采用不同的方法，通常采用的主要是一般查验和重点查验两种方法。货物查验可以针对全部货物也可以只查验一部分货物。如果只查验一部分货物，查验结果应对全部货物有效。申报人也不能以没有全部查验作为法律上的借口。在查验过程中，海关有权中断查验作业，对报关单的某些申报内容进行更深入的审查（如提取货样由海关化验中心或委托的检验机构进行鉴定）。在此情况下，如果申报人不同意中止查验，他可能承担对其报关单的申报内容进行调查的风险。

至于查验期限，海关法没有明确的规定，因为查验的方法是因情况不同而异的，只有海关才有权决定。特别是在第一次查验之后，只要货物未放行，海关有权再次查验货物。海关在作业规程中规定，一般在查验开始后 4 个小时内完成查验操作。在这个问题上，海关查验人员只要不是无理地拖延查验时间将查验演变成一种过度的货物扣留，在查验时限上法律并没有明确规定。

（五）查验记录

查验之后，参与查验的关员应当按规定的格式和要求填写《海关货物查验记录单》，并将查验结果录入计算机系统。查验记录内容是所进行的查验和查验的结果，查验记录应填写清晰完整，描述查验过程，记载查验程序和内容并作出查验处理意见。《海关货物查验记录单》应当由在场的进出口货物收发货人或者其代理人签名确认。进出口货物收发货人或者其代理人拒不签名的，查验人员应当在《海关货物查验记录单》中注明情况，并由货物所在监管场所的经营人签名证明。查验记录承载着海关责任并且构成一种认证性的法律文书，在对海关执法人员完成的要件事实提出反证之前始终具有法律效力。

（六）免验

考虑到在某些特殊情况下，有的进出口货物可以不接受查验，因此，进出口货物免验的条件的原则性规定，主要有两个条件：一是收发货人提出申请，二是海关总署批准。这两个条件必须同时具备才可以免验。

五、进出境货物的放行制度

放行货物，是指海关在对进出口货物查验后，在有关的单证上签印放行，以表明海关监管的结束。放行制度要求，在进出口货物的收发货人或其代理人履行了如实申报、配合海关查验、缴纳关税及进出口环节税等义务，办结了通关手续之后，海关方可允许进出口货物离开海关监管场所。

放行是海关监管的最后一个环节，意味着海关现场监管可以解除，因此，海关在放行环节的工作重点是对货物通关过程中申报、查验、征税几个环节的工作进行复核。复核的事项主要包括以下内容：一是进出口货物的报关单证是否齐全有效、有无遗漏；二是进出口货物的通关程序是否合法；三是报关单证上的各项签章是否完整、有效；四是海关查验进出口货物的记录和批注是否准确、是否符合规定；五是进出口货物缴纳税费情况；六是监管货物的登记、备案记录是否完整正确等。通过复核，可以发现申报、查验中的差错，以及这两个环节中出现的问题是否处理完毕，对问题和差错及时进行弥补，从而避免监管出现漏洞，给国家利益造成损失。由此可见，严格规范放行环节，对于加强海关监管，维护国家利益具有重要意义。

对于保税货物、特定减免税货物、暂时进出境货物等，放行并不意味着海关监管的终结，只是海关现场监管的结束，通关的过程尚未完成。海关于放行后还必须延伸进行后续监管，直至货物复运出境或监管年限届满为止。

按照一般通关程序，进出口货物在收发货人缴清税款或者提供担保后，由海关签印放行。缴清税款，就是依法如数缴纳关税税款及进口环节海关代征税税款。提供担保，就是向海关缴纳保证金或者提交保函以保证在一定期限内履行缴纳关税和其他税的义务以及其他应当履行的海关义务。根据《海关事务担保条例》的规定，有下列情形之一的，当事人可以在办结海关手续前向海关申请提供担保，要求提前放行货物：①进出口货物的商品归类、完税价格、原产地尚未确定的；②有效报关单证尚未提供的；③在缴纳期限内税款尚未缴纳的；④滞报金尚未缴纳的；⑤其他海关手续尚未办结的。收发货人缴清税款意味着其已经履行了通关过程中的纳税义务，而收发货人提供了担保则意味着为其履行通关过程中的纳税义务和其他应当履行的海关义务提供了可靠的保证，海关可以解除现场监管，对进出口货物予以放行。所谓签印放行，就是海关在货物的进出口货运单据上，如进口提单或运单、出口装货单或特制的放行条上，签盖海关放行章，进口货物的收货人凭此到海关监管仓库提取货物，出口货物的发货人凭此装船启运出境。

海关如果没有查发任何违法，应在审核或者不审核报关单的申报内容之后立即放行货物。如果报关单的审核在“合理期限内”没有结束但不需要再呈验货物，货物也可以放行。如果报关单的受理发现有海关义务未履行，便只能在缴纳税款、呈交许可证或提交担保后才能放行货物。

货物不能放行的原因很多,有的是由于申报人的原因无法进行查验,或者是某些单证没有在海关规定的期限内提供,或者是应缴纳的关税没有在规定期限内缴纳,此时,海关要因严厉程度不同而采取不同的措施,如征收滞纳金或变卖货物。

六、核销制度

核销制度通常适用于货物放行后的后续监管。该制度要求,当事人应当如期履行其向海关承诺的义务,在当事人履行相关义务且经核实无误后,海关再将当事人在海关挂账的有关事项予以销案。比如,加工贸易企业如期履行加工贸易产品出口合同之后,保税进口料件已加工成品并且全部出口之后,可以向海关申请核销,经海关核查情况正常的,就可予以核销;对经核查发现违法违规情事的,海关就要追究其法律责任。

第四节　准予放行的其他海关监管方式

确保海关税收征管、贸易管制措施执行以及进出境检验检疫措施的法律法规得以正确履行的步骤与措施,在海关法上都可以理解为海关对通关过程的监管。在理解海关监管的含义时,必须注意:一方面,通常概念上的海关监管,意味着必须符合海关法规则上的所有要求。并且在通关阶段,还应当保证执行对货物征收相关的国内税以及货物必须符合的进出境卫生检疫、动植物检疫等法规规定。另一方面,则是对过运、转关、通运货物而言,收发货人需要办理该货物按“特定海关监管方式”加以监管的相关海关手续,这时候的通关监管,就是海关特殊监管方式。

我国海关法并没有对海关监管方式做出定义。世界海关组织对海关监管方式所给的定义是“海关对应受其监管货物的相关对待”。这个定义是针对进口货物或者出口货物所适用的海关监管方式,是基于对外贸易经济活动主体根据其不同经济需要所确定的货物类型,是基于海关准许该货物最终去向的不同来进行分类的。

在通关实践中,进出口货物总是按照某种监管方式监管,通常必须符合海关监管规则下的各项要求。如果某通关作业的完成不受任何管制措施限制,那么通关主要履行相关税收或其他手续。

货物进口,可以按照一般进口或者准予放行的方式监管。这两种监管方式的目的是不同的,但它们之间或多或少有一些关系。准入放行监管方式的目的,在于使货物获得在海关监管下的某种监管状态,准予放行监管状态的终止,往往可能是由于货物复出口或转运第三国等。而一般贸易进口监管方式下准备进入国内市场的货物,其应同时遵守准入放行监管方式相关要求以及进口货物适用的各项法规的要求,特别是税收方面的要求。此外,海关监管还存在一些特殊监管方式,这主要是指对一般监管和税收规则的例外,这些例外方式往往根据其要实现的经济目的,在实务中有不同的称谓。

一、暂准进出境监管

(一)含义

暂时进出境货物,是指为了特定的目的暂时进境或暂时出境,有条件暂时免纳进出口关税并免予交验许可证件,在规定的期限内除因正常使用产生的折旧或者损耗外按原状复运出境或复运进境的货物。按照我国海关对暂时进出境货物管理办法的规定,暂时进出境货物可以分为:

1. 使用《ATA 单证册》报关的暂时进出境货物和非《ATA 单证册》项下暂时进出境货物;

2. 暂时进出境的展览品;

3. 集装箱箱体进出境适用其他规定;

4. 暂时进出口货物。

根据《中华人民共和国海关暂时进出境货物管理办法》第 3 条第 1 款的规定,暂时进出境货物包括:

1. 在展览会、交易会、会议及类似活动中展示或者使用的货物;

2. 文化、体育交流活动中使用的表演、比赛用品；

3. 进行新闻报道或者摄制电影、电视节目使用的仪器、设备及用品；

4. 开展科研、教学、医疗活动使用的仪器、设备及用品；

5. 上述四项所列活动中使用的交通工具及特种车辆；

6. 货样；

7. 慈善活动使用的仪器、设备以及用品；

8. 供安装、调试、检测、修理设备时使用的仪器以及工具；

9. 盛装货物的包装材料；

10. 旅游用自驾交通工具及其用品；

11. 工程施工中使用的设备、仪器以及用品；

12. 测试用产品、设备、车辆；

13. 海关总署规定的其他暂时进出境货物。

暂时进出境货物的主要特征是有条件暂时免予缴纳税费，即在向海关申报进出境时，不必缴纳进出口税费。海关对暂准进出境货物的保全措施是要求暂准进出境货物的收发货人向海关提供担保。暂准进出境货物不是实际进出口的货物，只要按照暂准进出境货物的海关法规、规章办理进出境手续，可以免予提交进出口许可证件。但是，涉及公共道德、公共安全、公共卫生实施进出境管制的，应当凭许可证件进出境。

通常来说，暂准进出境货物（集装箱箱体除外）应当自进境或者出境之日起6个月内复运出境或者复运进境；经持证人、收发货人申请，海关可以根据规定延长复运出境或者复运进境期限，延期最多不超过3次，每次延长期限不超过6个月。在经海关批准的情况下，也可以改变暂准进出境的性质，一旦转变性质，就应当按照转变性质后的货物办理结关手续。海关对暂准进出境货物都有后续监管要求，因此所有的暂准进出境货物都必须在规定期限内，由货物的收发货人根据货物不同的情况向海关办理核销结关手续。

（二）使用《ATA 单证册》的暂准进出境货物

我国于1993年加入《关于货物暂准进口的ATA单证册海关公约》（以下简称《ATA公约》）及与其相关的《展览会和交易会公约》、《货物暂准进口公约》及其附约A关于暂准进口单证的附约和附约B.1《关于在展览会、交易会、会议及类似活动中供陈列或使用的货物的附约》。2019 年,经国务院批复同意,我国扩大接受《货物暂准进口公约》附约 B.2《关于专业设备的附约》和附约 B.3《关于集装箱、托盘、包装物料、样品及其他与商业运营有关的进口货物的附约》,《ATA 公约》是一个程序性公约,要加入《ATA 公约》实施 ATA 公约单证册制度,必须同时加入其他相关公约。因此,在我国,使用《ATA 单证册》的范围仅限于展览会、交易会、会议及类似活动项下的货物。除此以外的货物,我国海关不接受持《ATA 单证册》办理进出口申报手续。

《ATA 单证册》,是指世界海关组织通过的《货物暂准进口公约》及其附约 A 和《ATA 公约》中规定使用的,用于替代各缔约方海关暂准进出口货物报关单和税费担保的国际性通关文件。ATA 是由法语 Admission Temporaire(暂准进口)和英语 Temporary Admission(暂进口)的第一个字母的组合,表示“暂准进口”。《ATA 单证册》从国际公约中的规定来看,其确切含义是用于暂时免税进出口货物的文件。

《货物暂准进口公约》和《ATA 公约》建立了一种为各成员国(地区)海关、货物所有人、有关团体共同遵守的简单、有效的系统,以此来简化货物临时进出各成员国(地区)的各种进出境手续,为货物的暂时进出口提供最大限度的便利。ATA 单证册系统能够最大限度简化货物临时进出口的各种烦琐手续,依赖于以下两个措施:

(1)使用《ATA 单证册》。《ATA 单证册》是国际通用的向海关申报的单证,如某国(地区)商人要将一批展览品运送到另一个国家(地区)去参加展览会,该商人只需在本国(地区)申领一份《ATA 单证册》,就可以持证向本国(地区)和进入国(地区)海关申报暂时出、进境,无须填制报关单,也无须另行向海关提供担保;当展览会结束,展览品复运出、进境时,也可持该份单证册申报出、进境;如果该展览品在其他第三国临时过境时,其一进一出也不必向第三国海关另外填制报关单,提供担保。因此,《ATA 单证册》实际上是暂时进出口货物在各缔约国(地区)之间自由通行的通行证。

(2)建立了国际担保连环系统。这种担保连环系统是由各国(地区)担保机构,一般是各国指定商会组成,并由国际商会国际局(IBCC)进行统一管理,通常被称为“ATA/IBCC 担保连环系统”。ATA/IBCC 担保连环系统的担保协会成员,作为对各成员国(地区)海关的担保人,担保的标的是在《ATA 单证册》

项下的货物可能需要支付的关税和其他税。公约的各缔约方都有一个担保协会,称为国家担保协会,一般担保协会也是出证协会,负责签发本国的《ATA单证册》。该担保机构必须得到该国(地区)海关的批准,也要得到国际商会国际局的批准,才能成为ATA/IBCC担保连环系统的成员。中国国际贸易促进委员会(中国国际商会)是我国《ATA单证册》的担保和出证机构。《ATA单证册》和ATA/IBCC担保连环系统的结合,就形成了ATA单证册系统。

《ATA单证册》的正常使用过程是,持证人向出证机构提出申请,缴纳一定的手续费,并按出证机构的规定提供担保。出证机构审核后签发《ATA单证册》;持证人凭《ATA单证册》将货物在出口国(地区)暂时出口,又暂时进口到进口国(地区),进口国(地区)海关经查验签章放行;货物完成暂时进口的特定使用目的后,从进口国(地区)复运出口,又复运进口到原出口国(地区);持证人将使用过的、经各海关签注的《ATA单证册》交还给原出证机构。《ATA单证册》的整个使用过程到此结束。如果发生《ATA单证册》未正常使用的情况,一是货物未在规定的期限内复运出口,产生了暂时进口国(地区)海关对货物征税的问题;二是《ATA单证册》持证人未遵守暂时进口国(地区)海关的有关规定,产生了暂时进口国(地区)海关对持证人罚款的问题。在这两种情况下,暂时进口国(地区)海关可以向本国担保机构提出索赔;暂时进口国(地区)担保机构代持证人垫付税款、罚款等款项后,可以向暂时出口国(地区)担保机构进行追偿;暂时出口国(地区)担保机构垫付款项后,可以向持证人追偿,持证人偿付款项后,《ATA单证册》的整个使用过程到此结束。如果持证人拒绝偿付款项,则担保或出证机构可要求持证人的担保银行或保险公司偿付款项。如果后者也拒付,则采取法律手段。

我国海关总署设立ATA核销中心。《ATA单证册》项下暂时进境货物未能按照规定复运出境或者过境的,ATA核销中心向中国国际贸易促进委员会(中国国际商会)提出追索。

(三)不使用《ATA单证册》的展览品

展览品,是指在展览会展示的货物、为示范展出机器或器具所使用的货物、设置临时展台的建筑材料及装饰材料、宣传展示货物的电影片、幻灯片、录像带、录音带、说明书、广告、光盘、显示器材等。

以下与展出活动有关的物品也可以按展览品申报进境，在展览会期间供消耗、散发的用品，即展览用品，由海关进行核定，在合理范围内，可以免征进口关税和进口环节税：

（1）在展览活动中的小件样品包括原装进口的或者在展览期间用进口散装原料制成的食品或者饮料的样品；

（2）为展出的机器或器件进行操作示范被消耗或损坏的物料；

（3）布置或装饰临时展台消耗的低值货物；

（4）展览期间免费向观众散发的有关宣传品；

（5）供展览会使用的档案、表格及其他文件。

展览会期间使用的含酒精饮料、烟草制品、燃料，虽然不是按一般进口货物管理，但海关对这些商品一律征收关税。其中属于参展商随身携带进境的含酒精饮料、烟草制品，则按进境旅客携带物品的有关规定管理。

出境展览品包含国内单位赴境外举办展览会或参加境外博览会、展览会而运出的展览品，以及与展览活动有关的宣传品、布置品、招待品及其他公用物品。与展览活动有关的小卖品、展卖品，属于一般出口，需要许可证的，应当提交许可证。

展览品进境或者出境之前，也可以在展览品进境或出境时由展览会主办单位向主管海关报告，连同展览品清单一起送主管海关。展览品进境申报手续可以在展出地海关办理。展览会需要在我国境内两个或者两个以上关区内举办的，对于没有向海关提供全程担保的进境展览品应当办理转关手续。展览会主办单位或其代理人应当向海关提交报关单、展览品清单、提货单、发票、装箱单等。展览品中涉及检验检疫、知识产权等管制的，还应当向海关提交有关许可证件。展览会主办单位或其代理人应当向海关提供担保。海关派员进驻展览场所的经主管地海关同意，展览会办展人可以就参展的展览品免予向海关提供担保。

展览品监管中，再特别介绍一下进口博览会展品监管。对进口博览会来说，主要围绕参展的展品备案、审单、查验、放行、后续管理等，需特别关注展品退回保税监管区域后视同核销的内容，即展会展品如何变成保税监管区域展品，进而变成商品的过程。进口博览会展品的来源多样，从进境路径，主要分为以下几类：

1.《ATA单证册》进口。《ATA单证册》适用的货物是临时进口货物,在展会上展出,之后按照一定期限,按原状从我国复运出口予以核销。《ATA单证册》下的货物,非贸易标的货物,不能转换成一般贸易乃至跨境贸易进口。

2. 持有中国国际进口博览会参展商证明函的境内外人员,可在机场、码头等口岸,对随身携带的展品办理入境手续,俗称"客带货"。

针对进口博览会,海关以关企展览品清单电子联网形式实现展览品清单无纸化,对展览品的后续监管由传统依赖手工核销改为系统自动比对完成。按展位实行"总清单+分清单"的特殊备案方式,即依托展览品监管信息化系统实施"一次性备案、分阶段交单",使企业实现"边备案、边通关"。海关对展览品进境、复出境、消耗等监管状态进行实时监控,建立了以展览会为单元的展品管理电子台账,确保各个监管环节对接。

3. 一般贸易进境货物项下的展品,已经完成报关报检等相关完税手续,可以按规定消耗及消费;经主管海关核准,在合理范围内核定展会消耗品,可按有关规定免征进口关税和进口环节增值税。

4. 从保税监管区域临时出区参展货物,主要由保税监管区海关批准,将区内存放的保税货物,以临时出区形式送至展览会出展。

(四)集装箱箱体

集装箱箱体既是一种运输设备,又是一种货物。当货物用集装箱装载进出口时,集装箱箱体即作为运输设备加以监管;当一企业购买进口或销售出口集装箱时,集装箱箱体即作为进出口货物进行监管。集装箱箱体在同一时间里可能既是运输设备,又是进出口货物。集装箱箱体作为货物进出口是一次性的,而在通常情况下,是作为运输设备暂时进出境的。

暂时进出境的集装箱箱体报关有两种情况:

1. 境内生产的集装箱及我国营运人购买进口的集装箱在投入国际运输前,营运人应当向其所在地海关办理登记手续。海关准予登记并符合规定的集装箱箱体,无论是否装载货物,海关准予暂时进境和异地出境,营运人或者其代理人无须对箱体单独向海关办理报关手续,进出境时也不受规定的期限限制。

2. 境外集装箱箱体暂准进境,无论是否装载货物,承运人或者其代理人应当对箱体单独向海关申报，并应当于入境之日起6个月内复运出境。如因特殊情况不能按期复运出境的，营运人应当向暂准进境地海关提出延期申请，经海关核准后可以延期，但延长期最长不得超过3个月，逾期应按规定向海关办理进口及纳税手续。

二、过境、转运、通运货物

《京都公约》专项附约5规定："海关转运"是指货物在海关监管下从一个海关办公地点运至另一个海关办公地点的海关制度。该定义下的海关转运包括"海关国际转运"和"海关国内转运"两大类。前者是指在转运期间根据一项双边或多边协定一次或多次地跨越边界的转运作业，转运中涉及两个或两个以上关境的海关，后者是指货物在同一关境内从一个设立海关机构地点运往另一个设立海关机构地点。

我国将《京都公约》所定义的国内海关转运称为转关运输，是指在海关监管下将货物从入境地运至指运地或将货物从境内启运地运往出境地以及货物在境内设关地点之间移动的海关法律制度。我国将海关国际转运称为过境、转运或通运货物，《海关法》第100条规定，指由境外启运，通过中国境内继续运往境外的货物。按照上述解释，通过我国关境的这种货物应属于一次单一国际海关转运作业中的货物。我国海关法律将《京都公约》附约E1所规定的"海关转运"分为转关运输和过境、转运、通运等不同的制度来调整。

（一）过境货物

过境货物是指从境外启运，通过中国境内陆路继续运往境外的货物。

过境货物的范围主要有：(1)与我国签有过境货物协定的国家的过境货物，或属于同我国签有铁路联运协定的国家收、发货的过境货物，按有关协定准予过境。(2)对于同我国未签有上述协定国家的过境货物，应当经国家经贸、运输主管部门批准，并向入境地海关备案后准予过境。(3)下列货物禁止过境：①来自或运往我国停止或禁止贸易的国家和地区的货物；②各种武器、弹药、爆炸物品及军需品(通过军事途径运输的除外)；③各种烈性毒药、麻醉品和鸦片、吗啡、海洛因、可卡因等毒品；④我国法律、法规禁止过境的其他货物物品。

我国办理过境运输的经营人需经主管部门批准、认可,具有国际货物运输代理业务经营权并拥有过境货物运输代理业务经营范围(国际多式联运)的企业。承担过境货物在中国境内运输的承运人,应是经国家运输主管部门批准从事过境货物运输业务的企业。

装载过境货物的运输工具,应当具有海关认可的加封条件或装置。海关认为必要时,可以对过境货物及其装载装置加封。运输部门和经营人应当负责保护海关封志的完整,任何人不得擅自开启或损毁。经营人应当持主管部门的批准文件,向海关申请办理报关注册登记手续。

海关对过境货物监管的目的是防止过境货物在我国境内运输过程中滞留在国内,或将我国货物混入过境货物随运出境,防止禁止过境货物从我国过境。因此过境货物的经营人应当按照海关有关规定办理过境货物的通关手续。

过境货物应当自进境之日起 6 个月内运输出境,在特殊情况下,经海关同意可以延期,但延期不得超过 3 个月。过境货物自进境之日起超过 3 个月未向海关申报的,海关视其为进口货物,按《海关法》的规定提取变卖,变卖后的货款按有关规定处理。

(二)转运货物

转运货物,是指由境外启运,通过我国境内设立海关的地点换装运输工具,而不通过境内陆路运输,继续运往境外的货物。对国际转运货物监管依据主要规定在《海关进出境运输工具舱单管理办法》和《中华人民共和国海关进出境运输工具监管办法》中。海关通过由舱单传输人向海关传输舱单电子数据以及以电子数据方式向海关提交理货报告或运抵报告的方式监管。

载有转运货物的运输工具进境后,运输工具负责人应当在《外国货物转运准单》上列明转运货物的名称、数量、起运地和到达地,并向主管海关申报进境。申报经海关同意后,在海关指定的地点换装运输工具,在规定时间内运送出境。

转运货物必须在 3 个月内办理海关有关手续并转运出境,特殊情况需延期出境的,向进境地海关递交纸质申请说明,最多延期至 6 个月,超出规定期限仍未转运出境或办理其他海关手续的,海关将按规定提取变卖。海关对转运货物有权进行开箱查验,对于舱单电子数据被布控需查验的,企业应配合海关开展查验工作,但是如果没有发现有违法或可疑情事,一般仅对转运货物作外形查验。

（三）通运货物

通运货物，是指由境外启运，由船舶、航空器载运进境并由原运输工具载运出境的货物。

运输工具进境时，运输工具的负责人应凭注明通运货物名称和数量的《国际航行船舶进口报告书》或国际民航机使用的《进口载货舱单》向进境地海关申报。进境地海关在接受申报后，在运输工具抵、离境时对申报的货物予以核查，并监管货物实际离境。运输工具因装卸货物需搬运或倒装货物时，应向海关申请并在海关的监管下进行。

三、进出境快件

为加强海关对进出境快件的管理，便利进出境快件通关，《中华人民共和国海关对进出境快件监管办法》（以下简称《海关对进出境快件监管办法》）对进出境快件进行了分类，并将通关规则予以统一。

（一）进出境快件的分类

进出境快件，是指进出境快件营运人以向客户承诺的快速商业运作方式承揽、承运的进出境的货物、物品。《海关对进出境快件监管办法》将进出境快件分为文件类、个人物品类和货物类三类，其范围由该办法第 11 条、第 12 条、第 13 条作出界定。

（1）文件类进出境快件是指法律、法规规定予以免税且无商业价值的文件、单证、票据及资料。（2）个人物品类进出境快件是指海关法规规定自用、合理数量范围内的进出境的旅客分离运输行李物品、亲友间相互馈赠物品和其他个人物品。（3）货物类进出境快件是指文件类与个人物品类进出境快件以外的进出境快件。

（二）进出境快件运营人登记制度

1. 进出境快件运营人的概念

进出境快件运营人（以下简称运营人）是指在中华人民共和国境内依法注

册,在海关登记备案的从事进出境快件运营业务的国际货物运输代理企业。未经中华人民共和国邮政部门批准,运营人不得承揽、承运私人信件。

2. 运营人进出境快件报关业务的登记

运营人申请办理进出境快件代理报关业务的,应当按照海关对国际货物运输代理企业的注册管理规定在所在地海关办理登记手续。《海关对进出境快件监管办法》第8条规定,运营人在所在地海关办理登记手续应具备以下条件:

(1)内资国际货物运输代理企业及其分支机构已经获得国务院对外贸易主管部门或者其委托的备案机构办理的国际货运代理企业备案表;外商投资国际货物运输代理企业已经获得国务院对外贸易主管部门颁发的外商投资企业批准证书,获准经营进出境快件业务;外商投资国际货物运输代理企业分公司已经获得国务院对外贸易主管部门的批准文件,获准经营进出境快件业务。

(2)已经领取工商行政管理部门颁发的企业法人营业执照,准予或者核定其经营进出境快件业务。

(3)已经在海关办理报关企业注册登记手续。

(4)具有境内、外进出境快件运输网络和二个以上境外分支机构或代理人。

(5)具有本企业专用进出境快件标识、运单,运输车辆符合海关监管要求并经海关核准备案。

(6)具备实行电子数据交换方式报关的条件。

(7)快件的外包装上应标有符合海关自动化检查要求的条形码。

(8)与境外合作者(包括境内企业法人在境外设立的分支机构)的合作运输合同或协议。

运营人不得以任何形式出租、出借、转让本企业的进出境快件报关权,不得代理非本企业承揽、承运的货物、物品的报关。

3. 进出境快件报关资格的注销

进出境快件运营人不再具备上述所列的八项条件之一或者在一年内没有从事进出境快件运营业务的,海关注销该运营人从事进出境快件报关的资格。

(三)进出境快件监管

1. 通关时间与监管地点

进出境快件通关应当在海关正常办公时间内进行,如须在海关正常办公时间以外进行的，须事先征得所在地海关同意。

进出境快件通关应当在经海关批准的专门监管场所内进行，如因特殊情况需要在专门监管场所以外进行的，需事先征得所在地海关同意。运营人应当在海关对进出境快件的专门监管场所内设有符合海关监管要求的专用场地、仓库和设备。

2. 申报

（1）申报的期限

进境快件自运输工具申报进境之日起 14 日内，出境快件在运输工具离境 3 小时之前，应当向海关申报。

（2）申报的内容

①预申报

运营人应向海关传输或递交进出境快件舱单或清单，海关确认无误后接受申报；运营人需提前报关的，应当提前将进出境快件运输和抵达情况书面通知海关，并向海关传输或递交舱单或清单，海关确认无误后接受预申报。

②报关

运营人办理进出境快件报关手续时，应当按快件的不同种类分别向海关提交有关报关单证并办理相应的报关、纳税手续。

首先，文件类进出境快件报关时，运营人应当向海关提交《中华人民共和国海关进出境快件 KJ1 报关单》、总运单（副本）和海关需要的其他单证。

其次，个人物品类进出境快件报关时，运营人应当向海关提交《海关进出境快件个人物品申报单》、每一进出境快件的分运单、进境快件收件人或出境快件发件人身份证件影印件和海关需要的其他单证。

最后，货物类进境快件报关时，运营人应当按下列情形分别向海关提交报关单证：第一，对关税税额在《进出口关税条例》规定的关税起征数额以下（50 元以下）的货物和海关规定准予免税的货样、广告品，应提交《中华人民共和国海关进出境快件 KJ2 报关单》（以下简称《海关进出境快件 KJ2 报关单》）、每一进境快件的分运单、发票和海关需要的其他单证。第二，对应予征税的货样、广告品（法律、法规规定实行许可证件管理的、需进口付汇的除外），应提交《中华人民共和国海关进出境快件 KJ3 报关单》、每一进境快件的分运单、发票和海关需要的其他单证。第三，对文件类，个人物品类以及使用 KJ2、KJ3 报关单报关的货物快件以外的货物类快件，按照海关对进口货物通关的规定办理。

货物类出境快件报关时，运营人应当按下列情形分别向海关提交报关单证：①对货样、广告品（法律、法规规定实行许可证管理的、应征出口关税的、需进口收汇的、需出口退税的除外），应提交《海关进出境快件 KJ2 报关单》、每一出境快件的分运单、发票和海关需要的其他单证。②其他货物类出境快件，一律按出口货物通关的规定办理。

3. 查验

《海关对进出境快件监管办法》第 18 条规定，海关查验进出境快件时，运营人应派员到场，并负责进出境快件的搬移、开拆和重封包装。

海关对进出境快件中的个人物品实施开拆查验时，运营人应通知进境快件的收件人或出境快件的发件人到场，收件人或发件人不能到场的，运营人应向海关提交其委托书，代理收/发件人的义务，并承担相应法律责任。

海关认为必要时，可对进出境快件予以径行开验、复验或者提取货样。

根据《出入境快件检验检疫管理办法》的规定，出入境快件属于根据《进出境动植物检疫法》及其实施条例和《国境卫生检疫法》及其实施细则以及国际条约、双边协议规定应当实施动植物检疫和卫生检疫的，列入海关实施检验检疫的进出境商品目录内的，实施进口安全质量许可制度、出口质量许可制度以及卫生注册登记制度管理的，以及其他法律法规规定的情形，应当实施检验检疫。

（四）进出境专差快件

《海关对进出境快件监管办法》第 25～27 条规定了进出境专差快件监管规定，进出境专差快件是指运营人以专差押运方式承运进出境的空运快件。

运营人从事进出境专差快件经营业务，除应当按一般进出境快件运营人的规定条件办理登记手续外，还应当将进出境专差快件的进出境口岸、时间、路线、运输工具航班、专差本人的详细情况、标识等向所在地海关登记。如有变更，应当于变更前 5 个工作日向所在地海关登记。对符合上述条件的，所在地海关核发海关进出境专差快件登记证书。运营人凭以办理进出境专差快件报关业务。

进出境专差快件应按行李物品方式托运，使用专用包装，并在总包装的显著位置标注运营人名称和“进出境专差快件”字样。

四、无代价抵偿货物

无代价抵偿进口货物,是指进口货物在征税或免税放行后,发现货物有残损、短少或品质不良或规格不符,而由承运人、发货人或保险公司免费补偿或更换的同类货物。

无代价抵偿是指进口货物买卖双方在执行合同中,进口方根据货物的事实状态向货物供应商请求偿付,而供货商根据合同有关规定及国际惯例进行赔偿的一种行为。根据国际惯例,除合同另有规定除外,抵偿一般只限于在成交商品所发生的直接损失方面(仅指残损、短少或品质不良方面的问题)以及合同规定的有关方面。对于所发生的间接损失(如因设备损坏而造成的经济损失等)一般不能包括在抵偿范围之内。

对于不属于国家限制进口的商品的无代价抵偿货物,该类型货物进口时,收货人应凭原进口货物报关单、税款缴纳凭证、索赔协议和商检证书向海关申报。申报后海关按有关规定验凭以上单证外,还应凭相对应的出口报关单办理有关进口手续。如果无代价抵偿货物进口时不向海关报明货物已退运出口或虽已报明货物已退运出口,但无法提供相应的出口证明,则海关应按一般进口货物办理有关通关手续。

对于属于国家限制进口商品的无代价抵偿货物,报关程序与不属于国家限制进口商品的无代价抵偿货物的报关程序一致,但以下两点情况应引起注意:(1)如与原进口的货物在品名、数量、价值及贸易性质等方面完全一致的,可以在原进口货物已经退运出口的条件下,免领有关进口许可证件免税放行。(2)如原进口货物未退运出境或无法提供相应单证说明原进口货物已经退运出境的,则应补办相关进口许可证件征税放行。

五、进出境修理物品

进出境修理物品是指运出境或运进境进行维护修理后复运进出境的货物、物品,海关将其作为暂时进出口货物进行监管。修理物品分为原进口产品运出

境修理和原出口产品运进境修理两类。原进口产品运出境
两种情况：一是原进口产品在保修期内运出境修理，二是原进口产品在
外运出境修理。修理物品的进出境期限与暂时进出口货物的进出境期限一
为6个月，即自修理物品运出境或运进境之日起6个月内复运进出境。如果
要延长复运进出境的期限，经批准可以延长，延长期限最长不超过6个月。

运进境维修的我国原出口货物，由原出口货物所有人或其代理人向海关申报。进出口货物收发货人或其代理人进境申报时应当向海关提交进口货物报关单、维修合同或协议、原出口货物报关单及发票等，并向海关提供担保。原进口货物需要运出境维修的，在保修期内的，进出口货物收发货人或其代理人在申报时应当向海关提交出口货物报关单、保修协议、售后服务合同、原进口货物报关单及发票等；在保修期外的，进出口货物收发货人或其代理人在申报时应当向海关提交出口货物报关单、维修合同或协议、原进口货物报关单及发票等。原出口货物、物品在境内维修完毕后，在海关规定的暂时进境期限内复运出境，进出口货物收发货人或其代理人应当向海关提交出口货物报关单、申报进境维修的进口货物报关单等。原进口货物、物品在境外维修完毕后，应当在海关规定的暂时出境期限内复运进境。保修期内的产品复运进境时，进出口货物收发货人或其代理人向海关提交进口货物报关单、申报出境维修的出口货物报关单等。海关经查验确认为出境修理的原进口货物的，予以放行入境。保修期外的产品复运进境时，进出口货物收发货人或其代理人向海关提交进口货物报关单、申报出境维修的出口货物报关单，同时应当申报产品的修理费和材料费。海关经查验确认为出境修理的原进口货物，并对修理费和材料费进行审核后，以修理费和材料费审查确定完税价格征收进口税。

原出口货物进境修理后复运出境，原进口货物出境修理后复运进境以后，出口货物发货人或其代理人应当持海关签章的复运出境或复运进境的报关单，向海关办理修理物品的核销结关和撤销担保的手续。

第五节　海关稽查法律制度

拓展进出口监管链条，将原先集中在通关环节的各项审核，延伸到后续监管环节，推行海关稽查制度是国际通行做法，也是国际海关管理普遍采用的手段之一。海关后续监管一方面是加强海关稽查，引导企业合规发展，对稽查中发现的少缴漏缴税款等违规行为予以纠正和惩戒；另一方面是通过主动披露、企业信用管理等手段，鼓励企业诚信守法。

一、海关稽查制度概述

（一）海关稽查制度法律渊源

海关稽查作为海关后续监管的法律手段，1994 年 10 月 1 日，海关总署发布的《中华人民共和国海关稽查暂行规定》正式实施，中国海关开始行使稽查权。1997 年 1 月 3 日，中华人民共和国国务院令第 209 号发布了《海关稽查条例》，确立了海关稽查制度，该条例构建了中国海关稽查制度基本框架，规定了对账簿、单证等有关资料的管理、海关稽查的实施以及稽查过程发现的违规行为的法律责任等内容。2000 年经修正的《海关法》第 45 条对海关稽查制度以法律的形式予以确立，该条款在海关法律层面确立海关稽查制度的基本内容。后《海关稽查条例》经过 2011 年 1 月 8 日国务院《关于废止和修改部分行政法规的决定》和 2016 年 6 月 19 日国务院《关于修改〈中华人民共和国海关稽查条例〉的决定》两次修订，进一步强化了海关稽查职能。海关总署发布的《〈中华人民共和国海关稽查条例〉实施办法》（以下简称《〈海关稽查条例〉实施办法》），使得海关实施稽查有了具体的细化规则。

（二）海关稽查的概念

海关稽查，是指海关自进出口货物放行之日起 3 年内或者在保税货物、减免税进口货物的海关监管期限内及其后的3年内，对与进出口货物直接有关的企业、单位的会计账簿、会计凭证、报关单证以及其他有关资料（以下统称账簿、单证等有关资料）和有关进出口货物进行核查，监督其进出口活动的真实性和合法性。

海关稽查与传统海关监管以货物为对象不同，是以企业为基本监管单元，以外部审计为基本手段，对企业进出口活动进行监督。

根据《海关稽查条例》第3条的规定，海关对与进出口货物直接有关的企业、单位可以实施稽查。根据其从事业务的性质、范围等可以分成以下六类：(1)从事对外贸易的企业、单位；(2)从事对外加工贸易的企业；(3)经营保税业务的企业；(4)使用或者经营减免税进口货物的企业、单位；(5)从事报关业务的企业；(6)海关总署规定的与进出口货物直接有关的企业、单位。根据《〈海关稽查条例〉实施办法》的规定，进出口货物的实际收发货人也在以上范围之列。

被稽查人应当接受稽查的进出口活动包括：进出口申报；进出口关税和其他税、费的缴纳；进出口许可证件和有关单证的交验；与进出口货物有关的资料记载、保管；保税货物的进口、使用、储存、维修、加工、销售、运输、展示和复出口；减免税进口货物的使用、管理；其他进出口活动。

（三）海关稽查期限

海关稽查的期限，是指海关有权对与进出口活动直接有关的企业、单位实施稽查的时间范围，也是被稽查人应当履行相应法律义务的时间范围。海关稽查期限根据进出口货物监管方式不同而有所区别。

1. 一般贸易和其他进出口货物的海关稽查期限

除了保税货物、减免税货物外，海关对一般贸易和其他进出口货物的稽查期限为自进出口货物放行之日起3年内。这一规定，与《海关法》规定的追征进出口环节少征或者漏征税款的3年期限相一致。

2. 保税货物的海关稽查期限

海关对保税货物的稽查期限为保税货物的海关监管期限及其后的3年内。海关对从事保税加工业务企业的稽查，覆盖自保税原料进口至保税成品出口及其后的时间。对保税物料流向的管理，是海关监管的重点。保税加工业务企业常发问题包括单耗申报、料件管理、产品销售及深加工结转等方面。上述稽查期限,包括三个方面:一是在保税货物的海关监管期限内;二是自保税货物复运出境之日起 3 年内;三是保税货物经批准转为一般贸易进口放行之日起 3 年内。

3. 减免税货物的海关稽查期限

海关对减免税货物的稽查期限为减免税货物的海关监管期限内及其后的 3 年内。减免税货物是指根据《海关法》第 56 条、第 57 条、第 58 条规定的进口货物,包括法定减免货物、特定减免货物和临时减免货物。常见种类包括:(1)国家鼓励发展的外商投资项目;(2)国家鼓励发展的国内投资项目;(3)科教用品;(4)自有资金项目;(5)中西部优势产业项目;(6)外国政府贷款和国际金融组织贷款项目;(7)残疾人用品;(8)救灾捐赠进口物资;(9)扶贫、慈善捐赠进口物资;(10)无代价抵偿货物。《海关进出口货物减免税管理办法》根据减免税货物的性质规定,对进口减免税货物的监管年限为:船舶、飞机:8 年;机动车辆:6 年;其他货物:3 年。[①] 监管年限自货物进口放行之日起计算。

减免税货物主要涉及三个环节:减免税项目的申请和审批,减免税货物的进口,减免税货物的使用和管理。其对应的单位包括项目申请人、实际使用人、申报单位、经营单位、收货单位。按照《海关法》和《海关稽查条例》的规定,海关可对上述企业和单位进行稽查。海关对涉及减免税业务的企业开展稽查,主要内容是核实企业是否按照规定申办、申报、管理、使用、处置减免税货物,目的在于引导企业守法经营、惩戒违法进口和处置减免税货物的行为,保证国家产业政策落到实处,防止国家税款流失。

二、海关稽查程序

依据《海关法》《海关稽查条例》《〈海关稽查条例〉实施办法》的规定,海关稽查的实施,一般包括以下环节:稽查准备、稽查实施、稽查处理和稽查评估。

---

① 参见自 2021 年 3 月 1 日起施行的《海关进出口货物减免税管理办法》第 14 条规定。2008 年 12 月 29 日海关总署公布的《海关进出口货物减免税管理办法》(海关总署令第 179 号)已废止。

(一)稽查准备

海关应当按照海关监管的要求,根据进出口货物直接有关的企业、单位的进出口信用状况和风险状况以及进出口货物的具体情况,确定海关稽查重点。

海关稽查有常规稽查和专项稽查。常规稽查,是指海关以监督和规范被稽查人进出口行为为主要目标,以例行检查和全面"体检"为基本特征,有计划地对被稽查人一定期限或业务范围内的进出口活动实施检查的一种稽查作业方式。常规稽查根据监管任务要求、企业信用等级、风险高低、规模大小等的不同,实施差别化稽查。专项稽查,是指以查发企业各类问题,保障海关监管、税收和贸易安全,防范走私违法活动为目的,以风险程度较高或政策敏感性较强的行业、企业、商品为重点而实施的一种稽查工作方式。例如,海关展开对特许权使用费、完税价格、检验检疫、原产地等专项稽查。这些专项稽查,可以由稽查部门开展自主分析,或接受其他部门提供的线索进一步开展分析,选取专项稽查作业对象、内容;也有通过业务联系单转来的其他部门提供的线索,经共同研判稽查部门已确定专项稽查对象、内容的,以及上级海关指定实施专项稽查的,直接进入稽查实施阶段。专项稽查的稽查时间范围和稽查业务范围,根据专项稽查指令要求确定。

海关进行稽查时,应当在实施稽查的 3 日前,制作稽查通知书书面通知被稽查人。

在特殊情况下,经直属海关关长或者其授权的隶属海关关长批准,海关可以不经事先通知进行稽查:

(1)被稽查人有重大违法嫌疑;

(2)被稽查人的会计账簿、会计凭证、会计报表、会计电算化资料、报关单证等有关资料(以下统称账簿、单证等有关资料)及进出口货物可能被转移、隐匿、毁弃等紧急情况下;

海关不经事先通知实施稽查的,应当在开始实施稽查时向被稽查人制发海关稽查通知书。

(二)稽查实施

海关进行稽查时,应当组成稽查组。稽查组的组成人员不得少于 2 人。海关进行稽查时,海关工作人员应当出示海关稽查证。

海关进行稽查时,海关工作人员与被稽查人有直接利害关系的,应当回避。海关工作人员进行稽查时,有下列情况之一的,应当回避:

(1)海关稽查人员与被稽查人的法定代表人或主要负责人有近亲属关系的;

(2)海关稽查人员或其近亲属与被稽查人有利害关系的;

(3)海关稽查人员或其近亲属与被稽查人有其他关系,可能影响海关稽查工作正常进行的。

被稽查人有正当理由,可以对海关稽查人员提出回避申请。但在海关作出回避决定前,有关海关稽查人员不停止执行稽查任务。

海关根据稽查工作需要,可以通过实地查看、走访咨询、书面函询、网络调查和委托调查等方式向有关行业协会、政府部门和相关企业等开展贸易调查,收集信息。

(三)稽查报告与结论

海关稽查组实施稽查后,应当向海关提送稽查报告。稽查报告认定被稽查人涉嫌违法的,稽查报告报送海关前,应当就稽查报告认定的事实征求被稽查人的意见;被稽查人应当自收到相关材料之日起 7 日内,将其书面意见送交海关。海关应当自收到稽查报告之日起 30 日内,作出海关稽查结论并送达被稽查人。

经海关稽查,发现关税或者其他进口环节的税收少征或者漏征的,由海关依照海关法和有关税收法律、行政法规的规定向被稽查人补征;因被稽查人违反规定而造成少征或者漏征的,由海关依照海关法和有关税收法律、行政法规的规定追征。被稽查人在海关规定的期限内仍未缴纳税款的,海关可以依照《海关法》第 60 条第 1 款、第 2 款的规定采取强制执行措施。

海关通过稽查决定补征或者追征的税款、没收的走私货物和违法所得以及收缴的罚款,全部上缴国库。被稽查人同海关发生纳税争议的,依照《海关法》第 64 条的规定办理。

经稽查认定被稽查人有违反海关监管规定的行为,或发现有走私行为尚不构成犯罪的,由海关依照《海关法》和《海关行政处罚实施条例》的规定处理;发现被稽查人有走私行为,构成犯罪的,依法追究刑事责任。

三、海关稽查中的权力与义务

(一)海关稽查权力与义务

海关进行稽查时,有获得相关信息的权力:

(1)查阅、复制被稽查人的账簿、单证等有关资料。海关稽查中,可以查阅记录和反映被稽查人进出口经营活动的会计账簿、会计凭证、报关单证以及其他有关资料。被稽查人利用计算机、网络通信等现代信息技术手段进行经营管理的,应当向海关提供账簿、单证等有关资料的电子数据,并根据海关要求开放相关系统、提供使用说明及其他有关资料。

(2)海关可以询问被稽查人的法定代表人、主要负责人员和其他有关人员与进出口活动有关的情况和问题;可以向与被稽查人有财务往来或者其他商务往来的企业、单位收集与进出口活动有关的资料和证明材料;经直属海关关长或者其授权的隶属海关关长批准,查询被稽查人在商业银行或者其他金融机构的存款账户。

(3)海关稽查人员还可以进行实地稽查,进入被稽查人的生产经营场所、货物存放场所,检查与进出口活动有关的生产经营情况和货物;海关进行稽查时,发现被稽查人有违反《海关法》和其他有关法律、行政法规行为的,可以扣留被稽查人的账簿、单证等有关资料和进出口货物。海关实施稽查时,发现被稽查人有可能转移、隐匿、篡改、毁弃账簿、单证等有关资料的,经直属海关关长或者其授权的隶属海关关长批准,可以查封、扣押其账簿、单证等有关资料。采取该项措施时,不得妨碍被稽查人正常的生产经营活动。海关对有关情况经查明或者取证后,应当立即解除对账簿、单证等有关资料以及相关电子数据、存储介质的查封、扣押。海关发现被稽查人的进出口货物有违反海关法和其他有关法律、行政法规嫌疑的,经直属海关关长或者其授权的隶属海关关长批准,可以查封、扣押有关进出口货物,经海关稽查排除违法嫌疑的,海关应当立即解除查封、扣押;经海关稽查认定违法的,由海关依照《海关法》和《海关行政处罚实施条例》的规定处理。

海关和海关工作人员执行海关稽查职务,应当客观公正,实事求是,廉洁奉公,保守被稽查人的商业秘密,不得侵犯被稽查人的合法权益。

(二)被稽查人的义务

1. 被稽查人应当接受海关稽查,如实反映情况,提供账簿、单证等有关资料,不得拒绝、拖延、隐瞒,配合海关稽查工作,并提供必要的工作条件。被稽查人使用计算机记账的,应当向海关提供记账软件、使用说明书及有关资料。

与进出口活动直接有关的企业、单位所设置、编制的会计账簿、会计凭证、会计报表和其他会计资料,应当真实、准确、完整地记录和反映进出口业务的有关情况;依照有关法律、行政法规规定的保管期限,保管会计账簿、会计凭证、会计报表和其他会计资料。

2. 海关查阅、复制被稽查人的账簿、单证等有关资料或者进入被稽查人的生产经营场所、货物存放场所检查时,被稽查人的法定代表人或者主要负责人员或其指定的代表应当到场,并按照海关的要求清点账簿、打开货物存放场所、搬移货物或者开启货物包装。检查结果应当由海关稽查人员填写检查记录,并由双方在检查记录上签字(盖章)。

3. 海关工作人员复制被稽查人的账簿、单证等有关资料后,被稽查人应当在复制的账簿、单证上签字、盖章。

4. 海关工作人员询问被稽查人的法定代表人、主要负责人和其他有关人员时,应当制作询问笔录,并由询问人、记录人和被询问人签名确认。

(三)第三人的配合义务

海关进行稽查时,与被稽查人有财务往来或者其他商务往来的企业、单位应当配合海关工作如实反映被稽查人的有关情况,提供有关资料和证明材料。

海关向商业银行或者其他金融机构查询被稽查人的存款账户时,应当持有协助查询通知书。协助查询通知书应当经直属海关或者其授权的隶属海关关长批准,并加盖海关印章。

海关实施稽查时,可以委托会计师事务所,税务师事务所或者其他具备会计、税务等相关资质和能力的专业机构,就相关问题作出专业结论,经海关认可后可以作为稽查认定事实的证据材料。双方签订委托协议,明确委托事项和权利义务等。

四、法律责任

(一)被稽查人的行政责任

1. 被稽查人不如实提供信息资料的

被稽查人有下列行为之一的,由海关责令限期改正,逾期不改正的,处2万元以上10万元以下的罚款;情节严重的,取消其报关注册登记;对负有直接责任的主管人员和其他直接责任人员处5000元以上5万元以下的罚款;构成犯罪的,依法追究刑事责任:

(1)向海关提供虚假情况或者隐瞒重要事实;

(2)拒绝、拖延向海关提供账簿、单证等有关资料以及相关电子数据存储介质;

(3)转移、隐匿、篡改、毁弃报关单证、进出口单证、合同、与进出口业务直接有关的其他资料以及相关电子数据存储介质。

2. 被稽查人未按规定设置或编制账簿、单证的

被稽查人未按照规定编制或者保管报关单证、进出口单证、合同以及与进出口业务直接有关的其他资料的,由海关责令限期改正,逾期不改正的,处1万元以上5万元以下的罚款;情节严重的,撤销其报关注册登记;对负有直接责任的主管人员和其他直接责任人员处1000元以上5000元以下的罚款。

负有直接责任的主管人员,是指被稽查人的法定代表人及其指定代表、主要负责人以及相关部门负责人;其他直接责任人员,是指被稽查人的财务人员、仓库管理人员以及其他直接从事进出口业务的相关人员。

(二)被稽查人的其他法律责任

被稽查人未按照规定设置或者编制账簿,或者转移、隐匿、篡改、毁弃账簿的,依照会计法的有关规定追究法律责任。

经海关稽查,认定被稽查人有违反海关监管规定的行为的,由海关依照《海关法》和《海关行政处罚实施条例》的规定处理。

与进出口货物直接有关的企业、单位主动向海关报告其违反海关监管规定的行为，并接受海关处理的，应当从轻或者减轻行政处罚。

经海关稽查，发现被稽查人有走私行为，构成犯罪的，依法追究刑事责任；尚不构成犯罪的，由海关依照《海关法》和《海关行政处罚实施条例》的规定处理。

（三）海关工作人员的法律责任

海关工作人员在稽查中玩忽职守、徇私舞弊、滥用职权，或者利用职务上的便利，收受、索取被稽查人的财物，构成犯罪的，依法追究刑事责任；尚不构成犯罪的，依法给予处分。

五、主动披露法律制度

2016 年 6 月修订后的《海关稽查条例》第 26 条第 2 款规定，与进出口货物直接有关的企业、单位主动向海关报告其违反海关监管规定的行为，并接受海关处理的，应当从轻或者减轻行政处罚。这项主动披露制度是海关引导和鼓励企业加强自律管理的一项制度措施，《〈海关稽查条例〉实施办法》以及有关规范性文件进一步明确了主动披露的具体执行问题。

（一）主动披露的概念

主动披露，是指进出口企业、单位就其尚未被海关发现的违反海关监管规定情事，主动如实向海关报告，并接受和配合海关处理，争取海关减免处罚的行为。

主动披露制度适用于进出口企业主动向海关报告其违反海关监管规定的行为，根据《海关行政处罚实施条例》的规定，"违反海关监管规定的行为"是指违反海关法以及其他法律、行政法规和规章但不构成走私的行为。走私行为人有走私故意违法，即使事后主动报告也不能视作主动披露，更不能豁免法律责任。

（二）主动披露适用条件

企业构成主动披露需满足以下条件：

1. 企业主动报告的违法行为是海关此前并未掌握的。如果海关在企业报告前已经掌握了违法线索，企业的报告行为属于配合海关调查，不能构成主动披露。

2. 在海关以明示方式通知企业启动调查、稽查、核查、查验（检查）等相关执法程序前主动报告的，方可构成主动披露。

3. 主动报告内容属实，不存在严重失实或者隐瞒其他违法行为的情形。

除满足上述条件外，进出口企业申请主动披露，还需要向海关提交账簿、单证等相关材料，并对所提交材料的真实性、准确性、完整性承担法律责任。

4. 以书面形式报告。根据《〈海关稽查条例〉实施办法》的规定，进出口企业应当主动向海关书面报告其违反海关监管规定的行为并接受海关处理。配合该办法的实施，海关总署 2016 年第 61 号公告公布了包括《主动披露报告》在内的海关稽查相关法律文书。海关总署发布的 2019 年第 161 号《关于处理主动披露涉税违规行为有关事项的公告》，又专门明确进出口企业向海关主动报告涉及税款征收违规行为，需要填制《主动披露报告》。

在某些特殊情况下，如果企业确实由于客观原因无法进行书面报告，可以在第一时间先以口头方式向海关如实报告有关情况，在条件允许后再尽快补充提供书面报告。

（三）主动披露适用的法律后果

《海关稽查条例》对于主动披露所涉违法行为，规定“应当从轻或者减轻行政处罚”；《〈海关稽查条例〉实施办法》对主动披露的违法行为有“不予行政处罚”的规定，但不予处罚的行为必须符合《行政处罚法》“违法行为轻微并及时纠正，没有造成危害后果”的条件。

1. 减轻处罚

海关总署发布的 2019 年第 161 号公告就针对主动披露的涉税违规行为，明确了海关依据《行政处罚法》的规定可以不予处罚的两种情形。一种是在涉税违规行为发生之日起 3 个月内向海关主动披露，并主动消除危害后果的；另一种是在涉税违规行为发生之日起 3 个月后向海关主动披露，漏缴、少缴税款占应缴纳税款比例10%以下,或者漏缴、少缴税款在人民币50万元以下,并主动消除危害后果的。上述两种情况均要求企业“主动消除危害后果”,“主动消除危害后果”主要指补缴相关税款,补办有关海关手续。

2. 可享受优惠待遇或者鼓励措施

海关对于主动披露企业激励机制,还包括以下几个方面:一是根据海关总署相关规定,进出口企业主动披露且被海关处以警告或者50万元以下罚款处罚的行为,不作为海关认定企业信用状况的记录;二是《〈海关稽查条例〉实施办法》规定,对主动披露并补缴税款的进出口企业,海关可以减免滞纳金。企业补缴税款的税负义务不能因主动披露得以免除,但因迟延履行税负义务所产生的带有惩戒性质的滞纳金,可以因企业主动披露予以豁免。

第六节　海关企业管理制度

一、海关企业管理制度

海关企业管理是基于监管进出口货物而形成的关联性管理,海关对进出口货物进行监管,延伸到对进出口货物所有人及其代理人的监管,海关对从事货物进出口相关活动的当事人及其代理人的主体资格条件、从业行为的合法性、规范性实施监督管理。

海关企业管理包括企业资格管理和企业信用管理等。

海关企业管理中的资格管理主要指办理海关业务企业的注册登记许可和备案。

企业信息档案管理是以企业为单元建设和管理企业信息数据库,及时采集企业注册登记及变更信息、进出口贸易信息、违法违规信息等基础信息和动态信息内容。企业信息档案管理是与海关对企业资格管理、规范管理、稽查以及海关整个通关管理相配套的基础工作。海关对企业信息充分掌握的基础上对企业加强信用管理,对企业守法状况实施风险分析、监控、处置等管理。

海关充分运用信息技术手段提高对企业进行信用管理的水平。企业进出口信用管理系统以“诚信守法便利、失信违法惩戒”为原则,以企业为单元,收集海关内部、外部企业管理信息以及企业生产经营信息，以企业信用为基础，全面作用于海关“事前、事中、事后”监管环节，“由企及物”实现对进出口企业差别化管理。

（一）报关单位的备案制度

2021年4月，我国《海关法》修正，将我国海关对进出口货物报关管理的主要制度——报关注册登记制度修改为备案制，进出口货物收发货人、报关企业办理报关手续，应当依法向海关备案。①

报关单位，是指向海关办理进出口货物报关纳税等海关业务的境内法人、其他组织或个人，包括报关企业和进出口货物收发货人。其中，报关企业是指接受进出口货物收发货人的委托，以委托人的名义或者以自己的名义，向海关办理代理报关业务，从事报关服务的境内企业法人。如果报关企业以收发货人的名义进行报关，可称为代理报关企业。如果报关企业以自己的名义进行报关，可称为自理报关企业。此外，进出口货物收发货人是指依法直接进口或者出口货物的中华人民共和国关境内的法人、其他组织或者个人。

报关人员，是指经报关单位向海关备案，专门负责办理所在单位报关业务的人员。报关单位在办理报关业务中，应当遵守国家有关法律、行政法规和海关规章的规定，承担相应的法律责任。对其所属报关员的报关行为应当承担相应的法律责任。

报关差错率，是指报关单位被记录报关差错的总次数除以同期申报总次数的百分比。海关对报关单位办理海关业务中出现的报关差错予以记录，如果报

---

① 原法条：第9条规定：“进出口货物，除另有规定的外，可以由进出口货物收发货人自行办理报关纳税手续，也可以由进出口货物收发货人委托海关准予注册登记的报关企业办理报关纳税手续。进出境物品的所有人可以自行办理报关纳税手续，也可以委托他人办理报关纳税手续。”

修改：删去第9条第1款中的“海关准予注册登记的”。修改后法条：第9条规定：“进出口货物，除另有规定的外，可以由进出口货物收发货人自行办理报关纳税手续，也可以由进出口货物收发货人委托报关企业办理报关纳税手续。进出境物品的所有人可以自行办理报关纳税手续，也可以委托他人办理报关纳税手续。”

原法条：第11条规定：“进出口货物收发货人、报关企业办理报关手续，必须依法经海关注册登记。未依法经海关注册登记，不得从事报关业务。报关企业和报关人员不得非法代理他人报关，或者超出其业务范围进行报关活动。”

修改后法条：第11条规定：“进出口货物收发货人、报关企业办理报关手续，应当依法向海关备案。报关企业和报关人员不得非法代理他人报关。”

关单位对报关差错记录有异议的，可以自报关差错记录之日起 15 日内向记录海关以书面方式申请复核。

（二）其他报关单位

1. 临时报关单位

临时报关单位，是指未取得对外贸易经营者备案登记表，按照国家有关规定需要从事非贸易性进出口活动的单位，包括境外企业、新闻、经贸机构、文化团体等依法在中国境内设立的常驻代表机构；少量货样进出境的单位；国家机关、学校、科研院所等组织机构；临时接受捐赠、礼品、国际援助的单位；其他可以从事非贸易性进出口活动的单位。符合海关规定的，在向海关申报前应当向所在地海关办理备案手续，特殊情况下可以向拟进出境口岸或者海关监管业务集中地海关办理备案手续。

2. 海关特殊监管区域内企业

海关特殊监管区域内企业（以下简称区内企业），是指保税区、出口加工区、保税物流区、保税港区、综合保税区、跨境工业区和国际边境经济合作中心配套区等海关特殊监管区内设立的企业。

区内企业可以申请注册登记成为特殊监管区域双重身份企业，特殊监管区域双重身份企业在海关特殊监管区域内拥有进出口货物收发货人和报关企业双重身份，在海关特殊监管区域外仅具报关企业身份。

3. 加工生产企业

加工生产企业，是指接受经营企业委托，负责对进口料件进行加工或者装配，且具有法人资格的生产企业，以及由经营单位设立的虽然不具有法人资格，但实行相对独立核算并已经办理工商营业执照的工厂。

从事加工贸易业务的加工生产企业必须经海关登记。海关按照进出口货物收发货人报关注册登记的程序办理登记手续，并核发《对外加工生产企业海关登记通知书》，申请企业凭此向海关办理对外加工合同的登记备案手续。

4. 保税仓库

保税仓库，是指经海关批准设立的专门存放保税货物及其他未办结海关手续货物的仓库。

保税仓库经营企业向仓库主管海关保税监管部门提出设立保税仓库申请，

经直属海关注册登记并核发中华人民共和国海关保税仓库注册登记证书(以下简称保税仓库注册登记证书),仓库主管海关保税监管部门核准保税仓库名称、保税仓库性质后,企业备齐相关资料到海关企业管理部门办理注册登记手续。

5. 出口监管仓库

出口监管仓库,是指经海关批准设立,对已办结海关出口手续的货物进行存储、保税物流配送、提供流通性增值服务的海关专用监管仓库。

出口监管仓库经营企业向仓库主管海关保税监管部门提出设立出口监管仓库申请,经直属海关注册登记并核发中华人民共和国海关出口监管仓库注册登记证书,仓库主管海关保税监管部门核准出口监管仓库名称、出口监管仓库性质后,企业备齐相关资料到海关企业管理部门办理注册登记手续。

6. 对外贸易综合服务企业

鉴于中小外贸企业规模小、数量多、业务庞杂,而对外贸易的流程复杂烦琐,专业化程度高,中小外贸企业难以高效完成,而需要专业化的机构提供相关支持与服务,外综服企业服务应运而生。①

综服企业,是指具备对外贸易经营者身份,接受国内外客户委托,依法签订综合服务合同(协议),依托综合服务信息平台,代为办理包括报关报检、物流、退税、结算、信保等在内的综合服务业务和协助办理融资业务的企业。

综服企业在海关法适用中带来的问题是,《海关法》关于办理进出口货物报关纳税手续的法律主体只规定了“进出口货物收发货人”和“报关企业”,综服企业只能在两者之中选择其一。海关将综服企业作为进出口货物收发货人实施监管,但与进出口货物收发货人(海关法上的收发货人属于报关单上的经营单位,并非实际收发货人)属于外贸代理的贸易角色定位不同,综服企业是服务主体,并非贸易主体。《海关法》关于办理进出口货物报关纳税手续的法律主体只规定了“进出口货物收发货人”和“报关企业”,显然不适合综服企业实际,有必要从制度层面赋予综服企业独立的申报主体地位。

---

① 2013 年 7 月,国务院出台了促进外贸发展的“国六条”,在国家层面首次提出“外综服企业”这一概念。2014 年 5 月,国务院办公厅印发了《关于支持外贸稳定增长的若干意见》,明确提出支持外综服企业发展,为小微企业出口提供专业化服务。2017 年政府工作报告对促进“外综服”发展作出专门部署。2017 年 9 月,商务部、海关总署、税务总局、质检总局、外汇局出台了《关于促进外贸综合服务企业健康发展有关工作的通知》(商贸函〔2017〕759 号)。

二、海关企业信用管理

(一)海关企业信用管理含义

海关企业信用管理制度,是从传统的以货物为单元向以企业为单元的管理理念的发展。海关企业信用管理,是指海关按照诚信守法便利、失信违法惩戒,依法依规、公正公开原则,对企业实施信用管理。海关根据社会信用体系建设有关要求,与国家有关部门实施守信联合激励和失信联合惩戒,推进信息互换、监管互认、执法互助(简称三互)。海关依据有关国际条约、协定以及信用管理办法规定,开展与其他国家或地区海关的经认证的经营者(AEO)互认合作。

(二)信用信息采集与公示

海关建立企业信用信息采集、公示制度,向社会公示在海关注册登记和备案企业的信用信息。

1. 信息采集内容

海关采集能够反映企业进出口信用状况信息,包括:企业在海关注册登记或者备案信息以及企业相关人员基本信息、企业进出口以及与进出口相关的经营信息、企业行政许可信息、企业及其相关人员行政处罚和刑事处罚信息、海关与国家有关部门实施联合激励和联合惩戒信息、AEO 互认信息和其他能够反映企业信用状况的相关信息。

2. 信息公示范围和时限

海关在依照法律、行政法规规定办理涉及国家秘密、国家安全、社会公共利益、商业秘密和个人隐私的信息前提下,公示企业下列信用信息:

(1)企业在海关注册登记或者备案信息:企业中文名称、法定代表人(负责人)、工商注册地址、海关注册编码、组织机构代码、海关首次注册日期、注册海关、海关业务联系人、行政区划、经济区划、经济类型、经营类别、行业种类、年报情况、海关注销标志、报关有效期;

(2)海关对企业信用状况的认证或者认定结果;

(3)海关对企业的行政许可信息和行政处罚信息;

(4)海关与国家有关部门实施联合激励和联合惩戒信息;

(5)其他依法应当公示的信息。

海关应当公布上述信用信息的查询方式。

3. 对公示内容提出异议的处理程序

自然人、法人或者非法人组织认为海关公示的信用信息不准确的,可以向海关提出异议,并提供相关资料或者证明材料。

海关应当自收到异议申请之日起 20 日内进行复核。自然人、法人或者非法人组织提出异议的理由成立的,海关应当采纳。

(三)海关企业信用评定标准和程序

全国海关实行统一的企业信用评定标准和评定程序。根据企业信用状况,对信用状况最好、符合高级认证标准的,海关认定为"高级认证企业";对存在相关失信情形的,海关认定为"失信企业";对其他海关注册登记和备案企业,无须认证或认定,海关对其实施惯常的管理措施。

1. 高级认证企业认证标准和程序

经认证的经营者,是指以任何一种方式参与货物国际流通,符合海关总署规定标准的企业。中国海关依法开展与其他国家或者地区海关的 AEO 互认,并给予互认 AEO 企业相应通关便利措施。

高级认证企业应当经企业申请并符合海关认证企业标准,即应同时符合通用标准和相应的单项标准。高级认证企业标准包括内部控制、财务状况、守法规范、贸易安全等内容。高级认证企业单项标准,是海关针对不同企业类型和经营范围制定的认证标准。

企业申请成为高级认证企业,应当向海关提交书面申请。海关按照海关认证企业通用和单项标准对企业实施认证。

海关应当自收到申请及相关资料之日起 90 日内进行认证并作出决定。特殊情形下,海关认证时限可以延长 30 日。

通过认证的企业,海关制发高级认证企业证书;未通过认证的企业,海关制发未通过认证决定书。高级认证企业证书、未通过认证决定书应当送达申请人,并且自送达之日起生效。

海关对高级认证企业每 5 年复核一次。企业信用状况发生异常情况的,海关可以不定期开展复核。

2. 失信企业的认定标准、程序和信用修复

企业有下列情形之一的,海关认定为失信企业:

(1)被海关侦查走私犯罪公安机构立案侦查并由司法机关依法追究刑事责任或者构成走私行为被海关行政处罚的。

(2)非报关企业1年内违反海关的监管规定,被海关行政处罚的次数超过上年度报关单、进出境备案清单、进出境运输工具舱单等相关单证总票数1‰且被海关行政处罚金额累计超过100万元的。

报关企业1年内违反海关的监管规定行为次数超过上年度相关单证总票数5‱且被海关行政处罚金额累计超过30万元的。

上年度相关单证票数无法计算的,1年内因违反海关的监管规定被海关行政处罚,非报关企业处罚金额累计超过100万元、报关企业处罚金额累计超过30万元的。

(3)拖欠应缴税款、应缴罚没款项的。指自缴纳期限届满之日起超过3个月仍未缴纳税款的,自缴纳期限届满之日起超过6个月仍未缴纳罚款、没收的违法所得和追缴的走私货物、物品等值格,并且超过1万元的。

(4)抗拒、阻碍海关工作人员依法执行职务,被依法处罚的。

(5)向海关工作人员行贿、被处以罚款或者被依法追究刑事责任的。

(6)法律、行政法规、海关规章规定的其他情形。

海关在作出认定失信企业决定前,应当书面告知企业作出决定的事由、依据和依法享有的陈述、申辩权利。对当事人提出的陈述、申辩,海关应当进行核实,企业提出的理由成立的,海关应当采纳。

此外,海关对失信企业纠正失信行为,消除不良影响,符合法定条件的,经审核,可作出准予信用修复决定。

(四)海关企业信用管理措施

海关按照“诚信守法便利、失信违法惩戒”原则,对不同信用等级的企业分别适用相应的管理措施。即对高级认证企业使用便利管理措施,对一般认证企业适用常规管理措施,对失信企业适用严密监管措施。

1. 管理措施

一般认证企业适用管理措施:

(1)进出口货物平均查验率在一般信用企业平均查验率的50%以下;

(2)海关收取的担保金额可以低于其可能承担的税款总额或者海关总署规定的金额;

(3)海关总署规定的其他管理措施。

高级认证企业除适用一般认证企业管理原则和措施外,还适用下列管理措施:

(1)进出口货物平均查验率低于实施常规管理措施企业平均查验率的20%以下,法律、行政法规或者海关总署有特殊规定的除外;

(2)出口货物原产地调查平均抽查比例在企业平均抽查比例的20%以下,法律、行政法规或者海关总署有特殊规定的除外;

(3)优先办理进出口货物通关手续及相关业务手续;

(4)优先向其他国家(地区)推荐农产品、食品等出口企业的注册;

(5)可以向海关申请免除担保;

(6)减少对企业稽查、核查频次;

(7)可以在出口货物运抵海关监管区之前向海关申报;

(8)海关为企业设立协调员;

(9)AEO互认国家或者地区海关通关便利措施;

(10)国家有关部门实施的守信联合激励措施;

(11)因不可抗力中断国际贸易恢复后优先通关;

(12)海关总署规定的其他管理措施。

失信企业适用下列管理措施:

(1)进出口货物查验率80%以上;

(2)经营加工贸易业务的,全额提供担保;

(3)提高对企业稽查、核查频次;

(4)海关总署规定的其他管理措施。

高级认证企业适用的管理措施优于一般认证企业。因企业信用状况认定结果不一致导致适用的管理措施相抵触的,海关按照就低原则实施管理。

2. 管理措施实施

海关建立企业信用信息管理系统，运用信息化手段提升海关企业信用管理水平。办理同一海关业务涉及的企业信用等级不一致导致适用的管理措施相抵触的，海关按照就低原则实施管理。

海关对高级认证企业每3年重新认证一次，对一般认证企业不定期重新认证。

高级认证企业涉嫌违反与海关管理职能相关的法律法规被刑事立案或者调查的，海关暂停适用高级认证企业管理措施。

三、AEO 制度与 AEO 国际互认合作

按照国际通行规则，海关对信用状况、守法程度和安全管理程度较好的企业进行认证认可，对通过认证的企业给予通关便利。AEO 制度的构建，从本质上改变了海关与企业之间在传统意义上的管理与被管理的关系，以适应现代化海关制度建设及改革需要，符合政府职能转变的要求。

AEO 制度是世界海关组织《全球贸易安全与便利标准框架》中引入的一项重要制度，其目标就是构建海关与商界的合作伙伴关系，实现国际贸易供应链的安全与便利。世界海关组织 AEO 制度，其根本属性是信用管理，是一项“守信激励”的国际规则。实施 AEO 国际互认，则是通过海关与海关同步认证和双向互认，识别和提升供应链参与主体的诚信、守法、安全水平。

我国海关推进 AEO 国际互认合作，营造有利的国际贸易环境。截至2021年5月，中国海关已经与新加坡、韩国、欧盟等17个经济体43个国家和地区实现 AEO 互认，互认国家和地区数量保持世界第一。

第七节　进出境物品海关监管法律制度

一、进出境物品概述

对进出境旅客行李物品和个人邮递物品及其他物品的监督管理(简称进出境物品监管),是海关监管的重要组成部分。《海关法》上的“进出境物品”是相对于货物的一个概念,从性质上说是非贸易性的。进出境物品涵盖的范围包括进出境的行李物品、邮递物品、外国驻华使领馆公务自用物品、各类常驻机构及人员进出境的公用自用物品及非为商业目的的其他物品等。

《海关法》第46条规定,个人携带进出境的行李物品、邮寄进出境的物品,应当以自用、合理数量为限,并接受海关监管。物品区别于货物的特征:一是属于自用、馈赠亲友非为出售营利,不得作为商业用途进行买卖或出租或收取带工费等;二是在合理数量范围内,通常数量不大,“合理数量”指海关根据旅客旅行目的和居留的时间所规定的正常数量。自用是确定合理数量的前提,合理数量是自用的量化标准。

进出境物品必须经由设有海关的地点进境或出境。按照《海关法》第47条的规定,进出境物品所有人应向海关如实申报、接受海关查验。

根据自用合理数量原则,海关对不同类型的物品规定不同的范围和征免税限量或限值。对不属自用的或者超出合理数量范围的物品,或者超出海关规定的物品品种、规格、限量、限值的物品,海关予以退运或存入海关指定的仓库,不予放行。对属于自用范围以内,但超出免税限量的物品,经海关核准后可予以征税放行。

二、进出境旅客行李物品监管

(一)旅客的分类

为了统一验放标准、简化验放手续,根据国际惯例,海关对进出境旅客实行分类管理,将进出境旅客按照通常定居地分为居民旅客、非居民旅客两大类。

居民旅客指出境居留后仍回到境内其通常定居地者,包括各类因公或因私出入境的境内居民,如派往驻外机构工作人员,赴境外访问、经商、学习、交流、探亲和旅游人员等。

非居民旅客指进境居留后仍回到境外其通常定居地者,包括港澳旅客、台湾地区旅客、华侨、外籍华人和外国籍旅客等。

居民与非居民旅客按照旅客进出境居留时间的长短,将两类旅客再分别分为长期旅客和短期旅客。"短期旅客"指获准进境或出境暂时居留不超过一年的旅客。"长期旅客"指获准进境或出境连续居留时间在一年以上(含一年)的旅客。

此外,另单列"定居旅客"和"过境旅客"两种。"定居旅客"指取得中华人民共和国主管部门签发的进境或出境定居证明或批准文件,移居境内或境外的旅客。"过境旅客"指持有效过境签证,从境外某地,通过境内,前往境外另一地的旅客。

(二)进出境旅客行李物品分类

行李物品是指旅客为其进出境旅行或者居留的需要而携运进出境的物品,包括货币、金银、有价证券等。

海关按一定的分类方法将旅客的行李物品划分成不同的类别,这是海关对进出境旅客行李物品进行管理的基础。

进境居民旅客携带在境外获取的个人自用进境物品,总值在5000元人民币以内(含5000元)的;进境非居民旅客携带拟留在中国境内的个人自用进境物品,总值在2000元人民币以内(含2000元)的,海关予以免税放行,单一品种限自用、合理数量,但烟草制品、酒精制品等另按有关规定办理。进境居民旅客携带在境外获取总值超出5000元人民币的个人自用进境物品,经海关审核确属自用的;进境非居民旅客携带拟留在中国境内的个人自用进境物品,总值超出2000元人民币的,海关仅对超出部分的个人自用进境物品征税,对不可分割的单件物品,全额征税。旅客如果携带大量超出个人合理自用的高价值物品入境,将被追究相关法律责任。

按照《中华人民共和国海关对进出境旅客行李物品监管办法》所附的"旅客

进出境行李物品分类表”的规定，进出境旅客的行李物品划分为3类：

第一类物品：衣料、衣着、鞋、帽、工艺美术品和价值人民币1000元以下（含1000元）的其他生活用品；

第二类：烟草制品、酒精饮料；

第三类：价值人民币1000元以上、5000元以下（含5000元）的生活用品。

（三）进出境旅客行李物品监管的基本规则

“进出境旅客通关”系指进出境旅客向海关申报，海关依法查验行李物品并办理进出境物品征税或免税验放海关手续或其他有关监管手续。行李物品监管的基本流程是申报、查验、放行。其中根据查验结果，具体办理免税、征税、扣留、退运等手续。

1. 通关的程序

（1）如实申报

申报是进出境旅客通关的第一个环节，系指进出境旅客为履行海关法规规定的义务，对其携运进出境的行李物品的实际情况依法向海关所作的申明。

海关在通道内设置专用申报台供旅客办理有关进出境物品的申报手续。

需向海关办理申报手续的旅客，应填具旅客行李申报单或海关规定的其他申报单证，或按海关规定的方式如实向海关申报，海关凭以办理征税、免税、退运、扣留以及放行手续。无须向海关办理申报手续的旅客，可从无申报通道径自过关。

海关设置“申报通道”（又称“红色通道”）和“无申报通道”（又称“绿色通道”）供进出境旅客进行选择。

双通道制度亦称红绿通道制，其分道原则以是否办理进境或出境验放手续为界，进出境旅客在海关规定范围内自行选择通道办理海关手续。

不明海关规定或不知如何选择通道的旅客，应选择“申报通道”，向海关办理申报手续。

旅客向海关申报时，应主动出示本人的有效进出境旅行证件和身份证件，并交验中华人民共和国有关主管部门签发的准许有关物品进出境的证明、商业单证及其他必备文件。前者是所有出入境人员都必须提供的，后者是携带有某些特殊进出境物品必备的文件。例如，申请出境的文物，应当交验“文物古籍外销统一发货票”或准予文物出境的鉴定证明文件及鉴定标识；申报出境的外币，应交验“携带外汇出境许可证”或本次进境申报单证；申报出境金银饰品或者制品时，应交验“携带金银出境许可证”或国内经营金银制品的单位开具的“特种发货票”，或本次进境申报单证；除上述物品外，其他有关法规规定需要提供证明、文件的，按有关规定提供相应的证明、文件。

进出境旅客没有携带应向海关申报物品的，无须填写旅客行李申报单，选择“无申报通道”进境或出境。

（2）海关查验

除享受免验待遇的进出境人员外，海关均可依法行使查验权。海关依据风险分析确定重点，选择符合风险特征的旅客实施查验。海关查验的目的：一是核对进出境旅客对其行李物品所作的申报是否属实；二是检查有无未经特许携带国家禁止、限制进出境的物品；三是确定应予免税、征税或退运或需作其他处理的物品。

查验内容包括核对旅客申报是否属实，对无申报情事的正常旅客可仅作简单抽查或不作查验径予放行，对有情报线索或经技术检查和现场调研发现有可疑迹象的，则可进行重点查验。

海关查验行李物品时，物品所有人应当到场并负责搬移物品，开拆和重封物品的包装，查验进出境旅客行李物品的时间和场所，由海关指定；海关认为必要时，可以单独进行查验。海关对进出境行李物品加施的封志，任何人不得擅自开启或者损毁；对利用人身（体）走私嫌疑的旅客，海关可依法对其进行检查。但对走私嫌疑人的身体检查应当严格执行审批制度和操作规程。

（3）征税、免税放行、退运

征税、免税放行，是指旅客携运的在规定征税或免税范围内的物品予以征税或免税放行。对超过免税范围但仍属自用的物品，经海关核准后，可予征税放行。

旅客携运进境或出境的物品有超出自用合理数量范围或超出海关准许各类旅客携运进出境物品的具体限值限量及征免税规定，不准进境或出境，海关对有关物品作出退出境外或退回境内处理。旅客携运《中华人民共和国禁止进出境物品表》所列的物品进出境，在海关检查以前主动报明的，分别予以没收或者责令退回，并可酌情处以罚款。藏匿不报的，按照《海关法》第 82 条规定的走私行为予以处罚。旅客携运属下列情形的物品，海关不予放行，予以退运或由旅客存入海关指定的仓库:不属自用的;超出合理数量范围的;超出海关规定的物品品种、规格、限量、限值的;未办理海关手续的;未按章缴税的;根据规定不能放行的其他物品。物品所有人应当在3个月内办理退运、结案手续。逾期不办的,由海关依照规定变卖处理。

2. 分离运输的行李物品通关

分离运输行李指旅客在其进境后或出境前的规定期限内以托运方式运进或运出的本人行李物品。旅客以分离运输方式运进行李物品,应当在进境时向海关申报。经海关核准后,自旅客进境之日起6个月内(含6个月,下同)运进。海关办理验放手续时,连同已经放行的行李物品合并计算。以分离运输方式运出的行李物品,应由物品所有人持有效的出境证件在出境前办妥海关手续。

3. 免验礼遇

持有中华人民共和国政府主管部门给予外交、礼遇签证的进出境非居民旅客和海关给予免验礼遇的其他旅客,通关时应主动向海关出示本人护照(或其他有效进出境证件)和身份证件,海关予以免验礼遇。

4. 短期旅客和长期旅客通关

短期旅客携带进出境的行李物品应以旅行需用物品为限。针对短期旅客中不同类型旅客,海关验放标准略有差异,如对于经常出入境的人员,包括边境运输工具服务人员,未经海关批准,不准带进属于分类表中的第三类物品;长期旅客中的非居民进境后,在规定期限内报运进境其居留期间自用物品或安家物品、海关凭中国政府主管部门签发的长期居留证件(或常驻户口登记证件),其他批准文件和身份证件,办理审批验放手续。

5. 定居旅客行李物品的通关

获准进境定居的旅客在规定期限内报运进境安家物品,应事先向主管海关或者口岸海关提交中华人民共和国政府主管部门签发的定居证明或批准文件。其在境外拥有并使用过的数量合理的自用物品,准予免税进境;自用小汽车准予每户征税进境1辆。

进境定居旅客自进境之日起,居留时间不满2年,再次出境定居的,其免税携运进境的安家物品应复运出境,或向海关补税。

6. 过境旅客的行李物品的通关

过境旅客未经海关批准,不得将物品留在境内。

进境后不离开海关监管下的交通工具或海关监管区直接出境的旅客,海关一般不对其行李物品进行查验,但必要时,海关可以查验。

在过境期限内获准离开海关监管区,转换交通工具出境的过境旅客,携带的行李物品应以旅行需用物品为限。

三、进出境邮递物品的监管

海关监管的进出境邮递物品指通过邮寄方式进出境的物品,包括包裹、小包邮件和印刷品。邮递物品中既有属个人和亲友间相互赠送的物品,又有如货样、广告品等贸易性的物品,特别是随着电子商务的快速发展,进出境邮递物品中电子商务类邮件数量增加,邮递物品的进出境具有商业性,应按照货物规定办理通关手续。

海关对进出境邮递物品的监管是在邮局的互换局或验关局进行。国际邮件互换局就是向境外邮政机构封发邮件总包和接收、开拆、处理境外邮政机构发来的邮政总包的机构。海关设立办事处进行监管。

(一)邮递物品的分类

根据邮寄进出境物品的种类不同,进出境邮递物品可以划分为包裹、小包邮件、货样和印刷品。海关对各类进出境邮递物品,根据有关管理规定,采用相应的管理措施。

进出境邮递物品可以从不同角度进行分类。根据邮运方式不同,进出境邮件可分为水陆邮件、航空邮件、快递邮件;按照邮袋的流向及目的,可分为进境邮袋、出境邮袋、过境邮袋和转运邮袋;按照邮袋盛装物品的性质可分为信件邮袋、印刷品邮袋、包裹邮袋、特种邮件邮袋以及空袋五种。按邮件性质不同,可分为函件及包裹两类。除信件以外,函件和包裹都属于海关的监管范围,也就是通常所称的进出境邮递物品。

邮递物品与对旅客行李物品的监管规则基本一致。但由于邮包寄递方便,海关对邮件进行查验时,收寄件人一般不在场,因此,邮递物品的通关渠道有时会被走私或知识产权侵权等违法行为所利用,这样就增加了海关监管的复杂性。

(二)进出境邮递物品的监管

自用、合理数量是进出境物品通关的总原则,对进出境的个人邮递物品也同样适用。海关总署进一步制定进出境邮递物品的限值及个人物品的范围。

1. 如实申报

进出境邮递物品必须在设有海关的地点进境或出境。进出境的个人邮递物品在未设海关的地点收寄的,由设有海关的邮局负责向海关申报。在设有海关的地点收寄的个人邮递物品,由收寄人自行向驻邮局海关申报。

在通关实践中,与进出境旅客行李物品的书面申报直接由所有人或代理人呈递给海关不同,进出境邮递物品(包括个人邮包)的"报税单"和"绿色标签",通常随同物品通过邮政企业呈递给海关。

邮递物品进出境时,邮政企业作为邮袋运转责任的承担者,必须由其负责向海关办理邮袋的申报并提供相关的信息。申报的方式是邮政企业向海关递交由邮政企业制发的载明邮袋情况的"路单"。邮件路单,是指载有邮件总包号码、原寄局及寄达局、内含件数及重量、承载的运输工具等邮路信息的万国邮政规定单证。海关则根据"路单"对各类邮递物品进行监管。

2. 查验

查验是海关完成对进出境邮递物品监管的主要环节。进出境邮递物品除规定享受免验外,都必须接受海关查验,海关根据风险分析确定查验重点。

海关对进出境邮递物品查验的目的:一是核对邮包内装物品与申报内容是否一致;二是检查邮包内装物品是否超值、超量;三是检查邮包内有无国家禁止或限制进出境物品;四是核定邮包内装物品的完税价格,确定物品的征税、免税放行、退运、物品通关。

进出境邮件的查验应当由设有海关的邮局负责交海关查验。在设有海关的邮局邮递物品出境,可以由寄件人向海关交验,海关在寄件人在场的情况下进行查验;在未设有海关的邮局邮递物品,由邮局代理收寄向海关办理报关查验手续,并负责邮件的开拆和重封,海关在邮局在场的情况下会同进行查验。海关对进出境邮袋进行查验、监管。海关通常采用"机验"和"开验"的方式在设有海关办事机构的邮政企业进行查验。邮局将有关收发件路单送交海关核查后,方可从国际运输工具上装卸和提运进境邮袋。邮政企业应当将开拆及封发国际邮袋的时间事先通知海关。海关凭有关收发邮件路单,查点邮袋并监视开袋。

3. 处理

(1)征免税规则

按照海关规定,进口的个人邮递物品,除享受免税待遇和扣除免税额不足起征点之外,一律照章征税。出口的个人物品不征税。邮寄进境的自用合理数量的个人邮递物品,在规定的进境的包值范围,除免税额外,海关按照个人邮递物品征收进口税的规定,从价计征进口税。进出境的邮递物品中,如果有按照国家规定须经审查鉴定、检疫或者商品检验的物品,由海关按照国家有关规定处理。

对允许进口,但超出免税额的邮递物品,海关开具旅客行李、个人邮递物品进口税款缴纳证,由邮局向收件人代为征收。

根据海关总署公告 2010 年第 43 号的规定:个人邮寄进境物品,海关依法征收进口税,但应征进口税税额在人民币 50 元(含 50 元)以下的,海关予以免征。

个人寄自或寄往港、澳、台地区的物品,每次限值为 800 元人民币;寄自或寄往其他国家和地区的物品,每次限值为 1000 元人民币。

个人邮寄进出境物品超出规定限值的,应办理退运手续或者按照货物规定办理通关手续。但邮包内仅有一件物品且不可分割的,虽超出规定限值,经海关审核确属个人自用的,可按照个人物品规定办理通关手续。

邮运进出口的商业性邮件,应按照货物规定办理通关手续。

个人邮寄进出境物品超出规定限值的,应办理退运手续或者按照货物规定办理通关手续。但邮包内仅有一件物品且不可分割的,虽超出规定限值,经海关审核确属个人自用的,可以按照个人物品规定办理通关手续。邮运进出口的商业性邮件,应按照货物规定办理通关手续。

(2)放行

对在限值范围内,不含国家禁止进境物品或含有国家限制进境物品但未超出免税额或含有国家限制进境物品但能提供有效证件的邮包,海关将办结进出境手续的邮件交由邮局进行投递。

对含有国家限制进境物品但未提供有效证件的邮包,待收件人提供有效证件后予以放行。

(3)退回

对超出正常自用范围或限值的邮包,海关在邮包上加盖“不准进口退回原处”印章,由邮局直接退运境外。

对邮包内含有限制进境物品但无法提供有效证件,或收件人要求将应税物品退运境外的,在海关监管下办理上述物品的退运手续。

对超过限值或含有国家限制出境物品,但不能提交有效出口证件的邮包,海关在邮包上加盖“不准出口”印章,由邮局退回寄件人。

对超过邮局保管期限,但收件人未纳税、领取的邮包,海关在邮包上加盖“准予退运”印章,由邮局退运境外。

(4)没收

对邮包内含有的禁止进出境物品,应当由海关扣留。从扣留之日起3个月内,进口的由收件人或其代理人退寄国外、出口的由寄件人或其代理人领回。过期不退或者不领,海关即予以没收。对政治、经济、文化、道德、卫生有害而被扣留的物品都不发还。禁止进口的个人邮递物品,除经海关特准的以外,不准过境,分别由邮局退回或者由海关没收。

四、国家禁止及限制进出境物品管理

(一)禁限物品

禁限物品是国家禁止进出境物品和国家限制进出境物品的简称。禁止进出境物品一般系指政府为保护国家政治、经济、文化、道德、卫生等方面的利益,以法律、法规明令不准进境或出境,非特殊情况、不经过严格的审核程序,主管部门不会批准的物品;而限制进出境物品系指按照国家规定限值限量进出境或需经有关部门批准即可进出境的物品,一般遵循正常途径向主管部门申请即可。

1.禁止进境物品包括以下七项:

(1)各种武器、仿真武器、弹药及爆炸物品;

(2)伪造的货币及伪造的有价证券;

(3)对中国政治、经济、文化、道德有害的印刷品、胶卷、照片、唱片、影片、录音带、录像带、激光视盘、计算机存储介质及其他物品；

(4)各种烈性毒药；

(5)鸦片、吗啡、海洛因、大麻，以及其他能使人成瘾的麻醉品、精神药物；

(6)带有危险性病菌、害虫及其他有害生物的动物、植物及其产品；

(7)有碍人畜健康的、来自疫区的，以及其他能传播疾病的食品、药品或其他物品。

2. 禁止出境物品包括以下四项：

(1)列入禁止进境范围的所有物品；

(2)内容涉及国家秘密的手稿、印刷品、胶卷、照片、唱片、影片、录音带、录像带、激光视盘、计算机存储介质及其他物品；

(3)珍贵文物及其他禁止出境的文物；

(4)濒危的和珍贵的动物、植物(均含标本)及其种子和繁殖材料。

3. 限制进境物品包括以下五项：

(1)无线电收发信机、通信保密机；

(2)烟、酒；

(3)濒危的和珍贵的动物、植物(均含标本)及其种子和繁殖材料；

(4)国家货币；

(5)海关限制进境的其他物品。

4. 限制出境物品包括以下七项：

(1)金银等贵重金属及其制品；

(2)国家货币；

(3)外币及其有价证券；

(4)无线电收发信机、通信保密机；

(5)贵重中药材；

(6)一般文物；

(7)海关限制出境的其他物品。

依据海关总署公告2013年第46号公告，赌博用筹码属于《中华人民共和国禁止进出境物品表》所列“对中国政治、经济、文化、道德有害的印刷品、胶卷、照片、唱片、影片、录音带、录像带、激光视盘、计算机存储介质及其他物品”中的

“其他物品”;微生物、生物制品、血液及其制品、人类遗传资源、管制刀具、卫星电视接收设备属于“海关限制进境的其他物品”;微生物、生物制品、血液及其制品、人类遗传资源、管制刀具属于“海关限制出境的其他物品”。

(二)部分禁限物品的管理

1. 金银及其制品

国家对旅客个人带进黄金及其制品的限量规定是以自用、合理数量为限。进境时旅客应当向海关申报,海关核准后可以免税放行。超出自用、合理数量携带的黄金及其制品,视同进出口货物,须凭中国人民银行总行的批件办理进出口报关手续。

2. 货币及有价证券

(1)国家货币

无论是中国人还是外国人进出境,每人每次携带的人民币最高限额为20,000元。携带少于或等于20,000元人民币的,在实行双通道制度的海关现场,可选择“无申报通道”通关;超过20,000元人民币的,必须选择“申报通道”向海关办理书面申报手续,海关为其办理退运手续,如果其不按规定申报,海关将予以处罚。

(2)外币

①一般旅客

旅客携带外币现钞入境,超过等值5000美元应当向海关书面申报,出境时携带不超过等值5000美元外币现钞出境,无须申领携带外汇出境许可证,海关凭其最近一次入境时的外币现钞申报数额记录验放;超出规定限额的,应向银行或国家外汇管理局申领携带外汇出境许可证,海关凭盖有“银行携带外汇出境专用章”和“国家外汇管理局携带外汇出境核准章”的携带外汇出境许可证放行。

②15日内多次往返或当天多次往返旅客

携带外币现钞入境须向海关书面申报,出境时海关凭最近一次入境时的申报外币现钞数额记录验放。没有超过最近一次入境申报外币现钞数额记录的,15日内或当天首次出境时可携带不超过等值5000美元(含5000美元)的外币现钞出境,无须申领携带证,海关予以放行;携带金额在等值5000美元以上的,海关不予放行。15 日内第二次及以上出境时，可携带不超过等值 1000 美元（含 1000 美元）的外币现钞出境，无须申领携带证，海关予以放行，携带金额超过等值 1000 美元的，海关不予放行。当天内第二次及以上出境时，可携带不超过等值 500 美元（含 500 美元）的外币现钞出境，无须申领携带证，海关予以放行，携带金额超过等值 500 美元的，海关不予放行。

3. 文物

国有文物、非国有文物中的珍贵文物和国家规定禁止出境的其他文物，不得出境。如需携带文物出境，须通过国家文物局综合行政管理平台向文物出境口岸所在省（自治区、直辖市）的国家文物进出境审核管理处发给文物出境许可证的同时，在文物上标明文物出境标识。海关查验文物出境标识后，凭文物出境许可证放行。

国家鼓励个人或单位促进文物回流等行为，入境时如实向海关申报；海关以自用合理数量为限准予入境，对超过自用合理数量的文物依法进行征税。

4. 无线电通信器材、卫星电视接收设备

无线电收发信机及其器材，包括无线电话机、无线电通信和遥控设备等。

旅客携运以上器材进出境都要事前报经省（自治区、直辖市）无线电管理委员会批准。入境时，必须向海关申报并交验批准文件，海关凭批准文件办理验放手续。

卫星电视接收设备，包括天线、高频头、接收机、编码器、解码器、解压及接收一体化装置，统称卫星电视解码器。

我国禁止任何个人携带、邮寄上述设备入境。对旅客携运上述设备进境并向海关申报的，海关一律不予放行，限期内由物品所有人退运出境，超过期限则由海关依法处理。

5. 动植物及其产品和其他检疫物

入境的动植物及其产品，在提供贸易合同、发票、产地证书的同时，还必须提供输出国家或地区官方的检疫证书；需办理入境检疫审批手续的，还应当取得入境动植物检疫许可证。

6. 濒危动植物及其产品

进出口列入《进出口野生动植物种商品目录》中属于《濒危野生动植物种国际贸易公约》限制进出口的濒危野生动植物及其产品、出口列入商品目录中国家重点保护的野生动植物及其产品的，实行允许进出口证明书管理；进出口列入商品目录中的其他野生动植物及其产品的，实行物种证明管理。进出口商品目录中的野生动植物及其产品的，应当向海关主动申报并同时提交允许进出口证明书或者物种证明，并按照允许进出口证明书或者物种证明规定的种类、数量、口岸、期限完成进出口活动。

7. 中药材及中成药

（1）旅客携带中药材、中成药出境，海关按以下限值验放：前往国外的，总价值限人民币300元；前往我国港澳地区的，总价值限人民币150元。

（2）个人邮寄中药材、中成药出境，海关按以下限值验放：寄往国外的，总价值限人民币200元；寄往我国港澳地区的，总价值限人民币100元。

中药材中含有天然麝香、虎骨、羚羊角、犀牛角等濒危动植物制品，以及超出规定限值的中药材、中成药，不准携带或邮寄出境。

五、进出境印刷品和音像制品的监管

2018年海关总署令第243号对《中华人民共和国海关进出境印刷品及音像制品监管办法》进行修正。

（一）进出境印刷品和音像制品的监管

印刷品，是指通过将图像或者文字原稿制为印版，在纸张或者其他常用材料上翻印的内容相同的复制品。对于进出境摄影底片、纸型、绘画、剪贴、手稿、手抄本、复印件及其他含有文字、图像、符号等内容的货物、物品，海关按照有关进出境印刷品的监管规定进行监管。

音像制品，是指载有内容的唱片、录音带、录像带、激光视盘、激光唱盘等。进出境载有图文声像信息的磁、光、电存储介质的，海关按照有关进出境音像制品的监管规定进行监管。

（二）进出境印刷品和音像制品的分类

进出境印刷品和音像制品按海关监管业务可分为贸易性与非贸易性印刷品和音像制品两大类。

(1)贸易性印刷品和音像制品的进口业务,由国务院有关行政主管部门批准或者指定经营。未经批准或者指定,任何单位或者个人不得经营印刷品及音像制品进口业务。其他单位或者个人进口印刷品及音像制品,应当委托国务院相关行政主管部门指定的进口经营单位向海关办理进口手续。除国家另有规定外,进口报纸、期刊、图书类印刷品,经营单位应当持国务院新闻出版主管部门的进口批准文件、目录清单、有关报关单证及其他需要提供的文件向海关办理进口手续。

(2)非贸易性印刷品和音像制品是指单位或个人自用、赠送或交换进出境的印刷品和音像制品。

非贸易性印刷品和音像制品按用途可分为:

①个人携带、邮寄或托运进出境供自用或赠送的印刷品和音像制品。个人自用在规定数量以内的,海关予以免税验放,超过规定数量但仍在合理数量内的,征税放行。超过合理数量的,应按照货物申请办理相关手续,所有人、收发货人及其代理人也可以申请退运。

②单位进口用于本单位宣传、培训、广告用的印刷品和音像制品。如国内外有关部门、机构、厂商、媒体等散发的宣传书刊资料及商业广告品等。应按海关要求交验批准单、合同、报关单证等文件。

③赠送交流或交换用的印刷品和音像制品。如境内外科研单位、学术团体、大专院校及其人员之间互相赠送的书刊资料及音像制品。受赠单位应当向海关提交赠送方出具的赠送函和受赠单位的接受证明。

(三)禁止进出境印刷品和音像制品

1. 载有下列内容之一的印刷品及音像制品禁止进境:

(1)反对宪法确定的基本原则的;

(2)危害国家统一、主权和领土完整的;

(3)危害国家安全或者损害国家荣誉和利益的;

(4)攻击中国共产党,诋毁中华人民共和国政府的;

(5)煽动民族仇恨、民族歧视,破坏民族团结,或者侵害民族风俗、习惯的;

(6)宣扬邪教、迷信的;

(7)扰乱社会秩序,破坏社会稳定的;

(8)宣扬淫秽、赌博、暴力或者教唆犯罪的；

(9)侮辱或者诽谤他人，侵害他人合法权益的；

(10)危害社会公德或者民族优秀文化传统的；

(11)国家主管部门认定禁止进境的；

(12)法律、行政法规和国家规定禁止的其他内容。

2. 载有下列内容之一的印刷品及音像制品禁止出境：

(1)禁止进境印刷品及音像制品所列的内容；

(2)涉及国家秘密的；

(3)国家主管部门认定禁止出境的。

六、海关对其他物品的监管

(一)外国驻华使领馆公务、自用物品的监管

1. 外国驻华使领馆公务物品的监管

公务用品，系指使领馆执行职务直接需用的物品，包括使领馆使用的办公设备、固定资产、非商业性活动所需物品、办公用品、招待用品和机动车辆等。

(1)海关对公务用品的审批原则

对外国驻华使领馆进出境公务用品的验放，以海关核准的直接需用数量为限。直接需用数量，是指经海关审核，使领馆为执行职务需要使用的数量，以及使领馆人员和与其共同生活的配偶及未成年子女在中国居留期间仅供自身使用的数量。

(2)外交邮袋的监管

外交邮袋，是指一国政府、驻外代表机关和参加国际会议的代表团互相之间传送外交文件或重要物品的邮袋。

外交邮袋须施加在海关备案的封志。依照国际惯例，外交邮袋不受侵犯，外国政府无权启封、检查、扣留或阻碍通过。

外交邮袋可由外交信使携带，凭派遣国主管机关出具的载明其身份和所携带外交邮袋件数的信使证明书向海关办理有关手续，以保证其机密和安全。外交邮袋除由信使递送外，也可委托商营飞机的机长代为传递，但该机长必须持

有载明外交邮袋件数的文件和委托国的官方文件，所携外交邮袋附有可资识别的明显的外部标识，并以装载外交文件或者公务用品为限。在国家间签有协议的情况下，也可交邮政、快件传递。外交邮袋存入海关监管仓库，由使领馆人员提取或者发运。

2. 外国驻华使领馆人员自用物品的监管

自用物品，系指使领馆人员和与其共同生活的配偶及未成年子女在中国居留期间生活必需用品。其范围包括家具、家用电器、厨房用品、食品、衣着、书报杂志、机动车辆等。

(1)按有关规定办理进出境物品备案或申报手续，使领馆人员进出境自用物品经海关核准予以免税放行。海关有比较充足的理由推定装有禁止或管制物品的，有权查验。

(2)对使领馆的行政技术人员，在其到任后6个月内运进自用物品，经海关核准在直接需用数量范围内予以查验免税放行；到任超过6个月，无论以何种方式运进自用物品，海关按照进出境旅客行李物品的规定办理。

(3)使领馆和使领馆人员免税运进的物品，未经主管海关批准，不得转让、出售。确有特殊原因需要转让物品，应当经海关审核批准，向海关办理纳税或者免税手续。对汽车，除离任或其他特殊情况外，海关规定必须自海关放行之日起3年后方准转让。

公用机动车辆的监管年限为自海关放行之日起6年。

(二)常驻机构及非居民长期旅客进出境公、自用物品的监管

1. 常驻机构的含义

《中华人民共和国海关对常驻机构进出境公用物品监管办法》中规定的“常驻机构”，是指境外企业、新闻机构、经贸机构、文化团体及其他境外法人经中华人民共和国政府主管部门批准，在境内设立的常设机构。

2. 常驻机构公用物品的监管规定

常驻机构公用物品，是指常驻机构开展业务所必需的办公设备、办公用品及机动车辆。

(1)常驻机构取得中华人民共和国主管部门签发的批准文件及注册登记证件后，应在主管海关办理备案手续。进出境公用物品以本机构自用合理数量

为限。

(2)常驻机构进口公用物品和公用车辆时,先向主管海关或口岸海关办理通关手续。海关按照《进出口关税条例》的有关规定征收税款。根据政府间协定免税进境的常驻机构公用物品,海关依法免征税款。

(3)公用物品通关时,海关可以对相关物品进行查验;防止违禁物品进出境;放行后,海关可以通过实地核查等方式抽查。

(4)常驻机构监管机动车辆,自海关放行之日起4年后,经主管海关批准,可将车辆转让给其他常驻机构或人员,或出售给特许经营单位。

(5)常驻机构进境机动车辆,海关按照该机构常驻人员的实际人数核定其进境车辆的总数。主管海关对免税进境的机动车辆实施后续监管,监管期限为自海关放行之日起6年。未经海关批准,进境机动车辆在海关监管期限内不得擅自转让、出售、出租、抵押、质押或者进行其他处置。

3. 非居民长期旅客及常驻人员的含义

《中华人民共和国海关对非居民长期旅客进出境自用物品监管办法》规定的"非居民长期旅客",是指经公安部门批准进境并在境内连续居留1年以上(含1年),期满后仍回到境外定居地的外国公民、港澳台地区人员、华侨。

常驻人员是指非居民长期旅客中的下列人员:

(1)境外企业、新闻机构、经贸机构及其他境外法人经中华人民共和国政府主管部门批准,在境内设立的并在海关备案的常驻机构内的工作人员。

(2)在海关注册登记的外商投资企业内的人员。

(3)入境长期工作的专家。

4. 非居民长期旅客自用物品的监管规定

"自用物品",是指非居民长期旅客在境内居留期间日常生活所需的《物品目录》范围内物品及机动车辆。

(1)非居民长期旅客进出境自用物品应以个人自用、数量合理为限。其中,常驻人员可以进境机动车辆,其他非居民长期旅客不得进境机动车辆。

(2)非居民长期旅客取得境内长期居留证件后方可申请进境自用物品,首次进境的自用物品海关予以免税,但按规定准予进境的机动车辆和国家规定应税的20种物品除外,再次申请进境的自用物品,一律予以征税。对于应当征税的非居民长期旅客进境的自用物品,海关按照《进出口关税条例》的有关规定征收税款。根据政府间协定免税进境的非居民长期旅客自用物品,海关依法免征税款。

非居民长期旅客申报进境自用物品,应填写申报单,提交身份证件,长期居留证件,提运单和装箱单等单证。

(三)免税品的监管及国家特殊免税、退税政策

1. 免税品的含义

免税品,是指经营单位按照海关总署核准的经营品种,免税运进专供免税商店向规定的对象销售的进口商品,包括试用品及进口赠品。

2. 免税品的经营单位及销售对象

"经营单位"是指经国务院或者其授权部门批准,具备开展免税品业务经营资格的企业。每一类别的经营单位其销售对象又有所不同。

免税商店,是指经海关总署批准,由经营单位在国务院及其授权部门批准的地点设立符合海关监管要求的销售场所和存放免税品的监管仓库,向规定的对象销售免税品的企业。具体包括:口岸免税商店、运输工具完税商店、市内免税商店、外交人员免税商店和供船免税商店等。根据国际惯例,设在对外开放机场、港口、车站和边境口岸的隔离区以及进出境运输工具上的免税店,销售对象为已办完出境手续前往境外的旅客或境外来华尚未办理入境手续的旅客及搭乘进出境运输工具的进出境人员。

3. 海关对免税品监管的基本规定

(1)免税商店的审批事项属于行政许可事项,海关总署按照《中华人民共和国行政许可法》规定的程序和期限办理。

(2)免税品销售场所的设立应符合海关监管要求,其中口岸免税店的销售场所应设在经国家主管部门批准允许人员进出境的正式口岸内的隔离区内;运输工具免税店的销售场所应设在从事国际运营的运输工具内;市内免税店的提货点应设在口岸出境隔离区内。

(3)免税品应当由免税商店的经营单位统一进口,且办理相应的海关手续。

(4)免税店经营的免税品品种,限于海关批准的经营品种范围。超出海关核准的经营品种、规格以及其他有关法律法规禁止销售的商品,一律不准进货或在免税店摆卖。

七、进境物品进口税管理

(一)进境物品进口税概述

《进出口关税条例》第56条规定,进境物品的关税以及进口环节海关代征税合并为进口税,由海关依法征收。

旅客行李物品和个人邮递物品进口税,简称行邮税,是对进境旅客携带的行李物品和个人邮寄进境的物品以及其他个人自用物品征收的进口税。行邮税包含关税、增值税和消费税,是我国海关所采取的税收征管特别措施,目的是照顾个人进口自用物品的合理需要,简化征税手续,加速物品通关。

1. 行邮税的征收对象及纳税义务人

行邮税的征收对象是进境物品,具体是指旅客行李物品、个人邮递物品以及其他个人自用物品。进境物品的纳税义务人,是指携带物品进境的入境人员、进境邮递物品的收件人以及以其他方式进口物品的收件人。凡准许应税进境的旅客行李物品、个人邮递物品以及其他个人自用物品,除另有规定的以外,均按《中华人民共和国海关关于入境旅客行李物品和个人邮递物品征收进口税办法》(以下简称《海关关于入境旅客行李物品和个人邮递物品征收进口税办法》)征收进口税。

纳税义务人可以自行办理纳税手续,也可以委托他人办理纳税手续。接受委托办理纳税手续的代理人,应当遵守《海关关于入境旅客行李物品和个人邮递物品征收进口税办法》中对其委托人的各项规定,并承担相应的法律责任。《海关法》第60条第3款规定,进出境物品的纳税义务人,应当在物品放行前缴纳税款。

2. 行邮税的征收依据

行邮税征管工作主要依据是《海关关于入境旅客行李物品和个人邮递物品征收进口税办法》、《中华人民共和国进境物品进口税税率表》(以下简称《进境物品进口税税率表》)、《中华人民共和国进境物品归类表》(以下简称《进境物品归类表》)、《中华人民共和国进境物品完税价格表》(以下简称《进境物品完税价格表》)。

海关对应税个人自用物品按《进境物品归类表》进行归类，确定适用的税率。进口物品如在《进境物品归类表》中没有具体列明，可由海关按照有关规定归入最适合的税号征税。

（二）进境物品进口税税则归类和税率

在海关征税工作中，归类与税率是紧密联系的，正确地归类就是为了正确确定物品的税率。

1. 进境物品遵循的归类原则

进境物品依次遵循以下原则归类：

（1）《进境物品归类表》已列明的物品，归入其列明类别；

（2）《进境物品归类表》未列明的物品，按其主要功能（或用途）归入相应类别。

2. 入境旅客行李物品和个人邮递物品进口税税率

《进境物品进口税税率表》中税率的调整，由国务院关税税则委员会审定后，海关总署对外公布实施，并依据《进境物品进口税税率表》制定《进境物品归类表》和《进境物品完税价格表》，供海关对应税个人自用物品征税时使用。

（三）进境物品完税价格的确定

1. 完税价格的审定

《海关法》第 55 条第 3 款规定，进出境物品完税价格，由海关依法确定。海关总署编制了《进境物品完税价格表》，将常见的行李、邮递物品的完税价格列于表中，供征税时使用。

2. 进境物品完税价格遵循的原则

进境物品完税价格遵循以下原则确定：

（1）《进境物品完税价格表》已列明完税价格的物品，按照《进境物品完税价格表》确定；

（2）《进境物品完税价格表》未列明完税价格的物品，按照相同物品相同来源地最近时间的主要市场零售价格确定其完税价格；

（3）实际购买价格是《进境物品完税价格表》列明完税价格的 2 倍及以上，或是《进境物品完税价格表》列明完税价格的 1/2 及以下的物品，进境物品所有人应向海关提供销售方依法开具的真实交易的购物发票或收据,并承担相关责任。海关可以根据物品所有人提供的上述相关凭证,依法确定应税物品完税价格。

3. 税款计征

应税自用个人物品由海关按照填发税款缴纳证当日税率和完税价格计征进口税,计税公式为:行邮税 = 完税价格 × 进口税税率。

第八节　跨境电商海关监管法律制度

一、跨境电商概述

跨境电子商务(Cross-Border Electronic Commerce)是指分属不同国界或地区的交易主体,通过互联网平台进行交易和支付结算,并通过跨境物流送达商品、完成交易的一种以电子数据交换和网上交易为主要内容的商业模式。

当前主流的跨境电子商务模式主要有 B2B(Business to Business)、B2C(Business to Customer)和 C2C(Customer to Customer)三种。从业务流向看,可分为进口跨境电子商务和出口跨境电子商务。

二、跨境电商海关监管模式

根据海关监管方式不同,跨境电子商务零售进出口业务分为"直购进口""网购保税进口""一般出口""特殊区域出口""跨境电商 B2B 直接出口""跨境电商 B2B 出口海外仓"六种模式。

(一)"直购进口"(海关监管代码 9610)

电子商务企业或平台与海关联网,境内个人跨境网购后,电子商务企业或平台将电子订单、支付凭证、电子运单等传输给海关,电子商务企业或其代理人向海关提交清单,商品以邮件、快件方式运送,通过海关邮件、快件监管场所入境，按照跨境电子商务零售进口商品征收税款。

（二）“网购保税进口”（海关监管代码1210或1239）

电子商务企业或平台与海关联网，电子商务企业将整批商品运入海关特殊监管区域或保税监管场所内并向海关报关，海关实施账册管理。境内个人网购海关特殊监管区（场所）内商品后，电子商务企业或平台将电子订单、支付凭证、电子运单等传输给海关，电子商务企业或其代理人向海关提交清单，海关按照跨境电子商务零售进口商品征收税款，验放后账册自动核销。

“1210”监管方式既适用于进口，也适用于出口。用于进口时，仅限经批准开展跨境贸易电子商务进口试点的海关特殊监管区域和保税物流中心（B型）。

“1239”监管方式仅适用于境内电子商务企业通过海关特殊监管区域或保税物流中心（B型）“一线”进境的跨境电子商务零售进口商品。

“1210”与“1239”两种监管方式适用的城市不同，海关监管要求也不同。适用“1210”监管方式进口的商品，按照个人自用进境物品监管，在“一线”进区（中心）时不需核验通关单，也不执行有关商品首次进口许可批件、注册或备案要求。而适用“1239”监管方式进口的商品在“一线”进区（中心）时按货物监管要求执行，需核验通关单，“二线”出区时参照个人物品监管要求执行；化妆品、婴幼儿配方奶粉、药品、医疗器械、特殊食品（包括保健食品、特殊医学用途配方食品等）等需要依法执行首次进口许可批件、注册或备案要求。

（三）“一般出口”（海关监管代码9610）

电子商务企业或平台与海关联网，境外个人跨境网购后，电子商务企业或平台将电子订单、支付凭证、电子运单等传输给海关，电子商务企业或其代理人向海关提交申报清单，商品以邮件、快件方式运送出境。跨境电子商务综合试验区城市海关采用“简化申报、清单核放、汇总统计”方式通关，其他海关采用“清单核放、汇总申报”方式通关。

（四）“特殊区域出口”（海关监管代码1210）

电子商务企业或平台与海关联网，电子商务企业把整批商品按一般贸易报关进入海关特殊监管区域（或者保税监管场所），企业实现退税；对于已入区（场所)退税的商品,境外网购后,海关凭清单核放,出区离境后,海关定期将已放行清单归并形成出口报关单,电子商务企业凭此办理结汇手续。

(五)跨境电商 B2B 直接出口(海关监管代码 9710)

电子商务企业或平台与海关联网,境内企业通过跨境电商平台与境外企业达成交易后,通过跨境物流将货物直接出口送达境外企业。跨境电商 B2B 直接出口的货物应当符合检验检疫相关规定。电子商务企业或其代理人通过国际贸易“单一窗口”或“互联网 + 海关”向海关提交申报数据、传输电子信息。海关实施查验时,对跨境电商 B2B 出口货物可优先安排查验。跨境电商 B2B 出口货物适用全国通关一体化,也可采用“跨境电商”模式进行转关。

(六)跨境电商 B2B 出口海外仓(海关监管代码 9810)

电子商务企业或平台与海关联网,境内企业将出口货物通过跨境物流送达海外仓,通过跨境电商平台实现交易后从海外仓送达购买者。跨境电子商务出口海外仓的货物应符合检验检疫相关规定。开展出口海外仓业务的电子商务企业应当在海关开展出口海外仓业务模式备案。电子商务企业或其代理人通过国际贸易“单一窗口”或“互联网 + 海关”向海关提交申报数据、传输电子信息。海关实施查验时,对跨境电商 B2B 出口货物可优先安排查验。跨境电商 B2B 出口货物适用全国通关一体化,也可采用“跨境电商”模式进行转关。

三、跨境电商海关监管法律制度

调整我国跨境电商的法律主要有《中华人民共和国电子商务法》(以下简称《电子商务法》),《海关法》,以及财政部、海关总署、国家税务总局发布的《关于跨境电子商务零售进口税收政策的通知》(财关税〔2016〕18 号)和《关于完善跨境电子商务零售进口税收政策的通知》(财关税〔2018〕49 号),商务部、发展改革委、财政部等部委发布的《关于完善跨境电子商务零售进口监管有关工作的通知》(商财发〔2018〕486 号),财政部、发展改革委、工业和信息化部、生态环境部、农业农村部、商务部、人民银行、海关总署、税务总局、市场监管总局、药监局、密码局及濒管办发布的《关于调整扩大跨境电子商务零售进口商品清单的公告》(财政部、发展改革委等公告 2019 年第 96 号),海关总署公布的《关于开展跨境电子商务企业对企业出口监管试点的公告》(海关总署公告 2020 年第 75 号)等规范性文件。

(一)主体要求

跨境电子商务平台企业、物流企业、支付企业等参与跨境电子商务零售进口业务的企业,应当向所在地海关办理注册登记;跨境电子商务企业境内代理人向该代理人所在地海关办理注册登记。跨境电子商务企业、物流企业等参与跨境电子商务零售出口业务的企业,应当向所在地海关办理信息登记;如需办理报关业务,向所在地海关办理注册登记。

物流企业应获得国家邮政管理部门颁发的快递业务经营许可证。支付企业为银行机构的,应具备银保监会或者原银监会颁发的金融许可证;支付企业为非银行支付机构的,应具备中国人民银行颁发的支付业务许可证,支付业务范围应当包括“互联网支付”。

参与跨境电子商务零售进出口业务并在海关注册登记的企业,纳入海关信用管理,海关根据信用等级实施差异化的通关管理措施。

(二)清单管理

跨境电商实行正面清单管理,对于进口,仅针对《跨境电子商务零售进口商品清单》内商品实行交易,清单之外商品不能实行跨境电商交易。清单商品目录进行动态调整,2022 年版正面清单共计 1476 个 8 位税号商品(见其附件)。同时,对进口商品按个人自用进境物品监管,不执行有关商品首次进口许可批件、注册或备案要求。但对相关部门明令暂停进口的疫区商品和对出现重大质量安全风险的商品启动风险应急处置时除外。

对于出口,除了国家禁止或限制出口的商品外,没有专门的清单限制。

(三)交易限值

跨境电子商务零售进口商品在限值以内进口的,关税税率为 0;进口环节增值税、消费税取消免征税额,按法定应纳税额的 70% 征收。目前,跨境零售进口单次交易限值 5000 元人民币,年度交易限值为 26,000 元人民币。超过单次限值、累加后超过个人年度限值的单次交易,以及完税价格超过5000元人民币限值的单个不可分割商品,均按照一般贸易方式全额征税。

对于跨境电商出口,没有额度限制。

(四)“三单”比对

电子商务企业、支付企业和物流企业通过电子商务通关服务平台向海关传送交易、支付、物流等数据,电子商务企业或其代理人向海关提交清单,海关通过“订单、支付单、运单”三单与申报清单比对,对跨境电子商务进出口进行监管。

(五)退货制度

跨境电子商务零售进口商品自海关放行之日起30日内退货的,可申请退税,并相应调整个人年度交易总额。

(六)禁止二次销售

已经购买的跨境电商进口商品不得进入国内市场二次销售。网购保税进口商品不得在海关特殊监管区域外开展“网购保税+线下自提”模式。参与制造或传输虚假交易、支付、物流“三单”信息、为二次销售提供便利、未尽责审核消费者身份信息真实性等,导致出现个人身份信息或年度购买额度被盗用、进行二次销售及其他违反海关监管规定情况的企业,涉嫌走私或违规的,由海关依法处理;构成犯罪的,依法追究刑事责任。

Chapter 5 第五章

海关促进经济发展法律制度

当今海关职能不再局限于对货物的进出境监管，也不像以往主要关注进出境货物的去向而忽略物质资料的生产。海关顺应经济活动方式的变化与需求，不断进行调整和适用恰当的法律手段，比如，对保税适用灵活监管条件，发挥保税仓储、暂时进境制度功能效益，与经济主体建立一种新型的行政服务关系。“海关与促进经济间的关系”就是以保税制度为基础的海关监管方法，出现在欧共体海关法典中。在本章中，我们把这个现象解释为一种海关经济法的现象，是为了强调海关为促进经济发展而适用的新制度及其具有独一无二的实用性。

本章介绍的海关制度与海关税收法律制度有一个明显的不同，征税行政行为的特点是，行为法律效力的产生取决于法定条件的成就，如商品归类、原产地和完税价格一旦明确，就发生征收关税的法律效力。但以促进经济发展为目的海关制度具有不同特征，即它不具有“法律效力绝对”的特征，在这种制度下，立法者为制度的运作规定了必要的条件，但该行为的法律效力并不必然产生，而需要一种“经济权力”来决定。比如，本章将谈及的保税制度和海关特殊监管区域制度，就具有该特点，即是否予以保税、是否属于海关特殊监管区域，原则上必须由海关审批才能确定其效力[①]。在这里,以上制度能否产生预期的法律效力还取决于一种经济权力的确认,这种权力行使以符合和促进经济发展为目标,也符合我们所希望看到的政府部门在经济领域中应发挥的作用。促进经济发展的制度是以传统的海关监管制度为基础进行创新和发展的,但它始终是辅助性的法律制度,尽管这种业务在海关监管中所占业务量比例逐渐提高,但不管海关监管中会采用哪种方式和手段,都不会以解体传统海关监管制度的基础来发挥这个作用。

传统的海关制度,各国基本上都是以关税的征收为中心,关税作为海关重要的监管手段,再围绕关税的征收、减免、缓收等不同待遇而派生出各类海关监管制度。海关经济法的提出,事实上是突破了传统海关财税职能,进一步强调海关的经济职能,以保税制度为核心发展起来的海关监管制度,就是以促进国家经济发展为目标,为适应新的发展模式需要,从制度上帮助本国企业在国际竞争中取得优势地位。

本章从保税监管方式出发,也包括了保税监管已无法涵盖的与经济活动相关但区别于传统海关监管方式的创新制度的情况。海关监管方式创新不仅仅局限于单纯以税收技术为主的革新,还出现了海关特殊经济监管方式,这种特殊经济监管方式不再局限于过去对"保税"这个唯一的技术标准的依附,而是清晰地涵盖所有旨在促进经济的监管方式。因此,在本章中,我们除了介绍为了加工而暂时进境的监管方式以及转运监管方式外,还有一些其他对特殊监管场所和特殊监管区域的新型监管方式。本章主要依循一些术语的演进,来描述现行各项新制度之间的差别,以展示这类制度随着时间演变而来的特点。

---

① 无疑,经济主体可以自动享受许多海关经济监管方式。但是,规定审批条件和采用何种海关经济监管方式的法律效力,在这里有一个"经济上的必要性"的确认前提。出于简化手续考虑,政府会放弃逐案审批的做法,允许以制定实施细则的方式把这类海关经济监管方式法定化。从根本上讲,即使立法者准许任何类别的利益关系人可以把任何货物都按某项经济监管方式办理,我们也可以肯定,一定还有一个基于经济必要性的认定。

第一节 海关保税制度概述

在研究海关法的专著中,通常将不同于常规海关监管的方式,而是对旨在复出口或将来投入国内市场的进口货物在关境内存放、流动或加工实施监管的方式,以及为此常使用的实施机制,称为“保税”,保税这种监管方式允许暂时进口按原状使用或加工的货物,暂免全部或部分进口税后再复运出境。大多数经济监管方式的实施机制都是建立在这些监管方式所共同适用的基本原则基础之上。通过历史演变,逐渐制定的一些规定,成为当今海关法中的基本规定。

在海关关税征收的语境下,货物一旦完成通关手续并缴纳关税及其他税后便被海关放行,相反,在保税制度下,货物只有在办结特定监管模式的手续后,才能由企业处置。这是由该制度具有“条件性”特征所决定的,即必须满足某些准予使用该特殊监管方式的法律或决定所明确的条件,方可获得该监管方式下的便利。

此外,这种监管方式还具有暂时性特征,货物在某一监管方式所规定的期限内,再转换到某种最终监管方式期间,货物必须处于海关不间断的监管之下,税收及其他方面的优惠只有在该期限到期之后,才能最终获得。为此,企业须承担相应义务,海关对货物有监管权,法律法规赋予海关相关职权,可采用措施确保这些保税业务不会偏离其目的,相关利益得到保障。

一、保税货物

海关经济法是以保税制度为基础。保税,是指进口货物有条件地暂时免纳关税的海关制度。这里所说的条件是指进口货物须在法定期限内复运出境。暂时免纳关税,也是根据货物最终走向决定,如果保税货物要永久留在关境内,则需办理进口手续和缴纳关税。根据我国《海关法》第 100 条的规定,保税货物,是指经海关批准未办理纳税手续进境,在境内储存、加工、装配后复运出境的货物。保税货物(Bonded Goods)是进口货物的一种类型,有别于一般进出口货物、特定减免税货物等实际进出境货物，保税货物是一种临时进出境的货物，是经海关批准按照保税状态实施监管的进出境货物。保税货物可分为两类："在境内加工、装配后复运出境"的保税加工货物和"在境内储存后复运出境"（含对所存货物开展流通性简单加工和增值服务）的保税物流货物。这两种特定目的将保税货物与为其他目的暂时进口货物（如工程施工、展会）区别开来。

保税货物具有以下特点：

1. 保税货物进口必须经海关依法审核批准。

2. 经批准的保税货物，进口时无须缴纳进口关税和进口环节税，进境地海关凭有关单证册报关后直接验放。只有当保税货物最终不复运出境或改变保税货物性质时，才按货物实际流向办理进口申报及纳税等相关手续。

3. 保税货物一般情况下必须复运出境。保税加工货物经海关核准备案后，企业才能开展有关保税加工活动。根据我国不同时期的产业政策，国家分别制定、调整公布保税加工（加工贸易）禁止类目录，目录项下的商品一律不准开展保税加工活动。例如，2021 年 6 月商务部与海关总署联合发布公告，为支持加工贸易发展，稳定加工贸易产业链和供应链，自 2021 年 6 月 15 日起，加工贸易企业进口纸制品加工出口纸制品不再列入加工贸易禁止类商品目录。保税加工货物必须按照我国对加工贸易货物的管理规定，在境内经加工、装配后复运出境。一般不允许未经加工、装配，原装复出口，无正当理由且未经批准办理有关内销手续，不允许擅自内销。若经批准转内销，保税货物须补缴进口关税和进口环节税，其中保税加工货物还须加收缓税利息。

经审核批准允许保税进口的货物，除法律、行政法规另有规定外，无须提交相关进口许可证件。出口制成品属于国家对出口有限制性规定的，海关应收取出口许可证件。

保税仓储货物进境后，在货物所有人尚未最终决定货物的实际流向（复运出境或办理内销等手续）前，应按照我国对不同保税区域（场所）储存保税货物的有关管理规定存储货物。允许保税存储的货物在海关监管下按规定进行保税货物的进、出、转、存活动。

4. 核销结案是保税货物监管最后一道流程，也是区别于海关对一般进出口货物通关管理的主要特点。保税货物的海关监管时间自货物申报进口起到货物的储存、加工、装配复运出境并已办结海关核销手续止。保税货物的海关监管空间是自货物进境在口岸海关监管场所申报放行、收货人提取后，直至货物储存、加工、装配、出口或办理内销等手续前的运输路线及海关监管场所。

保税货物进出口报关，海关加盖“放行章”，但是保税货物的放行只是整个监管过程的一个环节。加工企业按规定的时间和要求，储存、加工、装配后复运出境、办理转内销手续或深加工结转等海关手续后，凭规定单证向海关申请解除监管，办理核销结案后，才解除海关监管。

二、保税制度

保税制度是海关对保税货物的进境、储存、加工、装配、结转、复出境全过程实施监督的制度。

（一）海关保税监管分类

保税监管大致可划分为对保税加工的监管、对保税物流的监管和对保税服务的监管三种形态。

保税加工，是指经营者经向海关备案，对未办理纳税手续进境的货物，进行实质性加工或装配以及相关配套业务的生产性经营行为。加工贸易主要有来料加工、进料加工等常规形式。

保税物流，是指经营者经海关批准，将未办理纳税手续进境的货物从供应地到需求地实施空间位移的服务性经营行为。其包括进口货物在口岸与海关特殊监管区域、海关保税监管场所之间或者在海关特殊监管区域与海关保税监管场所的内部和这些区域、场所之间，以及境内区外出口货物与海关特殊监管区域、海关保税监管场所之间的流转。在供应链上体现为采购、运输、存储、检测、分销、分拨、中转、转运、包装、刷唛、改装、组拼、集拼、配送、调拨等流通性简单加工业务及增值服务。

保税服务，一般而言，保税服务主要指经相关机关批准，适用保税政策的研发、试制和检测、维修、展示等产品前后端配套活动等生产性服务业。从服务提供者的角度来看，保税服务又可分为自营服务和外包服务。保税服务还可衍生出诸如保税交易（如期货交割）、融资租赁、离岸结算等一些新的产业形态。

（二）海关保税监管制度内容

《海关法》第 32 条规定，经营保税货物的储存、加工、装配、展示、运输、寄售业务和经营免税商店，应当符合海关监管要求，经海关批准，并办理注册手续。保税货物的转让、转移以及进出保税场所，应当向海关办理有关手续，接受海关监管和查验。这是对暂时不征关税及其他税适用保税监管的相对人所应承担义务的概括。该条文中“应当符合海关监管要求”，需要一系列海关监管制度来保障。当事人向海关办结货物终止保税监管手续时，海关须确保向其呈交的货物，是按所涉及的监管方式监管的同一货物或者正是对其进行加工后所得的货物。在后一种情况下，海关还要核实出口销售货物是否为按规定的生产方式所获得的。海关为保障这种监管目的得以实现，针对不同监管方式和不同的瞒骗风险，海关监管手段也不同。例如，海关对需要再次原状呈交海关的货物施加封志、对需工业加工的货物提取货样或者在运输或生产过程中加强监管。

1. 备案核销制度

《海关法》第 33 条第 1 款规定，企业从事加工贸易，应当按照海关总署的规定向海关备案。海关备案是保税监管的第一道程序，是海关实施全过程保税监管以及税收保障的起点；核销是保税后续监管的核心。经有关部门批准和海关核准，对加工贸易项下企业申请保税货物转为内销以及保税物流货物申请转内销（属于国家对进口有限制性规定的，企业应按规定提交进口许可证件），海关对保税的料件依法征收税款，这也被称为“内销征税”。

2. 保税核查制度

《中华人民共和国海关保税核查办法》第 2 条规定，保税核查，是指海关依法对监管期限内的保税加工货物、保税物流货物进行验核查证，检查监督保税加工企业、保税物流企业和海关特殊监管区域、保税监管场所内保税业务经营行为真实性、合法性的行为。保税核查以风险分析为先导，综合运用巡查、盘查以及引入中介机构协助等多种方式，进行前期验厂、单耗、放弃货物、受灾货物等的核定确认。

3. 保税担保制度

海关为化解企业违规经营带来的海关监管风险，保全国家税收，设置了保税担保制度。保税担保是企业或其他组织向海关申请从事特定的保税加工和保税物流业务或者办理特定的海关事务时,以向海关提交保证金、保证函等方式,保证在一定期限内履行其承诺的义务的法律行为。

在某些情况下,企业可以签署一份总的经过担保的承诺书,作为在某个特定时段内进行的所有业务的担保,以替代每笔业务都交存的保证金。保证金金额一般应当涵盖关税、其他税以及可能造成的罚款的总金额,但这项规定也渐渐地被放宽了,但作为普遍适用的规定,担保必须达到办理按所规定监管方式暂时没有征缴的海关税收金额和代征税税额的某个百分比,这个百分比根据不同的监管方式会有不同,也有可能会达到税额的百分之百。

此外,海关内部建立保税业务监控分析系统、风险管理平台以及执法评估、执法监督系统,通过对保税经营企业资信状况、产业结构、内部经营、作业方式,以及保税货物国内外市场状况等风险要素进行定量或定性的风险识别、区分、选择和分析等,进行总体评估,确认海关保税监管风险管理目标范围。

根据《海关法》第 100 条规定,保税货物分为保税加工货物和保税物流货物两类。接下来的两节内容,本书将分别介绍保税加工海关法律制度和保税物流海关法律制度。

第二节　保税加工海关法律制度

《海关法》第 33 条规定:企业从事加工贸易,应当按照海关总署的规定向海关备案。加工贸易制成品单位耗料量由海关按照有关规定核定。加工贸易制成品应当在规定的期限内复出口。其中使用的进口料件,属于国家规定准予保税的,应当向海关办理核销手续;属于先征收税款的,依法向海关办理退税手续。加工贸易保税进口料件或者制成品内销的,海关对保税的进口料件依法征税;属于国家对进口有限制性规定的,还应当向海关提交进口许可证件。2014 年 3 月 12 日,海关总署令第 219 号公布《中华人民共和国海关加工贸易货物监管办法》(以下简称《加工贸易货物监管办法》),该办法经过 4 次修正。2017 年 12 月 20 日,海关总署令第 235 号第一次修正;2018 年 5 月 29 日,海关总署令第 240 号第二次修正;2018 年 11 月 23 日,海关总署令第 243 号第三次修正;2020

年 12 月 23 日,海关总署令第 247 号第四次修正。

我国保税加工法律制度体系初具规模,其调整范围涵盖了保税加工的各个环节,为我国保税加工的发展提供了有力的制度支持。在现有的保税加工法律体系中,绝大部分是以海关规章及海关规范性文件的形式出现,法律、行政法规在整个体系中所占的比例很小。

一、加工贸易保税监管制度概述

我国《海关法》第 33 条对保税加工海关监管作了原则性规定,《加工贸易货物监管办法》对办理加工贸易手册设立、进出口报关、加工、监管和核销手续作了具体规定。

(一)加工贸易概念

《加工贸易货物监管办法》第 3 条规定,加工贸易是指经营企业进口全部或者部分原辅材料、零部件、元器件、包装物料,经过加工或者装配后,将制成品复出口的经营活动,包括来料加工和进料加工。

该法第 40 条对来料加工和进料加工含义规定如下:来料加工,是指进口料件由境外企业提供,经营企业不需要付汇进口,按照境外企业的要求进行加工或者装配,只收取加工费,制成品由境外企业销售的经营活动。进料加工,是指进口料件由经营企业付汇进口,制成品由经营企业外销出口的经营活动。来料加工和进料加工两者之间主要区别在于:第一,来料加工料件由外商全部或部分提供;料件进口与成品出口系与同一客户签订的同一协议;进口料件和制成品所有权不发生转移;来料保税加工的产品由境外企业负责销售。而进料加工的材料由国内保税加工企业自主进口,即用外汇从境外购买,进口料件所有权发生了转移;进料加工经营企业对产品自行外销。第二,来料加工方只收取合同规定的工缴费,不参与外商经营业务的利润分配,也不承担相应的经济风险;进料加工企业自行选择产品销售对象和价格,企业自负盈亏、风险自担。

加工贸易经营企业、加工企业承揽者均需接受海关监管。《加工贸易货物监管办法》第 40 条明确了以下概念的含义:经营企业,是指负责对外签订加工贸易进出口合同的各类进出口企业和外商投资企业,以及经批准获得来料加工经营许可的对外加工装配服务公司。加工企业，是指接受经营企业委托，负责对进口料件进行加工或装配，并具有法人资格的生产企业，以及由经营企业设立的虽不具有法人资格，但是实行相对独立核算并已经办理工商营业证（执照）的工厂。保税加工经营企业可以根据需要申请设立保税工厂和保税集团。保税工厂指由海关批准的专门从事保税加工的工厂。保税集团，是指经海关批准，由一个具有进出口经营权的企业牵头，在同一个关区内，同行业若干个加工企业联合对进口料件进行多层次、多工序连续加工，直至最终产品出口的企业联合体。

海关对加工贸易实行分类监管，加工贸易分为区内加工贸易和区外加工贸易，海关特殊监管区域内开展的加工贸易一般称为区内加工贸易，加工贸易企业在海关特殊监管区域内开展加工贸易业务的，按照海关对海关特殊监管区域的相关管理规定办理；海关特殊监管区域外开展的加工贸易一般称为区外加工贸易。实施联网监管的加工贸易业务，按海关对加工贸易企业实施计算机联网监管管理规定办理。

（二）加工贸易保税监管相关制度

1. 加工贸易禁止和限制类商品目录

根据我国对外贸易管制法律制度的规定，加工贸易货物禁止类和限制类商品目录由海关总署会同商务部及其他国家机关公布，并适时进行调整。

商务部、海关总署公布加工贸易禁止类商品目录，主要依据《对外贸易法》规定禁止进口的商品以及海关无法实施保税监管的商品来制定，包括：国家明令禁止进出口的商品；为种植、养殖等出口产品而进口的商品；高能耗、高污染、资源类商品；低附加值、低技术含量的商品；其他列明的加工贸易禁止类商品。

此外，加工贸易商品还规定了限制类商品，根据《加工贸易货物监管办法》的规定，除国家另有规定外，加工贸易进口料件属于国家对进口有限制性规定的，经营企业免予向海关提交进口许可证件。但加工贸易的制成品出口时如属于限制类商品的，应交验许可证件。海关对有关出口许可证件电子数据进行系统自动比对验核。

2. 单耗管理制度

加工贸易企业向海关报告单耗,加工贸易企业应当在成品出口、深加工结转或者内销前如实向海关申报单耗。

单位耗料量,简称单耗,指加工贸易企业在正常生产条件下加工生产单位出口成品所耗用的进口料件的数量,包括净耗和工艺损耗。净耗,是指在加工后,料件通过物理变化或者化学反应存在或者转化到单位成品中的量。工艺损耗,是指因加工工艺原因,料件在正常加工过程中除净耗外所必需耗用、但不能存在或者转化到成品中的量,包括有形损耗和无形损耗。

单耗标准是指通用或者重复使用的加工贸易单位成品耗料量的准则,以海关公告形式对外发布。单耗标准由海关会同相关部门制定。单耗标准适用于海关特殊监管区域、保税监管场所外的加工贸易企业,海关特殊监管区域、保税监管场所内的加工贸易企业不适用单耗标准。对于尚未公布单耗标准的,加工贸易企业应当如实向海关申报单耗,海关按实际单耗对保税料件进行核销。

海关对单耗按"如实申报、据实核销"的原则进行管理。

海关对加工贸易企业申报的单耗进行审核,符合规定的,接受加工贸易企业的申报。单耗审核是指海关审查核实加工贸易企业申报的单耗是否符合有关规定、是否与加工实际相符的行为。海关对加工贸易企业申报单耗的真实性、准确性有疑问的,应当制发中华人民共和国海关加工贸易单耗质疑通知书,将质疑理由书面告知,加工贸易企业的法定代表人或者其代理人应当自收到通知书之日起 10 个工作日内,以书面形式向海关提供资料。加工贸易企业未能在海关规定期限内提供有关资料、提供的资料不充分或者提供的资料无法确定单耗的,海关应当对单耗进行核定。加工贸易企业对单耗核定结果有异议的,可以向作出单耗核定海关的上一级海关提出书面复核申请,上一级海关应当自收到复核申请后 45 日内作出复核决定。

二、加工贸易货物监管制度的内容

海关运用现代信息技术,在加工贸易手册备案、通关、核销等环节采用"电子手册 + 自动核算"模式,并逐步通过与相关部委的联网取消纸质单证作业,用电子手册逐步取代传统的纸质手册,实现"电子申报、网上备案、无纸通关、无纸报核”的监管模式。

办理加工贸易货物手册设立、进出口报关、加工、监管、核销手续，加工贸易经营企业、加工企业、承揽者都应接受相应的海关监管。

1. 加工贸易备案登记

(1)加工贸易货物手册设立

经营企业应当向加工企业所在地主管海关办理加工贸易货物的手册设立手续。经营企业办理加工贸易货物手册设立，应当向海关如实申报贸易方式、单耗、进出口口岸，以及进口料件和出口成品的商品名称、商品编号、规格型号、价格和原产地等情况，并且提交经营企业对外签订的合同；经营企业委托加工的，还应提交与加工企业签订的委托加工合同。

海关应当自接受申报之日起5个工作日内完成加工贸易手册设立手续。

(2)缴纳风险保证金设立

需要办理担保手续的，经营企业按规定提供担保后，海关办理手册设立手续。

有下列情形之一的，海关应当在经营企业提供相当于应缴税款金额的保证金或者银行、非银行金融机构保函后办理手册设立手续：涉嫌走私，已经被海关立案侦查，案件尚未审结的；由于管理混乱被海关要求整改，在整改期内的。

有下列情形之一的，海关可以要求经营企业在办理手册设立手续时提供相当于应缴税款金额的保证金或者银行、非银行金融机构保函：租赁厂房或者设备的；首次开展加工贸易业务的；加工贸易手册延期两次(含两次)以上的；办理异地加工贸易手续的；涉嫌违规，已经被海关立案调查，案件尚未审结的。

(3)不予设立手册

加工贸易企业有下列情形之一的，不得办理手册设立手续：进口料件或者出口成品属于国家禁止进出口的；加工产品属于国家禁止在我国境内加工生产的；进口料件不宜实行保税监管的；经营企业或者加工企业属于国家规定不允许开展加工贸易的；经营企业未在规定期限内向海关报核已到期的加工贸易手册，又重新申报设立手册的。

2. 加工贸易货物进出口和加工

加工贸易货物进、出、转、存和加工生产过程，都应当置于海关监管之下。

(1)进出境

经海关批准保税的加工贸易货物,需要办理进出境报关手续,遵守海关通关监管规则,即保税加工料件的进口和产品的出口或内销。具体程序包括四个环节,即进出口申报、配合查验、缴纳税费、提取或装运货物。经营企业进出口加工贸易货物,可以从境外或者海关特殊监管区域、保税监管场所进出口。进出口申报指进出口货物的收发货人、受委托的报关企业,依照《海关法》以及有关法律、行政法规和规章的要求,向海关报告实际进出口货物的情况,并接受海关审核的行为。保税加工企业需要进口料件,并对进口的料件进行加工或者装配加工成品出口后,海关根据核定的实际加工复出口的数量予以核销。由于保税加工货物是以加工后复出口为目的的保税货物,因此加工或者装配后的成品按照规定要复出口。在成品复出口环节,企业要办理出口报关手续。加工贸易项下进口料件按照规定在进口时先行征收税款的,加工成品出口后,海关根据核定的实际加工复出口的数量退还已征收的税款;加工贸易项下的出口产品属于应当征收出口关税的,海关按照有关规定征收出口关税。

(2)深加工结转管理

在部分保税加工中,加工贸易企业将保税进口料件加工的产品转至另一加工贸易企业进一步加工后复出口的经营活动为深加工结转。

加工贸易企业开展深加工结转的,转入企业、转出企业应当向各自的主管海关申报,办理实际收发货及报关手续。

有下列情形之一的,加工贸易企业不得办理深加工结转手续:不符合海关监管要求,被海关责令限期整改,在整改期内的;有逾期未报核手册的;由于涉嫌走私已经被海关立案调查,尚未结案的。

加工贸易企业未按照海关规定进行收发货的,不得再次办理深加工结转手续。

(3)外发加工管理

外发加工,是指经营企业委托承揽者对加工贸易货物进行加工,在规定期限内将加工后的产品最终复出口的行为。经营企业因受自身生产特点和条件限制,委托承揽企业对加工贸易货物进行加工。承揽企业是与经营企业签订加工合同,承接经营企业委托的外发加工业务的生产企业。承揽企业须具有相应的加工生产能力。

经营企业开展外发加工业务，应当按照外发加工的相关管理规定自外发之日起3个工作日内向海关办理备案手续。一份外发加工申报表对应一个委托企业和一个承揽企业；一份外发加工申报表对应委托企业的一个加工贸易手册，外发加工期限应当在加工贸易手册有效期之内；经营企业将全部工序外发加工的，应在办理备案手续的同时向海关提供相当于外发加工货物应缴税款金额的保证金或者银行、非银行金融机构保函。

经营企业开展外发加工业务，不得将加工贸易货物转卖给承揽者；承揽者不得将加工贸易货物再次外发。

外发加工的成品、剩余料件以及生产过程中产生的边角料、残次品、副产品等加工贸易货物，经营企业向所在地主管海关办理相关手续后，可以不运回本企业。

(4)料件串换管理

料件串换，是指因加工出口产品急需，经海关核准，经营企业可以在保税料件之间、保税料件与非保税料件之间进行串换适用的行为。

加工贸易货物应当专料专用，经海关核准，同一企业料件串换，应遵循以下原则：保税料件之间以及保税料件和非保税料件之间的串换，必须符合同品种、同规格、同数量、不牟利的条件。来料加工保税进口料件不得串换。

(5)剩余料件结转管理

剩余料件结转，是指加工贸易企业经海关批准将从事加工复出口业务过程中剩余的、可以继续用于加工制成品的加工贸易进口料件，结转到本企业另一个加工贸易合同继续使用的行为。

加工贸易企业申报将剩余料件结转到另一个加工贸易合同使用，限同一经营企业、同一加工企业、同样进口料件和同一加工贸易方式。凡具备条件的，海关按规定核定单耗后，企业可以办理该合同核销及其剩余料件结转手续。剩余料件转入合同已经商务主管部门审批的，由原审批部门按变更方式办理相关手续，如剩余料件的转入量不增加已批合同的进口总量，则免于办理变更手续；转入合同为新建合同的，由商务主管部门按现行加工贸易审批管理规定办理。

(6)销毁货物管理

加工贸易货物销毁处置，指加工贸易企业因故无法内销或者退运的边角料、剩余料件、残次品、副产品和受灾保税货物，由加工贸易企业委托具有法定资质的单位进行销毁处置。

(7)保税货物退运管理

加工贸易企业进口料件由于质量存在瑕疵、规格型号与合同不符等原因,需要返还原供货商进行退换,以及由于加工贸易出口产品售后服务需要而出口未加工保税料件的,直接向口岸海关办理报关手续。已经加工的保税进口料件不得进行退换。

(8)保税加工内销征税

加工贸易企业将保税进口料件或制成品内销时,除按规定缴纳进口环节税收外,还需要缴纳缓税利息。进口料件属于国家对进口有限制性规定的,经营企业还应当向海关提交进口许可证件。

$$应征缓税利息 = 应征税额 \times 计息期限 \times 缓税利息率/360$$

加工贸易内销集中征税是指符合条件的加工贸易企业先行内销加工贸易保税货物,再集中向主管海关办理内销纳税手续。实施内销集中征税前,加工贸易企业采用"先征后销"的方式向海关申请内销,允许加工贸易企业内销集中征税,即变先征税再出货为先出货再征税,能够引导企业更好地面向国际国内两个市场,延长加工贸易国内产业链,为符合条件的加工贸易企业拓展内销市场赢得时间。

加工贸易保税料件或制成品未经批准擅自内销,违反海关监管规定的,缓税利息计息期限的起始日期为内销料件或制成品所对应的加工贸易合同项下首批料件进口之日;若内销涉及多本合同,且内销料件或制成品与合同无法一一对应的,则计息的起始日期为最近一本合同项下首批料件进口之日;若加工贸易E类电子账册项下的料件或制成品擅自内销的,则计息的起始日期为内销料件或制成品所对应电子账册的最近一次核销之日,对无法确定计息的起始日期的,则不再征收缓税利息。加工贸易保税料件或制成品等违规内销的,违规内销计息的终止日期为保税料件或制成品内销之日。内销之日无法确定的,终止日期为海关发现之日。

3. 加工贸易货物核销

保税加工货物在保税加工合同履行完毕或终止合同并按照规定对未出口部分货物进行处理后,按照规定的期限和程序向保税加工主管海关报核,海关在受理了经营人的报核后予以审查,符合条件的予以核销。

所有类别的保税加工货物都必须由保税加工货物的经营人向主管海关报核，海关在受理了经营人的报核后进行核销。

（1）报核单证

《加工贸易货物监管办法》（2020年修正）第28条规定，经营企业应当在规定的期限内将进口料件加工复出口，并且自加工贸易手册项下最后一批成品出口或者加工贸易手册到期之日起30日内向海关报核。经营企业对外签订的合同提前终止的，应当自合同终止之日起30日内向海关报核。

经营企业报核时应当向海关如实申报进口料件、出口成品、边角料、剩余料件、残次品、副产品以及单耗等情况，并且按照规定提交相关单证。经营企业按规定向海关报核，单证齐全、有效的，海关应当受理报核。

（2）手册核销结案

核销，是指加工贸易经营企业加工复出口或者办理内销等海关手续后，凭规定单证向海关报核，海关按照规定进行核查以后办理解除监管手续的行为。

海关核销可以采取纸质单证核销、电子数据核销的方式，必要时可以下厂核查，企业应当予以配合。海关应当自受理报核之日起30日内予以核销。特殊情况需要延长的，经直属海关关长或者其授权的隶属海关关长批准可以延长30日。

对经核销结案的加工贸易手册，海关向经营企业签发核销结案通知书。经营企业已经办理担保手续的，海关在核销结案后按照规定解除担保。加工贸易货物手册设立和核销单证自加工贸易手册核销结案之日起留存3年。

4. 加工贸易企业联网监管

海关对加工贸易企业实施联网监管，是海关以企业为管理单元并实施计算机联网，加工贸易企业通过数据交换平台或者其他计算机网络方式向海关报送能满足海关监管要求的物流、生产经营等数据，海关对数据进行核对、核算，并结合实物进行核查的一种加工贸易海关监管模式。这种监管方式与以合同为监管单元的电子化手册或电子账册监管模式不同，是以企业为监管单元，采取计算机联网方式进行监管。

第三节　保税仓储海关法律制度

保税仓储,是指货物暂不缴纳关税或暂不办理通关手续而存放在海关监管的特定场所的海关制度。

保税仓储是海关为适应和促进经济发展而建立的一种国际通行的海关监管制度,是易货贸易、补偿贸易、寄售贸易、来料加工、来件装配等多种贸易方式实现的保证。利用保税仓储制度,买方可以购买卖方存放在保税场所的货物,签订贸易合同后再办理海关手续,从而节省交易时间和成本;卖方可利用保税仓储制度避免因价格浮动产生的经济损失。在来料加工、进料加工等贸易方式下进口料件所生产的产品具有复出口的特性,利用保税仓储制度可以最大限度地简化海关手续,方便进出口货物的合法进出。海关则通过对保税仓储货物实行核销管理手段,防止保税仓储货物内销。

保税仓储拓展了储运服务的领域和方式,将储运和海关保税业务相结合,同时,保税储运业作为非贸易创汇的一种途径,带动了保险业、运输业以及信息业等相关产业的发展。我国保税仓储制度主要分为保税仓库、出口监管仓库和保税物流中心三种表现形式。

一、保税仓库

(一)保税仓库概述

保税仓库(bonded warehouse)是指经海关核准设立的专门存放保税货物或其他未办结海关手续货物的仓库。

保税仓库货物一般不受仓库所在地国家的税费和进口许可证件管理制度的约束,所以保税仓库可以实现如下功能:保税仓储、商品展示、转口贸易、缓税、简单加工和增值服务、物流配送等。

保税仓库只能实现对所存的保税货物的简单加工而不可以进行实质加工。

《海关对保税仓库及所存货物的管理规定》第 20 条第 1 款规定，保税仓储货物可以进行包装、分级分类、加刷唛码、分拆、拼装等简单加工，不得进行实质性加工。如果在保税仓库进行流通性简单加工和增值服务，这是保税仓库物流服务功能的体现，实质性加工已超出了仓储物流的范畴，会改变货物的原产地和属性，属于生产领域的内容，因此不可以在保税仓库进行。

保税仓库所存放的货物必须处于监管之下，因此，保税仓库必须具备一些基本的条件：

(1)保税仓库符合海关监管条件。包括符合海关对保税仓库布局的要求；具备符合海关监管要求的隔离设施、监管设施和办理业务必需的其他设施；具备符合海关监管要求的保税仓库计算机管理系统并与海关联网。

(2)具备符合海关监管要求的保税仓库管理制度。

(3)符合面积要求，公用保税仓库面积最低为 2000 平方米；液体保税仓库容积最低为 5000 立方米；寄售维修保税仓库面积最低为 2000 平方米。

(二)保税仓库的形式

保税仓库按照使用对象不同分为公用型保税仓库、自用型保税仓库。公用型保税仓库由主营仓储业务的中国境内独立企业法人经营，专门向社会提供保税仓储服务。自用型保税仓库由特定的中国境内独立企业法人经营，仅存储供本企业自用的保税货物。

保税仓库中专门用来存储具有特定用途或特殊种类商品的称为专用型保税仓库。专用型保税仓库既可以是公用型，也可以是自用型，它是公用保税仓库和自用保税仓库中一种专业性较强的仓库类型。专用型保税仓库包括液体保税仓库、备料保税仓库、寄售维修保税仓库和其他专用型保税仓库。液体保税仓库，是指专门提供石油、成品油或者其他散装液体保税仓储服务的保税仓库。备料保税仓库，是指加工贸易企业存储为加工复出口产品所进口的原材料、设备及其零部件的保税仓库。寄售维修保税仓库，是指专门存储为维修外国产品所进口寄售零配件的保税仓库。

（三）保税仓库的设立、管理和注销

1. 保税仓库的设立

保税仓库应设立在设有海关机构、便于海关监管的区域，由仓库所在地主管海关受理，报送直属海关审批。经营保税仓库的企业，应当经市场监督管理部门注册登记，具有企业法人资格，且具有专门存储保税货物的营业场所。

申请材料齐全有效的，主管海关予以受理。申请材料不齐全或者不符合法定形式的，主管海关应当在5个工作日内一次性告知申请人需要补正的全部内容。主管海关应当自受理申请之日起20个工作日内提出初审意见并将有关材料报送直属海关审批。直属海关应当自接到材料之日起20个工作日内审查完毕，对符合条件的，出具批准文件，批准文件的有效期为1年；对不符合条件的，应当书面告知申请人理由。

申请人自海关出具保税仓库批准文件1年内向海关申请保税仓库验收。保税仓库验收合格后，经海关注册登记并核发保税仓库注册登记证书，方可开展有关业务。保税仓库注册登记证书有效期为3年。

2. 对保税仓库的管理

保税仓库不得转租、转借给他人经营，不得下设分库。

保税仓储货物入库时，收发货人或其代理人凭有关单证向海关办理货物报关入库手续，海关对报关入库货物的品种、数量、金额进行审核，并对入库货物进行核注登记。

保税仓库经营企业需变更企业名称、组织形式、法定代表人等事项的，应当在变更前向直属海关提交书面报告，说明变更事项、事由和变更时间；变更后，海关对经营保税仓库的企业应具备的条件进行重新审核。保税仓库需变更名称、地址、仓储面积（容积）等事项的，主管海关受理企业申请后，报直属海关审批。

3. 保税仓库的注销

保税仓库终止保税仓储业务的，由保税仓库经营企业提出书面申请，经主管海关受理报直属海关审批后，交回《保税仓库注册登记证书》，并办理注销手续。

4. 法律责任

海关在保税仓库设立、变更、注销后，发现原申请材料不完整或者不准确

的，应当责令经营企业限期补正，发现企业有隐瞒真实情况、提供虚假资料等违法情形的，依法予以处罚。

海关有权依照海关有关法律规定对违法行为进行处罚。如果保税仓库经营企业未经海关批准，在保税仓库擅自存放非保税货物，或者私自设立保税仓库分库，或者保税货物管理混乱，账目不清，或者经营事项发生变更，未按规定办理海关手续，海关有权责令其改正，可以给予警告，或者处1万元以下的罚款；有违法所得的，处违法所得3倍以下的罚款，但最高不得超过3万元。

（四）对保税仓库货物的管理

海关对保税仓库实施计算机联网管理，并可以随时派员进入保税仓库检查货物的收、付、存情况及有关账册。海关认为必要时，可以会同保税仓库经营企业共同对保税仓库加锁或者直接派员驻库监管，保税仓库经营企业应当为海关提供办公场所和必要的办公条件。保税仓库经营企业负责人和保税仓库管理人员应当熟悉海关有关法律法规，遵守海关监管规定，接受海关培训。保税仓库经营企业应当如实填写有关单证、仓库账册，真实记录并全面反映其业务活动和财务状况，编制仓库月度收、付、存情况表，并定期报送主管海关。

1. 货物存储规则

保税仓储货物存储期限为1年。确有正当理由的，经海关同意可予以延期；除特殊情况外，延期不得超过1年。从发达国家的情况看，其对保税仓储货物规定了1年至5年的仓储期限。对公共保税仓库的存储期限一般较长，对独家自用保税仓库则存储期限较短。

经海关批准可以存入保税仓库的货物包括：加工贸易进口货物；转口货物；供应国际航行船舶和航空器的油料、物料和维修用零部件；供维修外国产品所进口寄售的零配件；外商暂存货物；未办结海关手续的一般贸易货物；经海关批准的其他未办结海关手续的货物。

保税仓库不得存放国家禁止进境货物，不得存放未经批准的影响公共安全、公共卫生或健康、公共道德或秩序的国家限制进境货物以及其他不得存入保税仓库的货物。《京都公约》附约规定，公共保税仓库适用于各种进口货物，除由于公共道德或治安、公共安全、公共卫生或健康或为了动植物检疫或与保护专利、商标及版权有关的原因外，无论其数量、原产国、发运国或到达国，均应准许存入。《京都公约》建议条款对缔约国没有强制性约束力，所以各国根据经济发展程度自行作出规定。从各国的实践来看，发达国家的限制较少。大多数国家都以公共道德和国家利益作为货物不能存入保税仓库的限制，也有国家明文规定海关扣留或罚没的货物不能存入保税仓库。

保税仓储货物，未经海关批准，不得擅自出售、转让、抵押、质押、留置、移作他用或者进行其他处置。

2. 对货物的税收政策规定

下列保税仓储货物出库时，海关依法免征关税和进口环节代征税：

(1)用于在保修期限内免费维修有关外国产品并符合无代价抵偿货物有关规定的零部件。

(2)用于国际航行船舶和航空器的油料、物料。

(3)国家规定免税的其他货物。

保税仓储货物在存储期间发生损毁或者灭失的，除不可抗力外，保税仓库应当依法向海关缴纳损毁、灭失货物的税款，并承担相应的法律责任。

3. 保税货物出库

保税货物出库有以下几种情形：运往境外的；运往境内保税区、出口加工区或者调拨到其他保税仓库继续实施保税监管的；转为加工贸易进口或者转入国内市场销售或者海关规定的其他情形。无论哪种情形，保税货物出库都须经海关批准才可以办理出库手续，海关按照相应的规定进行管理和验放。

保税仓储货物出库运往境内其他地方的，收发货人或其代理人应当填写进口报关单，并随附出库单据等相关单证向海关申报，保税仓库向海关办理出库手续并凭海关签印放行的报关单发运货物。

出库保税仓储货物批量少、批次频繁的，经海关批准可以办理集中报关手续。

保税仓储货物出库复运往境外的，发货人或其代理人应当填写出口报关单，并随附出库单据等相关单证向海关申报，保税仓库向海关办理出库手续并凭海关签印放行的报关单发运货物。

二、出口监管仓库

(一)出口监管仓库概述

出口监管仓库,是指经海关批准设立,对已办结海关出口手续的货物进行存储、保税物流配送、提供流通性增值服务的仓库。出口监管仓库具有转口配送、简单加工和增值服务的功能。

出口监管仓库具有以下特征:

1. 出口监管仓库只能存储用于出口且已办结出口海关手续的货物,是为方便出口货物的仓储、运输或进行简单加工而设立的。凡是流向不明或未办结出口海关手续的货物都不能存放出口监管仓库。

2. 出口监管仓库存放的货物属于海关监管货物,但不具有保税性质。出口监管仓库虽然不具有保税性质,但其功能是为出口货物提供方便,服务于国内货物的国际流动,对发展外向型经济有明显的促进作用。

我国的出口监管仓库是区别于保税仓库的一种海关监管形式,存入保税仓库的货物在进入国内市场时办理海关进口手续,而存入出口监管仓库的货物必须在入库前办结海关出口手续。

出口监管仓库分为出口配送型仓库和国内结转型仓库。出口配送型仓库是指存储以实际离境为目的的出口货物的仓库。国内结转型仓库是指存储用于国内结转的出口货物的仓库。

(二)出口监管仓库的设立、管理、变更和注销

1. 出口监管仓库设立

出口监管仓库的设立,应当符合海关对出口监管仓库布局的要求,由出口监管仓库所在地主管海关受理,报直属海关审批。

企业申请设立出口监管仓库,应当向仓库所在地主管海关递交以下加盖企业印章的书面材料:出口监管仓库申请书和仓库地理位置示意图及平面图。

海关依据《中华人民共和国行政许可法》和《中华人民共和国海关实施〈中华人民共和国行政许可法〉办法》的规定,受理、审查设立出口监管仓库的申请。

对于符合条件的，作出准予设立出口监管仓库的行政许可决定，并出具批准文件；对于不符合条件的，作出不予设立出口监管仓库的行政许可决定，并应当书面告知申请企业。

申请设立出口监管仓库的企业应当自海关出具批准文件之日起1年内向海关申请验收出口监管仓库。出口监管仓库验收需要具备如下条件：

（1）出口配送型仓库的面积不得低于2000平方米，国内结转型仓库的面积不得低于1000平方米；（2）具有符合海关监管要求的隔离设施、监管设施和办理业务必需的其他设施；（3）具有符合海关监管要求的计算机管理系统，并与海关联网；（4）建立出口监管仓库的章程、机构设置、仓储设施及账册管理等仓库管理制度。

企业无正当理由逾期未申请验收或者验收不合格的，该出口监管仓库的批准文件自动失效。

出口监管仓库验收合格后，经海关注册登记并核发出口监管仓库注册登记证书，方可以开展有关业务。出口监管仓库注册登记证书有效期为3年。

2. 出口监管仓库管理、变更

出口监管仓库必须专库专用，不得转租、转借给他人经营，不得下设分库。

海关对出口监管仓库实施计算机联网管理。

海关可以随时派员进入出口监管仓库检查货物的进、出、转、存情况及有关账册、记录。

海关可以会同出口监管仓库经营企业共同对出口监管仓库加锁或者直接派员驻库监管。

出口监管仓库经营企业负责人和出口监管仓库管理人员应当熟悉和遵守海关有关规定，并接受海关培训。

出口监管仓库经营企业应当如实填写有关单证、仓库账册、真实记录并全面反映其业务活动和财务状况，编制仓库月度进、出、转、存情况表，并定期报送主管海关。

出口监管仓库经营企业需变更企业名称、组织形式、法定代表人等事项的，应当在变更前向直属海关提交书面报告，说明变更事项、事由和变更时间。变更后，海关按照《海关对出口监管仓库及所存货物的管理办法》第9条的规定对其进行重新审核。出口监管仓库变更类型的，按照《海关对出口监管仓库及所存货物的管理办法》第二章“出口监管仓库的设立”的有关规定办理。

出口监管仓库需变更名称、地址、仓储面积等事项的，主管海关受理企业申请后，报直属海关审批。

3. 出口监管仓库注销

出口监管仓库在经营中发生下列情形的，海关将注销其注册登记，并收回出口监管仓库注册登记证书：

(1)无正当理由逾期未申请延期审查或者延期审查不合格的；

(2)仓库经营企业书面申请变更出口监管仓库类型的；

(3)仓库经营企业书面申请终止出口监管仓库仓储业务的；

(4)仓库经营企业丧失资格条件的；

(5)法律、法规规定的应当注销行政许可的其他情形。

(三)出口监管货物

1. 适用范围

出口监管货物已办结海关手续，虽不具有保税性质，但其并没有离开关境，尽管暂时存放于出口监管仓库中，但仍然要处于海关监管之下，所以海关法律对其适用范围予以规定。出口监管仓库适用于：一般贸易出口货物；加工贸易出口货物；从其他海关特殊监管区域、场所转入的出口货物；出口配送型仓库可以存放为拼装出口货物而进口的货物，以及为改换出口监管仓库货物包装而进口的包装物料；其他已办结海关出口手续的货物。

基于公共利益的考虑，出口监管仓库不得存放下列货物：国家禁止进出境货物；未经批准的国家限制进出境货物以及海关规定不得存放的其他货物。

2. 期限

出口监管仓库所存货物存储期限为6个月。经主管海关同意可以延期，但延期不得超过6个月。

3. 出口监管仓库货物的管理

申请设立出口监管仓库的经营企业，应当已经在市场监督管理部门注册登记，具有企业法人资格；具有进出口经营权和仓储经营权；具有专门存储货物的场所。

仓库经营人是出口监管仓库法律制度中的重要的当事人，其在整个出口监管仓库的运营过程中应遵守如下规则：

（1）凭海关签印收、发货物。出口货物存入出口监管仓库时，发货人或者其代理人应当按照规定办理海关手续。发货人或者其代理人除按照海关规定提交有关单证外，还应当提交仓库经营企业填制的《出口监管仓库货物入仓清单》。海关对报关入仓货物的品种、数量、金额等进行审核、核注和登记。经主管海关批准，对批量少、批次频繁的入仓货物，可以办理集中报关手续。

出仓货物出口时，仓库经营企业或者其代理人应当按照规定办理海关手续。仓库经营企业或者其代理人除按照海关规定提交有关单证外，还应当提交仓库经营企业填制的《出口监管仓库货物出仓清单》。

（2）缴纳关税和其他税款。存入出口监管仓库的出口货物，按照国家规定应当提交许可证件或者缴纳出口关税的，发货人或者其代理人应当取得许可证件或者缴纳税款。海关对有关许可证件电子数据进行系统自动比对验核。出口监管仓库所存货物在存储期间发生损毁或者灭失的，除不可抗力外，仓库应当依法向海关缴纳损毁、灭失货物的税款，并承担相应的法律责任。

（3）及时通知。货物存储期满前，仓库经营企业应当通知发货人或者其代理人办理货物的出境或者出口手续。

（4）进行简单加工服务。经主管海关同意，可以在仓库内进行品质检验、分级分类、分拣分装、加刷唛码、刷贴标志、打膜、改换包装等流通性增值服务，但不得进行实质性加工。

（5）货物流转与出口退税。出口监管仓库货物转进口的，应当经海关批准，按照进口货物有关规定办理相关手续。出口监管仓库与海关特殊监管区域、其他保税监管场所之间的货物流转应当符合海关监管要求并按照规定办理相关手续。货物流转涉及出口退税的，按照国家有关规定办理。

（6）更换货物。对已存入出口监管仓库因质量等原因要求更换的货物，经仓库所在地主管海关批准，可以更换货物。被更换货物出仓前，更换货物应当先行入仓，并应当与原货物的商品编码、品名、规格型号、数量和价值相同。

（7）货物退仓。对于出口监管仓库货物，发货人因特殊原因确需退运、退仓的，应当经海关批准，并按照有关规定办理相关手续。

（8）许可撤销。企业以隐瞒真实情况、提供虚假资料等不正当手段取得设立出口监管仓库行政许可的，由海关依法予以撤销。

(9)行政处罚。出口监管仓库经营企业未经海关批准,在出口监管仓库擅自存放非出口监管仓库货物;出口监管仓库货物管理混乱,账目不清的;违反专库专用等规定的;经营事项发生变更,未按规定办理海关手续的:海关责令其改正,可以给予警告,或者处1万元以下的罚款;有违法所得的,处违法所得3倍以下,但最高不得超过3万元的罚款。

三、保税物流中心

(一)保税物流中心概述

保税仓库和出口监管仓库是我国保税物流的最初探索和尝试,主要对进出口货物进行保税、暂存,在一定的历史时期对我国进出口贸易的发展起到了激励的作用。但是随着国际贸易和国际物流业的发展,简单的保税和监管仓库制度出现了难以弥补的局限性,不能满足国际物流发展需求。

2005年,海关总署分别制定了《海关对保税物流中心(A型)的暂行管理办法》和《海关对保税物流中心(B型)的暂行管理办法》。保税物流中心主要以整合"两仓"功能为基础,打破保税仓库和出口监管仓库分别专门存放进境、出口货物且相互隔离的状态,整合、集成、拓展"两仓"功能,并根据现代物流的发展需要被赋予若干新功能。

保税物流中心有A型和B型两种,B型较A型功能更为完善。

A型保税物流中心,是指经海关批准,由中国境内企业法人经营、专门从事保税仓储物流业务的海关监管场所。

A型保税物流中心按照服务范围分为公用型物流中心和自用型物流中心。公用型物流中心,是指由专门从事仓储物流业务的中国境内企业法人经营,向社会提供保税仓储物流综合服务的海关监管场所。自用型物流中心,是指中国境内企业法人经营,仅向本企业或者本企业集团内部成员提供保税仓储物流服务的海关监管场所。

B型保税物流中心,是指经海关批准,由中国境内一家企业法人经营,多家企业进入并从事保税仓储物流业务的保税监管场所。

(二)保税物流中心功能及优惠政策

保税物流中心以保税仓储物流为主要功能,主要包括满足物流所需的保税仓储、流通性简单加工和增值服务、国际采购、分拨和配送、国际中转、转口贸易等。中心内企业不得在物流中心内开展商业零售、生产和加工制造也不得开展维修、翻新和拆解及其他与物流中心无关的业务。

正因为保税物流中心具有上述功能,所以利用保税物流中心,企业可以享受如下优惠政策:

1. 境内货物进入保税物流中心视作出口,享受出口退税政策。

2. 境外货物进入保税物流中心,海关给予保税。

3. 灵活的外汇政策,拥有较为强大的政策功能优势。

4. 物流中心与海关特殊监管区域、其他保税监管场所之间可以进行货物流转并按照规定办理相关海关手续。

保税物流中心货物销售境内时,企业可以按保税物流中心的实际贸易方式向海关办理进口报关手续。

(三)保税物流货物

1. 适用范围

保税物流中心的建立使一般贸易出口商品可以入中心退税、一般贸易进口商品能够保税,同时也解决了加工贸易中的深加工和结转货物问题。

因此,物流货物的适用范围相对广泛。经海关批准,下列货物可以存入物流中心:(1)国内出口货物;(2)转口货物和国际中转货物;(3)外商暂存货物;(4)加工贸易进出口货物;(5)供国际航行船舶和航空器的物料、维修用零部件;(6)供维修外国产品所进口寄售的零配件;(7)未办结海关手续的一般贸易进口货物;(8)经海关批准的其他未办结海关手续的货物。

出于国家安全和公共利益的考量,保税物流中心不能存储国家禁止进出口货物,以及危害公共安全、公共卫生或者健康、公共道德或者秩序的国家限制进出口货物;不能经营有关法律、行政法规明确规定不能享受保税政策的货物。

2. 期限

为保证海关监管的严密性，物流中心内货物的保税存储有期限规定。A 型保税物流中心内货物保税存储期限为 1 年。确有正当理由的，经主管海关同意可以予以延期，除特殊情况外，延期不得超过 1 年。

B 型保税物流中心内货物保税存储期限为 2 年。确有正当理由的，经主管海关同意可以予以延期，除特殊情况外，延期不得超过 1 年。

3. 对货物的税收政策规定

转口货物和国际中转货物，外商暂存货物，加工贸易进出口货物，供国际航行船舶和航空器的物料、维修用零部件，供维修外国产品所进口寄售的零配件，未办结海关手续的一般贸易进口货物，经海关批准的其他未办结海关手续的货物，从境外进入保税物流中心时予以保税。

中心内企业进口自用的办公用品、交通、运输工具、生活消费用品等，以及企业在物流中心内开展综合物流服务所需的进口机器、装卸设备、管理设备等，按照进口货物的有关规定和税收政策办理相关手续。

货物从境内进入保税物流中心视同出口，办理出口报关手续。如需缴纳出口关税，应当按照规定纳税；属许可证件管理商品，还应当取得有效的出口许可证件。

从境内运入物流中心的原进口货物，境内发货人应当向海关办理出口报关手续，经主管海关验放；已经缴纳的关税和进口环节海关代征税，不予退还。

物流中心货物进入境内视同进口，按照货物实际贸易方式和实际状态办理进口报关手续；货物属许可证件管理商品的，企业还应当取得有效的出口许可证件。海关对有关出口许可证件电子数据进行系统自动比对验核。

但下列货物从物流中心进入境内时依法免征关税和进口环节海关代征税：

(1)用于在保修期限内免费维修有关外国产品并符合无代价抵偿货物有关规定的零部件；

(2)用于国际航行船舶和航空器的物料；

(3)国家规定免税的其他货物。

货物从境内进入物流中心已办结报关手续的；转关出口货物，启运地海关在已收到物流中心主管海关确认转关货物进入物流中心的转关回执后；境内运入物流中心供中心内企业自用的国产的机器设备、装卸设备、管理设备、检验检测设备等，企业按照国家税务总局的有关税收管理办法办理出口退税手续。

4. 海关对物流中心内企业之间货物流转的监管

物流中心内货物可以在中心内企业之间进行转让、转移并办理相关海关手续。未经海关批准，中心内企业不得擅自将所存货物抵押、质押、留置、移作他用或者进行其他处置。

（四）保税物流中心的设立、变更和注销

海关对保税物流中心的监管权主要表现为前期审批、经营过程中核查、后续管理的一种连续的监管模式。

前期审批权是指保税物流中心的设立需要经过海关审批，海关要对保税物流中心经营企业和保税物流中心的条件进行审核，对符合条件的才允许其经营。

核查权是指在保税物流中心运营的过程中，海关有权采取计算机联网监管、视频监控、实地核查等方式对进出物流中心的货物、运输工具等实施动态监管。海关对物流中心实施计算机联网监管。

后续管理是指对保税物流中心办理变更或注销的管理。

1. 保税物流中心的设立

物流中心及中心内企业的设定，可以通过表 5－1 来展现相关规定。

表 5－1　设立保税物流中心（A 型和 B 型）条件对照

项目	A 型	B 型
物流中心经营企业条件	（1）经市场监督管理部门注册登记，具有独立的企业法人资格； （2）具有专门存储货物的营业场所； （3）具有符合海关监管要求的管理制度	（1）经市场监督管理部门注册登记，具有独立的企业法人资格； （2）具备对中心内企业进行日常管理的能力； （3）具备协助海关对进出物流中心的货物和中心内企业的经营行为实施监管的能力

续表

项目	A 型	B 型
物流中心建设要求	(1)符合海关对物流中心的监管规划建设要求； (2)公用型物流中心的仓储面积(含堆场)，东部地区不低于 4000 平方米，中西部地区、东北地区不低于 2000 平方米； (3)自用型物流中心的仓储面积(含堆场)，东部地区不低于 2000 平方米，中西部地区、东北地区不低于 1000 平方米； (4)物流中心为储罐的，容积不低于 5000 立方米； (5)建立符合海关监管要求的计算机管理系统，提供供海关查阅数据的终端设备，并按照海关规定的认证方式和数据标准与海关联网； (6)设置符合海关监管要求的隔离设施、监管设施和办理业务必需的其他设施	(1)物流中心仓储面积，东部地区不低于 5 万平方米，中西部地区、东北地区不低于 2 万平方米； (2)符合海关对物流中心的监管规划建设要求； (3)选址在靠近海港、空港、陆路交通枢纽及内陆国际物流需求量较大，交通便利，设有海关机构且便于海关集中监管的地方； (4)经省级人民政府确认，符合地方经济发展总体布局，满足加工贸易发展对保税物流的需求； (5)建立符合海关监管要求的计算机管理系统，提供供海关查阅数据的终端设备，并按照海关规定的认证方式和数据标准，通过“电子口岸”平台与海关联网，以便海关在统一平台上与国税、外汇管理等部门实现数据交换及信息共享； (6)设置符合海关监管要求的隔离设施、监管设施和办理业务必需的其他设施
审批机关和程序	(1)企业申请设立物流中心，由主管海关受理； (2)企业自直属海关出具批准其筹建物流中心文件之日起 1 年内向海关申请验收，由主管海关进行审核验收； (3)物流中心验收合格后，由直属海关向企业核发保税物流中心(A 型)注册登记证书	(1)设立物流中心的申请由直属海关受理，报海关总署会同有关部门审批； (2)企业自海关总署等部门出具批准其筹建物流中心文件之日起 1 年内向海关总署申请验收，由海关总署会同有关部门或者委托被授权的机构按照规定进行审核验收； (3)物流中心验收合格后，由海关总署向物流中心经营企业核发保税物流中心(B 型)注册登记证书

2. 保税物流中心的变更

A 型保税物流中心需变更经营单位名称、地址、仓储面积(容积)等事项的，主管海关受理企业申请后，报直属海关审批。B 型保税物流中心需变更名称、地址、面积及所有权等事项的，由直属海关受理报海关总署审批，其他变更事项报直属海关备案。B 型保税物流中心内企业需变更有关事项的，从“由主管海关受理后报直属海关审批”，简化为“应当向主管海关备案”。

3. 保税物流中心的注销

获准设立物流中心的企业确有正当理由未按时申请验收的，经直属海关同意可以延期验收，除特殊情况外，延期不得超过6个月。B型保税物流中心的企业延期验收期限没有作出限制，由总署批准。获准设立物流中心的企业无正当理由逾期未申请验收或者验收不合格的，视同其撤回设立物流中心的申请。

物流中心经营企业因故终止业务的，由物流中心提出书面申请，主管海关受理后报直属海关审批，办理注销手续并交回保税物流中心（A型）注册登记证书；B型保税物流中心经营企业向直属海关提出书面申请，经海关总署会同有关部门审批后，办理注销手续并交回保税物流中心（B型）注册登记证书。

（五）保税物流中心内企业的监管

保税物流中心负责人及其工作人员应当熟悉海关有关法律、行政法规，遵守海关监管规定。保税物流中心应当建立符合海关监管要求的计算机管理系统并与海关联网，形成完整、真实的货物进、出、转、存电子数据，保证海关开展对有关业务数据的查询、统计、采集、交换和核查等监管工作。

保税物流中心经营企业不得在物流中心内开展商业零售、生产和加工制造、维修、翻新和拆解以及其他与物流中心无关的业务。

保税物流中心不得转租、转借他人经营，不得下设分中心。

四、保税服务监管

保税服务监管主要指对企业从事国际服务外包业务的进口货物实施保税监管。国际服务外包是指关境内设立的服务外包企业，在国家法律的允许范围内，承接由关境外客户外包的服务业务。

目前，在我国的服务贸易创新发展试点地区和服务外包示范城市内、经商务部门认定的技术先进型服务企业，或者特殊区域内企业可以享受进口设备有关优惠政策。服务外包企业在外包进口货物进口前，须向本企业所在地主管海关办理备案手续，并提供以下资料：技术先进型服务企业资质证明；企业法人营业执照；与境外发包方签订的国际服务外包合同及合同所附的设备清单；海关进出口货物收发货人报关注册登记证书；海关需要的其他单证。主管海关受理备案申请后，经审核符合要求的，核发手册。纳入保税监管的国际服务外包业务进口货物是指服务外包企业履行国际服务外包合同，由国际服务外包业务境外发包方免费提供的进口设备。

外包进口货物属于海关监管货物，限于服务外包企业本企业履行外包合同使用，未经海关核准，企业不得将外包进口货物抵押、质押、留置。外包进口货物在外包业务的合同执行完毕后应退运出境。外包进口货物如销往国内或到期不退运境外的，须经海关批准后按规定办理进口征税手续，涉及许可证件的，还须提供许可证件。

第四节　海关特殊监管区域法律制度

一、海关特殊监管区域法律制度概述

(一)概念

全球正式使用“海关特殊监管区域”这一概念的国家很少，对这类特殊监管区域，通常称为“自由经济区域”，这些自由经济区域的称谓有：对外贸易区、自由贸易区、自由货栈、外贸边境区、出口加工区、自由港等。《京都公约》的专项附约 4 中统称这些区域为自由区，其定义为“缔约方境内的一部分”，进入该区域的任何货物，就其缴纳进口税费状况而言，通常被视为尚处于关境之外。[①]

海关特殊监管区域在国际上通用的相对应的名称是自由区。从国际上来看，也有将自由区称为自由港的情形。但自由区通常而言，往往限于指港口或城市中的某一特定地区，而自由港则指整个港口和城市，包括停泊船只的水域、码头设施和陆上地域等，如我国香港特别行政区和新加坡等，这种包括整个港口或城市的自由港往往被称为综合型自由区。

---

① 海关总署国际合作司编译：《关于简化与协调海关制度的国际公约(京都公约)总附约和专项附约指南》，中国海关出版社 2003 年版，第 262 页。

自由区，往往是一个国家或地区为了发展转口贸易和进出口贸易，利用外资、引进先进技术和科学管理方法、增加劳动就业、开拓国际市场，扩大出口、增加外汇收入、促进本国或本地区经济的发展，划在一国国境之内允许货物自由进出，与其他地区实行严格隔离的特定经济区域。货物存入海关特殊监管区域，意味着在整个储存期间暂缓执行该货物正式进口时应适用的海关法律规范；其被视为与处于关境之外的货物具有相同的法律地位。但这种被视为在关境外不是绝对的，有些货物仍应适用海关监管的一般规定，特别是涉及公共秩序或公共卫生等方面的法规。因此，海关特殊监管区域，是一个国家划定实行特殊的贸易管制、税收等政策，由海关实施特殊监管措施的区域。

我国的海关特殊监管区域是经国务院批准，设立在中华人民共和国关境内，实行特殊的税收政策和进出口管理政策，承担连接国内、国际两个市场的特殊功能，如加工制造、国际贸易、物流分拨、保税仓储、检测维修、研发设计、商品展示等，由海关按照国家有关规定实施监管的经济功能区域。

（二）我国海关特殊监管区域发展沿革

我国在不同时期，为适用对外开放和经济发展的需要，国务院曾先后批准设立过保税区、出口加工区、保税物流园区、跨境工业区、保税港区、综合保税区等6类海关特殊监管区域，以海关特殊监管区域的示范、导向和辐射作用，来延长加工贸易价值链，有效承接国际现代服务业的转移。

海关特殊监管区域，承载着独特的功能。

1. 保税区

保税区主要从事保税仓储、国际转口贸易、出口加工等业务。1990年6月，国务院批准在上海外高桥设立保税区，1992年正式封关运作，总规划面积10平方公里，现已封关运作8.9平方公里，是全国第一个、经济总量最大、产业最齐全的保税区，集自由贸易、出口加工、物流仓储及保税商品展示交易等多种经济功能于一体。

2. 出口加工区

出口加工区作为推动我国加工贸易转型升级的重要载体，具有保税加工功能，即可设立出口加工企业，开展出口加工业务；保税物流功能，即可设立保税物流企业，开展境内外保税货物仓储、转口、简单加工等业务；研发、检测、维修功能，即可以开展研发、检测、维修业务。

出口加工区在管理模式上强化对区域的整体管理，简化对区域内单个企业的管理，实现了从以企业为单元向以区域为单元的管理转变。海关监管体现了“管住卡口，放开中间”的区域化管理思路，强化出口加工区卡口的实际监管，弱化出口加工区加工贸易的备案、核销管理，简化出口加工区内企业之间以及出口加工区与海关特殊监管区域、场所之间的物流分拨手续等。海关货物监管实现进出口通关“一次报关、一次查验、一次放行”，通关手续更为便捷；区内企业实行电子账册管理，免予设立保证金台账，审批手续方便快捷；区内企业实行统一外汇账户管理，免除区内企业的收付汇核销制度；区外企业销往区内货物可以直接退税。

3. 保税物流园区

保税物流园区，是指经国务院批准，在保税区规划面积内或者毗邻保税区的特定港区内设立的，专门发展现代国际物流的海关特殊监管区域。

保税物流园区是以仓储货物为主的海关特殊监管区域，主要可承担的功能事项包括：存储进出口货物及其他未办理海关手续货物；对所存货物开展流通性简单加工和增值服务；从事进出口贸易，包括转口贸易；进行国际采购、分销和配送、国际中转、检测、维修、商品展示；经海关批准的其他国际物流业务。

保税物流园区应区港联动需求而设立，整合港口与保税区对外开放功能。通过在保税区和港区之间开辟直通式通道，专门发展现代国际物流业，区内虽不具备加工制造功能，但国内货物入区即可享受出口退税。保税物流园区的设立是满足区港联动的重要环节，整合了保税区的仓储功能和邻近港口的装卸、运输功能，实现了保税区域与港口一体化运作，如上海外高桥保税物流园区，于2003年12月经国务院批准设立，规划面积1.03平方公里，目前已封关运作1.03平方公里。

设立保税物流园区，有助于保税区与港口在产业规划、产业布局和产业联动等方面功能整合，通过实施“区域管理封闭化、海关管理智能化、园区管理信息化、海关通关快捷化”等措施，对园区同保税区、出口加工区、保税仓库之间的保税货物结转可实行“分批出区、集中报关”的快捷通关手续，提高通关效率，实现了海关监管模式的突破；对进入保税物流园区内的国内货物实行进区退税，对港口和保税区的发展都有重要的意义。

4. 跨境工业区

2003 年 12 月，国务院批准设立珠澳跨境工业区，此后又批准设立中哈霍尔果斯国际边境合作中心。跨境工业区可以同时具有保税区、出口加工区、保税物流区区港联动的功能并同时适用三类区域的配套政策。

5. 保税港区

保税港区是模式创新、功能整合、政策叠加的产物，保税港区设立在国家对外开放港口及与之相连的特定区域内，除兼具保税区、保税物流园区和出口加工区“三区合一”的政策优势外，还具备特有的口岸功能，主要是发挥港口集疏，物流增值以及对腹地的辐射作用，是我国国际航运中心的主要载体。

6. 综合保税区

综合保税区分布在加工贸易的聚集地，主要发挥为加工制造及配套产业链提供服务等作用，是推动加工贸易转型升级的主要载体，是国家区域发展战略的产物。

海关特殊监管区域的功能涵盖加工制造、国际贸易、物流分拨、保税仓储、检测维修、研发设计、商品展示等，在承接国际产业转移、推进加工贸易转型升级、扩大对外贸易和促进就业等方面发挥了积极作用。

（三）海关特殊监管区域的整合发展

2012 年，国务院专门出台了《关于促进海关特殊监管区域科学发展的指导意见》（国发〔2012〕58 号），提出了海关特殊监管区域建设与发展方向和具体要求。党的十八届三中全会通过的《中共中央关于全面深化改革若干重大问题的决定》提出“加快海关特殊监管区域整合优化”。海关确定“功能整合、政策叠加”的指导思路，实施海关特殊监管区域和保税监管场所的整合，探索海关特殊监管区域和保税监管场所的法规、功能、政策、监管模式和信息化系统的“全面整合”，形成与一些发达国家和地区的“自由港”和“自由贸易区”相仿的、具有全面保税功能的大型综合性的保税监管区域。

对海关特殊监管区域整合优化从以下两个方面进行：

一是推进海关特殊监管区域的“3 个整合”，即整合现有区域类型、整合现有区域政策、整合管理资源。整合现有区域类型，就是指在基本不突破原规划面积的前提下，逐步将现有出口加工区、保税物流园区、跨境工业区、保税港区及符合条件的保税区整合为综合保税区。不具备整合条件的特殊监管区域，暂予保留。

统一新设类型,对新设立的特殊监管区域,原则上统一命名为“综合保税区”。

二是推进海关特殊监管区域的优化转型,主要体现在优化产业结构、优化贸易多元、优化区域功能、优化管理职能、优化监管模式等“5 个优化”上。在具体层面上,进一步简政放权、完善政策和拓展功能,引导海关特殊监管区域在 4 个方面取得突破,即发挥市场在资源配置中的决定性作用,遵循经济规律和企业运行规则,完善海关特殊监管区域发展相配套的政策功能和管理服务;推动海关特殊监管区域类型、政策、管理整合,提升发展内生动力;引导海关特殊监管区域向贸易多元化、功能多样化、产业链高端方向发展;以海关特殊监管区域的基础和优势,推动自由贸易园(港、区)发展。经优化整合,截至 2021 年 9 月,全国共有海关特殊监管区域 167 个,其中,综合保税区 154 个。

(四)海关特殊监管区域监管模式

海关对特殊监管区域的进出货物的监管,相对于一般进出口货物,有很大不同,其中最主要体现在三个方面:一是采取封闭管理,应当设置符合海关监管要求的卡口、围网设施及视频监控设备等基础和监管设施,区域内企业和货物相对封闭和可控,实施“一、二线”分线管理;二是实行特别贸易管制,对与境外之间(“一线”)进出的货物,一般不实行进出口配额、进出口许可证件(准入证件)的监管查验;三是可以通过申报保税核注清单方式,实现区内和区域间货物自由流转,不再办理报关申报手续。海关特殊监管区域与境内区外之间(“二线”)往来货物按国家进出口政策管理。

1. 通关管理

货物经“一线”实行备案制,以体现“一线放开”。

进出海关特殊监管区域的货物、运输工具,必须经由设有海关机构的出入口进出。货物经“二线”实行报关制,海关按照进出口货物的有关规定实施监管。

海关特殊监管区货物经海关批准转让、销售非保税区时,应由收货人或其代理人向海关办理进口手续、缴纳关税和其他税收后放行。从境内非海关特殊监管区运入海关特殊监管区的货物,应办理出口海关手续。国家法律规定禁止进出口的货物、物品不得运入海关特殊监管区。运输工具进出海关特殊监管区,应由其承运人凭主管部门的批准书向海关办理登记备案手续。

对海关特殊监管区域与其他海关特殊监管区域或者保税监管场所之间往

来的货物,实行企业自行运输,延续保税监管。

2. 保税监管

海关特殊监管区内从事进出口业务的企业和生产、仓储企业,实施联网监管,以电子账册为主要载体,对保税货物的进、出、转、存进行记录,以单耗或工单为主要依据,进行定期核销。

海关特殊监管区内企业应当接受海关核查和在法定期限内向海关办理核销手续。海关特殊监管区内的行政管理机构进口供本机构使用的货物,非经批准,不得转让、销售区外。如遇特殊情况,经批准转让、销售区外时,应向海关办理进口货物手续,交验法定单证和缴纳进口关税和进口环节增值税等。

区内企业与海关计算机联网,并接受海关稽查。

3. 核查稽查

海关特殊监管区域实行海关稽核查制度。海关对区内企业从事生产、仓储和外贸业务的进出口货物及与之有关的会计账簿、会计凭证、报关单证及其他有关资料、单证等,进行核查,监督被稽查人进出口活动的真实性和合法性。海关对进出海关特殊监管区域的货物、物品、运输工具、人员及区内有关场所,有权依照海关法及海关特殊监管区域的管理办法等规定进行检查、查验。

对于进口料件等加工成成品出口时,海关依法履行核销权,办理结关手续。

当今,海关特殊监管区域监管,除了考量在关税、管制、禁限、反恐、走私等国家利益相关的风险防控外,如今还包括食品、卫生、检疫、商品质量等与民生相关的风险防控,以及应对技术性贸易措施的风险防控。

4. 统计管理

海关对海关特殊监管区域"一线"进出的货物实施贸易统计,对"二线"进出的货物实施业务单项统计。

二、保税区海关法律制度

(一)保税区的概念和功能

保税区,是指经国务院批准设立的,具备保税加工、保税仓储、进出口贸易和进出口商品展示等功能的海关特殊监管区域。

保税加工功能，是指利用保税区的优惠政策开展加工贸易，培育和发展加工产业链；保税仓储和展示功能，在于利用保税区进行货物存储和展示，或者拆装和分装等流通性简单加工；国际贸易功能，是利用保税区的优惠政策和毗邻港口、陆路口岸的优势开展国际贸易。

（二）保税区海关监管法律制度

1. 保税区加工贸易监管规则

区内加工企业应当向海关办理所需料、件进出保税区备案手续。

区内加工企业生产属于被动配额管理的出口产品，应当事先经国务院有关部门批准。

区内加工企业加工的制成品及其在加工过程中产生的边角余料运往境外时，应当按照国家有关规定向海关办理手续；除法律、行政法规另有规定外，免征出口关税。区内加工企业将区内加工的制成品、副次品或者在加工过程中产生的边角余料运往非保税区时，应当按照国家有关规定向海关办理进口报关手续，并依法纳税。

区内加工企业全部用境外运入料、件加工的制成品销往非保税区时，海关按照进口制成品征税。用含有境外运入料、件加工的制成品销往非保税区时，海关对其制成品按照所含境外运入料、件征税；对所含境外运入料、件的品名、数量、价值申报不实的，海关按照进口制成品征税。

区内加工企业委托非保税区企业或者接受非保税区企业委托进行加工业务，应当事先经海关批准。

2. 保税区对不同海关监管对象的监管规则

（1）对区域的监管规则

保税区与境内其他地区之间，应设置符合海关监管要求的隔离设施。

保税区内仅设置保税区行政管理机构和企业，除安全保卫人员外，其他人员不得在保税区居住。

海关对进出保税区的货物、物品、运输工具、人员及区内有关场所进行检查、查验。

（2）对区内企业的监管规则

在保税区内设立的企业，必须向海关办理注册手续。区内企业必须依照国家有关法律、行政法规的规定设置账簿、编制报表，凭合法、有效凭证记账并进行核算，记录有关进出保税区货物和物品的库存、转让、转移、销售、加工、使用和损耗等情况。

区内企业必须与海关实行电子计算机联网，进行电子数据交换。

(3)对区内货物的监管规则

从非保税区进入保税区的货物，按照出口货物办理手续，出口退税按照国家有关规定办理。

保税区内的转口货物可以在区内仓库或者区内其他场所进行分级、挑选、印刷标志、改换包装形式等简单加工。

(三)保税区海关监管优惠政策

1.税收方面

(1)区内进口的生产性的基础设施建设项目所需的机器、设备和其他基建物资予以免税；

(2)区内进口的企业自用的生产、管理设备和自用合理数量的办公用品及其所需的维修零配件，生产用燃料，建设生产厂房、仓储设施所需的物资、设备，予以免税；

(3)保税区行政管理机构进口的自用合理数量的管理设备和办公用品及其所需的维修零配件，予以免税；

(4)区内企业为加工出口产品所需的原材料、零部件、元器件、包装物件予以免税；

(5)区内加工企业加工的制成品及其在加工过程中产生的边角余料运往境外，除法律、行政法规另有规定外，免征出口关税。

2.进出口管理方面

保税区与境外之间进出的货物，除实行出口被动配额管理外，不实行进出口配额、许可证管理。货物在保税区内企业之间转让、转移，应当向海关备案。

3.加工贸易管理方面

区内加工企业进料加工、来料加工业务，无须设立加工贸易银行保证金台账制度。但委托非保税区企业进行加工业务的，由非保税区企业向当地海关办理合同登记备案，且实行加工贸易银行保证金台账制度。

三、综合保税区法律制度

（一）概述

综合保税区，是指经国务院批准设立，在我国境内实施封闭监管，以保税加工、保税物流和保税服务为基本功能并赋予配套的特定税收、监管政策的特定功能区。综合保税区由地方政府实施行政管理，海关负责综合保税区内进出口行为的监管。2022 年 4 月 1 日，《中华人民共和国海关综合保税区管理办法》（海关总署令第 256 号，以下简称《综合保税区管理办法》）正式施行，该办法施行的同时，以前综合保税区管理参照的《中华人民共和国海关保税港区管理暂行办法》（以下简称《保税港区管理暂行办法》）同时废止。已有的出口加工区、保税物流园区、跨境工业区、保税港区及符合条件的保税区等海关特殊监管区域经过优化整合后，转型升级成为综合保税区。

综合保税区内可以开展下列业务：（1）研发、加工、制造、再制造；（2）检测、维修；（3）货物存储；（4）物流分拨；（5）融资租赁；（6）跨境电商；（7）商品展示；（8）国际转口贸易；（9）国际中转；（10）港口作业；（11）期货保税交割；（12）国家规定可以在区内开展的其他业务。

（二）海关监管规则

1. 对区域的监管规则

综合保税区实行封闭式管理。除安全保卫人员外，区内不得居住人员。《综合保税区管理办法》中没有保留《保税港区管理暂行办法》“除保障保税港区内人员正常工作、生活需要的非营利性设施外，保税港区内不得建立商业性生活消费设施和开展商业零售业务”的限制性规定，主要考虑综合保税区区内生产经营活动对不涉及免税、保税、退税货物及物品的餐饮、日用消费品等配套的消费服务设施等有实际需求，从而预留一定的发展空间。

除法律、法规另有规定外，国家禁止进口、出口的货物、物品不得在综合保税区与境外之间进出。

2. 对区内企业的监管规则

区内企业及其分支机构应当取得市场主体资格,并依法向海关办理注册或者备案手续。区内从事食品生产的企业应当依法取得国内生产许可。区内企业依照法律法规的规定规范财务管理,按照海关规定设立电子账册;海关对区内企业实行计算机联网管理,提升综合保税区信息化、智能化管理水平。区内管理机构应当建立信息共享的计算机公共信息平台,并通过"电子口岸"实现区内企业及相关单位与海关之间的电子数据交换。

区内企业可以按照海关规定办理集中申报手续。海关对区内企业实行稽、核查制度;按照海关事务担保相关规定办理担保业务。

3. 对区内货物的监管规则

海关对综合保税区与境外之间进出的货物实行备案制管理,货物的收发货人或者代理人应当如实填写进出境货物备案清单,向海关备案。

海关对综合保税区与区外之间的货物,实行报关制管理。综合保税区内货物可以自由流转。除法律法规另有规定外,区内货物不设存储期限。

4. 对货物的税收政策规定

(1)综合保税区与境外之间进出货物

从境外入区的区内生产性的基础设施建设项目所需的机器、设备和建设生产厂房、仓储设施所需的基建物资,免征进口关税和进口环节税。

从境外入区的区内企业生产所需的机器、设备、模具及其维修用零配件,免征进口关税和进口环节税。

从境外入区的区内企业和行政管理机构自用合理数量的办公用品,免征进口关税和进口环节税。

从境外进入综合保税区,供区内企业和行政管理机构自用的交通运输工具、生活消费用品,按进口货物的有关规定办理报关手续,海关予以照章征税。除法律法规另有规定外,综合保税区运往境外的货物免征出口关税。

综合保税区与境外之间进出的货物,不实行关税配额、许可证件管理,但法律、我国缔结或者参加的国际条约、协定另有规定的除外。

(2)综合保税区与区外之间进出货物

综合保税区与区外之间进出的货物,需要征税的,区内企业或者区外收发货人按照货物进出区时的实际状态缴纳税款;货物属于配额、许可证件管理的,区内企业或者区外收发货人还应当出具配额、许可证件。海关对关税配额进行验核,对有关许可证件电子数据进行系统自动比对验核。

(3)综合保税区与其他综合保税区等海关特殊监管区域或者保税监管场所之间往来货物

综合保税区与其他海关特殊监管区域或者保税监管场所之间往来的货物,实行保税监管。

综合保税区与其他综合保税区等海关特殊监管区域或者保税监管场所之间的流转货物,不征收关税和进出口环节税。

5. 综合保税区内企业经批准或授权的税收优惠政策

(1)选择性征收关税政策。区内企业生产、加工并销往区外的保税货物,企业可以选择按其对应进口料件或者按实际报验状态缴纳进口关税;

(2)跨境电子商务零售进口税收政策。

(3)赋予区内企业增值税一般纳税人资格政策。

(4)经批准或授权的其他税收政策。

6. 进出综合保税区货物的检验检疫

根据《综合保税区管理办法》第 10 条、第 17 条、第 38 条检验检疫相关规定,明确对境外与综合保税区之间进出的货物及其外包装、集装箱实施检疫规定,同时明确海关对综合保税区与区外之间进出的货物及其外包装、集装箱,除法律法规另有规定外不实施检疫。进出综合保税区货物的检验按照相关规定执行。

7. 综合保税区固体废物的处置规则

综合保税区的固体废物主要包括:(1)区内企业产生的未复运出境的固体废物;(2)区内企业依法对区内货物采取销毁产生的固体废物;(3)区内企业可以利用监管期限内的免税设备接受区外企业委托开展加工业务产生的固体废物。综合保税区的固体废物处置按照国内固体废物相关规定进行管理。但是,需运往区外进行贮存、利用或者处置的,应向地方政府行政管理部门办理相关手续,并按规定向海关办理出区手续。

四、珠澳跨境工业园区法律制度

（一）概述

珠澳跨境工业园区是我国首个跨境工业园区，2003年12月5日经国务院批准设立，同年12月9日动工建设。其位于珠海拱北茂盛围与澳门西北区的青洲之间，通过填海造地形成，首期总面积为0.4平方公里，其中珠海园区面积约为0.29平方公里，澳门园区面积约为0.11平方公里。其主要功能包括出口加工、保税仓储物流、国际贸易。

珠澳跨境工业园区两个园区适用不同的管理模式。珠海园区采用保税区管理模式运行，经国务院有关部门批准后，作为珠海保税区分区，实行封闭管理，其产品内销适用保税区政策；澳门园区则按照澳门有关法律政策，实施管理和运行，其生产的产品内销，满足“零关税”要求的，实行“零关税”。两个园区在需要双方共同处理的事项上协调合作。产品若前工序在珠海园区完成，后工序在澳门园区进行，符合进口国规定的，可将我国澳门地区作为原产地，打上澳门品牌。由于澳门属于自由贸易区，该项产品出口可享受优惠。

珠海园区实行保税区政策，国内入区货物退税，区内交易不征增值税、消费税。与中华人民共和国关境内的其他地区之间进出货物在税收方面实行出口加工区政策。海关在珠海园区派驻机构，对进出珠海园区的货物、物品、运输工具以及珠海园区内企业、场所实施管理。除海关外，该区域由于跨境，边防部队还对出入境的人员进行管理。

（二）珠海园区的业务范围

在珠海园区内可以开展以下业务：加工制造；检测、维修、研发；储存进出口货物以及其他未办结海关手续货物；国际转口贸易；国际采购、分销和配送；国际中转；商品展示、展销等其他经海关批准的加工和物流业务。

区内企业应当具有法人资格，在特殊情况下，经珠海园区主管海关核准，区外法人企业可以依法在区内设立分支机构。

区内企业应当依照国家有关法律、行政法规的规定设置符合海关监管要求的账簿、报表，记录本企业的财务状况和有关进出珠海园区货物、物品的库存、转让、转移、销售、加工、使用和损耗等情况，如实填写有关单证、账册，凭合法、有效凭证记账并进行核算；区内企业应当建立符合海关联网监管要求的计算机管理系统。

（三）珠海园区的优惠措施

1. 税收优惠

海关对珠海园区与境外之间进出的货物实行备案制管理，除法律、行政法规另有规定外，对从境外进入珠海园区的货物免征进口关税和进口环节税：

（1）区内生产性的基础设施建设项目所需要的机器、设备和其他物资；

（2）区内企业生产自用的生产、管理设备和自用合理数量的办公用品及其所需的维修零配件，建设生产厂房、仓储设施所需的物资、设备；

（3）珠海园区行政管理机构自用合理数量的管理设备和办公用品及其所需的维修零配件；

（4）区内企业为加工出口产品所需的原材料、零部件、元器件、包装物料；

（5）转口货物、在珠海园区内储存的货物和展览品、样品。

除法律、行政法规另有规定外，从珠海园区运往境外的货物均免征出口关税。

珠海园区内货物可以自由流转，只需及时向海关备案转让、转移货物的品名、数量、金额等电子数据信息。珠海园区与其他海关特殊监管区域或者海关保税监管场所之间往来的货物，实行继续保税监管。

2. 进出口管理方面

（1）珠海园区与境外之间进出的货物，除法律、行政法规和规章另有规定外，不实行进出口配额、许可证件管理；

（2）珠海园区与境外、区外之间进出的货物，应当办理申报手续，享有集中申报的优惠政策；

（3）海关对于进出珠澳跨境工业园区专用口岸通道的澳门车辆在备案申请后，可以要求其提供海关认可担保。

五、特殊综合保税区和特殊经济功能区

2019 年 8 月 20 日，上海自由贸易试验区临港新片区正式揭牌，加快“差异化试验”，建设“特殊经济功能区”和“特殊综合保税区”。“特殊经济功能区”通常是指“自由经济区”自由贸易港区延伸区（监管缓冲区），“特殊综合保税区”则为核心区或称为自由贸易港区。

2020 年 1 月，国务院正式批复同意在上海自由贸易试验区临港新片区内设立物理围网区域，建立洋山特殊综合保税区。“特殊综合保税区”被赋予一些重要的创新内涵，体现为“5 大自由”，即除货物、服务、金融、人员自由流动外，还包含了信息自由流动；以及有效监管下的数据移动自由和实施国家安全管理与信用分级管理。

这一监管体制既体现了国际通行的自贸港的管理规则或惯例，也反映了科技革命与产业技术发展前沿的要求，同时也兼顾了中国国情的特殊性。

新片区的“特殊综合保税区”主要以划定区域、物理围网的方式实现，进入自贸港区内的货物与服务贸易、制造与加工业务、运输仓储和拆装、金融交易等均以保税的方式进行。

相对于“特殊综合保税区”，“特殊经济功能区”可看作自由贸易港区的延伸区。延伸区覆盖新片区除物理围网区外的其余区域，其本质上属于“海关特殊监管区”。“特殊经济功能区”是一个境内关内、大部分制度和政策创新成果可为其余自贸试验区复制、推广的海关特殊监管区，它也是介于自由贸易港区与内陆其他地区之间的制度和政策“缓冲区”。

第五节　自由贸易试验区和自由贸易港

一、自由贸易试验区

国际上通行的自由贸易区是指在一国或地区的境内关外设立的，以优惠税

收和海关特殊监管政策为主要手段,以贸易自由化、便利化为主要目的的多功能经济性特区。根据《京都公约》关于自由区的附约的规定,自由区为"一国的部分领土,在这部分领土内运入的任何货物就进口关税及其他各税而言,被认为在关境以外,并免于实施惯常的海关监管制度"。也就是说,自由贸易区不仅就进口税和其他各税而言,被认为是在关境之外,通常还免于实施惯常的其他海关监管制度。

美国的现代特殊区域称为"对外贸易区"(Foreign Trade Zone)。美国虽然是判例法国家,但其对外贸易区立法以 1934 年对外贸易区法①(《美国法典》第 19 编第 81a 节至第 81u 节)为基础,《美国联邦法规》第 15 编第 400 节(对外贸易区法规)与第 19 编第 146 节(海关法规的对外贸易区部分)作了更为具体的规定,但在美国法典与美国联邦法规中并没有对外贸易区的明确定义。美国海关(CBP)对外发布的《对外贸易区指南》②(Foreign Trade Zones Manual)中将"对外贸易区"解释为,在进口港内或邻近进口港的一处限制进入地点。对于自由区海关法律地位,欧盟从 1975 年进行自由区立法开始就明确规定:"自由区只是在进口税费方面可以被视为在关境之外";在 1988 年自由区条例中更为清晰地表述为:"自由区是共同体关境内的组成部分。"由于海关法规范的内容一般包括关税、通关、保税加工、知识产权边境保护、海关特殊监管区域以及暂准进出境等多项制度,所以即使欧盟自由区在关税支付和部分入境通关程序方面可实施便利措施,但自由区仍然在海关监管之下,税费优惠之外的其他海关法律制度仍然适用于该区域及进出区和区内货物。

另一种意义上的自由贸易区涉及多个国家或地区的自由贸易协定,是指两个或两个以上国家或地区通过签署协定,分阶段取消绝大部分货物的关税和非关税壁垒,改善服务业市场准入条件,实现商品、服务和资本、技术、人员等生产要素的自由流动。为避免两者产生混淆,商务部等部门于 2008 年专门提出将 FTZ 和 FTA 分别译为"自由贸易园区"和"自由贸易区",以示区分。我国目前建立的自由贸易试验区,指的是在我国设立的自由贸易园区。

---

① See Foreign Trade Zones Act of 1934, Pub. L. No. 73 - 397, 48 Stat. 998, codified as amended at 19 U. S. C. § 81a - 81u (1988).

② See CBP, *Foreign Trade Zones Manual*, U. S. Customs and Border Protection (Jan. 21, 2009), https://www.cbp.gov/xp/cgov/trade/cargo_security/cargo_control/ftz/about_ftz.xml.

建设中国自由贸易试验区的意义在于:首先,它是一项重要的国家战略,要在促进投资贸易便利、监管高效便捷、法制环境规范等方面进行制度创新。其次,为深化改革和扩大开放探索新路,全面提高开放型经济水平,从全球角度出发,强调资本要素的多位流动,在国际分工中体现出比较优势,实现国家的利益。从实现方式上,开放型经济强调降低关税壁垒,既要进口也要出口,既要吸引投资,也要“走出去”投资,关键发挥进出口中的比较优势;从产生的效果来看,开放型经济体现权利义务的对等性及国际规则的透明性,更为关心经济发展的方式和效益,可以和其他国家共同解决出现的问题。再次,加快推进政府职能转变,在进行负面清单管理过程中,强调法无授权不可为,法无禁止皆可为,法定职责必须为。最后,形成可复制可推广的经验。

(一)实施范围

中国(上海)自由贸易试验区于2013年8月22日经国务院正式批准设立,上海自由贸易试验区刚设立时的范围涵盖了中国第一个保税区即上海外高桥保税区,中国首家区港联动保税物流园区即外高桥保税物流园区,全国第一个保税港区即洋山保税港区,以及浦东机场综合保税区,成为全国首个自由贸易试验区。2014年12月,国务院决定扩展上海自由贸易试验区的范围,将浦东新区的陆家嘴金融片区、金桥开发片区、张江高科技片区纳入自由贸易试验区试点范围,2015年4月,上海自由贸易试验区面积从28.78平方公里扩展到120.72平方公里。2015年4月20日,国务院批复成立中国(广东)自由贸易试验区、中国(天津)自由贸易试验区、中国(福建)自由贸易试验区3个自贸区。

中国(天津)自由贸易试验区的实施范围为119.9平方公里,涵盖三个片区:天津港片区30平方公里(含东疆保税港区10平方公里),天津机场片区43.1平方公里(含天津港保税区空港部分1平方公里和滨海新区综合保税区1.96平方公里),滨海新区中心商务片区46.8平方公里(含天津港保税区海港部分和保税物流园区4平方公里)。中国(广东)自由贸易试验区的实施范围为116.2平方公里,涵盖三个片区:广州南沙新区片区60平方公里(含广州南沙保税港区7.06平方公里),深圳前海蛇口片区28.2平方公里(含深圳前海湾保税港区3.71平方公里),珠海横琴新区片区28平方公里。中国(福建)自由贸易试验区的实施范围为118.04平方公里,涵盖三个片区:平潭片区43平方公里,厦门片区43.78平方公里(含象屿保税区0.6平方公里、象屿保税物流园区0.7平方公里、厦门海沧保税港区9.51平方公里),福州片区31.26平方公里(含福州保税区0.6平方公里、福州出口加工区1.14平方公里、福州保税港区9.26平方公里)。

2017年3月31日,国务院批复成立中国(辽宁)自由贸易试验区、中国(浙江)自由贸易试验区、中国(河南)自由贸易试验区、中国(湖北)自由贸易试验区、中国(重庆)自由贸易试验区、中国(四川)自由贸易试验区、中国(陕西)自由贸易试验区7个自由贸易试验区。

2018年9月24日,国务院发布《关于印发中国(海南)自由贸易试验区总体方案的通知》(国发〔2018〕34号);2019年,我国在原有12个自由贸易试验区的基础上,新设山东、江苏、广西、河北、云南、黑龙江等6个自由贸易试验区,增设上海自由贸易试验区临港新片区。2020年9月,国务院印发北京、湖南、安徽自由贸易试验区及浙江自由贸易试验区扩展区域方案,全国共设立21个自由贸易试验区,形成了覆盖东西南北中的改革开放创新格局。自由贸易试验区内均包含至少一个海关特殊监管区域。

自由贸易区的建设主要着眼于制度创新,旨在建立一套与国际接轨的、新的制度体系,包括贸易业态、投资开放、离岸功能、政府管理等各方面的创新,要形成可复制、可推广的经验,带动全国的经济和体制改革,自由贸易试验区内海关监管制度改革对推动对外贸易的发展有十分积极的意义。

(二)海关监管模式

自由贸易区实施"一线逐步彻底放开、二线安全高效管住、区内货物自由流动"的创新监管服务新模式。"一线逐步彻底放开",是指允许企业凭进口舱单将货物直接入区,再凭进境货物备案清单向主管海关办理申报手续,探索简化进出境备案清单,简化国际中转、集拼和分拨等业务进出境手续;实行"进境检疫,适当放宽进出口检验"模式。"二线安全高效管住",是指优化卡口管理,加强电子信息联网,通过进出境清单比对、账册管理、卡口实货核注、风险分析等加强监管,促进"二线"监管模式与"一线"监管模式相衔接,推行"方便进出,严密防范质量安全风险"的检验检疫监管模式。"区内货物自由流动"是指加强电子账册管理,推动试验区内货物在各海关特殊监管区域之间和跨关区便捷流转。试验区内企业原则上不受地域限制,可到区外再投资或开展业务,如有专项规定要求办理相关手续,仍应按照专项规定办理。

海关在自由贸易试验区进行监管制度创新,表现在:一是通关便利化制度。除法律法规或必须履行国际公约明确禁止(停止)进出境的外,境外货物可自由进出自由贸易港区(不申报、不征税、不统计);进出境运输工具向“单一窗口”传输舱单数据,装卸区内货物无须征得海关同意;海关对区内企业不实施常规监管;严格遵守涉及知识产权保护有关要求;“二线”按照口岸进出境货物进行常规监管。海关监管制度的创新如“先入区、后报关”“一次申报、一次查验、一次放行”等制度的实施;国际贸易“单一窗口”平台上线运行,收单业务通过“单一窗口”完成一般贸易进口货物的申报手续;“卡口智能验收”实现过卡入区全流程智能化作业。二是货物状态分类监管制度。根据保税货物、非保税货物、口岸货物不同货物状态进行分类监管,实行同仓存储,采用“联网监管 + 库位管理 + 实时核注”监管模式,这已经是国际通行的货物状态分类监管模式。三是企业分类监管制度。推行“经认证的经营者”互认制度,使区内企业同时享受国内及货物出口国海关最高等级通关便利措施。四是区港一体运作。推行区内企业货物流转自行运输、简化统一进出境备案清单等。

(三)税收政策

自由贸易试验区内注册的融资租赁企业或金融租赁公司在自由贸易试验区内设立的项目子公司纳入融资租赁出口退税试点范围。对试验区内注册的国内租赁公司或租赁公司设立的项目子公司,经国家有关部门批准从境外购买空载重量在25吨以上并租赁给国内航空公司使用的飞机,享受相关进口环节增值税优惠政策。对设立在试验区内的企业生产、加工并经“二线”销往内地的货物照章征收进口环节增值税、消费税。根据企业申请,试行对内销货物按其对应进口料件或按实际报验状态征收关税的政策,促进贸易的选择性征收关税。对试验区内生产企业和生产性服务业企业进口所需的机器、设备等货物予以免税,但生活性服务业等企业进口的货物以及法律、行政法规和相关规定明确不予免税的货物除外。

二、自由贸易港

自由贸易港具有多种形态，有香港模式的整体性高度自由的“自由港”，也有新加坡模式的自由贸易区，还有迪拜、伦敦模式的内陆（陆地）“自由贸易港”。

货物、服务、金融、人员自由流动是自由贸易港的本质特征。自由贸易港应当是“开放程度最高”，要素报酬最大化的区域经济组织模式与制度形态。自由贸易港应同时具备自由贸易、自由投资、自由金融和自由运输这四大功能。

2020 年 6 月 1 日，我国《海南自由贸易港建设总体方案》发布，海南自由贸易港建设进入全面实施阶段。中央总体方案对海南自贸港制度集成创新作出了“零关税、低税率、简税制”“自由便利 + 有序流动”等系统性安排，涉及海关的主要内容，归纳为税收政策、监管制度、重大项目建设、风险防控、组织保障等方面。《中华人民共和国海南自由贸易港法》从立法层面固化了贸易自由和投资自由便利税收制度安排、海关监管特殊区域等重大改革事项的法制安排。

海关为保障离岛免税新政实施，支持洋浦保税港区实施“一线”放开、“二线”管住进出口管理制度，制定《中华人民共和国海关对洋浦保税港区监管办法》，实现“一线”进境径予放行、“二线”出区单侧申报、区内取消账册等功能。在海南自由贸易港与我国关境外其他国家和地区之间设立“一线”。“一线”进（出）境环节强化安全准入（出）监管，加强口岸公共卫生安全、国门生物安全、食品安全、产品质量安全管控。在海南自由贸易港与我国关境内的其他地区之间设立“二线”。货物从海南自由贸易港进入以上地区，原则上按进口规定办理相关手续，照章征收关税和进口环节税。推动原辅料、交通工具及游艇“零关税”清单落地实施，分步骤实施“零关税”政策，建立与高水平自由贸易港相适应的税收制度。

在优化口岸营商环境方面，海关对进出口环节验核许可证件加以精简，实施“证照分离”改革和行政审批全流程办理。开展“船边直提、抵港直装”，扩大“先期机检”“智能识别”，推广实施“提前申报”“两步申报”通关改革。

Chapter 6
第六章

海关边境保护法律制度

第一节　海关边境保护法律制度概述

作为国家进出关境监督管理机关，中国海关不断适应国际国内政治经济形势变化，履行海关传统职能和非传统职能，维护国家主权、安全和发展利益，促进对外经济贸易和科技文化交往。

一、海关边境保护概述

关境指适用同一套海关法律制度的领域，是一个“面”的概念，海关执法空间效力范围主要指海关监管区和海关附近沿海沿边规定地区，是“点”的概念，而在地理上标示国家主权的边境则是“线”的概念。

《中华人民共和国法律大百科全书·国际法卷》提出，边境是国家边界线两侧一定宽度的区域。[①] 其中，在沿边地区，边境是指紧靠国家陆地边境线内侧的一定宽度的区域，一般称为“陆地边境”；在沿海地区，边境是指紧靠国家领海线，即领海外缘线内侧

---

① 参见许崇德等总主编：《中华人民共和国法律大百科全书·国际法卷》，河北人民出版社1999年版，第48页。

一定宽度的区域，一般称为“海上边境”。[①]

国家通常在边境设置海关、边防检查等执法机构，维护边境秩序，捍卫主权、安全与发展利益。随着科技发展、交通技术改进，国际经贸文化交流已经突破地理意义上的边境线（关境线），各国在关境之内的口岸设立了“虚拟的”边境（关境），即法律意义上的边境（关境），实施对进出境人员、运输工具、货物、物品的监督管理。

履行边境安全保护的政府部门很多，如国家安全部门、国防部门等是专司安全保护的国家机关，但在海关监管区及规定地区内履行针对运输工具、货物、物品安全因素的保护职能的机关只有海关，相关职权只能由海关单独行使，而且监管范围从口岸通关环节向出入境全链条、宽领域拓展延伸。

我国海关征税等传统职能随着加入世界贸易组织等国际组织，已逐步和世界贸易组织规则等国际规则相吻合，近些年来在关税税率的减让、进出口许可范围的缩小和通关手续的简化方面做了很大的努力。但是，作为一个发展中的经济大国，我国现阶段的经济发展水平决定了传统的海关职能不可能马上发生根本性弱化，相反，有些海关职能在一定时期内还应予以强化。在新形势下，发达国家对我国施加压力要求承担更多的国际责任，以及国内出于贯彻新发展理念和总体国家安全观的需要，势必强化对创造性成果和环境资源保护，因此，开拓海关新的执法领域势在必行。

随着国际国内政治经济的变化，保障边境安全等非传统职能越来越成为我国海关面临的挑战和任务。中国海关与总体安全观包含的各种安全都密切相关。在政治安全、国土安全、军事安全、经济安全、社会安全、资源安全等传统安全方面，海关履行着堵截武器弹药核材料走私、防止大规模杀伤性武器扩散、反恐、阻止反党反社会主义物品入境、依法征税、缉毒、打击走私珍稀动植物及制品、实施贸易管制措施等职责；而在文化安全、科技安全、信息安全、生态安全、核安全、生物安全等非传统安全领域，海关则在进出境环节承担着以下工作职责：阻止封建迷信、淫秽物品入境，保护濒危动植物，打击和防范核材料及破坏臭氧层物质走私，阻止外来有害生物入侵、疫病疫情传入，履行口岸核辐射监测、防止核扩散，防范放射性污染物及放射性废物入境，出入境卫生检疫和出入

---

① 参见苗伟明：《边境管理学》，中国方正出版社2010年版，第44页。

境动植物及其产品检验检疫，进出口商品法定检验等。此外，海关还通过保护知识产权、提供准确的贸易统计数据等手段维护科技安全和信息安全。

总的来说，我国的海关边境保护制度可以分为两大领域。一个领域是传统的禁限物品和工业制成品的限制进出口，如毒品、武器、淫秽反动宣传品、贵金属及制品等。同时，随着海关新职能的增加，物种保护、两用物项等边境管理、技术贸易管制、进出口商品检验、动植物检疫、卫生检疫、知识产权保护等，成为海关另一个新的执法领域。

中国海关在边境"进"和"出"两个环节上，预防、查缉和打击各种影响传统和非传统安全因素，维护国家的总体安全。

二、传统安全与海关边境保护制度

传统的边境海关保护制度是随着海关的产生而一直存在的。国家形成后，作为政治国家的公共权力之一的海关权力，起初是作为维护商品交换安全和秩序的特殊力量与其他公共权力结合在一起应运而生的。当对外贸易发展到一定程度，以致成为国家税收的重要税源，而且不对其进行规制将会威胁国家的安全和秩序时，社会离开了海关权力，进出口安全就无从保障，对外贸易秩序就不复存在。海关边境保护制度维护传统安全主要集中在以下几个方面。

(一)国家政治安全方面

主要表现在对禁止危害社会安全的武器的进出境，保证进入国内市场文化产品的政治同一性(确保国家意识形态利益)等制度。这些制度本质上是国家对于其政治经济统治职能与社会公共职能的行使，源于其对国家利益与国内社会利益的注重。因此，这部分传统制度构成了海关保护制度的基础，是不可放弃的。

(二)对外贸易安全方面

主要表现为贸易管制，也就是包括进出口许可证与配额在内的进出口货物的禁限管理，以及货币、贵金属的管理。这些制度的目的在于保护本国的贸易安全，维护国家货币金融秩序，保护国内的经济与相关产业免受进口货物的冲击,同时也避免本国货物在出口方面的无序竞争或引起对外贸易摩擦。

三、非传统安全与海关边境保护

虽然各国的贸易管制始终程度不同地存在,成为各国之间(包括发达国家之间)贸易摩擦和纠纷的根源,这是由各国自身的经济利益所决定的,但是,当前的国际经济贸易的格局发生了很大的变化,在关贸总协定、世界贸易组织以及一系列的全球经贸条约的推动下,世界经济一体化的进程大大加快,倡导自由贸易成为主流。

一些发达国家,由于关税税率的大幅降低、行政禁限进出口措施的基本取消和科技手段广泛运用后通关手续的简化,使传统的海关职能大大弱化了。随着经济技术的发展和一些新的热点的产生,各国政府赋予海关在边境保护方面新的职能,知识产权保护、环境保护、濒临灭绝的动植物保护、多用途化学前体和原料以及核原料管制等已成为海关执法的新业务。

(一)知识产权海关保护

知识产权是基于智力成果而形成的无形财产权。《知识产权强国建设纲要(2021-2035年)》提出,加强知识产权保护是完善产权保护制度最重要的内容和提高中国经济竞争力最大的激励。深度参与全球知识产权治理,积极推进与经贸相关的多双边知识产权对外谈判。

知识经济时代的核心问题是知识产权问题,而知识产权需要相应的法律制度提供存在的基础和发展的保障,因此知识产权保护法律制度已成为发展知识经济的重要法律保障,知识产权保护的水平也成为反映和衡量知识经济发展水平的重要标尺。经济发展的全球化,使知识产权贸易早已跨越了国界与关境。但是,知识产权侵权行为也呈现跨境化、集团化、规模化、专业化的倾向,知识产权侵权案件层出不穷,所造成的损失每年数以亿计。在这种发展形势下,知识产权产业的健康发展迫切需要以有效、快捷知识产权边境保护措施,为一国的经济发展和知识产权权利人的经济利益提供完善的法律保障。知识产权海关保护成为海关边境保护措施中最重要的组成部分之一。

（二）技术进出口管理

近20年来随着知识产权及知识产权产品跨境贸易的迅速发展，技术贸易管制成为必要。技术出口国需要对出口技术的内容、出口的用途及目标国进行控制，而技术的进口国需要对进口技术的有效性、适用性，进口合同的平等性进行把握。因此，不同国家都颁布了自己的技术进出口管理制度。海关在管理货物通关时，如果货物涉及国家控制，管理知识产权时就需要根据本国进出口管理制度予以执法，或要求管理相对人承担法律责任。

（三）环境保护

1. 废物跨境转移

保护人类生存的环境，是实现各国经济可持续发展的重要前提条件，因而成为21世纪国际社会普遍关注的热点。污染环境，从某种意义上来说，其后果是不受国界限制的，所以，保护环境需要各国共同的努力，因而成为当今世界共同关注的热点。国际社会在联合国的推动和努力下，相继制定了《控制危险废物越境转移及其处置巴塞尔公约》（以下简称《巴塞尔公约》）等国际公约。这些国际公约要求缔约方为了全人类和本国的根本利益和实现经济的可持续发展，应切实通过国内立法和执法的措施来保护地球生态环境的平衡和保持地球资源不受破坏，其中包括进出境环节的海关保护措施。

2. 动植物保护

为了维护我们共同生活的地球生态环境不受破坏，国际社会和世界各国经过不懈的努力达成了共识，于1973年3月3日在美国华盛顿制定了《濒危野生动植物种国际贸易公约》，并于1975年7月1日生效。该公约体现了为保护某些野生动植物种不致由于国际贸易而遭到过度开发利用而进行国际合作的必要性。根据国际公约的要求，很多国家颁布了相应的国内立法，对海关赋予海关职责范围内的相应管理职能。因此，动植物保护也是海关边境保护执法的重要组成部分。

3. 两用物项的进出境管理

苏联和东欧解体后，世界政治格局进入了一个新的时期，和平和对话取代了“冷战”和对抗而成为当今世界的主流。但是，应该看到，由于一些大国和强国的影响和作用，世界并未呈现人们期望的和平和宁静，局部的对抗和"热战"几乎没有停止过。与之相应的多用途化学前体、核原料和生化武器的越境扩散就像导火索，使世界潜伏着危机，随时都可能酿成对人类危害极大的杀机。为此，国际社会也正在努力促成多边的和双边的谈判和签约，并制定了《禁止化学武器公约》等，对多用途化学前体的出口予以管制，并对有关国家的多用途化学前体进行核查和销毁，呼吁大国建立防扩散制度和措施，维护世界和平。

(四)反恐

稳定是发展的前提。当前，国际恐怖主义进一步抬头，威胁着全人类的和平和稳定。世界各国已经意识到打击恐怖主义对于维护国家政治经济稳定的重要性。"9·11事件"后，世界海关组织通过了《全球贸易安全与便利标准框架》。美国政府成立了美国海关与边境保护局，开始实施24小时舱单规则，集装箱安全计划等一系列新安全措施，赋予海关打击恐怖主义，维护国家稳定的新职能。同时，我国在2003年7月与美国海关签署了《集装箱安全倡议》合作原则声明，加强了两国在集装箱进出境安全方面的反恐合作。与此同时，我国正处在经济社会发展的关键阶段，又是社会矛盾凸显时期。国际国内一些不稳定的因素与势力活动频繁，对国家安全构成了很大威胁；各类邪教组织和敌对势力对我国的渗透、破坏时有发生，武器、毒品、反动宣传品等进出境活动屡禁不止。因此，在维护社会安全稳定的职能方面，包括我国在内世界各国海关除传统的职能外，还增加了反恐的新业务，在海关边境保护制度中也相应增加了新的内容。

四、我国海关边境保护执法的法律依据

我国海关边境保护制度是一种综合管理制度，主要由通关制度、关税制度、对外贸易经营者的资格管理制度、进出口许可制度、出入境检验检疫制度、贸易救济制度、技术进出口管理制度、知识产权海关保护制度以及其他一系列的海关保护法律法规构成。由于边境保护制度是一种国家管制，属于中央事权，其法律渊源不包括地方性法规、地方性规章及各民族自治区政府的自治条例和单行条例，贸易管制所涉及的法律渊源只限于宪法、法律、行政法规、行政规章以

及相关的国际条约。

为保障贸易管制各项制度的实施，我国颁布了大量涉及对外贸易管制的法律和行政法规，已基本建立并逐步健全了以《对外贸易法》和《海关法》为核心的边境保护法律体系，并依照这些法律、行政法规和我国履行国际公约的有关规定，自主实行贸易管制。

（一）国内法

1. 法律

我国现行的与海关边境保护制度有关的法律主要有：《出口管制法》、《对外贸易法》、《海关法》、《船舶吨税法》、《进出口商品检验法》、《进出境动植物检疫法》、《中华人民共和国固体废物污染环境防治法》、《国境卫生检疫法》、《中华人民共和国野生动物保护法》（以下简称《野生动物保护法》）、《中华人民共和国药品管理法》（以下简称《药品管理法》）、《中华人民共和国文物保护法》（以下简称《文物保护法》）、《食品安全法》、《中华人民共和国商标法》（以下简称《商标法》）、《中华人民共和国专利法》（以下简称《专利法》）、《中华人民共和国著作权法》（以下简称《著作权法》）等。

2. 行政法规

我国现行的与贸易管制有关的行政法规主要有：《中华人民共和国货物进出口管理条例》（以下简称《货物进出口管理条例》）、《中华人民共和国技术进出口管理条例》、《进出口关税条例》、《知识产权海关保护条例》、《进出口商品检验法实施条例》、《进出境动植物检疫法实施条例》、《国境卫生检疫法实施细则》、《中华人民共和国食品安全法实施条例》、《麻醉药品和精神药品管理条例》、《中华人民共和国核出口管制条例》（以下简称《核出口管制条例》）、《中华人民共和国野生植物保护条例》（以下简称《野生植物保护条例》）、《中华人民共和国外汇管理条例》等。

3. 行政规章

我国现行的与贸易管制有关的行政规章很多，例如，《货物自动进口许可管理办法》、《放射性药品管理办法》、《中华人民共和国海关关于〈中华人民共和国知识产权海关保护条例〉的实施办法》（以下简称《海关关于〈中华人民共和国知识产权海关保护条例〉的实施办法》）等。

（二）国际条约

由于各国在通过国内立法实施本国进出口贸易管制和边境保护的各项措施的同时，必然要与其他国家协调立场，确定相互之间在国际贸易活动中的权利与义务关系，以实现其外交政策和对外贸易政策所确立的目标，因此国际贸易条约与协定便成为各国之间确立国际贸易关系立场的重要的法律形式。

我国目前所签订生效的各类国际条约，虽然不属于我国国内法的范畴，同时在行政法领域，国际条约不能在国内直接生效，需要转化，但是我们可以认为，有关海关边境保护的国际法是一种间接的渊源。

目前我国所加入或缔结的涉及贸易管制的国际条约主要有：第一，世界贸易组织的“一揽子”协议，特别是关于货物贸易与知识产权贸易方面的协议；第二，《京都公约》，是关于简化和协调海关制度的国际公约；第三，《濒危野生动植物种国际贸易公约》，是关于濒危物种的保护的协议；第四，《蒙特利尔议定书》，是关于消耗臭氧层物质的国际公约；第五，《关于化学品国际贸易资料交流的伦敦准则》，是关于化学品国际贸易资料交流的国际公约；第六，《巴塞尔公约》，是关于控制危险废物越境转移及其处置的公约；等等。

第二节　进出口商品检验制度

一、进出口商品检验概述

进出口商品检验，是指海关根据国家法律法规规定，对规定的进出口商品或有关的检验事项实施强制性的检验、鉴定，未经检验、鉴定或经检验、鉴定不符合法律法规规定要求的，不准进口或出口。

实行进出口商品检验的目的在于，保证进出口商品及其运输设备的安全，符合国家有关法律法规规定和国际上的有关规定，防止次劣有害商品输入或输出，保障生产建设安全，维护社会公共利益和进出口贸易有关各方的合法权益。

《进出口商品检验法》（2021 年修正）第 2 条规定：“国务院设立进出口商品

检验部门(以下简称国家商检部门),主管全国进出口商品检验工作。国家商检部门设在各地的进出口商品检验机构(以下简称商检机构)管理所辖地区的进出口商品检验工作。”目前,我国进出口商品检验部门为海关。

进出口商品检验的法律依据主要是《进出口商品检验法》(1989 年)、《进出口商品检验法实施条例》(2005 年)等法律法规。

二、进出口商品检验主体与检验范围

有权对进出口商品进行检验的机构包括海关以及其他依法设立的机构。《进出口商品检验法》第 3 条规定:“商检机构和依法设立的检验机构(以下称其他检验机构),依法对进出口商品实施检验。”

海关总署依照《进出口商品检验法》规定,制定、调整必须实施检验的进出口商品目录并公布实施。

列入目录的进出口商品,由商检机构实施检验。进口商品未经检验的,不准销售、使用。出口商品未经检验合格的,不准出口。

进出境的样品、礼品、暂时进出境的货物以及其他非贸易性物品,免予检验。列入目录的进出口商品符合国家规定的免予检验条件的,由收货人、发货人或者生产企业申请,经国家市场监督管理总局审查批准,出入境检验检疫机构免予检验。

三、进口商品检验

1. 进口商品的收货人或者其代理人,应当向报关地海关报检。在海关规定的地点和期限内,接受对进口商品的检验。海关在国家商检部门统一规定的期限内检验完毕,并出具检验证单。

2. 必须经商检机构检验的进口商品以外的进口商品的收货人,发现进口商品质量不合格或者残损短缺,需要由海关出证索赔的,应当向海关申请检验出证。

3. 对重要的进口商品和大型的成套设备,收货人应当依据对外贸易合同约定在出口国装运前进行预检验、监造或者监装,海关根据需要可以派出检验人员参加。

四、出口商品检验

1. 必须经商检机构检验的出口商品的发货人或者其代理人，应当在海关规定的地点和期限内，向海关报检。海关应当在统一规定的期限内检验完毕，并出具检验证单。经检验合格发给检验证单的出口商品，应当在规定的期限内报关出口；超过期限的，应当重新报检。

2. 为出口危险货物生产包装容器的企业，必须申请海关进行包装容器的性能鉴定。生产出口危险货物的企业，必须申请海关进行包装容器的使用鉴定。使用未经鉴定合格的包装容器的危险货物，不准出口。

3. 对装运出口易腐烂变质食品的船舱和集装箱，承运人或者装箱单位必须在装货前申请检验。未经检验合格的，不准装运。

五、海关管理

1. 抽查检验

海关对必须经海关检验的进出口商品以外的进出口商品实施抽查检验。

海关可以公布抽查检验结果或者向有关部门通报抽查检验情况。

2. 报检单位备案制度

进出口商品的收货人或者发货人办理报检手续，应当依法向出入境检验检疫机构备案。

代理报检企业接受进出口商品的收货人或者发货人的委托，以委托人的名义办理报检手续的，应当遵守对委托人的各项规定；以自己的名义办理报检手续的，应当承担与收货人或者发货人相同的法律责任。

3. 检验鉴定机构监督管理制度

海关和商检机构依法对其他检验机构的进出口商品检验鉴定业务活动进行监督，可以对其检验的商品抽查检验。

4. 验证制度

海关对进出口商品实行验证管理，查验单证，核对证货是否相符。商检机构根据需要,对检验合格的进出口商品可以加施商检标志或者封识。

5. 复验制度

进出口商品的报检人对商检机构作出的检验结果有异议的,可以自收到检验结果之日起15日内,向原商检机构或者其上级商检机构以至海关总署申请复验,受理复验的商检机构或者海关总署应当自收到复验申请之日起60日内作出复验结论。技术复杂,不能在规定期限内作出复验结论的,经本机构负责人批准,可以适当延长,但是延长期限最多不超过30日。

第三节 海关检疫法律制度

一、海关检疫制度概述

根据《国境卫生检疫法》第2条的规定,在中华人民共和国国际通航的港口、机场以及陆地边境和国界江河的口岸,设立国境卫生检疫机关,依照本法规定实施传染病检疫、监测和卫生监督。根据《进出境动植物检疫法》第3条第1款的规定,国务院设立动植物检疫机关,统一管理全国进出境动植物检疫工作。国家动植物检疫机关在对外开放的口岸和进出境动植物检疫业务集中的地点设立的口岸动植物检疫机关,依照本法规定实施进出境动植物检疫。

检疫法律法规监管范围除了《海关法》所规定的进出境运输工具、货物、行李物品、邮递物品和其他物品,还包括出入境人员。跟原海关职能侧重点在于"征收关税和其他税、费,查缉走私,编制海关统计",关税是重点不同,检疫法律法规重点在于防止动植物疫情、传染病疫情的传入传出。

海关检疫制度主要法律依据有《国境卫生检疫法》及《国境卫生检疫法实施细则》(1989年),《进出境动植物检疫法》及《进出境动植物检疫法实施条例》(1996年),以及世界卫生组织(WHO)《国际卫生条例》等。

二、海关卫生检疫法律制度

1. 立法目的

制定国境卫生检疫法律的根本目的在于，防止传染病传入或传出，保护人体健康。

2. 调整范围

与《海关法》调整进出境运输工具、货物、物品不同，国境卫生检疫法律调整的范围更广，包括人员、交通工具、运输设备及可能传播检疫传染病的行李、货物、邮包等。

3. 主要内容

（1）检疫

入境的交通工具和人员，必须在最先到达的国境口岸的指定地点接受检疫。除引航员外，未经海关许可，任何人不准上下交通工具，不准装卸行李、货物、邮包等物品。出境的交通工具和人员，必须在最后离开的国境口岸接受检疫。来自国外的船舶、航空器因故停泊、降落在中国境内非口岸地点的时候，船舶、航空器的负责人应当立即向就近的海关或者当地卫生行政部门报告。除紧急情况外，未经海关或者当地卫生行政部门许可，任何人不准上下船舶、航空器，不准装卸行李、货物、邮包等物品。

在国境口岸发现检疫传染病、疑似检疫传染病，或者有人非因意外伤害而死亡并且死因不明的，国境口岸有关单位和交通工具的负责人，应当立即向海关报告，并申请临时检疫。海关对检疫传染病染疫人必须立即隔离，隔离期限根据医学检查结果确定；对检疫传染病染疫嫌疑人应当留验，留验期限根据该传染病的潜伏期确定。

海关依据检疫医师提供的检疫结果，对未染有检疫传染病或者已实施卫生处理的交通工具，签发入境检疫证或者出境检疫证。

（2）传染病监测

海关对入境、出境的人员实施传染病监测，并且采取必要的预防、控制措施；有权要求入境、出境的人员填写健康申明卡，出示某种传染病的预防接种证书、健康证明或者其他有关证件。对患有监测传染病的人、来自国外监测传染病流行区的人或者与监测传染病人密切接触的人，海关应当区别情况，发给就诊方便卡，实施留验或者采取其他预防、控制措施，并及时通知当地卫生行政部门。各地医疗单位对持有就诊方便卡的人员，应当优先诊治。

三、海关动植物检疫法律制度

1. 立法目的

进出境动植物检疫法律的立法目的是，防止动物传染病、寄生虫病和植物危险性病、虫、杂草传入、传出国境，保护农林牧渔业生产和人体健康。海关被赋予法定职责，负责将这些病毒虫害拒之于国门之外。

2. 调整范围

与《海关法》《国境卫生检疫法》不同，进出境动植物检疫法律调整动植物、动植物产品和其他检疫物；装载容器、包装物、铺垫材料；来自动植物疫区运输工具；进境拆解废旧船舶。

3. 海关在实施检疫时可以行使的职权

海关在实施检疫时，可以行使下列职权：

(1) 依照规定登船、登车、登机实施检疫；

(2) 进入港口、机场、车站、邮局以及检疫物的存放、加工、养殖、种植场所实施检疫，并依照规定采样；

(3) 根据检疫需要，进入有关生产、仓库等场所，进行疫情监测、调查和检疫监督管理；

(4) 查阅、复制、摘录与检疫物有关的运行日志、货运单、合同、发票及其他单证。

4. 进境检疫

(1) 输入动物、动物产品、植物种子、种苗及其他繁殖材料的，必须事先提出申请，办理检疫审批手续。通过贸易、科技合作、交换、赠送、援助等方式输入动植物、动植物产品和其他检疫物的，应当在合同或者协议中订明中国法定的检疫要求，并订明必须附有输出国家或者地区政府动植物检疫机关出具的检疫证书。

(2) 货主或者其代理人应当在动植物、动植物产品和其他检疫物进境前或者进境时持输出国家或者地区的检疫证书、贸易合同等单证，向进境口岸海关报检。

(3)装载动物的运输工具抵达口岸时,海关应当采取现场预防措施,对上下运输工具或者接近动物的人员、装载动物的运输工具和被污染的场地作防疫消毒处理。

(4)输入动植物、动植物产品和其他检疫物,应当在进境口岸实施检疫。未经海关同意,不得卸离运输工具。输入动植物,需隔离检疫的,在海关指定的隔离场所检疫。

(5)输入动植物、动植物产品和其他检疫物,经检疫发现有规定的名录之外,对农、林、牧、渔业有严重危害的其他病虫害的,由海关依照国务院农业行政主管部门的规定,通知货主或者其代理人作除害、退回或者销毁处理。经除害处理合格的,准予进境。

5. 出境检疫

(1)货主或者其代理人在动植物、动植物产品和其他检疫物出境前,向口岸海关报检。出境前需经隔离检疫的动物,在口岸海关指定的隔离场所检疫。

(2)输出动植物、动植物产品和其他检疫物,由口岸海关实施检疫,经检疫合格或者经除害处理合格的,准予出境;海关凭签发的检疫证书或者在报关单上加盖的印章验放。检疫不合格又无有效方法作除害处理的,不准出境。

(3)经检疫合格的动植物、动植物产品和其他检疫物,有下列情形之一的,货主或者其代理人应当重新报检:

①更改输入国家或者地区,更改后的输入国家或者地区又有不同检疫要求的;

②改换包装或者原未拼装后来拼装的;

③超过检疫规定有效期限的。

6. 过境检疫

(1)要求运输动物过境的,必须事先商得中国国家动植物检疫机关同意,并按照指定的口岸和路线过境。装载过境动物的运输工具、装载容器、饲料和铺垫材料,必须符合中国动植物检疫的规定。

(2)运输动植物、动植物产品和其他检疫物过境的,由承运人或者押运人持货运单和输出国家或者地区政府动植物检疫机关出具的检疫证书,在进境时向口岸海关报检,出境口岸不再检疫。

(3)过境的动物经检疫合格的,准予过境;发现有规定的名录所列的动物传染病、寄生虫病的,全群动物不准过境。过境动物的饲料受病虫害污染的,作除害、不准过境或者销毁处理。过境的动物的尸体、排泄物、铺垫材料及其他废弃物,必须按照动植物检疫机关的规定处理,不得擅自抛弃。

(4)对过境植物、动植物产品和其他检疫物,海关检查运输工具或者包装,经检疫合格的,准予过境;发现有规定的名录所列的病虫害的,作除害处理或者不准过境。

(5)动植物、动植物产品和其他检疫物过境期间,未经海关批准,不得开拆包装或者卸离运输工具。

7. 携带、邮寄物检疫

(1)携带、邮寄植物种子、种苗及其他繁殖材料进境的,必须事先提出申请,办理检疫审批手续。

(2)禁止携带、邮寄进境的动植物、动植物产品和其他检疫物的名录,由国务院农业行政主管部门制定并公布。携带、邮寄规定的名录所列的动植物、动植物产品和其他检疫物进境的,作退回或者销毁处理。

(3)携带规定的名录以外的动植物、动植物产品和其他检疫物进境的,在进境时向海关申报并接受口岸动植物检疫机关检疫。携带动物进境的,必须持有输出国家或者地区的检疫证书等证件。

(4)邮寄规定的名录以外的动植物、动植物产品和其他检疫物进境的,由海关在国际邮件互换局实施检疫,必要时可以取回口岸海关检疫;未经检疫不得运递。

(5)邮寄进境的动植物、动植物产品和其他检疫物,经检疫或者除害处理合格后放行;经检疫不合格又无有效方法作除害处理的,作退回或者销毁处理,并签发检疫处理通知单。

(6)携带、邮寄出境的动植物、动植物产品和其他检疫物,物主有检疫要求的,由海关实施检疫。

8. 运输工具检疫

(1)来自动植物疫区的船舶、飞机、火车抵达口岸时,由口岸动植物检疫机关实施检疫。发现有规定的名录所列的病虫害的,作不准带离运输工具、除害、封存或者销毁处理。

(2)进境的车辆,由口岸海关作防疫消毒处理。

(3)进出境运输工具上的泔水、动植物性废弃物,依照口岸海关的规定处理,不得擅自抛弃。

(4)装载出境的动植物、动植物产品和其他检疫物的运输工具,应当符合动植物检疫和防疫的规定。

(5)进境供拆船用的废旧船舶,由口岸动植物检疫机关实施检疫,发现有规定的名录所列的病虫害的,作除害处理。

第四节　知识产权海关边境保护法律制度

一、知识产权海关边境保护概述

中国知识产权边境保护开始于1992年中美在华盛顿签署的《关于保护知识产权的谅解备忘录》,这是在有关双边协定中中国政府首次承诺在进口环节实施知识产权保护措施。

1994年7月,新一轮中美知识产权谈判举行,双方磋商的关键问题之一是知识产权的边境保护问题。为了使谈判尽早取得成果,7月5日,国务院发布《关于进一步加强知识产权保护工作的决定》。该决定规定:"要强化海关在保护知识产权、制止侵权产品进出境方面的职能……依法严格实施知识产权的边境保护措施。"该决定实际上是对我国海关进行知识产权边境保护的临时授权。根据该决定的精神,1994年9月1日,海关总署发出公告,宣布侵犯受中华人民共和国法律和行政法规保护的知识产权的货物禁止进出境。

1995年2月,国务院发布《有效保护和实施知识产权的行动计划》,该行动计划的第七部分对知识产权边境执法提出了具体的要求,成为此后制定《知识产权海关保护条例》的蓝本。1995年7月5日国务院公布了《知识产权海关保护条例》,同年10月1日开始施行。2003年海关总署向国务院提出了修订《知识产权海关保护条例》的建议。国务院在海关总署修订建议的基础上,对《知识产权海关保护条例》进行了较大规模的修订。2003年11月26日,修订后的《知识产权海关保护条例》通过,自2004年3月1日起施行。后来于2010年、2018

年又分别作了修订。

与国务院的行政法规相适应,海关总署规章《海关关于〈中华人民共和国知识产权海关保护条例〉的实施办法》经过修改后,自2009年7月1日起施行,2018年作了修正。

与此同时,为了适应中国的经济发展需要,也为了与WTO规则取得一致,中国《专利法》《著作权法》《商标法》等知识产权立法多次进行了修改,《海关法》也进行了修改,其中包括知识产权海关保护的内容。

多年的实践证明,包括《知识产权海关保护条例》以及相关法律法规在内的知识产权法律体系,对于维护国家的对外贸易秩序、鼓励公平竞争、保护知识产权权利人的合法权益发挥了十分重要的作用。

国际社会以及国内外合法企业对中国政府坚决保护与国际贸易有关的知识产权的决心和海关在知识产权执法活动中的表现予以充分肯定和赞扬。如全球反假冒组织把"全球反假冒2005年度政府机构嘉勉奖"给予了中国海关。2011年6月8日"世界反假冒日",全球反假冒组织在法国巴黎向中国海关颁发了"反假冒最佳政府机构奖",以肯定其在保护知识产权方面取得的成绩和公开透明的作风。

二、我国知识产权海关保护制度的主要内容

(一)知识产权海关保护的对象

与《中华人民共和国民法典》第123条规定的知识产权客体种类不同,《知识产权海关保护条例》第2条规定,知识产权海关保护是指海关对与进出口货物有关并受我国法律、行政法规保护的商标专用权、著作权和与著作权有关的权利、专利权实施的保护。

(二)知识产权海关保护的模式与环节

依据知识产权海关保护程序的启动是否由知识产权权利人主动提出申请来进行分类,海关保护的模式可以分为依申请的保护(被动保护)和依职权的保护(主动保护)两种。

1. 依申请的保护(被动保护)模式

知识产权权利人发现侵权嫌疑货物即将进出口的,向货物进出境地海关提出扣留侵权嫌疑货物的申请而启动海关保护程序的保护模式称为依申请的保护。

应当注意的是在此种方式下,知识产权海关保护的备案不是启动保护程序的必备条件。

被动保护模式下有以下内容:(1)知识产权权利人发现侵权嫌疑货物后向海关申请扣留;(2)海关扣留侵权嫌疑货物;(3)海关在扣留 20 个工作日内协助人民法院对货物进行司法扣押或者放行货物。

2. 依职权的保护(主动保护)模式

海关对进出口货物实施监管过程中,发现进出口货物涉嫌侵犯在海关总署备案的知识产权的,应当立即书面通知知识产权权利人。知识产权权利人自通知送达之日起一定时限内提出保护申请而启动海关保护程序的保护模式称为依职权的保护。

在此种方式下,知识产权海关保护的备案是启动保护程序的必备条件。

主动保护模式有以下内容:(1)知识产权备案;(2)海关发现侵权嫌疑货物后通知权利人;(3)知识产权权利人提出扣留侵权嫌疑货物的申请;(4)海关对货物的侵权状况等在扣留之日起 30 个工作日内,进行调查认定;(5)海关没收侵权货物或者协助人民法院对货物进行司法扣押;(6)对没收的侵权货物进行处置。

3. 知识产权边境保护的环节

由于我国设立了许多海关特殊监管区(场所),根据规定,货物进入这些海关特殊监管区(场所)就视为出口,但货物不一定离开关境。我国目前的知识产权边境保护的主要保护方式——知识产权海关保护——所发生的环节限于进出口环节,而非进出境环节。

(三)知识产权海关保护的备案

1. 备案的作用

(1)作为海关采取依职权保护措施的前提。只有知识产权已经在海关总署备案的情况下,海关才将发现进出口侵权嫌疑货物的情况通知知识产权权利人。此外,根据《知识产权海关保护条例》第 20 条的规定,海关只能对涉嫌侵犯在海关总署备案的知识产权的货物进行调查处理。

(2)有助于海关发现和查处侵权货物。尽管《知识产权海关保护条例》规定知识产权权利人可以直接向侵权嫌疑货物进出境地海关申请扣留侵权嫌疑货物,而不需事先进行知识产权备案,但是通常知识产权权利人仅靠自己的努力发现即将进出口的侵权货物是很难的,海关对进出口货物的日常监管是目前发现侵权货物的主要途径。知识产权权利人向海关总署办理知识产权备案,不仅使海关可以启动主动保护程序,而且也使海关能够在对货物的日常监管过程中及时发现侵权嫌疑货物,并及时与权利人联系办理确认、申请、担保、扣留等有关手续。

(3)减少侵权行为的发生。由于知识产权备案的信息是向社会开放的,知识产权权利人办理备案,可以对那些进出口侵权货物的企业产生警告和震慑作用,促使其进出口侵权货物的违法行为有所收敛。

2. 备案申请

(1)备案申请书的内容

第一,知识产权权利人的名称或者姓名、注册地或者国籍、通信地址、联系人姓名、电话和传真号码、电子邮箱地址等。

第二,注册商标的名称、核定使用商品的类别和商品名称、商标图形、注册有效期和注册商标的转让、变更、续展情况等;作品的名称、创作完成的时间、作品的类别、作品图片和作品转让、变更情况等;专利权的名称、类型、申请日期和专利权转让、变更情况等。

第三,被许可人的名称、许可使用商品、许可期限等。

第四,知识产权权利人合法行使知识产权的货物的名称、产地、进出境地海关、进出口商、主要特征、价格等。

第五,已知的侵犯知识产权货物的制造商、进出口商、进出境地海关、主要特征、价格等。

知识产权权利人应当就其申请备案的每一项知识产权单独提交一份申请书。知识产权权利人申请国际注册商标备案的,应当就其申请的每一类商品单独提交一份申请书。

(2)备案申请随附证据

知识产权权利人向海关总署提交备案申请书,应当随附以下文件、证据:

第一，知识产权权利人的身份证明，如个人身份证件的复印件、企业营业执照的复印件或者其他注册登记文件的复印件等。

第二，国家知识产权局签发的商标注册证的复印件。申请人经核准变更商标注册事项、续展商标注册、转让注册商标或者申请国际注册商标备案的，还应当提交国务院国家知识产权局出具的有关商标注册的证明；著作权登记部门签发的著作权自愿登记证明的复印件和经著作权登记部门认证的作品照片，申请人未进行著作权自愿登记的，提交可以证明申请人为著作权人的作品样品以及其他有关著作权的证据；国务院专利行政部门签发的专利证书的复印件，专利授权自公告之日起超过 1 年的，还应当提交国务院专利行政部门在申请人提出备案申请前 6 个月内出具的专利登记簿副本；申请实用新型专利或者外观设计专利备案的，还应当提交由国务院专利行政部门作出的专利权评价报告。

第三，知识产权权利人许可他人使用注册商标、作品或者实施专利，签订许可合同的，提供许可合同的复印件；未签订许可合同的，提交有关被许可人、许可范围和许可期间等情况的书面说明。

第四，知识产权权利人合法行使知识产权的货物及其包装的照片。

第五，已知的侵权货物进出口的证据。知识产权权利人与他人之间的侵权纠纷已经人民法院或者知识产权主管部门处理的，还应当提交有关法律文书的复印件。

第六，海关总署认为需要提交的其他文件或者证据。

知识产权权利人根据规定向海关总署提交的文件和证据应当齐全、真实和有效。有关文件和证据为外文的，应当另附中文译本。海关总署认为必要时，可以要求知识产权权利人提交有关文件或者证据的公证、认证文书。

3. 答复

海关总署应当自收到全部申请文件之日起 30 个工作日内作出是否准予备案的决定，并书面通知申请人；不予备案的，应当说明理由。

4. 备案的有效期限及续展

(1) 有效期限。知识产权海关保护备案自海关总署准予备案之日起生效，有效期为 10 年。自备案生效之日起知识产权的有效期不足 10 年的，备案的有效期以知识产权的有效期为准。

(2)续展。知识产权有效的,知识产权权利人可以在知识产权海关保护备案有效期届满前6个月内,向海关总署申请续展备案。每次续展备案的有效期为10年。

在知识产权海关保护备案有效期届满前6个月内,知识产权权利人可以向海关总署提出续展备案的书面申请并随附有关文件。海关总署准予续展备案的,应当书面通知知识产权权利人;不予续展的,应当书面通知知识产权权利人并说明理由。续展备案的有效期自上一届备案有效期届满次日起算,有效期为10年。知识产权的有效期自上一届备案有效期届满次日起不足10年的,续展备案的有效期以知识产权的有效期为准。知识产权海关保护备案有效期届满而不申请续展或者知识产权不再受法律、行政法规保护的,知识产权海关保护备案随即失效。

三、扣留侵权嫌疑货物的申请及其处理

1. 在依申请的保护模式下

(1)申请

第一,申请人主动提出申请。知识产权权利人发现侵权嫌疑货物即将进出口的,可以向货物进出境地海关提出扣留侵权嫌疑货物的申请。

第二,关于申请的内容。申请书应当包括下列主要内容:知识产权权利人的名称或者姓名、注册地或者国籍等;知识产权的名称、内容及其相关信息;侵权嫌疑货物收货人和发货人的名称;侵权嫌疑货物名称、规格等;侵权嫌疑货物可能进出境的口岸、时间、运输工具等;侵权嫌疑货物涉嫌侵犯备案知识产权的,申请书还应当包括海关备案号。

(2)提交担保

知识产权权利人请求海关扣留侵权嫌疑货物的,应当向海关提供不超过货物等值的担保,用于赔偿可能因申请不当给收货人、发货人造成的损失,以及支付货物由海关扣留后的仓储、保管和处置等费用;知识产权权利人直接向仓储商支付仓储、保管费用的,从担保中扣除。

(3)海关对申请的处理

第一,扣留与通知。知识产权权利人申请扣留侵权嫌疑货物,符合《知识产权海关保护条例》关于申请文件要求规定的,并依照《知识产权海关保护条例》规定提供担保的,海关应当扣留侵权嫌疑货物,书面通知知识产权权利人,并将海关扣留凭单送达收货人或者发货人。

第二,驳回。知识产权权利人申请扣留侵权嫌疑货物,不符合有关申请文件要求规定的,或者未依照规定提供担保的,海关应当驳回申请,并书面通知知识产权权利人。

2. 在依职权的保护模式下

(1)限期申报。海关对进出口货物实施监管,发现进出口货物涉及在海关总署备案的知识产权且进出口商或者制造商使用有关知识产权的情况未在海关总署备案的,可以要求收发货人在规定期限内申报货物的知识产权状况和提交相关证明文件。

收发货人未按照上述规定申报货物知识产权状况、提交相关证明文件或者海关有理由认为货物涉嫌侵犯在海关总署备案的知识产权的,海关应当中止放行货物并书面通知知识产权权利人。

(2)海关发现有侵权嫌疑货物情况下的主动通知。海关发现进出口货物有侵犯备案知识产权嫌疑的,应当立即书面通知知识产权权利人。

(3)权利人保护申请的提出与担保的提交。知识产权权利人可以自海关通知送达之日起3个工作日内,依照有关申请文件要求的规定提出申请,并依照规定(《知识产权海关保护条例》第14条)提供担保。知识产权权利人逾期未提出申请或者未提供担保的,海关不得扣留货物。

(4)海关对申请的处理。权利人依照有关规定提交了有效的申请与担保的,海关应当扣留侵权嫌疑货物,书面通知知识产权权利人,并将海关扣留凭单送达收货人或者发货人。

(5)海关调查与认定权。在依职权的保护程序下,海关发现进出口货物有侵犯备案知识产权嫌疑并通知知识产权权利人后,知识产权权利人请求海关扣留侵权嫌疑货物的,海关应当自扣留之日起30个工作日内对被扣留的侵权嫌疑货物是否侵犯知识产权进行调查、认定;不能认定的,应当立即书面通知知识产权权利人。

四、知识产权海关保护的担保与反担保

1. 海关事务担保的概念

我国《海关法》中对涉及海关事务的行政担保的担保事项、担保人及担保物等作出了原则规定，但没有对海关事务担保作出定义。从理论上说，海关事务担保是指公民、法人和其他组织为办理特定的海关手续或者申请从事海关特定经营业务，经海关同意，以《知识产权海关保护条例》规定的方式，保证履行其依法应当承担的海关义务的法律行为。在《知识产权海关保护条例》及其实施办法中对知识产权海关保护方面的海关事务担保作出了细化规定。

2. 担保

知识产权权利人向海关提请海关保护的，应当向海关提交担保。

(1)担保的提交与数额

第一，依申请的保护。知识产权权利人请求海关扣留侵权嫌疑货物的，应当向海关提供不超过货物等值的担保，用于赔偿可能因申请不当给收货人、发货人造成的损失，以及支付货物由海关扣留后的仓储、保管和处置等费用；知识产权权利人直接向仓储商支付仓储、保管费用的，从担保中扣除。

第二，依职权的保护。知识产权权利人在依职权的保护方式下，请求海关扣留侵权嫌疑货物的，应当按照以下规定向海关提供担保：货物价值不足人民币2万元的，提供相当于货物价值的担保；货物价值为人民币2万元至20万元的，提供相当于货物价值50%的担保，但担保金额不得少于人民币2万元；货物价值超过人民币20万元的，提供人民币10万元的担保。经海关同意，知识产权权利人可以向海关提供总担保。总担保金额不得低于人民币20万元。

(2)担保的解除

海关没收侵权货物的，应当于货物处置完毕并结清有关费用后向知识产权权利人退还担保或解除担保责任。

3. 反担保

(1)反担保的提交

反担保放行是指《知识产权海关保护条例》第19条规定的涉嫌侵犯专利权货物的收发货人可以在向海关提供货物等值的担保金后，请求海关放行其货物

的情况。适用反担保的情形应当满足以下条件：

第一，只限涉嫌侵犯专利权的货物。对涉嫌侵犯商标专用权、著作权、奥林匹克标志专有权、世界博览会标志专有权的货物不适用反担保放行。

第二，只有收发货人认为其货物未侵犯他人专利权的情况下才能申请反担保放行。所以，申请反担保之前应当首先按照《知识产权海关保护条例》第 18 条的规定向海关提出书面异议并附送相关证据。

第三，应当提供相当于货物价值的担保金。

收发货人提出的反担保放行货物的申请符合上述条件的，海关应当放行货物后立即通知权利人。在海关放行货物后，知识产权权利人可以在合理的期限内向人民法院提起诉讼。未提起诉讼的，海关应当向收发货人退还担保金。

在依申请保护模式下，收发货人认为其进出口货物未侵犯有关知识产权的，应当自海关扣留货物之日起 20 个工作日内向海关提出书面说明并随附必要的证据。收发货人请求海关放行涉嫌侵犯专利权的货物的，应当向海关提交放行货物的书面申请和相当于货物价值的担保金。在依职权保护模式下，收发货人认为其进出口货物未侵犯有关知识产权的，应当在海关对侵权嫌疑货物进行调查期间向海关提出书面说明并随附必要的证据。请求海关放行涉嫌侵犯专利权的货物的，还应当自海关扣留货物之日起 50 个工作日内向海关提交放行货物的书面申请和相当于货物价值的担保金。

(2)反担保金的处理

知识产权权利人未能在合理期限内向人民法院起诉的，海关应当退还担保金。

海关根据规定放行被扣留的涉嫌侵犯专利权的货物后，知识产权权利人按照规定向海关提交人民法院受理案件通知书复印件的，海关根据人民法院协助执行有关判决或者裁定的通知处理收发货人提交的担保金；未提交人民法院受理案件通知书复印件的，海关应当退还收发货人提交的担保金。

五、涉嫌侵权案件的处理

1. 放行

有下列情形之一的，海关应当放行被扣留的侵权嫌疑货物：

（1）在依申请的保护条件下：海关依照《知识产权海关保护条例》规定扣留侵权嫌疑货物，自扣留之日起 20 个工作日内未收到人民法院协助执行通知的；

（2）在依职权的保护条件下：海关依照《知识产权海关保护条例》规定扣留侵权嫌疑货物，自扣留之日起 50 个工作日内未收到人民法院协助执行通知，并且经调查不能认定被扣留的侵权嫌疑货物侵犯知识产权的；

（3）涉嫌侵犯专利权货物的收货人或者发货人在向海关提供与货物等值的担保金后，请求海关放行其货物的；

（4）海关认为收货人或者发货人有充分的证据证明其货物未侵犯知识产权权利人的知识产权的。

2. 没收及对没收货物、物品的处理

（1）没收

被扣留的侵权嫌疑货物，经海关调查后认定侵犯知识产权的，由海关予以没收。

对个人携带或者邮寄进出境的物品，超出自用、合理数量并涉嫌侵犯《知识产权海关保护条例》规定的知识产权的，海关应当扣留；对经调查认定为侵权的，由海关予以没收。

海关没收侵犯知识产权货物后，应当将侵犯知识产权货物的有关情况书面通知知识产权权利人。

（2）没收后对货物、物品的处理

有关货物可以直接用于社会公益事业或者知识产权权利人有收购意愿的，将货物转交给有关公益机构用于社会公益事业或者有偿转让给知识产权权利人。有关货物不能按照规定处置且侵权特征能够消除的，在消除侵权特征后依法拍卖。拍卖货物所得款项上交国库。有关货物不能按照上述两项规定处置的，应当予以销毁。海关销毁侵权货物，知识产权权利人应当提供必要的协助。有关公益机构将海关没收的侵权货物用于社会公益事业以及知识产权权利人协助海关销毁侵权货物的，海关应当进行必要的监督。

（3）对当事人无法查清的侵犯知识产权货物予以收缴

在当事人无法查清时，海关要作出没收侵权货物或物品的行政处罚的难度较大。为解决案件办理的实际问题，切实打击有关侵权行为，《海关关于〈中华人民共和国知识产权海关保护条例〉的实施办法》第 32 条规定了进出口货物或者进出境物品经海关调查认定侵犯知识产权的，应当由海关予以没收，但当事人无法查清的，自海关制发有关公告之日起满 3 个月后可由海关予以收缴。

3. 和解

鉴于知识产权的性质属于私权，海关查处侵权案件应当尽可能考虑知识产权权利人的意愿，鼓励当事人通过协商解决侵权纠纷，同时节约海关的执法成本。因此，知识产权权利人与收发货人就海关扣留的侵权嫌疑货物达成协议，向海关提出书面申请并随附相关协议，要求海关解除扣留侵权嫌疑货物的，海关除认为涉嫌构成犯罪外，可以终止调查。

六、侵权行为的法律责任

在知识产权海关保护制度中规定，若当事人有侵权行为，其应当承担必要的行政责任。如果知识产权边境保护的管理相对人违反了知识产权边境保护制度的规定，海关有权并处以下两种行政处罚：(1)没收侵权货物；(2)罚款。罚款的幅度根据情况的不同分为两种：(1)进出口侵犯我国法律、行政法规保护的知识产权的货物的，没收侵权货物，并处货物价值 30% 以下罚款；(2)需要向海关申报知识产权状况，进出口货物收发货人及其代理人未按照规定向海关如实申报有关知识产权状况，或者未提交合法使用有关知识产权的证明文件的，可以处 5 万元以下罚款。

如果侵犯知识产权情节严重，构成犯罪的，依法追究刑事责任。

第五节　进出口货物的禁止、限制管制制度

一、货物限制或禁止进出口管制

我国对进出口货物的贸易管制主要体现为禁止和限制措施。根据我国《对外贸易法》，限制或者禁止进出口货物的目录由国家对外贸易主管部门对外公布。

（一）限制货物进口或者出口的情形

限制货物进口或出口的情形有以下几种：

1. 为维护国家安全、社会公共利益或者公共道德，需要限制进口或者出口的；

2. 为保护人的健康或者安全，保护动物、植物的生命或者健康，保护环境，需要限制进口或者出口的；

3. 为实施与黄金或者白银进出口有关的措施，需要限制进口或者出口的；

4. 国内供应短缺或者为有效保护可能用竭的自然资源，需要限制出口的；

5. 输往国家或者地区的市场容量有限，需要限制出口的；

6. 出口经营秩序出现严重混乱，需要限制出口的；

7. 为建立或者加快建立国内特定产业，需要限制进口的；

8. 对任何形式的农业、牧业、渔业产品有必要限制进口的；

9. 为保障国家国际金融地位和国际收支平衡，需要限制进口的；

10. 依照法律、行政法规的规定，其他需要限制进口或者出口的；

11. 根据我国缔结或者参加的国际条约、协定的规定，其他需要限制进口或者出口的。

（二）禁止有关货物进口或者出口的情形

禁止有关货物进口或出口的情形有以下几种：

1. 为维护国家安全、社会公共利益或者公共道德，需要禁止进口或者出口的；

2. 为保护人的健康或者安全，保护动物、植物的生命或者健康，保护环境，需要禁止进口或者出口的；

3. 为实施与黄金或者白银进出口有关的措施，需要禁止进口或者出口的；

4. 国内供应短缺或者为有效保护可能用竭的自然资源，需要禁止出口的；

5. 依照法律、行政法规的规定，其他需要禁止进口或者出口的；

6. 根据我国缔结或者参加的国际条约、协定的规定，其他需要禁止进口或者出口的。

二、我国限制进出口的管制措施

根据我国《对外贸易法》和《货物进出口管理条例》的规定，限制货物进出口的措施有：进出口许可限制和进出口配额限制等。

（一）进出口货物许可限制

除数量限制外的其他进出口限制，我国实行许可证制度。进出口许可证是国家批准经营者进出口某些商品的证明文件。国家商务部代表国家签发进出口许可证，商务部也可授权有关机构在规定范围内签发进出口许可证。许可证管理的进出口货物目录由商务部公布。

企业要进出口凭许可证放行的货物，应向发证部门申请，发证部门应在收到申请之日起30日内作出是否发证的决定并通知申请人。

进口货物许可证有效期为1年，出口货物许可证有效期为6个月。因故延期、更改应在有效期内，更改应持有关文件向发证机关申请。

（二）出口货物配额限制

出口货物配额管理是国家在一定时期内对某些货物出口数量、金额实行限制的管理制度。国家发展和改革委员会是进出口配额的确定和分配机关，各省、市在额度内审批、协调或招标。

出口配额有计划配额、主动配额和被动配额。除计划配额是由国家发展和改革委员会分配外，其余均通过招投标方式分配。每年10月31日下达下一年度配额总量，企业于11月1日至15日提出申请（投标），12月15日前公布配额分配名单，中标企业领取出口配额证明，凭已领取的出口配额许可证办理海关手续。

（三）关税配额管理

实行关税配额的进口货物目录，由对外贸易主管部门公布。关税配额管理部门于每年9月15日至10月14日下达下一年度配额总量，10月15日至30日由企业申请，关税配额管理部门于12月31日前公布配额。

在关税配额内的进口货物，按照配额内的税率缴纳税款；属于关税配额外的进口货物，按照配额外的税率缴纳税款。

进口货物经营人凭配额管理部门签发的关税配额证明，向海关办理货物报关手续。

(四)货物自动进口许可管理

国家对部分自由进口货物实行自动进口许可管理，货物目录由商务部公布，并由商务部及省、市商务厅签发许可证。进口人向发证机关申请，发证机关核发自动进口许可证，凭证向海关报关。

三、海关在货物禁限管理中的作用

(一)查验许可证

海关在对进出境货物进行监管时，需查验企业持有的主管部门颁发的特定许可证和其他单证，经认定单证无误时方可予以放行。如文物出口报关时，海关需要查验货物是否具有文化行政管理部门的批准证明或国家文物局开出的文物出口特准证或文物出口证明，否则不予放行。

(二)责令退运

对于国家禁止进出口的或不具有齐备的通关手续的货物，海关享有责令退运权。如企业在进行废物进境活动时，需要提供生态环境主管部门签发的进口废物批准证书和口岸所在地进出口商品检验机构的检验合格证明验放。对于国家禁止进口的危险废物和未向生态环境主管部门办理或补办进口废物经营审批手续，并继续从事进口废物经营活动的，海关有权对其进口废物不予放行，并责令退运。

(三)实施处罚

对已经非法入境的货物，海关有权根据有关主管部门的处理意见作出退运和并处罚款的决定。对于逃避海关监管，构成走私罪的，海关有权移送司法机关追究其刑事责任。

（四）处理处置

对于已经非法进境的货物，如该货物无法退运的，海关应会同主管部门进行处置。如对于无法进行加工、回收处理的进境固体废物，海关应根据省级生态环境主管部门提出的处理意见，联系省级生态环境主管部门认可的具备相应固体废物无害化处置能力的单位，对固体废物作销毁、焚毁、填埋等处置；对于国家限制进境的货物，按照法定程序组织公开竞买及拍卖活动。

第六节　两用物项和技术进出口管制制度

一、两用物项和技术进出口管制制度概述

根据《出口管制法》，两用物项是指既有民事用途，又有军事用途或者有助于提升军事潜力，特别是可以用于设计、开发、生产或者使用大规模杀伤性武器及其运载工具的货物、技术和服务。

为维护国家安全和社会公共利益，履行我国在缔结或者参加的国际条约、协定中所承担的义务，依据我国《出口管制法》和有关行政法规的规定，我国对两用物项、军品、核以及其他与维护国家安全和利益、履行防扩散等国际义务相关的货物、技术、服务等实行出口管制，对两用物项和技术实行进出口许可证管理制度。管理办法由商务部负责制定并承担监督和检查执行职责，海关根据《两用物项和技术进出口许可证管理目录》负责具体执行。

不同的两用物项和技术的进出口许可证需要履行不同的申领程序，进出口经营者必须严格准确地遵照规定行事。

二、两用物项和技术的范围和类别

两用物项和技术的范围包含于《出口管制法》、《核出口管制条例》、《中华

人民共和国核两用品及相关技术出口管制条例》(以下简称《核两用品及相关技术出口管制条例》)、《中华人民共和国导弹及相关物项和技术出口管制条例》、《中华人民共和国生物两用品及相关设备和技术出口管制条例》、《中华人民共和国监控化学品管理条例》(以下简称《监控化学品管理条例》)、《中华人民共和国易制毒化学品管理条例》(以下简称《易制毒化学品管理条例》)及《有关化学品及相关设备和技术出口管制办法》等特定法律、法规的规定中。具体可分为:

1. 核。根据《出口管制法》《核出口管制条例》的规定,核,是指核材料、核设备、反应堆用非核材料以及相关技术和服务,还包括核相关的技术资料等数据。

2. 核两用品。《核两用品及相关技术出口管制条例》所称核两用品及相关技术是指《核两用品及相关技术出口管制清单》所列的设备、材料、软件和相关技术。

3. 生物两用品。列入《生物两用品及相关设备和技术出口管制清单》实行出口管制的各类病原体,包括菌、毒种及各类活培养物,以及含有此类病原体的各种生物材料(如细胞、组织、血清、带菌动物等)或非生物材料;无论这些病原体是天然的还是经过基因修饰的,都在出口管制之列,但以疫苗形式存在的除外。列入清单实行出口管制的各种毒素,不包括免疫用毒素,以及经国家主管部门批准的人或动物用药物产品;实行出口管制的遗传物质包括:染色体、基因组、质粒、转座子、载体(无论是否经过基因修饰)。

4. 导弹相关物项。导弹及相关物项和技术是指《导弹及相关物项和技术出口管制清单》所列的导弹及相关设备、材料和技术,如导弹运载系统(包括弹道导弹、巡航导弹、火箭和无人驾驶飞行器)及其专用物项和技术。

5. 易制毒化学品。它是指根据《易制毒化学品管理条例》的规定,所列的易制毒化学品,包括可以用于制毒的主要原料、化学配剂。

6. 监控化学品。它是指根据《监控化学品管理条例》的规定,所列的监控化学品等物项。

7. 有关化学品。它是指根据《有关化学品及相关设备和技术出口管制办法》的规定,所列的有关化学品。

三、两用物项和技术进出口经营者的义务

(一)申领两用物项和技术进口或出口许可证的义务

以任何方式进口或出口,以及过境、转运、通运《两用物项和技术进出口许可证管理目录》中的两用物项和技术,均应申领两用物项和技术进口或出口许可证。通过对外交流、交换、合作、赠送、援助、服务等形式出口两用物项和技术的,视为正常出口,出口经营者应按规定申请出口许可,并按规定办理两用物项和技术出口许可证。

(二)主动向海关出具许可证

进出口经营者应当主动向海关出具两用物项和技术进出口许可证,海关凭两用物项和技术进出口许可证接受申报并办理验放手续。

两用物项和技术进口许可证实行"非一批一证"制和"一证一关"制,同时在两用物项和技术进口许可证备注栏内打印"非一批一证"字样。两用物项和技术出口许可证实行"一批一证"制和"一证一关"制。同一合同项下的同一商品如需分批办理出口许可证,出口经营者应在申领时提供相关行政主管部门签发的相应份数的两用物项和技术出口批准文件。同一次申领分批量最多不超过 12 批。

两用物项和技术进出口许可证仅限于申领许可证的进出口经营者使用,不得买卖、转让、涂改、伪造和变造。如需对证面内容进行更改,进出口经营者应当在许可证有效期内向相关行政主管部门重新申请进出口许可,并凭原许可证和新的批准文件向发证机构申领两用物项和技术进出口许可证。两用物项和技术进出口许可证的有效期一般不超过 1 年。进出口经营者未向海关出具两用物项和技术进出口许可证而产生的相关法律责任由进出口经营者自行承担。

(三)防范风险的配合义务

出口经营者知道或者应当知道,或者得到国务院相关行政主管部门通知,其拟出口的物项和技术存在被用于大规模杀伤性武器及其运载工具风险的,无

论该物项和技术是否列入《两用物项和技术进出口许可证管理目录》，都应当申请出口许可，并按照规定办理两用物项和技术出口许可证。出口经营者在出口过程中，如发现拟出口的物项和技术存在被用于大规模杀伤性武器及其运载工具风险的，应及时向国务院相关行政主管部门报告，并积极配合采取措施中止合同的执行。

四、两用物项和技术海关管理

根据《出口管制法》等法律法规的规定，国务院、中央军事委员会承担出口管制职能的部门负责出口管制工作。

商务部是全国两用物项和技术进出口许可证的归口管理部门，负责制定两用物项和技术进出口许可证管理办法及规章制度，监督、检查两用物项和技术进出口许可证管理办法的执行情况，处罚违规行为。商务部会同海关总署制定和发布《两用物项和技术进出口许可证管理目录》。商务部和海关总署可以根据情况对《两用物项和技术进出口许可证管理目录》进行调整，并以公告形式发布。

商务部委托商务部配额许可证事务局（以下简称许可证局）统一管理、指导全国各发证机构的两用物项和技术进出口许可证发证工作，许可证局对商务部负责。许可证局和商务部委托的省级商务主管部门为两用物项和技术进出口许可证发证机构，省级商务主管部门在许可证局的统一管理下，负责委托范围内两用物项和技术进出口许可证的发证工作。进出口经营者凭借相关行政主管部门的批准文件可到所在地发证机构申领两用物项和技术进口或者出口许可证（在京的中央企业向许可证局申领），其中：

1. 核、核两用品、生物两用品、有关化学品、导弹相关物项、易制毒化学品和计算机进出口的批准文件为商务主管部门签发的两用物项和技术进口或者出口批复单。

2. 外商投资企业进出口易制毒化学品凭《商务部外商投资企业易制毒化学品进口批复单》或《商务部外商投资企业易制毒化学品出口批复单》申领进出口许可证。

3. 监控化学品进出口的批准文件为国家履行《禁止化学武器公约》工作办

公室签发的监控化学品进口或者出口核准单。监控化学品进出口经营者向许可证局申领两用物项和技术进出口许可证。

发证机构收到相关行政主管部门批准文件(含电子文本、数据)和相关材料并经核对无误后,应在3个工作日内签发两用物项和技术进口或者出口许可证。

海关对两用物项和技术进口或出口许可证予以查验和放行,且海关有权对进出口经营者进出口的商品是否属于两用物项和技术提出质疑。在受到海关质疑后,进出口经营者应按规定向相关行政主管部门申请进口或者出口许可,或者向商务主管部门申请办理不属于管制范围的相关证明。对进出口经营者未能出具两用物项和技术进口或者出口许可证或者商务部相关证明的,海关不予办理有关手续。

第七节　海关边境保护其他法律制度

一、濒危物种和野生动植物进出境制度

(一)濒危物种和野生动植物进出境制度概述

野生动植物是人类的宝贵自然财富。种类繁多的野生动植物是地球自然系统中无可代替的组成部分,它们既是人类的伙伴又是自然进化的产物和见证,对于人类研究地球生命的产生和发展规律具有极重要的意义。

但是,随着人类改造自然环境能力的不断增强,野生动植物的生存范围不断缩小,生存环境日益恶化,从而使地球上的许多野生动植物种已经面临灭绝的危险,因而使得野生动植物的价值在人类学、科学、文化、娱乐和经济等方面都日益增长。由此一些人为追求价值而任意捕杀和采集濒危物种并进行国际贸易,加剧了野生动植物灭绝的危险性,这不是人类的自豪和光荣。如果人类生存环境质量的提高是以地球伙伴的灭绝为代价的话,这是人类的悲哀。更为严重的是,事实已经证明并将继续证明,地球生态环境的人为破坏最终将威胁

人类的生存环境,这是自然规律对人类的事后惩罚。人类应该是,也有能力成为野生动植物的最好保护者,以维护我们共同生活的地球生态环境不受破坏。为此,国际社会和世界各国经过不懈的努力达成了共识,于1973年3月3日在美国华盛顿制定了《濒危野生动植物种国际贸易公约》(CITES),并于1975年7月1日生效。该公约体现了为保护某些野生动植物种不致由于国际贸易而遭到过度开发利用而进行国际合作的必要性。

我国是地大物博、历史悠久的国家,有许多世界稀有的野生动植物种,为此,备受一些国际收藏者的关注,从而使捕杀和采集稀有野生动植物种盗卖出境的情事屡有发生,导致一些稀有动植物种濒临灭绝的危险。为了有效地保护濒危野生动植物,同时表明我国政府保护濒危物种的立场和态度,我国于1980年12月25日加入了《濒危野生动植物种国际贸易公约》,并于1981年4月8日生效。另外,我国也相继颁布了《中华人民共和国森林法》、《野生动物保护法》、《野生植物保护条例》和《中华人民共和国濒危野生动植物进出口管理条例》(以下简称《濒危野生动植物进出口管理条例》,自2006年9月1日起施行)等法律法规。

原国家林业部、海关总署为贯彻实施国际公约和国内立法,相继调整制定了《非进出口野生动植物种商品目录物种证明》(自2005年6月1日起施行)、《进出口野生动植物种商品目录》(自2005年8月1日起施行)等管理规定,这些管理规定共同构成了我国濒危物种和野生动植物进出境管理的法律制度,是海关边境保护执法的重要组成部分,被列入了海关法的体系。

(二)濒危物种和野生动植物的分类

根据《濒危野生动植物种国际贸易公约》附录,濒危物种范围分为三类。各成员方均不允许对这三类物种标本进行贸易。我国《野生动物保护法》依据该公约和我国野生动物的具体情况也规定了三类重点保护的动物:

第一类包括长臂猿科所有种、袋鼠、大熊猫、小熊猫、黑熊、水獭、河豚、豹、虎、亚洲象、蒙古野驴、藏羚、丹顶鹤、显脉凤毛菊、兜兰属所有种;

第二类包括灵长目所有种、狼、豺、绿孔雀、眼镜蛇、金花等;

第三类包括果子狸、白眉鸭、红胸角雉、鹩哥、水青树及任一成员方认为应进行管理以防止开发利用的物种。

(三)濒危物种和野生动植物进出境管理制度

1.申办允许进出境证明书的义务

根据《濒危野生动植物种国际贸易公约》和我国有关法律的规定,我国对濒危物种和野生动植物进出境实行许可制管理。进出境该公约附录1~3所列野生物种或出境我国重点保护野生动植物及其产品时,收发货人或其代理人负有申办允许进出口证明书的义务。任何贸易性或非贸易性进出境必须申办允许进出口证明书,并且只限于申请人使用,严禁伪造、倒卖、转让。凡是不申办进出口证明书而擅自进出境濒危物种或我国重点保护野生动植物及其产品的行为,均属不履行法定义务的违法行为,要承担相应的法律责任。进出口濒危野生动植物及其产品的申请人应当向其所在地的省、自治区、直辖市人民政府野生动植物主管部门提出申请,并提交进出口合同,濒危野生动植物及其产品的名称、种类、数量和用途,活体濒危野生动物装运设施的说明资料,以及国务院野生动植物主管部门公示的其他应当提交的材料。

2.符合进出口濒危野生动植物及其产品的法定条件

根据《濒危野生动植物进出口管理条例》的规定,进口濒危野生动植物及其产品的,必须具备下列条件:(1)对濒危野生动植物及其产品的使用符合国家有关规定;(2)具有有效控制措施并符合生态安全要求;(3)申请人提供的材料真实有效;(4)国务院野生动植物主管部门公示的其他条件。

出口濒危野生动植物及其产品的,必须具备下列条件:(1)符合生态安全要求和公共利益;(2)来源合法;(3)申请人提供的材料真实有效;(4)不属于国务院或者国务院野生动植物主管部门禁止出口的;(5)国务院野生动植物主管部门公示的其他条件。

3.濒危物种和野生动植物进出口的管理

我国法律规定,国务院林业草原、渔业主管部门分别主管全国陆生、水生野生动物保护工作,林业草原主管部门下设濒危物种和野生动植物进出口管理机构。国家濒危物种和野生动植物进出口管理机构代表中国政府履行公约,依照规定对经国务院野生动植物主管部门批准出口的国家重点保护的野生动植物及其产品、批准进口或者出口的公约限制进出口的濒危野生动植物及其产品,核发允许进出口证明书。也就是说,国务院林业草原、渔业主管部门对野生动植物或濒危物种进出境执行批准权，濒危物种和野生动植物进出口管理机构只有履行许可手续的核发权，这是我国严格限制野生动植物或其产品出境和濒危物种进出境的充分体现。国家濒危物种进出口管理办公室及其授权签证的办事处负责签发野生动植物允许进出口证明书。

海关作为进出境监督管理部门，依法享有凭证查验放行权。对于我国重点保护野生动植物或其产品出境和濒危物种的进出境活动，海关在对允许进出口证明书查验并确认无误后方可予以放行。凡是没有允许进出口证明书的，一律不予放行。对于非法进出境野生动植物或其产品、濒危物种或其产品的，海关依照《海关法》的有关规定行使处罚权。其中，情节严重，触犯刑法的，海关移送司法机关追究其刑事责任。

二、文化财产进出境管理制度

（一）文化财产进出境管理制度概述

文物具有极高的历史、艺术和科学价值，为了更好地保护文物、规范文物出境行为，在国际社会的共同努力下，1970 年 11 月 14 日在巴黎订立了《关于禁止和防止非法进出口文化财产和非法转让其所有权的方法的公约》。该公约明确规定，文化财产为构成文明和民族文化的基本要素，各国有责任保护文化财产免受非法出口的危险。该公约指出，非法进出口文化财产已阻碍了各国之间的谅解，所以，各国密切合作，才能有效保护人类的文化遗产。该公约还对文化财产的分类及保护措施作了明确的规定。

中国具有五千多年悠久的历史，勤劳智慧的各民族人民创造了光辉灿烂的中国文明、留下了举世瞩目的文化遗迹。这些遗迹既是中华民族灿烂历史的象征，同时又具有重要的考古价值，是人类文化遗产的重要组成部分。1840 年鸦片战争以后，我国的文化财产曾遭到西方列强的大肆劫掠和破坏。新中国成立后，我们在政治上开始扼制西方列强侵夺我国古文化财产的势头。我国早在新中国成立初期就通过海关立法明确规定了严禁珍贵历史文物出境的原则，并于 1961 年 3 月颁布了《文物保护管理暂行条例》（已废止）。但西方各国的一些不法商人盗买我国文物的活动一直没有停止过。秦始皇兵马俑及史前生物化石等大量古文物的发现一方面显示了我国考古技术的发展深度，另一方面也引起境内外不法分子的垂涎欲滴，致使盗运古文化财产出境牟利的情况日益严重。从世界范围看，西方列强凭借经济实力侵吞发展中国家历史文化财产的情况愈演愈烈，引起了广大发展中国家的强烈不满。

为更好地保护文物，我国于1989年10月25日交存了加入《关于禁止和防止非法进出口文化财产和非法转让其所有权的方法的公约》的接受书，并据此先后颁布了《文物保护法》《中华人民共和国文物保护法实施条例》《文物进出境审核管理办法》。根据上述规定，除经国务院批准运往国外展览的文物外，具有重要历史、艺术、科学价值的文物一律禁止出境，一般文物限制出境，并重申海关对珍贵文物出境实行管制的职权。为履行国际法义务和实施《文物保护法》，海关总署也多次发文要求加强对文化财产进出境管理并将其列入我国禁止、限制进出境的目录，全国海关通过执法查获了大量珍贵文物走私出口的案件，有效地遏制了文物非法出口的势头，保护了我国的文化财产。

由此，我国文化财产出境管理制度由有关国际公约、《文物保护法》及其实施条例、《文物进出境审核管理办法》等法律和海关总署颁发的有关规章所组成。

（二）文化财产的范围和类别

根据《关于禁止和防止非法进出口文化财产和非法转让其所有权的方法的公约》的规定，文化财产系指具有重要考古、史前史、历史、文学、艺术或科学价值的财产，包括：

1. 动物群落、植物群落、矿物和解剖以及具有古生物学意义的物品的稀有收集品和标本；

2. 有关历史，包括科学、技术、军事及社会史，有关国家领袖、思想家、科学家、艺术家之生平以及有关国家重大事件的财产；

3. 考古发掘（包括正常的和秘密的）或考古发现的成果；

4. 业已肢解的艺术或历史古迹或古遗址之构成部分；

5. 100年以前的古物，如铭文、钱币和印章；

6. 具有人种学意义的文物。

前面所述有艺术价值的财产，如：

(1)全部是手工完成的图画、绘画和绘图,不论其装帧框座如何,也不论所用的是何种材料;

(2)用任何材料制成的雕塑艺术和雕刻的原作;

(3)版画、印片和平版画的原件;

(4)用任何材料组集或拼集的艺术品原件;

(5)稀有手稿和古版书籍,有特殊意义的(历史、艺术、科学、文学等)古书、文件和出版物,不论单本或整套的;

(6)邮票、印花税票及类似的票证,不论是单张的还是成套的;

(7)档案,包括有声、照相和电影档案;

(8)100 年以前的家具物品和古乐器。

我国的《文物保护法》根据《关于禁止和防止非法进出口文化财产和非法转让其所有权的方法的公约》的规定结合我国的实际情况确定了受国家保护的文物范围:

1. 具有历史、艺术、科学价值的古文化遗址、古墓葬、古建筑、石窟寺和石刻、壁画;

2. 与重大历史事件、革命运动和著名人物有关的以及具有重要纪念意义、教育意义或者史料价值的近现代重要史迹、实物、代表性建筑;

3. 历史上各时代珍贵的艺术品、工艺美术品;

4. 历史上各时代重要的文献资料以及具有历史、艺术、科学价值的手稿和图书资料等;

5. 反映历史上各时代、各民族社会制度、社会生产、社会生活的代表性实物;

6. 具有科学价值的古脊椎动物化石和古人物化石。

对于上述所列纪念物、艺术品、工艺美术品、革命文献资料、手稿、古旧图书资料以及代表性实物等文物,我国分为珍贵文物和一般文物。其中,珍贵文物分为一级、二级、三级,禁止出境。

(三)文物出境规则

根据国际公约和我国立法的规定,国家文物局为我国保护文化遗产的专门国家机构,海关为进出境监督管理机构。我国对具有重要历史、艺术、科学价值的珍贵文物,实行禁止出境的原则(经国务院批准运往国外展览的除外)。对其他一般文物的出境,实行凭证出境的管理办法。根据上述规则,出境文物的单位和个人负有以下法定义务。

1. 事先如实申报的义务

文物出境单位和携带文物出境的个人,必须事先向海关如实申报。这里所说的事先,是指在办理出口或出境海关手续之前,而不是办理海关手续当时。这就意味着,不在出境之前向海关申报属于未履行法定义务,其导致的法律后果是不予出境。

2. 凭证出境的义务

文物贸易出口或个人携带出境时,必须有国家文化行政管理部门指定的省、自治区、直辖市的文物鉴定委员会鉴定并发给的文物出口特准证或文物出口证明等文物出境许可凭证。海关凭该部门签发的文物出口特准证、文物出口证明或在文物上加盖的火漆标志验放。

对境外人员在我国购买的文物出境,海关凭文物店出具的盖有"外汇购买"印章的"特许出口文物核销发票"验放。凡是没有出境许可凭证,擅自出口文物或将文物携带邮寄出境,均属违法行为,行为人要承担相应的法律责任。

对国家批准的对外文化交流、出国展览、合作研究等项目或其他需要由我国驻外机构人员、出访人员携带、托运或邮寄的暂时出境的文物,在出境前需由当地文物出境鉴定部门根据批准文物和文物清单、照片查核无误后签发出境证明,凭此向海关申报,海关按暂时出境货物予以验放。暂时进境并复带出境的文物,海关按暂时进境货物管理规定进行监管。

3. 在指定口岸出境的义务

经国家文物局特许出口或出境的文物,只能在国家指定的口岸办理海关手续离境。目前,国家指定的口岸是北京、上海、天津和广州。我国之所以要限定文物出境口岸,是考虑到上述口岸所在地具有文物鉴定机构和鉴定能力。如果甲地鉴定,乙地出境,不仅增加鉴定费用,而且海关管理失控的风险较大。也就是说,除上述口岸外,全国其他口岸不得办理文物出口或出境的海关手续。

(四)文物出境的管理

国家文物局是我国的文物行政管理部门,行使全面管理和保护我国的文化财产的职权,包括制定文物保护的等级标准、指定文物鉴定机构、发放文物出境的特许证件等。对于经鉴定不能出境的文物,国家文物局及其指定部门有权予以征购。对于违反《文物保护法》的行为,国家文物局享有依法处理权。

海关对文物出境的管理,主要反映在两个方面:其一,对有许可出境凭证的文物,行使查验放行权。对没有出境许可凭证的文物,不予放行。其二,对于违反海关法的规定,将文物走私出境的行为,海关享有依法处罚权。对于文物走私已触犯刑法的行为,海关则应移送司法机关追究有关责任人的刑事责任。

三、黄金产品进出口管理制度

(一)黄金及其制品进出口管理范围

黄金及其制品进出口管理是指中国人民银行、商务部依据《中华人民共和国金银管理条例》等有关规定,对进出口黄金及其制品实施监督管理的行政行为。它属于我国进出口许可管理制度的限制进出口管理的范畴,管理范围包括:

1. 矿藏生产金;
2. 冶炼副产金;
3. 金条、锭、块、粉;
4. 金铸币;
5. 金制品和金基合金制品;
6. 化工产品中含的金;
7. 金边角料及废渣、废液、废料中含的金。

(二)黄金及其制品进出口制度

中国人民银行为黄金及其制品进出口的管理机关,单位或个人出口或携带黄金及其制品出境,必须事先到中国人民银行及其授权机构办理黄金制品出口准许证,作为办理出口报关手续的依据。为加工出口成品而进口的黄金原料,进口后持报关单到中国人民银行办理登记手续,成品出口时,凭进口登记由中国人民银行签发黄金制品出口准许证,由海关凭证验放出境。

进口黄金及其制品，进口企业应事先向中国人民银行申领“中国人民银行授权书”。旅客携带黄金及其制品入境，在自用、合理数量内免税放行。超过自用、合理数量的部分，由海关征税放行。

旅客携带进境的由国内单位进口或接受捐赠的金银及其制品以及用于来料加工的黄金原料，都须凭中国人民银行的批准文件，由海关查验放行。

四、药品进出口管理制度

（一）药品概念与分类

药品，是指用于预防、治疗、诊断人的疾病，有目的地调节人的生理机能并规定有适应症或者功能主治、用法和用量的物质，包括中药材、中药饮片、中成药、化学原料药及其制剂、抗生素、生化药品、放射性药品、血清、疫苗、血液制品和诊断药品等。

为加强对药品的监督管理，保证药品质量，保障人体用药安全，维护人民身体健康和用药合法权益，药品监督管理局根据《药品管理法》、有关国际公约以及国家其他法规，对进出口药品实施监督管理。我国对进出口药品的管理属于国家限制进出口管理范畴，实行分类和目录管理。进出口药品从管理角度可以分为进出口麻醉药品、进出口精神药品以及进出口一般药品。国家药品监督管理局会同国务院商务主管部门对上述药品依法制定并调整目录，以签发许可证件的形式对其进出口加以管制。

（二）药品进口管理制度

进口药品的企业，必须具有药品监督管理部门核发的药品经营企业许可证。

进口的药品，必须持有药品监督管理部门批准核发的进口药品注册证。

国家药品监督管理局及其授权的地方药品监督管理部门是药品进出口管理的职能部门，负责签发有关证书，并负责编制进口药品目录。

进口单位向药品监督管理部门申请进口药品注册证，提供药品生产国卫生当局签发的证明文件（含中文译文）、专利证书、药品说明书（含中文译本），有关技术资料、药品实样、包装材料和包装样本。

进口单位进口医疗特需又未取得进口药品注册证的,或进口血液和血液制品,都须报药品监督管理部门特别批准,发给相关证书。

进口单位要填写进口药品报检单并随时附发票、装箱单、运单及厂家出具的品质证书,向口岸药检所报验,由其检验合格后出具进口药品通关单作为向海关报关的随附单证,海关凭单验放。

五、精神、麻醉药品进出口管理制度

(一)精神、麻醉药品的概念

1. 精神药品,又称抗精神失常药,主要用于治疗精神疾病,大多具有使狂躁兴奋的精神病人安定的作用。进出口列入《精神药品管制品种目录》的药品,包括精神药品标准品及对照品在内。

2. 麻醉药品,包括鸦片类、可卡因类、大麻类、合成麻醉药类及其他易成瘾的药品、药用原植物及其制剂等。

目前调整麻醉药品的法律、法规主要有《药品管理法》《麻醉药品和精神药品管理条例》及我国缔结或参加的国际条约。

精神、麻醉药品由国务院药品监督管理部门会同国务院公安部门、卫生健康主管部门公布目录。

(二)精神、麻醉药品进出口管理

国家药品监督管理局是精神、麻醉药品管理的职能部门。海关是进出口监督管理机关。

任何单位以任何贸易方式进出口列入《精神药品管制品种目录》《麻醉药品管制品种目录》的药品,不论用于何种用途,均须事先申领精神药品进出口准许证。因医疗、教学和科研工作需要进口精神药品的,有关单位报经国家药品监督管理局审查批准,由国务院药品监督管理部门发给精神药品进口准许证,凭此证以及相关其他证件办理进口海关手续,经口岸药品检验所检验合格后放行。对于出口精神药品,相关出口单位需要向国务院药品监督管理部门提出申请,交验进口国政策主管部门签发的允许进口准许证,经国家药品监督管理局审批,发给精神药品出口准许证、麻醉药品出口许可证,海关依据此证及其他证件验放。

精神药品、麻醉药品的进出口准许证仅限于在该证注明的口岸海关使用,并实行“一批一证”制度,证面内容不得自行更改,如需更改,应到国家药品监督管理部门办理换证手续。

六、音像制品进口管理制度

(一)音像制品进口的范围

我国颁布了《音像制品管理条例》《音像制品进口管理办法》及其他有关规定,对音像制品实行进口许可管制。音像制品进口管理的范围主要包括录有内容的录音带、录像带及磁带、唱片、激光唱片、激光视盘及其他已录制光盘等。但不包括个别携带、邮寄非经营性的上述音像制品。

(二)音像制品进口管理制度

文化和旅游部负责全国音像制品进口的监督管理工作,制定音像制品的进口规划,审查进口音像制品内容,确定音像制品成品进口经营单位的总量、布局和结构。各省、自治区、直辖市人民政府音像制品行政管理部门负责本行政区内的音像制品进口工作。音像出版社和音像制品经营单位经文化和旅游部批准后,才具有音像制品进口经营的资格。

我国对部分音像制品实行专营的管理。作为商品批量进口的科教语言教学音像制品和其他视听资料,统一由中国图书进出口公司经营,海关凭国家广播电视总局签发的进口许可证明验放;进口供广播、电视播出用的录音、录像制品,由国家广播电视总局和各省、自治区、直辖市广播事业局进口,海关凭其证明验放;进口供发行、试映的影片录像制品、影片视盘,统一由中国电影集团公司经营。上述音像制品进口,由国家广播电视总局签发进口许可证。

进口用于出版或进口用于直接销售的音像制品,经文化和旅游部批准后,凭文化和旅游部签发的音像制品发行许可证向海关办理母带(母盘)和销售用音像制品的进口手续。

进口用于报审的样带(片),应持文化和旅游部统一印制的进口音像制品样带(片)提取单,经省、自治区、直辖市人民政府音像制品行政管理部门登记签单后,由海关按暂时进口货物办理进口手续。

对于进口专用于展览、展示活动的音像制品,经文化和旅游部批准,委托音像制品进口经营单位办理进口海关手续。为配合其他商品展览、展示活动而进口的,用于示范宣传类的音像制品,海关按照暂时进口货物办理进口手续。对以进料加工、来料加工方式生产激光唱盘、激光视盘而进口的料件,海关凭当地音像管理部门出具的批准证明予以登记备案。

七、化学品首次进口及有毒化学品进口管理制度

(一)化学品首次进口及有毒化学品进口制度概述

化学品,是指人工制造的或者从自然界提取的化学物质,包括化学物质本身、化学混合物或者化学配制物中的一部分,以及作为工业化学品和农药使用的物质。有毒化学品,是指进入环境后通过环境蓄积、生物累积、生物转化或化学反应等方式损害健康和环境,或者通过接触对人体具有严重危害和具有潜在危险的化学品。化学品首次进口,是指外商或其代理人向中国出口其未曾在中国登记过的化学品,即使同种化学品已有其他外商或其代理人在中国进行了登记,仍被视为化学品首次进口。

(二)化学品首次进口及有毒化学品进口管理制度

为了加强化学品首次进口及有毒化学品进口管理,我国原环保总局会同海关总署、原外经贸部根据《关于化学品国际贸易资料交流的伦敦准则》,联合制定了《化学品首次进口及有毒化学品进出口环境管理规定》,同时发布了《中国禁止或严格限制的有毒化学品名录》。国家生态环境部在审批有毒化学品进出口环境管理登记申请时,对符合规定的,准予化学品环境管理登记并发给准许进出口的有毒化学品进(出)口环境管理放行通知单。海关凭此单证或其他相关单证验放或验收。

1. 化学品首次进口管理

为维护我国的环境安全和保护人民的身体健康，我国规定，化学品首次进口，应向我国生态环境部门申请环境保护登记。海关在进口环节凭证验放。

2. 有毒化学品进出口管理

根据我国原环保总局、海关总署和原外经贸部共同制定的《化学品首次进口及有毒化学品进出口环境管理规定》，凡是进出口列入有毒化学品目录的化学品，当事人要向我国生态环境部提出申请，经国家生态环境部审查认为符合国家规定的，发给有毒化学品进（出）口环境管理放行通知单作为准许进出口的证明。在向海关申报后，海关凭国家生态环境部签发的有毒化学品进（出）口环境管理放行通知单在有效期内，“一批一证”验放。

Chapter 7
第七章 海关法律责任制度

第一节 违反海关法的行为概述

一、违反海关法的行为

缉私作为国家打击走私的一种对抗性行为，必须与惩罚制度联系在一起，各国立法者赋予海关作为缉私主体享有相应的缉私权，并规定了明确的惩罚制度。所有违反海关法的行为，都包含应受法律制裁的行为表现。在海关法律责任制度中，根据对违法（非法）行为的轻重标准，区分为一般违法（非法）行为与犯罪行为两种。在这里应当注意的是，“走私行为”作为一般法意义上的类概念，在海关法中是作为一个有独特含义的个别概念适用，即海关法上所称的“走私行为”是与“走私犯罪”相对应的一个概念，两者不是从属关系，而是平行关系。因此，海关法意义上的走私行为是指违反了海关法规范尚未构成犯罪并需承担海关行政处罚法律责任的违法行为。走私犯罪则是触犯我国刑法规定，已具备走私犯罪构成要件的行为。海关查缉对象还包含了一类违反海关法规定但尚不构成走私的“违反海关监管规定的行为”，海关实践中简称“违规行为”。总之，海关法规定了两种类型的违法行为，即违反海关监管规定的行为和走私行为。因此，“走私犯罪”、“走私行为”和“违规行为”这三个概念在海关法上都有其特定的指示内容，后两个概念与走私犯罪相对，又可以统称“违反海关法的行为”。

违反海关监管规定和走私行为的区分，主要以是否具备主观意图这一基本事实来考察，为了能够更清晰地界定违法和不合规行为之间的差异，在实际操作中，必须证实真实瞒骗的意图。对违规和走私予以区分的实质性特征，除主观意图有明显表现或无表现之外，还跟货物的性质相关。比如，当走私货物属性属于禁止类货物，或者违法行为人实施了某种带有瞒骗主观意识的行为时，就会构成走私行为；走私类的违法行为，当其进出口货物既非禁止类货物也不是应税的货物时，就可能构成违规行为。

二、违反海关法行为的法律责任

我国法律责任体系通常分为民事法律责任、行政法律责任和刑事法律责任，前一种责任属于私法范畴，后两种则是公法上的法律责任。海关法规定的法律责任是一种公法责任，承担行政处罚或刑事处罚结果，对走私和违规行为的惩罚适用海关行政法律规范，如《海关法》和《海关行政处罚实施条例》等行政法规范；而对走私犯罪的责任追究则依据《中华人民共和国刑法》(以下简称《刑法》)和《刑事诉讼法》中的有关规定。

从海关法规定来看，适用于海关领域的“违反海关法行为”，已经失去了一些犯罪内涵。但是应注意的是，对这种行为认定时，在相同情形下，所导致的处罚结果不能完全地与刑事处罚割裂。事实上，违反海关法构成走私的行为，可能受到海关法上的处罚，也有可能上升为刑法中的刑罚。根据可能给予处罚的性质来决定是由海关作行政处罚结案还是提请检察院负责起诉。对违反海关法行为的责任追究往往游走于两个法律体系间，一方面，是刑法和刑事诉讼程序；另一方面，是《海关法》和《海关行政处罚实施条例》。

对违反海关法行为进行处罚，不仅是对海关法中已规定的处罚条款的适用，也是将这些处罚予以实施的机制。本质上，处罚的实施就是对违法行为的追诉和责任追究，因此，海关缉私惩罚主要指海关对违法行为展开追诉可能产生的法律结果。

海关法上的责任制度，从一般概念上理解，更偏向于税法制度还是刑法制度,并没有非常确定,如果在海关领域,作出的罚款和没收,属于对财政利益予以救济的特征,就不应该有刑法上的特征,但海关法上的惩罚措施,包括罚款和没收,除了具有对国家税收利益进行救济功能外,更多的是一种惩戒性功能,海关法上的罚款,具有一种混合性的特征,即同时具有刑事和财政两种特征,这种情形下,可以理解海关法上的责任制度,事实上是来自一个脱胎于刑法概念的子系统。这就要求处罚结果必须相对明确和稳定,但在海关处罚领域,有时的确对此难以作出回应。海关法条款设定,如关税、禁止性条款的设定,并不是以对外贸易经营者在海关法上的诉求为考量要素,而是由国家立法机关依据国家利益保障直接制定,海关法的变动也反映了不同历史时期的需要。但对违反海关法行为人而言,跟任何其他法律关系中的主体一样,应享有权利和程序保障,因此,我国刑法、刑事诉讼法和行政法律法规所确定的原则,在海关执法中都必须加以适用。

第二节　走私行为及其法律责任

一、走私行为

基于各国经济发展水平的不同,各国对走私进行定义会有所不同,一些国家主要打击的是违禁品和管制货品的非法流动,一些国家侧重于对偷逃税款的打击。海关合作理事会(现世界海关组织,WCO)1977 年 6 月 9 日在肯尼亚首都内罗毕召开的第 49/50 届年会上通过,并于 1980 年 5 月 21 日生效的《为防止、调查和惩处违反海关法行为实行行政互助的国际公约》(又称《内罗毕公约》)对“走私”的定义是“以隐秘方法偷运货物越过海关边境的瞒骗偷漏罪”,该公约对“海关瞒骗”的定义是“欺骗海关借以逃避全部或部分进出口税费和国内税,或逃避海关禁止或限制规定,或违反海关法借以谋利的行为”,该公约对走私范围的认定采取宽泛定义的办法,便于各国对该公约予以接受。《布莱克法律词典》对走私的定义是进出口禁止商品而未付税的行为,同时包括以瞒骗的方式将法律禁止的商品带进或带出国家的行为;走私在普通法上指将未付税的商品、货物,或禁止进出境的货物带入海岸或带离海岸的行为。

我国1979年《刑法》第116条规定:“违反海关法规,进行走私,情节严重的,除按照海关法规没收走私物品并且可以罚款外,处三年以下有期徒刑或者拘役,可以并处没收财产。”1997年《刑法》对走私罪单独规定一节,列有10个罪名,在罪状的具体描述上仍用“走私”一词,没有描述走私具体构成要件。1987年《海关法》第47条、第49条对走私罪作了列举式的规定,第47条规定:“逃避海关监管,有下列行为之一的,是走私罪:(一)运输、携带、邮寄国家禁止进出口的毒品、武器、伪造货币进出境的,以牟利、传播为目的运输、携带、邮寄淫秽物品进出境的,或者运输、携带、邮寄国家禁止出口的文物出境的;(二)以牟利为目的,运输、携带、邮寄除前项所列物品外的国家禁止进出口的其他物品、国家限制进出口或者依法应当缴纳关税的货物、物品进出境,数额较大的;(三)未经海关许可并补缴关税,擅自出售特准进口的保税货物、特定减税或者免税的货物,数额较大的。以武装掩护走私的,以暴力抗拒检查走私货物、物品的,不论数额大小,都是走私罪。犯走私罪的,由人民法院依法判处刑事处罚包括判处罚金,判处没收走私货物、物品、走私运输工具和违法所得。企业事业单位、国家机关、社会团体犯走私罪的,由司法机关对其主管人员和直接责任人员依法追究刑事责任;对该单位判处罚金,判处没收走私货物、物品、走私运输工具和违法所得。”以上条款用列举方式描述了走私罪的构成要件,没有对走私罪行为特征作概括性的规定。

2000年7月8日第九届全国人大常委会第十六次会议通过《关于修改〈中华人民共和国海关法〉的决定》,《海关法》第82条对走私采取了概括式和列举式相结合的规定方式,《海关法》第82条规定:“违反本法及有关法律、行政法规,逃避海关监管,偷逃应纳税款、逃避国家有关进出境的禁止性或者限制性管理,有下列情形之一的,是走私行为:(一)运输、携带、邮寄国家禁止或者限制进出境货物、物品或者依法应当缴纳税款的货物、物品进出境的;(二)未经海关许可并且未缴纳应纳税款、交验有关许可证件,擅自将保税货物、特定减免税货物以及其他海关监管货物、物品、进境的境外运输工具,在境内销售的;(三)有逃避海关监管,构成走私的其他行为的。有前款所列行为之一,尚不构成犯罪的,由海关没收走私货物、物品及违法所得,可以并处罚款;专门或者多次用于掩护走私的货物、物品,专门或者多次用于走私的运输工具,予以没收,藏匿走私货物、物品的特制设备，责令拆毁或者没收。有第一款所列行为之一，构成犯罪的，依法追究刑事责任。”与 1987 年《海关法》第 47 条规定不同，现行海关法摒弃过去在海关法中规定走私犯罪的做法，回归海关法的行政法属性，对走私行为作出规定后，对走私罪作出法律援引的衔接规定。

《海关行政处罚实施条例》第 7 条规定：“违反海关法及其他有关法律、行政法规，逃避海关监管，偷逃应纳税款、逃避国家有关进出境的禁止性或者限制性管理，有下列情形之一的，是走私行为：（一）未经国务院或者国务院授权的机关批准，从未设立海关的地点运输、携带国家禁止或者限制进出境的货物、物品或者依法应当缴纳税款的货物、物品进出境的；（二）经过设立海关的地点，以藏匿、伪装、瞒报、伪报或者其他方式逃避海关监管，运输、携带、邮寄国家禁止或者限制进出境的货物、物品或者依法应当缴纳税款的货物、物品进出境的；（三）使用伪造、变造的手册、单证、印章、账册、电子数据或者以其他方式逃避海关监管，擅自将海关监管货物、物品、进境的境外运输工具，在境内销售的；（四）使用伪造、变造的手册、单证、印章、账册、电子数据或者以伪报加工贸易制成品单位耗料量等方式，致使海关监管货物、物品脱离监管的；（五）以藏匿、伪装、瞒报、伪报或者其他方式逃避海关监管，擅自将保税区、出口加工区等海关特殊监管区域内的海关监管货物、物品，运出区外的；（六）有逃避海关监管，构成走私的其他行为的。”

从以上规定中可以看到，走私行为的主要特征，一是涉及海关监管货物；二是“逃避海关监管”“偷逃税款”，通常需要借助一些具体方式，例如，利用汽车、船舶、航空器等夹藏伪装以及采用一般瞒骗最具特征的伪造文件的方式来完成。因此，阻却走私行为有时候需要有对走私者直接干预或者有阻止违法行为的技术手段。

至此，走私行为可以概括为，违反海关法及有关法律、行政法规，非法运输、携带、邮寄国家禁止、限制进出境或应纳税款的货物、物品进出境，或者未经海关许可并未缴应纳税款、交验有关许可证件，擅自将保税货物、特定减免税货物以及其他海关监管货物、物品、进境的境外运输工具在境内销售，逃避海关监管或偷逃税款的行为。

二、走私行为的方式

根据《海关法》《海关行政处罚实施条例》的规定，对走私行为按照不同的方式可概括为以下几种情况：

1. 绕关走私

绕关走私，是指未经国务院或者国务院授权的机关批准，从未设立海关的地点运输、携带国家禁止或者限制进出境的货物、物品或者依法应当缴纳税款的货物、物品进出境的行为。

2. 通关走私

通关走私，是指经过设立海关的地点，以藏匿、伪装、瞒报、伪报或者其他方式逃避海关监管，运输、携带、邮寄国家禁止或者限制进出境的货物、物品或者依法应当缴纳税款的货物、物品进出境的行为。

3. 后续走私

后续走私主要有三种情形：第一种情形是指使用伪造、变造的手册、单证、印章、账册、电子数据或者以其他方式逃避海关监管，擅自将海关监管货物、物品、进境的境外运输工具，在境内销售的行为；第二种情形是指使用伪造、变造的手册、单证、印章、账册、电子数据或者以伪报加工贸易制成品单位耗料量等方式，致使海关监管货物、物品脱离监管的行为；第三种情形是以藏匿、伪装、瞒报、伪报或者以其他方式逃避海关监管，擅自将保税区、出口加工区等海关特殊监管区域内的海关监管货物、物品，运出区外的行为。

绕关走私、通关走私和后续走私都是典型的走私行为，因为它们均包含了违反海关法规、逃避海关监管及侵犯特定行为对象这三个要素。

4. 间接走私

间接走私，又称准走私，是指不完全具备走私行为的要件，但其社会危害性等同于走私，因与走私行为联系密切而被海关法明文规定，所以按走私论处。具体而言，间接走私指《海关法》第83条规定的按走私行为论处的行为，即直接向走私人非法收购走私进口的货物物品的所谓“贩私”行为，以及在内海、领海、界河、界湖运输、收购、贩卖国家禁止或者限制进出口的货物、物品，或者运输、收购、贩卖依法应当缴纳税款的货物，无合法证明的行为。合法证明，是指与当事人运输、携带、收购、贩卖的活动相符的合法有效的商业及运输单证、文件等书面证明，以证实其活动的合法性。

三、走私行为的法律责任

《海关法》第 82 条规定了走私行为的法律责任，《海关行政处罚实施条例》第 9 条作出细化的规定，有该实施条例第 7 条、第 8 条所列行为之一的，依照下列规定处罚：(1) 走私国家禁止进出口的货物的，没收走私货物及违法所得，可以并处 100 万元以下罚款；走私国家禁止进出境的物品的，没收走私物品及违法所得，可以并处 10 万元以下罚款；(2) 应当提交许可证件而未提交但未偷逃税款，走私国家限制进出境的货物、物品的，没收走私货物、物品及违法所得，可以并处走私货物、物品等值以下罚款；(3) 偷逃应纳税款但未逃避许可证件管理，走私依法应当缴纳税款的货物、物品的，没收走私货物、物品及违法所得，可以并处偷逃应纳税款 3 倍以下罚款。专门用于走私的运输工具或者用于掩护走私的货物、物品，2 年内 3 次以上用于走私的运输工具或者用于掩护走私的货物、物品，应当予以没收。藏匿走私货物、物品的特制设备、夹层、暗格，应当予以没收或者责令拆毁。使用特制设备、夹层、暗格实施走私的，应当从重处罚。

《海关行政处罚实施条例》第 10 条同时规定，与走私人通谋为走私人提供贷款、资金、账号、发票、证明、海关单证的，与走私人通谋为走私人提供走私货物、物品的提取、发运、运输、保管、邮寄或者其他方便的，以走私的共同当事人论处，没收违法所得，并依照本实施条例第 9 条的规定予以处罚。该条例第 11 条规定，报关企业、报关人员和海关准予从事海关监管货物的运输、储存、加工、装配、寄售、展示等业务的企业，构成走私犯罪或者 1 年内有 2 次以上走私行为的，海关可以撤销其注册登记，禁止其从事报关活动。

第三节 走私罪及其法律责任

一、走私罪与走私行为

走私罪和走私行为在概念构成要素上是相同的,都是违反海关法规和逃避了海关监管,行为对象都是禁止、限制或应税的货物物品。

走私罪,是指违反海关法律法规,非法运输、携带、邮寄国家禁止、限制、应税的货物、物品进出境,或者未经海关许可并缴纳关税,擅自将保税货物,特定减免税货物及其他海关监管货物、物品、进境的境外运输工具在境内销售,逃避海关监管或偷逃税款,情节严重的行为。

从走私行为和走私罪法律条文规定对比来看,刑法规定的走私个罪行为基本可以在《海关行政处罚实施条例》中找到对应规定,其在行为描述上几乎一致,1997 年《刑法》,从总则第 13 条和走私罪一节具体走私数额等规定可看出,情节是否严重仍然是区分走私罪和走私行为的标准。

海关刑事执法和行政执法权限的划分,建立在走私罪和走私行政违法行为的认定划分基础之上。理论上区分两者并不困难,它们属于不同性质的行为,彼此独立。前者属于刑事违法范畴,适用《刑法》和《刑事诉讼法》,责任后果是刑事制裁;后者属于行政违法范畴,适用《海关法》等行政法规范,承担行政责任,接受海关行政处罚。但两者又存在一定的共存性,立法上认定走私犯罪和走私行为的主观内容和行为特征是完全一致的,后者可能向走私犯罪过渡,即走私行为向走私罪的过渡性。具体呈现的表象就是,《海关法》中包含的部分条款与刑事法律制度相关,我国《刑法》关于走私罪的规定,各走私罪名的认定均属空白构成要件,每一走私犯罪的构成特征均需要适用《海关法》中的一些条款;走私罪认定中的许多概念也是以海关法规范为指引性规定的。以“走私普通货物、物品”的走私犯罪与走私行为的区分标准为例,“情节轻重”作为罪与非罪的区分标准,走私行为必须情节严重,走私货物、物品、偷逃应纳税额较大或者一年内曾因走私被给予两次行政处罚后又走私的,构成走私犯罪,走私普通货物、物品偷逃应纳税额自然人在10万元以上的,构成走私犯罪。如果达不到该起刑点的,则按走私行政违法行为,根据《海关法》给予行政处罚;以禁止进出境物品作为区分罪与非罪界限的,有时需要考虑走私违禁品的数量作为"情节严重"的标准。例如,作为起刑点走私伪造的货币数额2000元以上或者数量在200张(枚)以上。达不到这个数额,则构成走私行为;即使是同种类违禁品,有时候也有走私犯罪和走私行为的划分问题,如刑法规定构成走私文物罪的对象是国家禁止出口的三级文物,而海关法规定走私文物行为的对象是大量的一般文物。在这些罪与非罪的区分中,我们看到,对"禁止进出境物品"的含义及对走私普通货物、物品罪中偷逃税款的确定,都是依据《海关法》《进出口关税条例》等行政法规范来确定,对偷逃税款的计算,要根据海关估价和完税价格的审定办法来确定。

因此,《海关法》中的部分条款在一定意义上成为推动刑事诉讼的特别条款,这些条款在刑事诉讼活动中属于司法能力范围的规则,海关在对刑事诉讼活动的启动及对行政违法进行追究的活动中分别是独立的角色。

二、走私罪的犯罪构成

犯罪构成理论是我国刑法理论的重要组成部分,也是查缉走私犯罪常适用的理论。走私罪的犯罪构成由下面四个要件组成。

(一)走私犯罪主体

走私主体中的自然人显然必须是具备刑事责任能力,达到刑事责任年龄的人。我国刑事责任年龄涉及定罪分为三段,即不满12周岁不负刑事责任,12周岁至14周岁相对不负刑事责任,16周岁以上完全负刑事责任。14周岁至16周岁的人只对故意杀人罪等8种犯罪负刑事责任,已满12周岁不满14周岁的人应当负刑事责任的情形,其中都不包括走私罪。对成年人利用未成年人走私,如成年人利用幼童来往港澳和内地上学和放学的机会,在其身上藏匿走私物品。他们一般7时至9时出境,15时至16时进境,"水客"看中了这些学童的特殊身份,利用其走私。此种情况,不满14周岁的人不承担刑事责任,成年人按间接正犯处理,不满14周岁的人只是其利用的"工具"而已。

刑法和海关法均明确规定,走私主体可以由单位构成。根据刑法法人犯罪的理论,其构成须具备三个条件:一是法人意志的体现,它或是经单位集体研究决定,或由负责人决定实施;二是以法人名义实施;三是犯罪所得归法人所有。其中以第三点最为重要,它是区分单位犯罪和个人犯罪的重要标准。根据《最高人民法院、最高人民检察院、海关总署关于办理走私刑事案件适用法律若干问题的意见》(法〔2002〕139号,以下简称《关于办理走私刑事案件适用法律的意见》)的规定,具备下列特征的,可以认定为单位走私犯罪:(1)以单位的名义实施走私犯罪,即由单位集体研究决定,或者由单位的负责人或者被授权的其他人员决定、同意;(2)为单位谋取不正当利益或者违法所得大部分归单位所有。

(二)走私犯罪主观要件

走私罪的犯罪主观要件是直接故意。直接故意,是指明知自己的行为会发生危害社会的后果,并且希望危害结果发生,表明行为人在主观上有犯罪的恶意。

走私罪只能由故意构成,过失不构成走私犯罪应不存在疑义,如伪报、瞒报进出口货物价格偷逃关税的行为,行为人主观上是故意,以走私处理,而对进出口货物价格申报不实的行为,当事人主观上推定有过错,但执法机关不能证明其是故意的,按违反海关监管规定的行为处理。对走私故意只能是直接故意,还是也可以为间接故意,学理解释不尽一致。有观点认为,走私只能是直接故意,即明知自己行为会发生危害社会的结果,希望该结果的发生,间接故意不在其列。另有观点认为,走私故意包括间接故意在内,以走私文物为例,对文物的鉴定需要专门知识,非一般人能明确判断是否为国家禁止出境的文物,但若根据自己的经验和知识,能推测可能为国家禁止出境的文物,但放任跨境导致逃避海关监管行为的发生,可以构成走私文物罪。

《关于办理走私刑事案件适用法律的意见》第5条第1款规定:“行为人明知自己的行为违反国家法律法规,逃避海关监管,偷逃进出境货物、物品的应缴税额,或者逃避国家有关进出境的禁止性管理,并且希望或者放任危害结果发生的,应认定为具有走私的主观故意。”

认定主观故意有直接故意认定和间接故意认定。直接故意认定是指能直接证明行为人具有走私的故意,如行为人承认,或者证人证明,或者有书证、录音、录像资料等说明行为人的主观故意。《关于办理走私刑事案件适用法律的意见》第5条第2款规定"走私主观故意中的'明知'是指行为人知道或者应当知道所从事的行为是走私行为",并以列举的方式规定了"明知"的情形。如逃避海关监管,运输、携带、邮寄国家禁止进出境的货物、物品的;用特制的设备或者运输工具走私货物、物品的等。

间接故意认定,是指通过与主观故意相关的因素来证明主观故意的存在。例如,以明显低于货物正常进(出)口的应缴税额委托他人代理进(出)口业务的,即在所谓的"包税"案件中,存在间接故意的情形。"包税"案件是货物实际进口人即发包人将办理进口手续,包括缴纳关税、办理许可证等一并发包给他人代办,以明显低于正常通关费用,一般还不够缴纳关税的价格将货物通关,承包方一般以伪报品名、低报价格、伪报贸易方式、伪报原产地等诸多走私手段通关。此种情形,虽然发包人并未直接实施逃避海关监管的行为,但其主观上明显可以判断承包人实际上是通过走私来降低其进口货物费用,而对其持放任的态度,是一种间接故意,应追究其走私的法律责任。

根据《刑法》规定,对于走私淫秽物品,行为人主观上还必须具备牟利或者传播的目的。对于未经海关许可并且未补缴应缴税额而擅自将保税货物或者特定减免税进口货物、物品在境内销售的行为认定为走私犯罪的,行为人主观上必须具备以牟利为目的的要件。

(三)走私犯罪客体

犯罪客体是犯罪行为所侵害的,而为刑法所保护的社会关系。走私罪侵犯的客体是我国对外贸易管理秩序和社会管理秩序。

我国对外贸易管制包括四个方面的内容:(1)对进出口货物实行准许、限制或者禁止进出口制度;(2)对进出口的非贸易物品根据该物品的性质、种类,实行限进、限出、限量、限值的制度;(3)对金银、外汇实行集中管理,统一经营,禁止私下交易、兑换;(4)对进出口的货物实行税收制度,禁止偷逃关税。

走私犯罪侵害的客体具体表现在国家对进出口货物和物品的管理制度以及对毒品的管理制度,国家对进出口货物、物品的管理制度包括禁止进出口、限制进出口、自由进出口三种,走私罪的犯罪对象是非法进出境或偷逃关税的货物、物品，是国家禁止进出境的物品、国家限制进出境的货物物品或应税的货物物品，且相应达到一定的量。

根据《刑法》“走私罪”一节和《刑法》第 334 条之一、第 347 条的规定，走私罪的对象具体包括以下几类：

(1)国家禁止进出口的武器、弹药、核材料或者假币；

(2)国家禁止出口的文物、黄金、白银和其他贵重金属；

(3)国家禁止进出口的珍贵动物及其制品；

(4)国家禁止进出口的珍稀植物及其制品；

(5)淫秽的影片、录像带、录音带、图片、书刊或者其他淫秽物品；

(6)除明列禁止之外的普通货物、物品；

(7)批准进口的来料加工、来件装配、补偿贸易的原材料、零件、制成品、设备等保税货物；

(8)特定减税、免税、进口的货物、物品；

(9)固体废物、液态废物和气态废物；

(10)国家禁止进出境的鸦片、海洛因、甲基苯丙胺等毒品；

(11)我国人类遗传资源材料。

走私犯罪的对象对定罪至关重要。废物是走私废物罪的犯罪对象。我国从 2021 年 1 月 1 日起全面禁止进口固体废物，在此之前废物有禁止与限制之分，限制进口固体废物是涉税货物，当时就不属走私废物罪的犯罪对象。

(四)走私罪的客观要件

走私罪的客观方面表现为违反海关法规，非法运输、携带、邮寄国家禁止、限制、应税的货物、物品进出境，或者未经海关许可并补缴税款，擅自将保税货物或特定减免税进口的货物、物品在境内销售，逃避海关监管或偷逃关税，情节严重的行为。

根据我国《刑法》的规定，走私罪包括下列行为：

(1)走私武器、弹药、核材料或伪造的货币；走私国家禁止出口的文物、黄金、白银和其他贵重金属或珍贵动物及其制品的；走私珍稀植物及其制品等国家禁止进出口的其他货物、物品的。

(2)走私淫秽的影片、录像带、录音带、图片、书刊或者其他淫秽物品的。

(3)逃避海关监管将境外固体废物、液态废物和气态废物运输进境。

(4)走私普通货物、物品偷逃应缴税额较大或者一年内曾因走私而被给予二次行政处罚后又走私的。

(5)走私毒品或非法运输醋酸酐、乙醚、三氯甲烷或者其他用于制造毒品的原料、配剂或者携带上述物品进出境的。

(6)未经海关许可并且未补缴应缴税额,擅自将保税货物或特定减免税进口的货物、物品在境内销售牟利的。

(7)与走私罪犯通谋,为其提供贷款、资金、账号、发票、证明或者为其提供运输、保管、邮寄或者其他方便的行为,以共同犯罪论处。

(8)非法携带我国人类遗传资源材料出境、危害公共健康或者社会公共利益,情节严重的。

(9)武装掩护走私或以暴力、威胁方法抗拒缉私的。

综上所述,以上四个方面是构成走私罪的必要要件,只有同时具备四个要件的行为才构成走私罪,缺少任何一个要件,则不构成走私罪。

三、按走私罪论处的行为

对于准走私行为中的两类行为方式,由于它们是在境内发生的非法行为,并不跨越关境,不存在逃避海关监管的行为,按走私罪犯罪构成的要件来分析,都存在某个要件不完全具备的情况,《刑法》对这两类行为明文规定为以走私犯论处的间接走私行为。

这类行为与走私直接相关,其社会危害性已达到犯罪的严重程度。《刑法》第 155 条规定按走私罪论处的行为有:

(1)直接向走私人非法收购国家禁止进口物品的,或者直接向走私人非法收购走私进口的其他货物、物品,数额较大的;

(2)在内海、领海、界河、界湖等运输、收购、贩卖国家禁止进出境物品的,或者运输、收购、贩卖国家限制进出境货物、物品,数额较大,没有合法证明的。

四、走私罪的法律责任

我国《刑法》第三章“破坏社会主义市场经济秩序罪”第二节“走私罪”，第六章“妨害社会管理秩序罪”第五节“危害公共卫生罪”、第七节“走私、贩卖、运输、制造毒品罪”对不同的走私个罪规定了详尽的法定刑，有关个罪的起刑点、最高刑和最低刑见表7－1。

表7－1　走私罪名及量刑标准

罪名	刑法起刑点	最高刑	最低刑
走私普通货物罪	个人走私涉税10万元	无期徒刑	3年以下有期徒刑或者拘役（有期徒刑不可低于6个月）
	单位走私涉税20万元	无期徒刑	
走私武器、弹药罪	非火药动力枪支2支以上；铅弹500发以上；其他子弹10发以上；其他类型武器无起刑点	无期徒刑	3年以上7年以下有期徒刑
走私假币罪	数额2000元以上或者数量200张以上	无期徒刑	3年以上7年以下有期徒刑
走私文物罪	国家禁止出口的三级文物，未列明具体数额	无期徒刑	5年以下有期徒刑（有期徒刑不可低于6个月）
走私珍贵动物及其制品罪	未列明具体数额，不以牟利为目的，为留作纪念而走私珍贵动物制品进境，数额不满10万元的，可以免予刑事处罚，情节显著轻微的，不作为犯罪处理	无期徒刑	5年以下有期徒刑（不可低于6个月）
走私淫秽物品罪	影碟录像带50盘（张）以上；录音带、音碟、扑克、书刊、画册100盘（册）/副（册）以上；照片画片500张以上	无期徒刑	3年以下有期徒刑、拘役或者管制（有期徒刑不可低于6个月）
走私毒品罪	无论数量多少均刑事处罚	死刑	3年以下有期徒刑、拘役或者管制（有期徒刑不可低于6个月）
走私制毒物品罪	无论数量多少均刑事处罚	7年以上有期徒刑	3年以下有期徒刑、拘役或者管制（有期徒刑不可低于6个月）

续表

罪名	刑法起刑点	最高刑	最低刑
走私废物罪	禁止进口的危险性废物1吨以上； 禁止进口的非危险性废物5吨以上； 限制进口可用作原料的废物20吨以上	5年以上有期徒刑	5年以下有期徒刑(有期徒刑不可低于6个月)
走私核材料罪	未列明具体数额	无期徒刑	3年以上7年以下有期徒刑
走私贵重金属罪	未列明具体数额	无期徒刑	5年以下有期徒刑
走私珍稀植物及其制品等国家禁止进出口的其他货物、物品	一级保护野生植物5株,二级保护野生植物10株,或者价值在20万元以上； 一般保护古生物化石10件(重点保护古生物化石无具体数额)； 禁止进出口的有毒物质1吨或者数额2万元以上； 来自境外疫区的动植物及产品5吨或者数额在5万元以上； 走私木炭、硅砂等妨害环境、资源保护的货物物品10吨或者数额在10万元以上； 走私旧机动车、切割车、旧机电产品等20吨或者数额在20万元以上； 其他:首要分子、特种车辆走私、造成环境严重污染等	5年以上有期徒刑	5年以下有期徒刑或拘役(有期徒刑不可低于6个月)
走私人类遗传资源材料罪	危害公众健康或者社会公共利益情节严重的	3年以上7年以下有期徒刑	3年以下有期徒刑、拘役或者管制

走私罪由司法机关追究刑事责任。为此,我国《刑法》规定了以下的罚则:

1. 走私武器、弹药、核材料或者伪造的货币,处7年以上有期徒刑,并处罚金或者没收财产;情节较轻的,处3年以上7年以下有期徒刑,并处罚金;情节特别严重的,处无期徒刑,并处没收财产。

2. 走私国家禁止出口的文物、黄金、白银和其他贵重金属或者国家禁止进出口的珍贵动物及其制品的,处5年以上10年以下有期徒刑,并处罚金;情节较轻的,处5年以下有期徒刑,并处罚金;情节特别严重的,处10年以上有期徒刑或者无期徒刑，并处没收财产。

3. 走私珍稀植物及其制品等国家禁止进出口的其他货物、物品的，处5年以下有期徒刑或者拘役，并处或者单处罚金；情节严重的，处5年以上有期徒刑，并处罚金。

单位有上述犯罪的，对单位判处罚金，并对其直接负责的主管人员和其他直接责任人员按上述罚则处罚。

4. 走私鸦片1000克以上，海洛因或者甲基苯丙胺50克以上或者其他毒品数量大的及走私毒品集团的首犯、武装掩护走私毒品以及参与有组织的国际贩毒活动，处15年有期徒刑、无期徒刑或者死刑，并处没收财产；

走私鸦片200克以上不满1000克、海洛因或者甲基苯丙胺10克以上不满50克或者其他毒品数量较大的，处7年以上有期徒刑，并处罚金；

走私鸦片不满200克、海洛因或者甲基苯丙胺不满10克或者其他少量毒品的，处3年以下有期徒刑、拘役或者管制，并处罚金，情节严重的，处3年以上7年以下有期徒刑，并处罚金；

非法运输、携带醋酸酐、乙醚、三氯甲烷或者其他用于制造毒品的原料、配剂进出境的，情节较重的处3年以下有期徒刑、拘役或者管制，并处罚金；情节严重的处3年以上7年以下有期徒刑，并处罚金；情节特别严重的，处7年以上有期徒刑并处罚金或者没收财产。

单位犯以上罪的，对单位判处罚金，并对其直接负责的主管人员和其他直接责任人员，依上述规定处罚。

5. 以牟利或者传播为目的走私淫秽物品的，处3年以上10年以下有期徒刑，并处罚金；情节严重的，处10年以上有期徒刑或者无期徒刑，并处罚金或者没收财产；情节较轻的，处3年以下有期徒刑、拘役或者管制，并处罚金。

逃避海关监管将境外固体废物、液态废物和气态废物运输进境，情节严重的，处5年以下有期徒刑，并处或者单处罚金；情节特别严重的，处5年以上有期徒刑，并处罚金。

单位犯罪的，对单位判处罚金，并对其直接负责的主管人员和其他直接责任人员，依照上述规定处罚。

6. 走私普通货物、物品，1997年《刑法》以“偷逃应缴税额在五万元以上不满十五万元”“偷逃应缴税额在十五万元以上不满五十万元”“偷逃应缴税额在五十万元以上”来设置三档量刑幅度。《中华人民共和国刑法修正案(八)》对走私普通货物、物品罪取消了具体数额标准的规定,以“偷逃应缴税额较大”“偷逃应缴税额巨大”“偷逃应缴税额特别巨大”以及相应情节来重新设置三档量刑幅度。

对多次走私未经处理的,按照累计走私货物、物品偷逃应缴税额处罚。

单位犯以上罪的,对单位判处罚金,并对其直接负责的主管人员和其他直接责任人员,处3年以下有期徒刑或者拘役;情节严重的,处3年以上10年以下有期徒刑;情节特别严重的;处10年以上有期徒刑。

7. 未经海关许可并且未补缴应缴税款擅自将保税货物和特定减免税货物在境内销售牟利的,按其偷逃应缴税额的数额按上述规定处罚。按走私罪论处的行为,也按上述规定处罚。

8. 武装掩护走私的,按走私物品类别的有关规定从重处罚,毒品走私的累犯从重处罚;暴力、威胁抗拒缉私的,以走私罪和阻碍国家机关工作人员依法执行职务罪数罪并罚。

9. 携带我国人类遗传资源材料出境,危害公众健康或者社会公共利益,情节严重的,处3年以下有期徒刑、拘役或者管制,并处或者单处罚金;情节特别严重的,处3年以上7年以下有期徒刑,并处罚金。

五、走私行为和走私罪行刑移送衔接问题

根据我国《刑事诉讼法》第109条的规定,公安机关或者人民检察院发现犯罪事实或者犯罪嫌疑人,应当按照管辖范围,立案侦查。依法立案既是侦查部门的职权,也是一项义务。“有犯罪事实”是立案的事实条件,指犯罪事件客观上已经发生,即有犯罪的客体和客观要件。对犯罪主体和主观方面的查明,则是立案后需要进一步查清的问题。

司法实践中,立案程序是刑事诉讼的必经程序,是整个刑事诉讼活动的开始。刑事立案作为一个独立的诉讼阶段,应当由侦查部门准确作出立案或者不立案的决定。一般违法行为不能作为犯罪处理,犯罪也不能降格为一般违法行为处理,罪与非罪的界限必须清楚,这是罪刑法定原则的要求。但走私犯罪与走私行为在行为特征上的共通性,令案件立案标准在客观上有时变得难以把

握。走私可能发生在通关环节或是发生在合法进口后的其他环节,也可能是不经过海关私自进口或海上私自贩运等,多种多样的走私形态令各类罪名在犯罪构成的行为要件上不尽相同;在通关环节,走私手法可能是伪报、瞒报、低报,也可能是使用伪装、藏匿等手段进出境,这些行为是走私犯罪、走私行为还是违反海关监管规定的行为,无法根据事实情况直接做出区分。对走私犯罪的认定,除了客观上有以上违法行为的存在外,必须有证据证明其主观上逃避海关监管或偷逃税款的故意;在此认定基础上,还需要以达到一定的危害程度做区分,这些要求就令对某一走私违法行为的定性,要在立案第一环节作出正确的价值判读,客观上存在困难。客观认定的困难,加上立案时限短的现实条件,海关对是否予以立案必须做出一个即时判断。往往走私案件从查获开始,大量的查证工作必须在短时间内处理,可能涉及对运输工具采取监管措施,对涉案货物物品的进仓、计核偷逃税额、涉案人员进行看管等,有时还会涉及与其他部门的联系、协调和沟通。在完成这些工作之后,暂时扣留涉案人员的法定期限届满,要么必须刑事立案,采取刑事强制措施;要么必须解除扣留。在刑事立案与行政处理之间,海关在立案环节就应当有选择,当案件的进展与立案环节海关所掌握的刑事或行政立案事实的情况发生变化时,有时就会产生案件在两种执法职能下需要相互移送的状况。

对于行政执法机关与司法机关的“行刑衔接”,2021 年 1 月 22 日,全国人大常委会修订的《行政处罚法》对“行刑衔接”制度作了重大修改。《行政处罚法》第 27 条相对于旧法第 22 条而言,在第 1 款增加了“对依法不需要追究刑事责任或者免予刑事处罚,但应当给予行政处罚的,司法机关应当及时将案件移送有关行政机关”的内容,并增加 1 款为新法第 27 条第 2 款,该款内容为“行政处罚实施机关与司法机关之间应当加强协调配合,建立健全案件移送制度,加强证据材料移交、接收衔接,完善案件处理信息通报机制”。《行政处罚法》对于“行刑衔接”制度的修改,从原先的“单向移送”改为“双向移送”,即行政执法机关与司法机关对案件移送不再是行政执法机关向司法机关移送涉嫌犯罪案件的单向作为,而是两者根据对方的职责相互移送。“双向移送”制度的建立,核心在于形成行政执法机关与司法机关完善的“案件处理信息通报机制”。

行政执法机关向司法机关移送涉嫌犯罪案件的问题,根据 2020 年 8 月 7 日,国务院第 730 号令修改的《行政执法机关移送涉嫌犯罪案件的规定》,行政执法机关向司法机关移送的涉嫌犯罪案件,包括涉嫌破坏社会主义市场经济秩序罪、妨害社会管理秩序罪等以及知识产权领域的违法犯罪案件,这些案件应当向公安机关移送。《行政处罚法》不仅规定行政执法机关有及时移送涉嫌犯罪案件的法定义务,而且也规定司法机关有及时向行政执法机关移送"依法不需要追究刑事责任或者免予刑事处罚,但应当给予行政处罚的"案件的法定义务,表明行政执法机关与司法机关的"移送"是各司其职的、对等的和双向的。

第四节　违反海关监管规定的行为及法律责任

一、违反海关监管规定行为

我国违反海关法的行为,可以分为走私行为和违反海关监管规定的行为。违反海关监管规定的行为,是指违反海关法及其他有关法律、行政法规和规章但不构成走私的行为。

任何一项违反海关法的行为,跟其他行政立法中的违法性质认定一样,是按其适用法规的性质来决定行为的严重性。也就是说,并不是因为违反海关法行为具备了行政违法较轻的特征,才对该行为处以行政处罚;而是因为先有了海关行政处罚这类规定,才定性某种违反海关法行为具备行为"较轻"的性质。事实上,这是一条不考虑违法行为实施与构成要件的一种抽象的定性原则,这也就解释了多数违反海关监管规定的行为,往往不需要去证明其主观上的过错。

《海关行政处罚实施条例》第 12 条规定:"违反海关法及其他有关法律、行政法规和规章但不构成走私行为的,是违反海关监管规定的行为。"违反海关监管规定的行为,可以概括为未违反国家禁止、限制和应税管理规定,未逃避海关监管,但违反海关监管规定,侵害海关监督管理制度,除走私行为以外的其他违反海关法的行为。由于违反海关监管规定的行为是对海关监管制度的侵害,因此只要存在事实上的违反海关规定的行为,不管是禁止进出口货物的违规行为、限制进出口货物和自动进出口许可管理货物的违规行为、货物申报不实的行为、一般进出口货物的违规行为、进出境物品的违规行为、进出境运输工具的违规行为，还是其他违反海关监管规定的行为，都可以根据该条例的规定处罚。

二、违反海关监管规定行为的认定和处罚

（一）违反海关监管规定行为的认定

进出口货物涉及的常见的违反海关监管规定的行为是申报不实，即进出口货物的品名、税号、数量、规格、贸易方式、原产地等应当申报的项目未申报或者申报不实的，海关按照影响海关统计准确性、影响海关监管秩序、影响国家许可证件管理、影响国家税款征收、影响国家外汇和出口退税管理等，分别作出警告或者罚款处罚。

违反海关监管规定行为与走私行为的主要区别在于：

（1）主观故意不同。走私行为具有主观目的性，其行为的目的就在于偷逃国家应缴税款或逃避国家对进出境运输工具、货物、物品的禁止或限制性管制，而往往有针对性地采取各种伪装欺骗手段，这是走私行为的显著特征。而违反海关监管规定的行为在主观认识上通常表现为“过失”状态，无明确的逃税、逃证的主观目的性，通常也不会采取有针对性的欺骗手段来逃避海关监管。二者的根本区别在于是否逃避海关监管。

应当注意的是，行政处罚主要采取的是主观过错推定原则，即行政机关调查取证可以判断行政相对人存在行政违法行为并达到法律法规规定处罚的条件，即可适用该规定进行处罚，可基本推定当事人有违法的主观过错。但当事人可以证明主观无过错，则可以不予行政处罚，将举证责任转移到当事人身上是具有现实合理性的，当事人对举证证明自己没有过错一事显然比行政执法机关来举证简单得多。

（2）客观行为不同。走私行为为了达到逃税、逃证的目的，通常会采取欺骗手段逃避海关监管，而违反海关监管规定的行为一般都不会采取欺骗手法，其行为往往没有明确的逃税、逃证的针对性和目的性，发生的环节也多是在程序和手续方面不履行海关规定的义务；我国《海关法》第 82 条和第 86 条分别对走私行为和违规行为的客观行为作出规定。

(3)行为危害结果不同。走私行为侵害的是国家关于运输工具、货物、物品进出境税收和管制的实体性规定,通常会产生逃税、逃证的实质性危害,这是走私行为的本质特征。而违反海关监管规定的行为侵害的主要是海关监管的程序、手续以及具体要求等进出境管理秩序。

(二)违反海关监管规定行为的方式及其处罚

《海关法》第 86 条对违反海关监管规定的行为作了列举,《海关行政处罚实施条例》第 3 章对违反海关监管规定的行为进一步细化并规定了相应的处罚幅度。

(1)违反禁限规定的进出口违规

《海关行政处罚实施条例》第 13 条规定,违反国家进出口管理规定,进出口国家禁止进出口的货物的,责令退运,处 100 万元以下罚款。该条例第 14 条规定,违反国家进出口管理规定,进出口国家限制进出口的货物,进出口货物的收发货人向海关申报时不能提交许可证件的,进出口货物不予放行,处货物价值 30% 以下罚款。违反国家进出口管理规定,进出口属于自动进出口许可管理的货物,进出口货物的收发货人向海关申报时不能提交自动许可证明的,进出口货物不予放行。

(2)进出口货物申报不实违规

《海关行政处罚实施条例》第 15 条规定,进出口货物的品名、税则号列、数量、规格、价格、贸易方式、原产地、启运地、运抵地、最终目的地或者其他应当申报的项目未申报或者申报不实的,分别依照下列规定予以处罚,有违法所得的,没收违法所得:影响海关统计准确性的,予以警告或者处 1000 元以上 1 万元以下罚款;影响海关监管秩序的,予以警告或者处 1000 元以上 3 万元以下罚款;影响国家许可证件管理的,处货物价值 5% 以上 30% 以下罚款;影响国家税款征收的,处漏缴税款 30% 以上 2 倍以下罚款;影响国家外汇、出口退税管理的,处申报价格 10% 以上 50% 以下罚款。

进出口货物收发货人与报关企业的责任承担划分上,如果是收发货人未按照规定向报关企业提供所委托报关事项的真实情况,致使发生上述规定情形的,委托人需承担申报不实的法律责任。

报关企业、报关人员对委托人所提供情况的真实性承担合理审查义务,报关企业或人员未尽合理审查义务，或者因工作疏忽致使发生申报不实的，需承担对报关企业处货物价值10%以下罚款，暂停其6个月以内从事报关活动。

(3)违法处置海关监管货物违规

《海关行政处罚实施条例》第18条对处置海关监管货物类违规行为作了具体列举，包括：未经海关许可，擅自处置海关监管货物的；未经海关许可，在海关监管区外存放海关监管货物的；海关监管货物灭失、数量短少或者记录不真实，不能提供正当理由的；经营保税货物的运输、储存、加工、装配、寄售、展示等业务，不依照规定办理收存、交付、结转、核销等手续，或者中止、延长、变更、转让有关合同不依照规定向海关办理手续的；未如实申报加工贸易制成品单位耗料量的；未按期将过境、转运、通运货物运输出境，擅自留在境内的；未按期将暂时进出口货物复运出境或进境，擅自留在境内或境外的；其他导致海关不能或中断对进出口货物实施监管的行为。

有上述行为之一的，海关对其处货物价值5%以上30%以下罚款，有违法所得的，没收违法所得。所涉货物属于国家限制进出口需要提交许可证件，当事人在规定期限内不能提交许可证件的，另处货物价值30%以下罚款；漏缴税款的，可以另处漏缴税款1倍以下罚款。

(4)进出境物品违规

《海关行政处罚实施条例》第19条对进出境物品类违规行为作了具体列举，包括：未经海关许可，擅自处置海关尚未放行的进出境物品的；个人运输、携带、邮寄超过合理数量的自用物品进出境未申报的；个人运输、携带、邮寄超过规定数量的但仍属自用的国家限制进出境物品进出境未申报但没有以藏匿、伪装等方式逃避海关监管的；个人运输、携带、邮寄物品进出境申报不实的；未按照规定将暂时免税进出境物品复带出、进境的；未经海关批准，过境人员将所带物品留在境内的。

有上述行为之一的，海关予以警告，可以处物品价值20%以下罚款，有违法所得的，没收违法所得。

运输、携带、邮寄国家禁止进出境的物品进出境，未向海关申报但没有以藏匿、伪装等方式逃避海关监管的，予以没收，或者责令退回，或者在海关监管下予以销毁或者进行技术处理。

(5)进出境运输工具违规

《海关行政处罚实施条例》第 21 条和第 22 条对进出境运输工具类违规行为作了具体列举,包括:运输工具不经设立海关的地点进出境的;在海关监管区停留的进出境运输工具,未经海关同意擅自驶离的;进出境运输工具从一个设立海关的地点驶往另一个设立海关的地点,尚未办结手续又未经批准,中途改驶境外或境内未设立海关的地点的;进出境运输工具到达或驶离设立海关的地点,未按规定申报、交验单证或交验的单证不真实的;未经海关同意,进出境运输工具擅自装卸进出境货物、物品或者上下进出境旅客的;未经海关同意,进出境运输工具擅自兼营境内客货运输或者用于进出境运输以外的其他用途的;未按照规定办理海关手续,进出境运输工具擅自改营境内运输的;未按照规定期限向海关传输舱单等电子数据、电子数据不准确或未按照规定期限保存电子数据,影响海关监管的;进境运输工具进境申报前、出境运输工具办结海关手续出境前不按指定路线行进的;载运海关监管货物的船舶、汽车不按海关指定路线行进的;进出境船舶和航空器因不可抗力在未设立海关的地点停泊、降落或在境内抛掷、起卸货物、物品,无正当理由不向海关报告的;无特殊原因未将进出境船舶、火车、航空器到达时间、地点等事先通知海关的;不按照规定接受海关对进出境运输工具、货物、物品进行检查、查验的。

有上述行为之一的,海关对其予以警告,可以处 10 万元或 5 万元以下罚款,有违法所得的,没收违法所得。

(6)中断监管程序违规

《海关行政处罚实施条例》第 23 条对中断监管程序类违规行为作了具体列举,包括:擅自开启或损毁海关封志的;遗失海关制发的监管单证、手册等凭证,妨碍海关监管的;有违反海关监管规定的其他行为,致使海关不能或中断对进出境运输工具、物品实施监管的。

有上述行为之一的,海关对其予以警告,可以处 3 万元以下罚款。

(7)伪造、变造、买卖海关单证违规

《海关行政处罚实施条例》第 24 条规定,伪造、变造、买卖海关单证的,处 5 万元以上 50 万元以下罚款,有违法所得的,没收违法所得;构成犯罪的,依法追究刑事责任。

（8）进出口侵犯知识产权货物违规

《海关行政处罚实施条例》第 25 条规定，进出口侵犯中华人民共和国法律、行政法规保护的知识产权的货物的，没收侵权货物，并处货物价值 30% 以下罚款；构成犯罪的，依法追究刑事责任。需要向海关申报知识产权状况，进出口货物收发货人及其代理人未按照规定向海关如实申报有关知识产权状况，或者未提交合法使用有关知识产权的证明文件的，可以处 5 万元以下罚款。

（9）有关从业企业、报关企业、人员违规

《海关法》第 11 条规定，报关企业应当依法向海关备案，报关企业和报关人员不得非法代理他人报关。《海关行政处罚实施条例》规定了有关从业企业、报关企业、报关人员违法情形及相应处罚。这些违法情形有：①有拖欠税款或不履行纳税义务的，或无正当理由损坏或者丢失海关监管货物的等情形；②报关企业、报关人员非法代理进行报关的；③进出口货物收发货人、报关企业、报关人员向海关工作人员行贿的；④未经海关备案从事报关活动的。

对以上情形，海关责令改正，给予警告、罚款或暂停执业、禁止从事报关活动等能力罚。

Chapter 8 第八章

海关行政救济制度

第一节 海关行政救济概述

一、行政救济概述

行政救济,是指有关国家机关依法对有瑕疵的行政行为予以矫正,以及对行政行为造成的不利后果予以消除而实施的一种法律补救机制。① 在此意义上,在法律制度层面提供行政救济,是因为存在瑕疵的行政行为、存在行政相对人合法权益被侵害的具体情形,国家有义务针对上述情形提供救济制度。某种程度上,正是由于宪法设定的上述义务,行政救济才成为行政法的主要内容之一。当然,宪法设定的以上义务针对的是国家实施的公法行为,对上述公法行为提供行政救济,通常只适用法律补救,而非法律制裁。正因如此,行政救济的实质在于矫正违法的行政行为或者消除其所造成的不利后果,目的主要在于使受到侵害的公共利益或者行政相对人的合法权益恢复原状,对由此造成的损害或损失予以赔偿或者补偿,而非对行政主体的一种惩戒。

根据我国《宪法》的规定,公民合法权益受到国家机关的侵犯

① 参见周佑勇:《行政法原论》(第3版),北京大学出版社2018年版,第348页。

的，有权得到法律救济。宪法是国家根本大法，其第41条规定，中华人民共和国公民对于任何国家机关和国家工作人员，有提出批评和建议的权利；对于任何国家机关和国家工作人员的违法失职行为，有向有关国家机关提出申诉、控告或者检举的权利，但是不得捏造或者歪曲事实进行诬告陷害。对于公民的申诉、控告或者检举，有关国家机关必须查清事实，负责处理。任何人不得压制和打击报复。由于国家机关和国家工作人员侵犯公民权利而受到损失的人，有依照法律规定取得赔偿的权利。基于以上规定，宪法不仅从根本法上确认了我国公民合法权益的不可侵犯性、行政机关侵犯公民合法权益的违法性、国家承担行政侵权行为责任的不可豁免性，而且为制定《行政复议法》、《行政诉讼法》和《中华人民共和国国家赔偿法》（以下简称《国家赔偿法》）等有关行政救济法律提供了根本法依据。

二、行政救济的类型

（一）行政申诉

宪法意义上的申诉是公民对于任何国家机关和国家工作人员的违法失职行为向有关国家机关就此陈述事实、反映情况，以寻求法律补救的一项权利。[①]行政法意义上的申诉，是指受到行政机关违法或者不当处理的公务员，向有关国家机关陈述事实和理由并要求给予法律补救的意思表达行为。就其概念而言，行政申诉属于申诉的一种，是指有关行政主体根据公务员的申请，对涉及该公务员本人权益的人事处理决定，依照一定程序予以审核并重新作出处理的活动。根据《公务员法》和《行政机关公务员处分条例》的规定，处分是对因违法违纪应当承担纪律责任的公务员所给予的惩戒；处分分为：警告、记过、记大过、降级、撤职、开除；处分由任免机关或者监察机关按照管理权限决定。其他人事处理决定是指除处分外，行政机关在内部人事管理活动中，对国家公务员个人作出的具体人事处理决定，它包括辞退，取消录用，降职，定期考核定为不称职，免职，申请辞职或者提前退休未予批准，未按规定确定或者扣减工资、福利、保

① 参见《宪法》第41条第1款。

险待遇等涉及公务员个人权益的决定。公务员对上述人事处理决定不服的,可以自知道该人事处理之日起 30 日内向原处理机关申请复核;对复核结果不服的,可以自接到复核决定之日起 15 日内,按照规定向同级公务员主管部门或者作出该人事处理的机关的上一级机关提出申诉;也可以不经复核,自知道该人事处理之日起 30 日内直接提出申诉。

(二)行政复议

行政复议,是指行政复议机关对公民、法人或者其他组织认为侵犯其合法权益的具体行政行为,基于申请而予以受理、审查并作出相应决定的活动。在行政复议活动过程中,行政复议机关根据层级监督关系或法律的规定,主要通过审查行政行为的合法性和适当性①,为受到行政侵权影响的公民、法人和其他组织提供法律救济。作为一种救济机制,行政复议通过纠正违法或不当的具体行政行为,为行政相对人提供一种为保障其合法权益免受违法或不当行为侵犯的救济机制。

(三)行政诉讼

在现代国家,行政诉讼主要发挥两方面功能:一方面,行政诉讼具有解决行政争议,从而保护行政相对人合法权益的功能;另一方面,行政诉讼也是推动行政法治的重要法律制度。在我国,行政诉讼是人民法院依照司法程序受理和处理行政争议案件的法律制度。对合法权利受到行政行为侵害的公民、法人和其他组织提供法律救济是我国行政诉讼的基本功能之一。人民法院通过对行政行为的合法性审查,以撤销、变更、确认等裁决形式,可以为公民、法人和其他组织提供有效的法律救济。

(四)行政赔偿

行政赔偿是我国重要的行政救济制度之一。行政相对人在其合法权益受到行政机关及其工作人员行使行政职权行为的侵犯造成损害时,有权依照法律规定请求国家承担赔偿责任以获得救济。当然,行政相对人能否成功获得行政

① 行政诉讼则以合法性审查为主,较少涉及适当性审查。

赔偿,取决于行政赔偿的构成要件或成立要件,即行政侵权、损害事实、行政侵权与损害事实之间的因果关系,同时符合以上要件的才成立行政赔偿。实践中,行政赔偿救济与上述三类救济有很大关联。对于已经造成实际损害后果的行政行为,在公民提出救济请求的情形下,如果只是予以撤销、变更或者确认违法,对受到实际损害当事人的救济就是不完整、不公正的。以海关违法没收自然人携带易腐烂物品为例,如果只是在法律上宣布海关所实施的没收行为属于违法的行政行为,那么行政相对人已经不复存在的财产就不可能得到恢复。从自然人角度来说,以上救济就是不完整的。从此角度来说,行政赔偿的存在无疑是行政法律救济体系中的重要组成部分之一。

三、海关行政救济及其地位

海关行政救济是海关法律实务体系中的重要内容之一,也是制约和监督海关行政执法活动的重要法律手段。借助海关行政救济,使相应的海关执法行为同时受到来自自身以及外部的督促和审查,一定程度上能够警示相应的海关行政机关及其工作人员要时刻按照法律规定办事。在此意义上,海关行政救济制度的存在是防止错误及滥用海关行政执法权力的有效法律措施。

当然,在海关行政救济领域,不同的行政救济制度安排所承担的任务是不同的,其所遵循的实体及程序法律规定、运行程序各有差异。海关行政复议使行政相对人在海关的具体行政执法行为发生后,有机会在行政机关系统内部向作出具体海关行政执法行为海关的上级海关陈述自身的观点、意见。以上救济制度的安排,从效率的角度来说具有一定的及时性,能够在较大程度上减少和避免执法中的错误和造成的损失,从而提高海关行政执法绩效。而海关行政诉讼则是由法院通过司法审查的介入,让司法机关从一个中立的第三方的视角超越双方利益对海关所实施的具体行政行为进行法律层面的审查。与海关行政诉讼主要聚焦海关具体行政行为的合法性审查不同,海关行政赔偿制度则是为在海关行政执法过程中受到违法损害的行政相对人提供的补偿、赔偿制度,在其功能方面,以上行政赔偿制度能够一方面减少、补偿行政相对人受到的损失,另一方面也是对作为行政机关的海关的一种利益制约,防止其不当使用或滥用权力。

第二节 海关行政复议

一、海关行政复议的概念及特征

海关行政复议是我国行政复议制度的重要组成部分之一。海关行政复议,是指海关行政相对人认为海关所实施的相应具体行政行为侵犯其合法权益,依法向有行政复议管辖权的海关提出复查该具体行政行为的申请,相应的海关依法对被申请的具体行政行为进行合法性及适当性审查,并在此基础上作出撤销、变更或维持原海关具体行政行为的整个行政过程。海关行政复议具有以下特征:

其一,海关行政复议与海关存在关联。海关行政复议申请人是海关行政相对人,比如为国境口岸服务的涉外宾馆、饭店、俱乐部,为入境、出境交通工具提供饮食、服务的单位和对入境、出境人员、交通工具、集装箱和货物实施检疫、监测、卫生监督的场所的运营者,染疫人、染疫嫌疑人等。被申请人是对海关行政相对人实施具体行政行为的各级海关。海关行政复议解决的争议是由海关行使行政权过程中与海关行政相对人之间的矛盾分歧。受理海关行政复议的机关是海关,具体审理复议案件的机构是海关机关内部的法制机构。海关行政复议案件最终以海关的名义作出复议决定。

其二,海关行政复议是依申请的行政行为,具有被动性。以海关行政行为是否可以由海关行政主体主动实施为标准,海关行政行为可以分为依职权的海关行政行为和依申请的海关行政行为。海关行政复议是由海关行政相对人向海关行政复议机关提出对有争议的具体行政行为进行审查的申请引起的法律行为。行政相对人是主动的一方,作出有争议具体行政行为的海关是被动的一方。行政复议之所以只能由行政相对人提出,是因为在行政主体与行政相对人之间的行政法律关系中,行政主体代表国家,以国家强制力为后盾行使行政管理权,有权对行政相对人直接作出行政决定、采取行政措施等。当行政相对人认为行政主体的管理行为侵犯自己的合法权益时,却无权自行纠正违法或不当的具体行政行为，能借助于一定的国家机关来解决争议。行政复议是其中的一种解决争议的法定方式。

其三，海关行政复议以行政争议的存在为前提，以解决行政争议为目的，具有准司法性。海关行政争议是海关行使公权力过程中与行政相对人（公民、法人和其他组织）之间发生的、依据公法可以解决的争议。这种争议的核心是该具体行政行为是否合法、适当。行政主体所为的具体行政行为是国家行政管理权行使的具体表现，具体行政行为的内容往往直接涉及作为被管理者的公民、法人和其他组织的切身利益，影响其权利和义务，相关争议在以上主体之间的出现有其不可避免性。因此，行政复议制度在此背景下的产生也是一种必然。在海关行政复议方面，为了保证行政复议的公正性，《行政复议法》及《中华人民共和国海关行政复议办法》（以下简称《海关行政复议办法》）规定了与一般具体行政行为不同的类似司法的严密程序，对复议参加人的构成，复议参加人的权利义务，复议活动的步骤、过程、方式、方法都加以规范。

其四，海关行政复议以解决行政争议为目的，其性质是行政救济。在现代法治国家，行政救济是指行政相对人认为某项具体的行政行为侵害其合法权益时借以维护其合法权益的基本途径，是国家通过立法所确立的维护行政相对人合法权益的基本法律制度。[①] 从此角度来说，海关行政复议显然属于行政救济的范畴。从其过程来看，海关行政复议是依海关行政相对人的申请，上级海关或同级海关对下级海关或海关总署[②]作出的具体行政行为进行审查的活动。

二、海关行政复议的原则

海关行政复议基本原则是指贯穿于海关行政复议的全过程，对整个海关行政复议活动有普遍性指导意义的且参加海关行政复议的各方均必须遵循的法定的基本行为准则。根据《行政复议法》第 4 条的规定，行政复议机关履行行政复议职责，应当遵循合法、公正、公开、及时、便民的原则，坚持有错必纠，保障法

---

① 参见张春林：《综合行政执法的行政救济若干问题研究》，载《学术论坛》2013 年第 12 期。

② 如对海关总署作出的具体行政行为不服提起行政复议，复议机关为海关总署。具体参见《行政复议法》第 14 条。

律、法规的正确实施。从实施《行政复议法》的角度来说,《海关行政复议办法》第7条是对《行政复议法》基本原则的延续和扩充,其规定了行政复议机关履行行政复议职责,应当遵循合法、公正、公开、及时、便民的原则,坚持依法行政、有错必纠,保障法律、行政法规和海关规章的正确实施。这些原则贯穿于海关行政复议活动的全过程,是海关行政复议必须遵守的基本行为准则。

其一,合法原则。所谓合法原则,是指海关行政复议过程中,无论是作出被申请的具体行政行为的行政机关,还是作为申请人的行政相对人,或者是主持裁决的海关行政复议机关,都应当遵守现行有效的有关海关行政复议的法律、法规、规章以及有关行政复议的规定。[①] 合法原则主要包括三个方面的内容:首先,履行海关行政复议职责的主体(包括复议机关、复议机构、复议人员等)应当合法。海关行政复议机关应该是依法成立并享有法律、法规所赋予的复议权的行政机关,复议机关和复议机构对复议案件必须依法拥有管辖权;参加复议的工作人员必须符合法定的资格和条件,不符合《行政复议法》以及《海关行政复议办法》规定资格条件的,不能承担复议工作。其次,海关行政复议案件必须以现行有效的法律、法规和规章以及上级行政机关依法制定的行政规定为依据。当然,这里所指的上级行政机关制定的行政规定必须符合宪法、法律、法规和规章,这是它们成为行政复议依据的前提条件。[②] 最后,海关行政复议案件的审理应当依照法定程序进行。海关行政复议案件从受理申请、调查取证到作出审查决定,都必须严格遵守法定程序。否则,就无法保证海关行政复议决定的合法性。以行政复议附带抽象行政行为审查为例,行政复议机关有权处理,或者无权处理的,都应当依照《海关行政复议办法》的相关规定予以处理。[③]

其二,公正原则。所谓公正,是指履行海关行政复议职责的主体在审理海关行政复议案件时应当居中裁决,不偏不倚。公正原则要求履行海关行政复议职责的主体在复议过程中,平等对待当事人双方,不能“官官相护”;同种情况相同对待;充分考虑情节、后果等应该考虑的因素;既注意维护国家利益,又注意

---

① 参见姜明安主编:《行政法与行政诉讼法》(第7版),北京大学出版社、高等教育出版社2019年版,第367页。

② 参见姜明安主编:《行政法与行政诉讼法》(第7版),北京大学出版社、高等教育出版社2019年版,第368页。

③ 参见《海关行政复议办法》第31条、第63条、第64条。

维护复议申请人的合法权益。在海关行政复议活动过程中,海关行政复议机关应当正当、合理地行使海关行政复议自由裁量权。确保作出的复议决定不仅应当合法,而且应当合理。

其三,公开原则。行政复议法下的公开原则是指拥有行政复议职责的主体在行政复议过程中,除涉及国家秘密、商业秘密和个人隐私外,将复议的整个过程应当向行政复议申请人和社会公开,公开的内容是行政复议相关信息及复议过程。目的是增加行政复议工作的透明度,防止"暗箱操作",为公正、合法地处理复议案件提供程序性保障,确保办案质量。因此,行政复议公开原则是确保行政复议合法、公正进行的基本条件,也是政务公开的一个重要方面。在规范层面,《海关行政复议办法》第 8 条正是公开、便民原则在海关行政复议工作中的具体体现,规定了海关行政复议信息公开、答疑解惑的有关内容。就其功能而言,如此规定的目的是切实保障申请人、第三人在海关行政复议中的知情权和参与权,以有利于进一步畅通行政复议渠道,也有利于促进海关行政复议的公正性。

其四,及时原则。所谓及时,是指海关行政复议机关应当在法律规定的期限内,对海关行政复议案件进行受理、审查和决定,即及时受理、及时审理、及时作出复议决定,如果在法定期限内不能作出复议决定的,应当严格依照法定程序办理复议审理期限延长手续。及时原则是行政效率原则的客观要求,作为一种权利救济手段,行政复议具有一定的司法性,需要体现公正的要求,尽管具有一定的司法性,但行政复议在其属性上依然是一种行政行为。作为一种行政行为,其也要符合行政行为的特点,即要符合行政效率的要求。①

其五,便民原则。这里的便民原则,是指海关行政复议机关应当尽可能为复议申请人在行政复议过程中行使自己的各项权利提供便利条件,避免不必要的麻烦。《行政复议法》及《海关行政复议办法》都体现了行政复议便民原则,如规定了较长的复议申请期限②,规定了较灵活的复议申请方式③,行政复议机关受理复议申请不收取任何费用④,行政复议机关应当为申请人、第三人查阅有

---

① 参见周佑勇:《行政法原论》(第 3 版),北京大学出版社 2018 年版,第 361 页。

② 参见《行政复议法》第 23 条第 2 款、《海关行政复议办法》第 53 条。

③ 参见《行政复议法》第 11 条、《海关行政复议办法》第 28 条。

④ 参见《行政复议法》第 39 条、《海关行政复议办法》第 110 条第 1 款。

关材料提供必要条件[①]等。总体上,行政复议制度设计相对于行政诉讼制度而言,其程序更为简捷和便利,考虑到了行政相对人方便地行使复议申请权,目的是在尽量节省费用、时间、精力的情况下,保证公民、法人或其他组织充分行使复议权利,进而充分发挥复议制度的优越性。

三、海关行政复议受案范围

行政复议范围,是指行政相对人认为行政主体作出的行政行为侵犯其合法权益,依法可以向行政复议机关请求重新审查的行政行为(含不作为)的范围。[②] 行政行为是一个极其宽泛的概念,行政复议范围决定哪些具体行政行为可以成为行政复议的对象,决定行政复议的深度与广度。在立法方面,《行政复议法》第 6 条、第 7 条、第 8 条是关于行政复议范围的规定。具体到海关行政复议范围,又可称为海关行政复议主管范围,是指行政相对人依法可以提起海关行政复议,请求重新审查的海关行政执法行为的范围。《海关行政复议办法》第 9 条、第 10 条是海关行政复议范围的相关规定。基于以上法律规范,海关行政复议在受案范围方面存在肯定式列举和否定式列举两种类型。

(一)海关行政复议肯定式列举

根据《行政复议法》第 6 条、《海关行政复议办法》第 9 条和有关法律法规,公民、法人或者其他组织对下列海关具体行政行为不服的,可以申请复议:

1. 对海关行政处罚行为不服的。根据《行政复议法》第 6 条第 1 项、《海关行政复议办法》第 9 条第 1 项的规定,对海关作出的警告,罚款,没收货物、物品、运输工具和特制设备,追缴无法没收的货物、物品、运输工具的等值价款,没收违法所得,暂停从事有关业务或者执业,撤销注册登记及其他行政处罚决定不服的可以提起行政复议。实践中,行政相对人如对以上行政处罚不服,可以依法提起海关行政复议。

---

① 参见《行政复议法》第 31 条第 1 款、《海关行政复议办法》第 68 条第 1 款。

② 参见姜明安主编:《行政法与行政诉讼法》(第 7 版),北京大学出版社、高等教育出版社 2019 年版,第 372 页。

2. 对海关行政强制行为不服的。《中华人民共和国行政强制法》(以下简称《行政强制法》)将行政强制分为行政强制措施和行政强制执行两类。行政强制措施包括:限制公民人身自由;查封场所、设施或者财物;扣押财物;冻结存款、汇款;其他行政强制措施。行政强制执行方式具体包括:加处罚款或者滞纳金;划拨存款、汇款;拍卖或者依法处理查封、扣押的场所、设施或者财物;排除妨碍、恢复原状;代履行;其他强制执行方式。海关现有的行政强制措施和行政强制执行方式几乎涵盖了《行政强制法》所有列明的行政强制种类。根据《行政复议法》第 6 条第 2 项,《海关行政复议办法》第 9 条第 2 项、第 3 项、第 4 项、第 5 项、第 6 项、第 9 项、第 10 项、第 15 项的规定,行政相对人对海关作出的广泛行政强制行为均可以提起行政复议。在海关执法领域,海关针对入境、出境的人员、交通工具和集装箱,以及可能传播检疫传染病的行李、货物、邮包等可以依法进行众多行政强制行为。依照以上法律规范,行政相对人如对相应的行政强制行为不服,依法可以提起海关行政复议。

3. 认为海关没有履行行政作为义务的。根据《行政复议法》第 6 条第 8 项、第 9 项,《海关行政复议办法》第 9 条第 8 项、第 10 项、第 13 项、第 14 项、第 16 项的规定,行政相对人认为符合法定条件,申请海关办理行政许可事项或者行政审批事项,海关未依法办理的;对海关作出的不予放行行政决定不服的;认为海关未依法采取知识产权保护措施,或者对海关采取的知识产权保护措施不服的;认为海关未依法办理接受报关、放行等海关手续的;认为海关没有依法履行保护人身权利、财产权利的法定职责的均可以提起行政复议。

4. 认为海关的其他具体行政行为侵犯其合法权益的。《海关行政复议办法》第 9 条第 18 项是可以向海关申请行政复议情形的兜底条款。《海关行政复议办法》不可能将海关行政复议的受案范围全部罗列。在此意义上,兜底条款作为一种立法技术能够作为列举式条文的有效补充,既能对现有海关法律规范中的其他具体行政行为作一概括,又能引申到以后将要出台的法律规范中新增的具体行政行为类型,最大限度地体现了《海关行政复议办法》的立法宗旨,从而更好地保护当事人的合法权益。

(二)海关行政复议否定式列举

根据《海关行政复议办法》第 10 条的规定,海关工作人员不服海关作出的行政处分或者其他人事处理决定,依照有关法律、行政法规的规定提出申诉的,不能通过行政复议途径解决。行政复议是解决行政机关在行使行政职权的过程中与行政管理相对人之间产生的行政争议的一项法律制度,是为行政管理相对人提供的一项权利救济途径,是解决外部行政行为争议的一项争议解决机制。而海关工作人员不服海关作出的处分或者其他人事处理决定依照有关法律、行政法规的规定提出申诉的,其性质属于行政机关的内部行政行为,并不涉及海关行使行政职权过程中作出的具体行政行为,因而不属于行政复议调整范围,有其单独的救济途径。

四、海关行政复议程序

对于一项法律制度而言,程序及实体内容具有同等重要的法律意义,行政复议制度也是如此。在程序视角下,行政复议是介于行政程序和诉讼程序之间的程序,是一种准司法活动。据此,海关行政复议程序是指海关行政复议机关审理海关复议案件时必经的法定的步骤、顺序、方式、时限。根据《行政复议法》《海关行政复议办法》的规定,海关行政复议程序共有申请、受理、审理和决定等四个步骤。

(一)海关行政复议的申请

海关行政复议的申请是指行政相对人认为海关的具体行政行为侵犯其合法权益,而依法要求海关行政复议机关对该具体行政行为进行审查和处理的请求。海关行政复议是一种依申请的行政行为,没有行政相对人的申请,则海关行政复议就不可能产生。

1. 行政相对人提出复议申请的形式。海关行政复议申请的形式是指复议申请人向海关行政复议机关提出申请、表达意愿要求的方式方法。根据行政复议法律规范,申请人申请海关行政复议,可以书面申请,也可以口头申请。

2. 行政相对人提出复议申请应记载的内容。根据《海关行政复议办法》,申请人书面申请行政复议的,应当在行政复议申请书中载明下列内容:(1)申请人基本情况,包括:公民的姓名、性别、年龄、工作单位、住所、身份证号码、邮政编码;法人或者其他组织的名称、住所、邮政编码和法定代表人或者主要负责人的姓名、职务。(2)被申请人的名称。(3)行政复议申请、申请行政复议的主要事实和理由。(4)申请人签名或者盖章。(5)申请行政复议的日期。

3. 行政相对人申请的撤回。提出申请后,行政复议决定作出前,行政复议申请人可以自愿撤回行政复议申请。如撤回行政复议申请,经行政复议机构同意的,则行政复议终止。撤回行政复议申请的法律后果在于申请人除能够证明撤回行政复议申请违背其真实意思表示外,不得再以同一事实和理由提起行政复议申请。当然,如无例外规定,申请人撤回行政复议申请后,依然可以在法定期限内对原具体行政行为提起行政诉讼。

(二)海关行政复议机关的审查和受理

1. 海关行政复议机关审查

海关行政复议机关的审查,是指申请人提出海关行政复议申请后,海关行政复议机关应该对申请书进行的审查。根据《行政复议法》《海关行政复议办法》的规定,海关行政复议机关收到复议申请后,应当在5个工作日内进行审查,以决定受理与否。审查是准确受理案件的前提条件,海关行政复议机关对复议申请的审查主要包括以下内容:

(1)审查申请人是否适格。申请人应当是与具体行政行为有利害关系且认为海关具体行政行为侵犯其合法权益的公民、法人或者其他组织,其不仅应该具有权利能力,而且还应该具有能够亲自进行行政复议的能力,即复议的行为能力。因此,无行为能力或者限制行为能力人不能单独提起行政复议,如果要申请行政复议,应由其法定代理人代为申请。如果有申请权的公民死亡,其近亲属可以代为申请行政复议。法人或者其他组织作为申请人,依法申请行政复议的,应当由其法定代表人代为进行,如果法人或者其他组织终止的,承受其权利的法人或者其他组织可以申请行政复议。

(2)审查相对人的复议申请是否在法定期限内。如果不对申请复议的期限加以限制,就会影响行政复议机关对复议案件进行正确、及时的处理,从而使国家的行政管理活动长时间处于不确定状态,影响正常的行政管理秩序。同时,法律要求权利人及时保护自己的权益,权利不可能处于无限期的保护状态。根据《行政复议法》第9条第1款的规定:“公民、法人或者其他组织认为具体行政行为侵犯其合法权益的,可以自知道该具体行政行为之日起六十日内提出行政复议申请;但是法律规定的申请期限超过六十日的除外。"《海关行政复议办法》第23条第1款也规定公民、法人或者其他组织认为海关具体行政行为侵犯其合法权益的,可以自知道该具体行政行为之日起60日内提出行政复议的申请。

(3)审查复议申请是否有明确的被申请人。海关行政复议的被申请人是指作出申请人认为侵犯其合法权益的具体行政行为,并且由复议机关通知参加复议的行政主体。复议申请必须要有明确的对申请复议行为负责的主体,否则行政复议就无法进行,申请人的要求也无法实现。申请人的复议申请要做到有明确的被申请人,在提出复议申请时必须说明侵犯其合法权益的是哪一个海关,必须说明是对这个海关的哪一项具体行政行为不服。两者同时具备才能称海关行政复议有明确的对象,也便于明确海关行政复议的管辖。

(4)审查复议申请是否有明确的复议请求和事实依据。具体的复议请求,是指申请人申请复议的主张和要求,即申请人要求海关复议机关具体解决什么问题,提出保护自己合法权益的具体要求。如请求撤销违法的海关具体行政行为、请求变更不适当的海关具体行政行为、请求责成被申请人限期履行法定职责、请求确认具体行政行为违法、责令被申请人赔偿损失等。所谓事实根据,是指能够证明海关行政复议机关已经作出某种具体行政行为的材料,以及能够证明海关行政机关的具体行政行为已经侵犯其合法权益的材料。

(5)审查复议申请是否属于海关行政复议范围。申请人只能对属于复议范围内的具体行政行为提出复议申请,即必须属于海关行政复议的范围。否则,不能申请行政复议,即使申请了,海关行政复议机关有权不予受理。对于不属于海关行政复议机关管辖的案件,海关行政复议机关应当告知申请人向享有管辖权的复议机关提出申请。

(6)审查复议申请是否属于海关复议机关管辖。根据有关法律、行政法规等关于海关行政复议机关管辖复议案件的权限划分,申请人必须向享有管辖权的海关行政复议机关申请复议,海关行政复议机关不得受理超出管辖权的复议案件。海关行政复议机关对不属于自己管辖的,接受申请的海关应当移送有管辖权的海关。

2. 审查后的受理

海关行政复议机关收到复议申请后,应当在5个工作日内进行审查,并根据法律、法规的规定,对行政相对人的复议申请作出以下决定:

（1）立案受理。对于符合《行政复议法》《海关行政复议办法》规定的法定条件的，且属于本机关受理的行政复议案件，应决定立案受理，海关行政复议机关应当制作行政复议申请受理决定书和行政复议答复通知书分别送达申请人和被申请人。

（2）不予受理。对于不符合法定条件的复议案件，海关行政复议机关应决定不予受理，并制作行政复议申请不予受理决定书，以书面的形式告知申请人。行政复议申请不予受理决定书应当载明不予受理的理由和法律依据，告知申请人主张权利的其他途径。

（3）案件移送。对于符合《行政复议法》《海关行政复议办法》的规定，但是不属于本海关管辖的行政复议申请，海关行政复议机关应当在审查期限内转送有管辖权的海关行政复议机关，并且告知申请人。口头告知的，应当记录告知的内容，并当场交由申请人签章确认；书面告知的，应当制作行政复议告知书并送达申请人。

（4）要求补正材料。行政复议申请材料不齐全或者表述不清楚的，海关行政复议机构可以自收到该行政复议申请之日起 5 日内书面通知申请人补正。补正通知应当载明以下事项：①行政复议申请书中需要修改、补充的具体内容；②需要补正的有关证明材料的具体类型及其证明对象；③补正期限。申请人应当在收到补正通知之日起 10 日内向海关行政复议机构提交需要补正的材料。补正申请材料所用时间不计入行政复议审理期限。补正申请材料所用时间不计入海关行政复议审理期限。申请人无正当理由逾期不补正的，视为其放弃行政复议申请。

（5）答复申请人。根据《海关行政复议办法》第 39 条的规定，下列情形不视为申请行政复议，但应当由海关行政复议机关或者转由其他机关给予答复：①对海关工作人员的个人违法违纪行为进行举报、控告或者对海关工作人员的态度、作风提出异议的；②对海关业务政策、作业制度、作业方式和程序提出异议的；③对海关工作效率提出异议的；④对行政处罚认定的事实、适用的法律及处罚决定没有异议，仅因经济上不能承受而请求减免处罚的；⑤不涉及海关具体行政行为，只对海关规章或其他规范性文件有异议的；⑥请求解答海关法律、行政法规、规章的。

（三）海关行政复议案件的审理

海关行政复议案件的审理是指海关行政复议机关依法对复议案件进行全面审查的活动。海关行政复议机关对复议案件的审理是行政复议程序的核心，其主要任务是调查收集证据，审查证据，询问当事人和其他参与人等，以便海关行政复议机关对海关行政争议进行合理性和适当性审查的过程。

1. 审理前的准备

为了确保审理工作的顺利进行，以及保证其合法与公正，海关行政复议机构在受理复议案件后、开始审理前，应当做好一些准备工作。《行政复议法》《海关行政复议办法》对此予以规定。

（1）将行政复议申请书副本发送被申请人并由被申请人提出答复。《海关行政复议办法》第 42 条规定，海关行政复议机构应当自受理行政复议申请之日起 7 个工作日内，将行政复议申请书副本或者行政复议申请笔录复印件发送被申请人。第 43 条第 1 款规定："被申请人应当自收到申请书副本或者行政复议申请笔录复印件之日起 10 日内，向海关行政复议机构提交《行政复议答复书》，并且提交当初作出具体行政行为的证据、依据和其他有关材料。"行政复议答复书应载明下列内容：①被申请人名称、地址、法定代表人姓名及职务。②被申请人作出具体行政行为的事实、证据、理由及法律证据。③对申请人的复议申请要求、事实、理由逐条进行答辩和必要的举证。④对有关具体行政行为建议维持、变更、撤销或者确认违法，建议驳回行政复议申请，进行行政复议调解等答复意见。⑤作出书面答复的时间。

（2）申请人、第三人查阅材料。《海关行政复议办法》第 53 条规定："申请人、第三人可以查阅被申请人提出的书面答复、提交的作出具体行政行为的证据、依据和其他有关材料，除涉及国家秘密、商业秘密、海关工作秘密或者个人隐私外，海关行政复议机关不得拒绝，并且应当为申请人、第三人查阅有关材料提供必要条件。有条件的海关行政复议机关应当设立专门的行政复议接待室或者案卷查阅室，配备相应的监控设备。"《海关行政复议办法》第 54 条规定："申请人、第三人查阅有关材料依照下列规定办理：（一）申请人、第三人向海关行政复议机构提出阅卷要求；（二）海关行政复议机构确定查阅时间后提前通知申请人或者第三人；（三）查阅时，申请人、第三人应当出示身份证件；（四）查阅时,海关行政复议机构工作人员应当在场;(五)申请人、第三人可以摘抄查阅材料的内容;(六)申请人、第三人不得涂改、毁损、拆换、取走、增添查阅的材料。”

(3)确定复议人员。海关行政复议机关在受理复议案件后,应及时确定承办该复议案件的复议人员,并在规定的时间内通知有关当事人。海关行政复议案件实行合议制审理。合议人员为不少于3人的单数。合议人员由海关行政复议机构负责人指定的行政复议人员或者海关行政复议机构聘任或者特邀的其他具有专业知识的人员担任。被申请人所属人员不得担任合议人员。对海关总署作出的具体行政行为不服向海关总署申请行政复议的,原具体行政行为经办部门的人员不得担任合议人员。

(4)同意或通知第三人参加复议。在海关行政复议机关审理行政复议案件期间,同申请复议的海关具体行政行为有利害关系的其他公民、法人或者其他组织申请参加复议的,海关复议机关应及时作出是否同意其作为第三人参加复议的决定。海关复议机关认为必要的,也可以直接通知第三人参加复议。

2. 审理方式

行政复议原则上采取书面审查的办法,但是申请人提出要求或者行政复议机关负责法制工作的机构认为有必要时,可以向有关组织和人员调查情况,听取申请人、被申请人和第三人的意见。在此方面,《行政复议法实施条例》《海关行政复议办法》均有相应规定。《行政复议法实施条例》第33条规定:“行政复议机构认为必要时,可以实地调查核实证据;对重大、复杂的案件,申请人提出要求或者行政复议机构认为必要时,可以采取听证的方式审理。”《海关行政复议办法》第49条规定:“海关行政复议机构审理行政复议案件应当向有关组织和人员调查情况,听取申请人、被申请人和第三人的意见;海关行政复议机构认为必要时可以实地调查核实证据;对于事实清楚、案情简单、争议不大的案件,可以采取书面审查的方式进行审理。”

3. 审理内容

海关行政复议应当遵循全面审查原则。这里的全面审查,是指海关行政复议机关不仅可以对具体行政行为的合法性和适当性进行审查,而且必须全面审查具体行政行为所依据的事实和规范性文件,且不受行政复议范围的限制。在海关行政复议领域,申请人有权在提起行政复议申请时一并对具体行政行为的规章以下的规范依据提起审查申请，海关行政复议机关应当根据自身的权限依法处理。①

（四）海关行政复议的决定

1. 海关行政复议决定的种类

海关行政复议案件经过审理后，复议人员应当形成审理意见或合议意见。上述意见经海关行政复议机关负责人同意或者经过海关案件审理委员会讨论通过后，成为海关行政复议机关最后的行政复议决定。根据《海关行政复议办法》的规定，海关行政复议机构提出案件处理意见，经海关行政复议机关负责人审查批准后，依法作出以下海关行政复议决定：

（1）维持决定。海关具体行政行为同时具备以下四个条件的，可决定维持具体行政行为：海关具体行政行为所认定的事实清楚、证据确凿；适用法律、法规等规范性文件正确；程序合法；内容适当。

（2）履行决定。海关行政复议机关经过审理后，认为被申请人的不作为行为违反了法律、行政法规、规章及有关的规范性文件，属于未履行法定职责的，应该作出责令其在规定的期限内履行法定职责的决定；法律、行政法规、海关规章未规定期限的，重新作出具体行政行为的期限为60日。

（3）撤销、变更或者确认该具体行政行为违法的决定。根据《海关行政复议办法》第71～73条的规定，具体行政行为有下列情形之一的，决定撤销、变更或者确认该具体行政行为违法，决定撤销或者确认该具体行政行为违法的，可以责令被申请人在一定期限内重新作出具体行政行为：主要事实不清、证据不足的；适用依据错误的；违反法定程序的；超越或者滥用职权的；具体行政行为明显不当的；被申请人未按照《海关行政复议办法》第43条规定提出书面答复，提交当初作出具体行政行为的证据、依据和其他有关材料的，视为该具体行政行为没有证据、依据，海关行政复议机关应当决定撤销该具体行政行为。

（4）变更决定。根据《海关行政复议办法》第74条之规定，具体行政行为有下列情形之一的，海关行政复议机关可以决定变更：①认定事实清楚，证据确凿，程序合法，但是明显不当或者适用依据错误的；②认定事实不清，证据不足，

① 参见《海关行政复议办法》第31条第1款、第63条、第64条、第65条。

但是经海关行政复议机关审理查明事实清楚，证据确凿的。

（5）驳回复议申请决定。根据《海关行政复议办法》第 79 条第 1 款之规定，海关行政复议机关在以下两种情形下应当决定驳回行政复议申请：其一，申请人认为海关不履行法定职责申请行政复议，海关行政复议机关受理后发现被申请人没有相应法定职责或者被申请人在海关行政复议机关受理该行政复议申请之前已经履行法定职责的；其二，海关行政复议机关受理行政复议申请后，发现该行政复议申请不符合受理条件的。在以上驳回复议申请决定的监督方面，根据《海关行政复议办法》第 79 条第 2 款之规定，海关行政复议机关的上一级海关认为该行政复议机关驳回行政复议申请的理由不成立的，应当责令其恢复审理。

2. 海关行政复议决定书

海关行政复议机关作出不同类型的复议决定后，应当制作行政复议决定书。行政复议决定书应当载明下列内容：申请人姓名、性别、年龄、职业、住址（法人或者其他组织的名称、地址、法定代表人或者主要负责人的姓名、职务）；第三人姓名、性别、年龄、职业、住址（法人或者其他组织的名称、地址、法定代表人或者主要负责人的姓名、职务）；被申请人名称、地址、法定代表人姓名；申请人申请复议的请求、事实和理由；被申请人答复的事实、理由、证据和依据；行政复议认定的事实和相应的证据；作出行政复议决定的具体理由和法律依据；行政复议决定的具体内容；不服行政复议决定向人民法院起诉的期限和具体管辖法院；作出行政复议决定的日期。行政复议决定书应当加盖海关行政复议机关的印章。

3. 海关行政复议决定书、调解书的效力

海关行政复议决定书一经送达即发生法律效力，相应的申请人、被申请人应当履行。申请人认为被申请人不履行或者无正当理由拖延履行行政复议决定书、行政复议调解书的，可以申请海关行政复议机关责令被申请人履行。申请人在法定期限内未提起行政诉讼又不履行海关行政复议决定的，要区别海关行政复议决定的类型分别处理：如果是维持具体行政行为的海关行政复议决定，由作出具体行政行为的海关依法强制执行或者申请人民法院强制执行；如果是变更具体行政行为的海关行政复议决定，则由海关行政复议机关强制执行或者申请人民法院强制执行。

第三节　海关行政诉讼

一、海关行政诉讼概述

(一)海关行政诉讼的概念

行政诉讼,是指行政相对人与行政主体在行政法律关系中发生纠纷后,依法向人民法院提起诉讼,人民法院依法定程序审查行政主体行政行为的合法性,并判断行政相对人的主张是否有法律和事实根据,并依法作出裁判的一种活动。[①] 在我国,行政诉讼与刑事诉讼、民事诉讼共同构成三大诉讼体系,其具体法律依据是1989年4月4日公布、1990年10月1日起实施的《行政诉讼法》[②]及相应的司法解释等法律规范。在我国的法律体系中,行政诉讼法是一个部门法。历史上,1987年1月1日开始实施的《中华人民共和国治安管理处罚条例》开创了行政诉讼的先河,但其范围仅限于对治安处罚不服提起诉讼。1987年7月1日《海关法》生效后,海关系统开始实行行政诉讼制度,其范围除包括不服行政处罚的诉讼外,增加了有关纳税争议的诉讼。1990年《行政诉讼法》正式实施后,海关行政诉讼的范围扩大到包括行政相对人认为海关侵犯其人身权利和财产权利的所有具体行政行为。从此逻辑来说,海关行政诉讼可以界定为海关行政相对人认为海关在执法过程中的具体行政行为侵犯其合法权益,依法以相应海关为被告向相应的人民法院起诉,由人民法院对涉案的海关具体行政行为的合法性进行审查并作出裁判的法律制度。

---

① 参见姜明安主编:《行政法与行政诉讼法》(第7版),北京大学出版社、高等教育出版社2019年版,第398页。

② 该法分别于2014年、2017年进行两次修正。

（二）海关行政诉讼的特征

海关行政诉讼具有以下特征：

1. 海关行政诉讼的原告和被告具有恒定性

在海关行政诉讼领域，海关行政诉讼的原告只能是认为海关和海关工作人员的具体行政行为侵犯其合法权益而依法起诉的公民、法人或者其他组织；而海关行政诉讼的被告只能是作出被诉具体行政行为的海关。包括海关行政诉讼在内的所有行政诉讼的当事人双方的诉讼地位是恒定的，不允许行政主体作为原告起诉行政管理相对人。以上特点与民事诉讼和刑事诉讼不同。民事诉讼中诉讼双方当事人均为平等的民事主体，原告和被告不具有恒定性；而刑事诉讼领域的自诉案件中允许被告人作为被害人反诉自诉人。

2. 海关行政诉讼的受案范围具有限定性

根据我国《行政诉讼法》及相关司法解释等法律规范的相关规定，行政诉讼受案范围限于法律、法规规定的具体行政行为，是解决特定范围内行政争议的活动。行政诉讼受案范围是指人民法院受理行政诉讼案件的具体范围。这一范围同时决定着司法机关对行政主体行为的监督范围，决定着受到行政主体侵害的公民、法人和其他组织诉讼的范围。以北京市通州区人民法院民事判决书（2019）京0112民初13027号为例，2019年1月13日19时许，原告傅某在首都国际机场T3航站楼入境接受检验，海关的执法检疫犬对其进行嗅闻检验过程中，原告称手指受伤，并到海关医务室接受临时处理，医务人员称无法确认原告手部所受伤害是否系检疫犬咬伤或抓伤，但可以确认系新伤。此后，傅某以医疗费用等为由，以北京某海关为被告向法院提起民事诉讼。实际上，该案所涉及的纠纷应当是行政争议，应当通过行政诉讼，而非民事诉讼予以解决。之所以如此，是因为：首先，本案是北京某海关履行海关职责过程中引发纠纷，属于行政争议。本案事实发生于北京某海关执法检疫犬对原告进行嗅闻检疫过程，处于海关行政管理过程中，而非海关日常饲养检疫犬过程中。其次，本案中的检疫犬此时属于北京某海关进行执法的具体工具。原告称手指受伤，海关医务室医务人员自称无法确认原告手部所受伤害是否系检疫犬咬伤或抓伤，但可以确认系新伤。双方对此产生争议，应当属于行政争议的范畴。再次，在原告傅某与北京某海关之间的争议中，北京某海关的行为属于进行具体执法的行政公务行为。一般而言,判断行政机关的行为是否为行政公务行为存在三个要件标准。(1)行为由行政机关工作人员作出。非行政机关工作人员,其所为行为一般不是行政公务行为。(2)行政公务行为是行政机关工作人员履行行政职责的行为。行政机关工作人员非履行行政职责的行为,无论行为作出时间如何,均非行政公务行为。(3)行政公务行为必须是以履行行政职责为目的的行为。行政机关工作人员出于履行职责以外目的的行为,比如,出于个人打击报复等私人利益目的,尽管形式上是行政公务行为,但就其本质而言并未体现行政执法机关意志,因此该行为只可能是个人行为,而非行政公务行为。具体到本案中,案件发生在北京某海关工作人员利用检疫犬对傅某进行嗅闻检验过程中,是由具体海关工作人员正式实施的履行检疫职责行为,出于维护进出境检验检疫秩序的公共利益目的而进行,属于行政公务行为的范畴。从此角度来说,因行政公务行为而引起的争议,理应通过行政救济,而非民事救济渠道解决。最后,以上行政争议应当通过行政诉讼,而非民事诉讼解决。根据《行政诉讼法》第 2 条第 1 款之规定,公民、法人或者其他组织认为行政机关和行政机关工作人员的行政行为侵犯其合法权益,有权依照本法向人民法院提起诉讼。如果是公民和公民之间,或者公民和其他非行政组织、企业之间发生的纠纷,适用民事诉讼。根据《中华人民共和国民事诉讼法》第 3 条规定,人民法院受理公民之间、法人之间、其他组织之间以及他们相互之间因财产关系和人身关系提起的民事诉讼,适用本法的规定。民事诉讼是解决平等主体之间的权利义务关系,主要解决的是私权利之间的纠纷。行政诉讼是解决不平等主体即行政主体与行政相对人之间的权利义务关系,主要解决的是公权力和私权利之间的纠纷。本案中,相关纠纷是处于履行海关职责过程中的北京某海关这一行政主体和接受海关执法的傅某这一行政相对人之间。在此方面,作为行政主体的北京某海关与傅某的法律地位并不平等,并非民事法律争议,而是行政法律争议,应当通过行政诉讼予以解决。

3. 海关行政诉讼案件原则上不得以调解方式结案

在行政诉讼领域方面,《行政诉讼法》(1989 年)第 50 条规定,人民法院审理行政案件,不适用调解。就其形式而言,《行政诉讼法》(1989 年)上述规定的立法原意在于禁止调解在行政诉讼领域的适用。如此规定,主要是基于以下原因[①]：第一，法院在行政诉讼过程中，其对具体行政行为的审查必须遵循“以事实为根据，以法律为准绳”的原则，其在合法、违法判断之间并不存在模糊地带；第二，行政诉讼与民事诉讼不同，纠纷“两造”的具体法律地位有别：被告作为在行政过程中依法行使管理职权的行政机关，并不能像民事诉讼主体那样就所为具体行政行为随意处分。随着行政法治的逐渐深入，以及《行政诉讼法》的两次修正，以上立法规定已经发生变化。根据2014年、2017年修正的《行政诉讼法》的相关规定，在此方面的法律规定已经更新为：人民法院审理行政案件，不适用调解。但是，行政赔偿、补偿以及行政机关行使法律、法规规定的自由裁量权的案件可以调解。调解应当遵循自愿、合法原则，不得损害国家利益、社会公共利益和他人合法权益。基于以上规定，包括海关在内的行政诉讼案件原则上不得以调解方式结案。在特定情形下进行调解，也应当依照严格的法律规定予以实施。

二、海关行政诉讼的基本原则

海关行政诉讼的基本原则是指在整个海关行政诉讼过程中起主导、支配作用的基本准则。在规范层面，我国《行政诉讼法》等法律规范对行政诉讼的基本原则作了一般规定。比如：人民法院依法独立行使审判权原则；以事实为根据，以法律为准绳原则；回避、辩论、合议、公开审判、两审终审原则；当事人法律地位平等、使用本民族语言文字进行诉讼原则；人民检察院对诉讼实行法律监督原则等。以上基本原则与民事诉讼、刑事诉讼在此方面的基本原则相同。除了以上与民事诉讼、刑事诉讼相同的基本原则之外，《行政诉讼法》等法律规范也规定了行政诉讼特有的一些基本原则，这些原则也是海关行政诉讼的基本原则，主要如下：

其一，当事人选择复议原则。当事人选择复议原则，是指对属于人民法院受案范围的行政案件，在法律、法规没有明确规定必须经过复议的情况下，当事人对具体行政行为不服时，既可以先向上一级行政机关或者法律规定的特定机

① 参见吴展：《我国行政诉讼调解制度之构建：合法性视角的分析》，载《东吴法学》2012年第2期（秋季卷）。

关申请复议,对复议决定不服,再向法院起诉,也可以不经复议直接向法院起诉。概括而言,复议原则上不是在我国进行行政诉讼的必经程序,是否经过复议,由当事人自己自主选择。在实定法层面,根据《行政诉讼法》第44条第1款之规定,对属于人民法院受案范围的行政案件,在法律、法规没有明确规定必须经过复议的情况下,当事人对具体行政行为不服时,既可以先向上一级行政机关或者法律规定的特定机关申请复议,对复议决定不服,再向法院起诉,也可以不经复议直接向法院起诉。根据《行政诉讼法》第44条第2款之规定,法律、法规规定应当先向行政机关申请复议,对复议决定不服再向人民法院提起诉讼的,依照法律、法规的规定。此即复议前置规定。总体上,在行政复议方面,实定法及实务领域遵循的是"自由选择为主,复议前置为辅"原则。对此,《行政诉讼法》予以确认。[①] 海关法律领域遵循本原则。除纳税争议等少数领域规定复议前置外,[②]大多数情况下,当事人既可以选择复议,也可以选择直接提起行政诉讼。

其二,合法性审查原则。我国行政诉讼制度的一个明显特征是人民法院对具体行政行为进行合法性审查,这也是我国行政诉讼区别于其他诉讼的特有原则。[③] 就其概念而言,合法性审查原则是指人民法院依法受理、审理行政案件,对被诉具体行政行为的合法性进行审查并作出裁判的一项基本原则。[④] 在实定法层面,《行政诉讼法》第6条规定,人民法院审理行政案件,对具体行政行为是否合法进行审查。首先,人民法院对具体行政行为进行的合法性审查的审查范围主要限于具体行政行为。之所以如此,是由于我国对行政机关抽象行政行为的监督和审查权力主要是由各级人大及其常委会或作出抽象行政行为的行政机关的上级行政机关来行使。其次,人民法院审查具体行政行为仅限于审查具体行政行为的合法性,一般情形下不审查行政行为的合理性。如此规定,很大程度上是因为行政诉讼中存在两种公权力,即行政权与司法权,[⑤]且具体案件中

---

① 参见《行政诉讼法》第44条。

② 参见《海关法》第64条。

③ 参见姜明安主编:《行政法与行政诉讼法》(第7版),北京大学出版社、高等教育出版社2019年版,第408页。

④ 参见黄学贤、李凌云:《行政诉讼合法性审查原则的理论研究与实践发展》,载《学习与探索》2020年第5期。

⑤ 参见邓刚宏:《行政诉讼依诉请择判原则之局限性——依行政行为效力择判原则的可行性分析》,载《法学》2008年第9期。

行政权的行使者与行政诉讼案件的原告在实体行政管理法律关系中还存在不平等的法律地位，行政权的行使需要广泛运用法律赋予的自由裁量权，行使司法权的人民法院在审理行政案件时不应当代行行政机关的自由裁量权。

其三，行政诉权保障原则。根据我国《宪法》的规定，起诉权是公民向司法机关提出的权利救济请求权，是公民平等、普遍、无一例外享有的一项宪法基本权利。在现代法治社会，诉权作为公民的一项基本权利，是一项特殊的、具有宪法权利属性的人权，是公民各种权利获得最终司法救济的前提和基础，对其理应从宪法层面给予确认和保障。[①] 在行政审判活动过程中，原告拥有行政诉权。对于原告而言，行政诉权不仅是一项提起行政诉讼的权利，而且还是一种基于某种特定事项与事实状态并超越其本身而进行诉讼的权利，亦是一种通过行政审判程序而使权利受损害者获得司法补救的权利。在其内容方面，行政诉权包括程序控制权、各种诉讼行为实施权、处分权、要求审判机关纠正错误裁判和强制实现生效法律文书所确认的实体权利的申请权等具体权利。[②] 并且，在行政诉讼中，由于起诉权保障决定行政诉讼案件能否顺利立案，因此行政诉权保障原则发挥着非常重要的作用。正因如此，《行政诉讼法》第 3 条第 1 款、第 2 款规定，人民法院应当保障公民、法人和其他组织的起诉权利，对应当受理的行政案件依法受理。行政机关及其工作人员不得干预、阻碍人民法院受理行政案件，并在第 51 条规定了登记立案制度，在第 46 条规定了 6 个月的起诉期限，并规定了 5 年和 20 年的最长起诉期限，又明确了人民法院既不立案又不作出裁定的，行政相对人可以向上一级法院起诉的“越级起诉”制度。在此方面，海关总署《关于新形势下加强和改进行政应诉工作的意见》(署法发〔2017〕204 号)、《中华人民共和国海关行政应诉工作管理办法》等都作出了相应规定。

其四，诉讼不停止执行原则。在海关行政诉讼中，海关作出的具体行政行为并不因原告的起诉而停止执行。这里的诉讼不停止执行原则是为保持行政管理的连续性和法律的执行力而作出的规定。在其概念上，诉讼不停止执行原则是指在行政诉讼中，原行政处理决定并不因原告提起诉讼而停止执行。根据

---

① 参见姜明安主编：《行政法与行政诉讼法》(第 7 版)，北京大学出版社、高等教育出版社 2019 年版，第 408 页。

② 参见邓刚宏：《我国行政诉讼诉判关系的新认识》，载《中国法学》2012 年第 5 期。

《行政诉讼法》第 56 条第 1 款之规定,“诉讼期间,不停止行政行为的执行。但有下列情形之一的,裁定停止执行:(一)被告认为需要停止执行的;(二)原告或者利害关系人申请停止执行,人民法院认为该行政行为的执行会造成难以弥补的损失,并且停止执行不损害国家利益、社会公共利益的;(三)人民法院认为该行政行为的执行会给国家利益、社会公共利益造成重大损害的;(四)法律、法规规定停止执行的”。基于上述规定,海关行政诉讼以诉讼不停止执行为原则,仅在例外情况下才可以由人民法院裁定中止执行。

三、海关行政诉讼的受案范围

(一)海关行政诉讼的受案范围的概念

海关行政诉讼受案范围是指人民法院受理海关行政诉讼案件的范围。在我国,行政诉讼的受案范围由《行政诉讼法》和其他法律、法规以及司法解释的规定来确立,海关行政诉讼的受案范围也由以上法律规范规定。在实定法层面,我国《行政诉讼法》第 2 条中明确规定,公民、法人或者其他组织认为行政机关和行政机关工作人员的行政行为侵犯其合法权益,有权向人民法院提起诉讼。该条即以概括的方式确立了行政诉讼受案的基本标准。

(二)海关行政诉讼的受案范围的列举

《行政诉讼法》第 12 条、第 13 条分别采用肯定和否定列举的方式对我国行政诉讼的受案范围作了规定。海关行政诉讼受案范围必须遵循行政诉讼法的规则,受案范围包括肯定式列举和否定式列举两种。

1. 海关行政诉讼受案范围之肯定式列举

根据《行政诉讼法》第 12 条、《最高人民法院关于适用〈中华人民共和国行政诉讼法〉的解释》[以下简称《行政诉讼解释》(2018 年)]等法律规范的具体规定,公民、法人或者其他组织对下列海关具体行政行为不服的,可以提起诉讼。

(1)对海关行政处罚行为不服可以提起行政诉讼。根据《行政诉讼法》第 12 条第 1 款第 1 项之规定,对行政拘留、暂扣或者吊销许可证和执照、责令停产停业、没收违法所得、没收非法财物、罚款、警告等行政处罚不服的，公民、法人或者其他组织可以提起诉讼。在海关执法领域，海关可以实施以上大多数行政处罚，以及责令退运等大量类行政处罚行为。[①] 行政相对人如对以上行政处罚不服，可以依法提起海关行政诉讼，人民法院根据《行政诉讼法》等法律规范决定受理与否。对类行政处罚行为，则一般不能提起海关行政诉讼。

（2）对海关行政强制行为不服可以提起行政诉讼。根据《行政诉讼法》第12条第1款第2项之规定，对限制人身自由或者对财产的查封、扣押、冻结等行政强制措施和行政强制执行不服的，公民、法人或者其他组织可以提起诉讼。对于行政强制，《行政强制法》将其分为行政强制措施[②]和行政强制执行[③]，行政强制措施方面包括：限制公民人身自由；查封场所、设施或者财物；扣押财物；冻结存款、汇款；其他行政强制措施。行政强制执行包括：加处罚款或者滞纳金；划拨存款、汇款；拍卖或者依法处理查封、扣押的场所、设施或者财物；排除妨碍、恢复原状；代履行；其他强制执行方式。海关执法实务中均适用以上行政强制内容。海关行政相对人如对以上行政强制行为不服，可以依法提起行政诉讼。

（3）对海关行政许可行为不服可以提起行政诉讼。根据《行政诉讼法》第12条第1款第3项之规定，申请行政许可，行政机关拒绝或者在法定期限内不予答复，或者对行政机关作出的有关行政许可的其他决定不服的，公民、法人或者其他组织可以提起诉讼。在海关行政执法领域，海关可以实施许多行政许可。在此过程中，行政相对人如对以上行政许可行为不服，可以依法提起行政诉讼。

（4）认为海关的其他具体行政行为侵犯其合法权益，可以提起行政诉讼。根据《行政诉讼法》第12条第1款第12项之规定，认为行政机关侵犯其他人身权、财产权等合法权益的，公民、法人或者其他组织可以提起诉讼，这是行政诉讼受案范围方面的兜底条款。在其功能上，兜底条款有助于弥补法律的滞后性，从而最大限度地弥补列举式罪名的“不周延性”，并“缓和有限的法律规定与

---

① 参见吴展：《海关执法领域责令退回行为之法律属性及其问题——以陈某诉某海关责令退回违禁印刷品出境案为例》，载《海关法评论》2017年第7卷。

② 参见《行政强制法》第9条。

③ 参见《行政强制法》第12条。

无限的社会生活之间的矛盾”。[①] 在海关法领域,兜底条款作为一种立法技术成为列举式条文的有效补充,既能对现有海关法律规范中的其他具体行政行为作一概括,又能引申到以后将要出台的法律规范中新增的具体行政行为类型,从而更好地体现《行政诉讼法》“保护公民、法人和其他组织的合法权益,监督行政机关依法行使职权”的立法宗旨。[②] 考虑到海关现行立法较为滞后,且《海关法》修改已实际进行的现实状况,海关行政诉讼方面的兜底条款更有其现实意义。

(5)可以在诉讼时一并申请附带审查规章以下的规范性文件的合法性。根据《行政诉讼法》第 53 条之规定,公民、法人或者其他组织认为行政行为所依据的国务院部门和地方人民政府及其部门制定的规范性文件不合法,在对行政行为提起诉讼时,可以一并请求对该规范性文件进行审查。这里,规范性文件的范围不包括规章,仅指作出行政行为所依据的规范性文件。经认定,属于行政行为的依据且不合法的,人民法院不应将以上规范性文件作为行政行为合法的依据,并向制定机关提出处理建议。[③] 在海关执法领域,如行政相对人对作为具体行政行为执法依据的上述规范性文件的合法性存在质疑,可以在提起诉讼时一并申请附带审查。

2. 海关行政诉讼受案范围之否定式列举

《行政诉讼法》第 13 条规定了不可诉行政行为的具体范围,具体包括:(1)国防、外交等国家行为;(2)行政法规、规章或者行政机关制定、发布的具有普遍约束力的决定、命令;(3)行政机关对行政机关工作人员的奖惩、任免等决定;(4)法律规定由行政机关最终裁决的行政行为。《行政诉讼解释》(2018 年)第 1 条、第 2 条又对此作出了更为细致的安排。根据以上法律规范,除《行政诉讼法》第 13 条所规定的行政行为之外,以下行为也不属于行政诉讼的审判范围:(1)公安、国家安全等机关依照《刑事诉讼法》的明确授权实施的行为;(2)调解行为以及法律规定的仲裁行为;(3)行政指导行为;(4)驳回当事人对行政行为提起申诉的重复处理行为;(5)行政机关作出的不产生外部法律效力的行为;(6)行政机关为作出行政行为而实施的准备、论证、研究、层报、咨询等

---

① 姜涛:《经济刑法之“兜底条款”的解释规则》,载《学术界》2018 年第 6 期。

② 参见《行政诉讼法》第 1 条。

③ 参见《行政诉讼法》第 64 条。

过程性行为;(7)行政机关根据人民法院的生效裁判、协助执行通知书作出的执行行为,但行政机关扩大执行范围或者采取违法方式实施的除外;(8)上级行政机关基于内部层级监督关系对下级行政机关作出的听取报告、执法检查、督促履责等行为;(9)行政机关针对信访事项作出的登记、受理、交办、转送、复查、复核意见等行为;(10)对公民、法人或者其他组织权利义务不产生实际影响的行为。以上几种行为中,除了属于司法裁判范畴的司法行为之外,大多属于不对行政相对人权利义务产生实质影响的行政行为。以行政机关作出的不产生外部法律效力的行为为例,该类行政行为由于不具有外部性而不可诉。在海关执法领域,由于海关手续办理过程中涉及许多复杂的流程和问题,也存在许多此类行政行为。以某进出口有限公司诉 B 海关商品归类结论源由违法一案[①]为例,2017 年 5 月 10 日,某进出口有限公司向 B 海关申报一票钢瓶 1999 只,B 海关查验后认为某进出口有限公司申报不实,双方就出口钢瓶的商品归类发生争议。法院在审理过程中认为,某进出口有限公司起诉要求确认 B 海关得出商品归类结论的源由违法,诉请中的“源由”应理解为得出商品归类结论的“依据、理由”,而该诉请事项并非一个可以单独起诉的行政行为,不属于人民法院行政诉讼的受案范围。某进出口有限公司的起诉不符合行政诉讼的立案条件。因此,法院裁定对某进出口有限公司的起诉不予立案。

四、海关行政诉讼的管辖

(一)海关行政诉讼管辖的概念

行政诉讼中的管辖,是指人民法院之间受理第一审行政案件的职权分工。海关行政诉讼管辖是指人民法院受理第一审海关行政案件的分工与权限。就其制度而言,行政诉讼中的管辖要解决的核心问题是在人民法院体系内划分一审行政诉讼案件受理的职权范围。[②] 在海关行政诉讼实践中,以上分工与权限安排带来两个方面的后果:对法院而言,它确定了上下级人民法院之间对受理

---

① 参见(2020)浙 02 行初 122 号裁定书。

② 参见最高人民法院行政审判庭编著:《行政诉讼跨区划管辖改革实践与探索》,人民法院出版社 2018 年版,第 1 页。

第一审海关行政案件的权限,确定了同级人民法院之间对受理第一审海关行政案件的分工;对当事人而言,它确定了与海关产生争议后到哪一级哪一个法院去起诉和应诉的具体规定。

某种程度上,正是由于海关行政诉讼法律关系中的以上分工与权限具有不同层面的具体后果,在确定海关行政诉讼的管辖方面才需要考虑依据多种原则。概括而言,以上原则包括:其一,有利于人民法院公正审理海关行政案件的原则。我国《行政诉讼法》以及相关司法解释在确定管辖时,基于海关事务的专业性较强,涉及的法律关系较为复杂,为了提高审判质量,减少和避免行政干预审判权的现象,《行政诉讼法》提高了海关行政案件审判的审级,规定第一审海关行政案件由中级人民法院审理,而且,分别规定了中级、高级以及最高人民法院受理第一审海关行政案件的条件。其二,便于当事人参加诉讼的原则。海关事项是垂直管理事项,因海关执法而产生的行政诉讼通常由作出行政执法行为的海关所在管辖区域对应的中级人民法院管辖,便于当事人参加庭审等诉讼活动。其三,便于人民法院行使审判权、有利于判决的顺利执行原则。在我国,《行政诉讼法》根据各种行政案件的不同情形以及各级人民法院与不同类型诉讼的关系,规定了不同的管辖安排,以便保证人民法院能够有效地行使审判权。其四,原则性与灵活性相结合的原则。我国《行政诉讼法》在规定管辖权问题时,允许人民法院根据需要或出现的特定情况作相应的灵活处理。

(二)海关行政诉讼管辖的种类

海关行政诉讼管辖的种类,依照不同的标准可以作不同的划分,其中以是否有法律规定为标准而划分为法定管辖与裁定管辖。法定管辖是法律明确规定第一审行政案件由哪一个法院行使管辖权。法定管辖又可以分为级别管辖和地域管辖。裁定管辖是由法院作出裁定或决定,以确定具体案件的管辖。依据管辖决定方式的不同,裁定管辖又可分为移送管辖、指定管辖和管辖权的转移。

1. 法定管辖

(1)级别管辖

海关行政诉讼的级别管辖是指上下级法院之间受理第一审海关行政案件的分工与权限。我国的人民法院设置为四级,自上而下分别为最高人民法院、高级人民法院、中级人民法院和基层人民法院。在实定法层面,《行政诉讼法》

第 14 条至第 18 条对级别管辖予以规定。根据《行政诉讼法》第 14 条之规定，基层人民法院管辖第一审行政案件。根据《行政诉讼法》第 15 条之规定，中级人民法院管辖下列第一审行政案件：①对国务院部门或者县级以上地方人民政府所作的行政行为提起诉讼的案件；②海关处理的案件；③本辖区内重大、复杂的案件；④其他法律规定由中级人民法院管辖的案件。据此，海关执法活动作为由海关实施的执法工作，相应的行政诉讼案件应当由中级人民法院管辖。之所以如此，一方面是由于海关的业务种类繁多、专业性较强，基层人民法院审理这类案件有一定困难；另一方面也是因为海关处理的案件多具有一定的涉外因素，涉及国家主权和利益，对案件审理者要求有较高的政策水平和法律水平。[①]

（2）地域管辖

地域管辖，是指同级人民法院之间横向划分其各自辖区内受理第一审行政案件的权限，[②]海关行政诉讼案件也涉及地域管辖问题。参照《行政诉讼法》的相关规定，确定海关行政诉讼地域管辖的一般规则有：一般的海关行政案件由最初作出具体行政行为的海关所在地的中级人民法院管辖，即由被告所在地的中级人民法院管辖。而在确定被告方面，根据《行政诉讼法》第 26 条第 1 款之规定，公民、法人或者其他组织直接向人民法院提起诉讼的，作出行政行为的行政机关是被告。根据该条第 2 款之规定，经过复议的海关行政诉讼案件，复议机关维持原具体行政行为的，作出原具体行政行为的行政机关和复议机关是共同被告；复议机关改变原具体行政行为的，[③]复议机关是被告。根据该条第 3 款之规定，复议机关在法定期限内未作出复议决定，公民、法人或者其他组织起诉原行政行为的，作出原行政行为的行政机关是被告；起诉复议机关不作为的，复议机关是被告。以深圳市某贸易有限公司（以下简称深圳某公司）诉天津海关行政强制案[④]为例，深圳某公司向天津 X 海关申报出口运动鞋至阿拉伯联合酋

① 由于海关案件的专业性，大多数国家均通过专门的法院来负责审理海关案件。甚至，在普通法系代表国家美国，也是由专设的国际贸易法院审理海关案件，而美国国际贸易法院的前身则是专门的海关法院。有关历史演变，可参见陈立虎：《美国国际贸易法院的设置及其启示》，载《苏州城市建设环境保护学院学报（社会科学版）》2001 年第 3 期。

② 参见姜明安主编：《行政法与行政诉讼法》（第 7 版），北京大学出版社、高等教育出版社 2019 年版，第 437～438 页。

③ 参见《行政诉讼解释》（2018 年）第 22 条。

④ （2012）二中行初字第 2 号判决书。

长国。经查验、调查，天津 X 海关作出津关法知字〔2012〕005 号《中华人民共和国天津海关扣留决定书》。深圳某公司对天津 X 海关的以上扣留行为不服，提起行政诉讼，则由作出扣留决定的天津 X 海关所在地中级人民法院管辖。

2. 裁定管辖

海关行政诉讼案件的裁定管辖是指在特殊情形下，根据人民法院的裁定或者决定而非法律的直接规定来确定海关行政诉讼案件的管辖法院。根据《行政诉讼法》第 22 条至第 24 条之规定，海关行政诉讼裁定管辖具体包括移送管辖、指定管辖和管辖权的移转。

(1)移送管辖

海关行政诉讼移送管辖是指人民法院对已受理的海关行政案件经审查发现不属于本法院管辖时，将案件移送有管辖权的人民法院管辖的一种法律制度。海关行政诉讼中，移送管辖应当具备三个条件：一是移送案件的人民法院对案件已经受理；二是移送法院发现自身对已经受理的案件没有管辖权；三是受移送的人民法院对该案件确有管辖权。例如，海关具体行政行为作出地的中级人民法院受理一起海关行政案件后，发现案件非常重大、复杂，根据《行政诉讼法》及相应法律规范规定的级别管辖规则属于高级人民法院管辖范围，于是将该案件移送高级人民法院审理。

(2)指定管辖

海关行政诉讼指定管辖是指上级人民法院用裁定的方式，将某一案件交由某个下级人民法院进行管辖的法律制度。根据《行政诉讼法》第 23 条之规定，指定管辖适用于下列情形：一是由于特殊原因(如因回避、审理专业能力、审判人数不够等)，使有管辖权的法院不能行使管辖权，由上级人民法院指定下级人民法院中某一个人民法院管辖；二是同级人民法院因管辖权冲突发生争议，双方不能协商解决，需要报它们的共同上级人民法院，由后者以指定形式解决管辖或争议。

(3)管辖权的转移

海关行政诉讼管辖权的转移，又称为海关行政诉讼转移管辖，是指经上级人民法院决定或同意，将下级人民法院有管辖权的行政案件，移交上级人民法院审理，或者由上级人民法院指定管辖。根据《行政诉讼法》第 24 条之规定，行政诉讼管辖权的转移可以基于以下两种情形：其一，上级人民法院有权审判下级人民法院管辖的第一审行政案件。在行政审判实务中,对于下级人民法院既不受理又不作不予受理裁定的案件,上级人民法院如认为符合受理条件的,可以先行受理。受理之后可以指定下级人民法院审理,也可以自行审理。其二,下级人民法院对其管辖的第一审行政案件,如认为需要由上级人民法院审判的,可以报请上级人民法院决定。

五、海关行政诉讼的参加人

(一)海关行政诉讼的参加人概述

海关行政诉讼参加人是指因起诉、应诉或者与海关具体行政行为有利害关系,参加整个或部分海关行政诉讼活动的人。实践中,海关行政诉讼的参加人具体包括海关行政诉讼的原告、海关行政诉讼的被告、海关行政诉讼第三人、海关行政诉讼共同诉讼人及海关行政诉讼的代理人等。

(二)海关行政诉讼的原告

海关行政诉讼的原告是指认为海关的具体行政行为侵犯了自己的合法权益,而以作出具体行政行为的海关为被告向人民法院提起诉讼,要求撤销或改变该具体行政行为的个人和组织。在实定法层面,我国《行政诉讼法》第 2 条、第 25 条对行政诉讼的原告予以规定。行政诉讼的原告,既可以是个人,也可以是组织。[①] 根据《行政诉讼法》第 25 条第 1 款之规定,享有海关行政诉讼原告的法定条件包括:(1)海关行政诉讼的原告必须是海关行政法律关系中与海关相对应的一方当事人,即海关行政相对人。只有海关行政相对人才能成为海关行政诉讼的原告。(2)海关行政诉讼原告必须是与海关具体行政行为有法律上的利害关系,认为自己的合法权益受到海关具体行政行为的侵犯的公民、法人或者其他组织。根据《行政诉讼解释》(2018 年)第 12 条之规定,以上所述“法律上的利害关系”具体包括:(1)被诉的行政行为涉及其相邻权或者公平竞争权

① 参见姜明安主编:《行政法与行政诉讼法》(第 7 版),北京大学出版社、高等教育出版社 2019 年版,第 448 页。

的;(2)在行政复议等行政程序中被追加为第三人的;(3)要求行政机关依法追究加害人法律责任的;(4)撤销或者变更行政行为涉及其合法权益的;(5)为维护自身合法权益向行政机关投诉,具有处理投诉职责的行政机关作出或者未作出处理的;(6)其他与行政行为有利害关系的情形。以某海关与某银行海关行政处理纠纷上诉案[①]为例,被上诉人尽管不是该案涉讼货物的收货人,但持有该案涉讼货物的正本提单,与上诉人的具体行政行为有法律上的利害关系,其提起行政诉讼,符合前述法律和司法解释的规定,具备一审诉讼的原告主体资格。故法院受理该案。

(三)海关行政诉讼的被告

海关行政诉讼的被告是指被原告依法起诉指控其实施了侵犯原告合法权益的海关具体行政行为,而由人民法院通知应诉的海关行政管理机关。这个概念明确了作为海关行政诉讼的被告应具备三个条件:一是海关行政诉讼的被告必须是海关行政管理机关,具备行政执法资格。二是海关行政诉讼被告必须实施了被原告指控侵犯其合法权益的具体行政行为。三是海关行政诉讼被告必须由人民法院通知参加到海关行政诉讼中来。

在当事人选择复议情形下,有些海关具体行政行为经过了行政复议,在复议期间即被改变。由此,海关行政诉讼被告的确定因上述情形而变得复杂。根据《行政诉讼法》、《行政诉讼解释》(2018 年)以及海关规章等的规定,海关行政诉讼被告具体可分为如下情形:一是当原告未申请行政复议而直接向人民法院提起诉讼时,被告应当是作出具体行政行为的海关。二是经上级海关复议后不服复议结果而提起海关行政诉讼的案件,海关复议机关决定维持原具体行政行为的,被告是作出原具体行政行为的海关和海关复议机关,原告只起诉作出原行政行为的行政机关或者复议机关的,人民法院应当告知原告追加被告。原告不同意追加的,人民法院应当将另一机关列为共同被告。[②] 行政复议决定既有维持原行政行为内容,又有改变原行政行为内容或者不予受理申请内容的,作

---

① (2001)粤高法行终字第 267 号判决书。

② 参见《行政诉讼解释》(2018 年)第 134 条第 1 款。

出原行政行为的行政机关和复议机关为共同被告。[1] 复议机关改变原具体行政行为的，被告为海关复议机关；[2]对海关复议机关不作为不服提起诉讼的，应当以复议机关为被告。[3] 三是由法律法规授权的其他国家机关作出海关具体行政行为，相对人提起诉讼的，相应的国家机关是被告。四是下级海关经上级海关批准后以自己的名义作出具体行政行为的，以作出批准的上级海关为被告。五是经直属海关关长或者其授权的隶属海关关长批准后作出的具体行政行为，以直属海关为被告。六是海关设立的派出机构、内设机构或者其他组织，在授权范围内或超出授权范围对外以自己的名义作出具体行政行为的，以实施该行为的派出机构或内设机构为被告。但未经法律、行政法规授权，对外以自己名义作出具体行政行为的，以设立派出机构或内设机构的海关为被告。

（四）海关行政诉讼第三人

在实定法层面，《行政诉讼法》规定了行政诉讼第三人的概念。[4] 海关行政诉讼第三人是指与提起诉讼的海关作出的海关具体行政行为有利害关系，在诉讼过程中自己申请参加，或由人民法院通知其参加诉讼的公民、法人或其他组织。在海关行政诉讼实践中，海关行政诉讼第三人的构成要件具体包括：一是海关行政诉讼第三人必须同被诉的海关具体行政行为有利害关系，即人民法院对行政主体被诉具体行政行为的审查结果会影响第三人的利益，第三人介入诉讼为维护自己的利益。例如，海关行政处罚的被处罚人不服处罚决定提起行政诉讼，受害人可以作为第三人参加诉讼；海关与非行政机关共同署名作出的具体行政行为如果被诉，不能作为被告的非行政机关可以作为第三人参加诉讼。二是海关行政诉讼第三人必须参加到原被告已经展开但尚未结束的海关行政诉讼中来。三是海关行政诉讼第三人参加诉讼可以是主动向人民法院提出申请经人民法院准许而参加，也可以是由人民法院依职权通知其参加。四是海关行政诉讼第三人必须是原被告以外的诉讼参加人，其既非原告，也非被告，具有独立的法律地位。海关行政诉讼第三人在海关行政诉讼中有权提出与本案有

---

① 参见《行政诉讼解释》（2018 年）第 134 条第 2 款。

② 参见《行政诉讼法》第 26 条第 2 款。

③ 参见《行政诉讼法》第 26 条第 3 款。

④ 参见《行政诉讼法》第 29 条。

关的诉讼主张,对人民法院的一审判决不服,有权提起上诉。以香港 K 发展有限公司、J 有限公司不服湛江海关行政处罚决定案[①]为例,原告香港 K 发展有限公司、J 有限公司不服湛江海关的行政处罚决定,以其是被没收财物的所有权人,向广东省湛江市中级人民法院提起诉讼。湛江市中级人民法院审查原告的起诉后认为,陈某某和香港 Z 国际发展有限公司(以下简称 Z 公司)与被诉具体行政行为有利害关系,依照《行政诉讼法》(1989 年)第 27 条的规定,通知他们以第三人身份参加诉讼。这里的陈某某和 Z 公司即是海关行政诉讼第三人,享有相应的诉讼权利,履行相应的诉讼义务。

六、海关行政诉讼证据

(一)海关行政诉讼证据概述

证据是诉讼的核心,是构筑诉讼大厦的脊梁和基石。在某种程度上,证据制度是诉讼制度的灵魂,司法公正的实现无法离开证据制度。所谓证据是能够证明一项主张事实存在或不存在的根据、依据或者凭据。[②] 诉讼证据是证据的一种,是诉讼法上的一个专门术语,是指通过法定的诉讼程序,由司法机关基于特定的证明目的使用的并能够反映案件事实的材料或者手段。而行政诉讼证据是诉讼证据的一种,是行政诉讼中用以证明被审查的具体行政行为是否合法和是否侵犯行政相对人合法权益的客观材料。海关行政诉讼证据是行政诉讼证据的一种,是海关行政诉讼中用以证明海关具体行政行为是否合法和是否侵犯行政相对人合法权益的客观材料。海关行政诉讼证据有以下特点:(1)海关行政诉讼证据提供的责任主要由被诉海关承担;(2)海关行政诉讼证据证明的对象主要是海关具体行政行为的合法性;(3)海关行政诉讼证据主要源于海关在被诉具体行政行为程序中收集的证据材料。

---

① 该案例载《最高人民法院公报》1994 年第 1 期。

② 参见江必新、梁凤云:《行政诉讼法理论与实务》(下卷),北京大学出版社 2009 年版,第 451 ~ 452 页。

(二)海关行政诉讼证据规则

根据《行政诉讼法》第 33 条第 1 款之规定,行政诉讼证据种类主要有书证、物证、视听资料、电子数据、证人证言、当事人的陈述、鉴定意见、勘验笔录和现场笔录等。根据《行政诉讼法》第 33 条第 2 款之规定,以上种类证据经法庭审查属实,才能作为认定案件事实的根据。海关行政诉讼作为行政诉讼的一种,其证据类型也大致包括以上内容,也需经法庭审查属实才能作为定案的根据。基于此,依照法定的诉讼证据规则围绕诉讼证据展开各种诉讼活动至关重要。在诉讼法意义上,证据规则是诉讼过程中取证、举证、质证、认证活动的法律规范和准则。而在行政诉讼法领域,《行政诉讼法》、《行政诉讼解释》(2018 年)以及《最高人民法院关于行政诉讼证据若干问题的规定》(以下简称《证据若干问题的规定》)是规定相关诉讼证据规则的主要法律规范,海关行政诉讼也是如此。根据以上法律规范,海关行政诉讼证据规则主要包括以下四方面内容。

1. 取证规则

取证是司法的首要环节。行政诉讼取证规则是人民法院、行政主体及其相对人和其他利害关系人收集、调取证据所应遵循的程序、方法和应满足的条件。由于目前我国还没有统一的行政程序法,行政程序中的取证缺乏明确一致的规定。根据《行政诉讼法》、《行政诉讼解释》(2018 年)、《证据若干问题的规定》,行政诉讼取证规则主要有以下内容:其一,取证时限规则。根据《证据若干问题的规定》第 3 条及第 60 条第 1 项之规定,在行政诉讼中,被告及其诉讼代理人不得自行向原告和证人收集证据;被告在作出行政行为之后自行收集的证据不能作为行政行为合法的依据。其二,证据形式要件规则。证据形式是指证据存在的客观样态,证据的形式要件是指证据在形式上所应满足的条件。证据形式是在取证过程中形成的。比如,"书证"应调取原件或与原件核对无误的复印件、照片、节录本;"物证"应调取原物,确有困难的可以调取与原物核对无误的复制件或该物证的照片;"电子证据"应调取原始载体或复制件;"鉴定意见"应当载明委托人和委托鉴定的事项、向鉴定部门提交的相关材料、鉴定的依据和使用的科学技术手段、鉴定部门和鉴定人鉴定资格的说明,并应有鉴定人的签名和鉴定部门的盖章;"现场笔录"形式上应当载明时间、地点和事件等内容,并由执法人员和当事人签名等。

行政诉讼证据在一般情况下，应当由当事人自己提供，但在以下情况下由法院调取证据：(1)被调取的证据所证明的事实涉及国家利益、公共利益或者他人合法权益的；(2)被调取证据所证明的是程序性事项的，如追加当事人、回避、中止和终结诉讼等；(3)由有关部门保存需由法院调取的证据、涉密证据以及当事人自行收集客观不能的证据，依原告或第三人的申请而调取。

2. 举证规则

行政诉讼举证，就是指行政诉讼的当事人向法庭提供证据，证明相应的被诉具体行政行为或事实损害行为、损害行为与损害结果的因果关系是否存在、是否合法、继而应否承担行政赔偿责任、承担何种赔偿责任的诉讼活动。在行政诉讼中，原告、被告和第三人以及辩护人、代理人都是举证的主体；举证的重点是举证责任的分配与举证时限的限制。

举证责任是指由法律预先规定的，在行政诉讼案件的真实情况难以确定的情况下，由一方当事人提供证据予以证明，如提供不出证明相应事实情况的证据则承担败诉风险和不利后果的制度。[①] 根据《行政诉讼法》第 34 条和第 67 条之规定，被告对其作出的具体行政行为负有举证责任；被告举证的范围是作出具体行政行为的证据和所依据的规范性文件；举证的时间是在收到起诉状副本之日起 15 日内。被告在作出具体行政行为时已经收集了证据，但因不可抗力等正当事由不能提供的，经人民法院准许，可以延期提供。[②] 原告或者第三人提出了其在行政处理程序中没有提出的理由或者证据的，经人民法院准许，被告可以补充证据。[③] 被告不提供或者无正当理由逾期提供证据，视为没有相应证据。但是，被诉行政行为涉及第三人合法权益，第三人提供证据的除外。[④]

这里，被告负有举证责任，并不意味着行政诉讼中原告不负任何举证责任。因为行政诉讼中除了作出具体行政行为的事实和依据需要证明之外，还存在其他的事项也需要证明，而对这部分举证责任，《行政诉讼法》就没有规定全部分配给被告。在此方面，《行政诉讼解释》和《证据若干问题的规定》都规定了一

---

① 参见姜明安主编：《行政法与行政诉讼法》(第 7 版)，北京大学出版社、高等教育出版社 2019 年版，第 463 ~ 464 页。

② 参见《行政诉讼法》第 36 条第 1 款。

③ 参见《行政诉讼法》第 36 条第 2 款。

④ 参见《行政诉讼法》第 34 条第 2 款。

些要求原告举证的事项，如原告应当提供其符合起诉条件的相应证据材料；在起诉被告不作为案件中，证明其提出申请的事实；当原告提出行政赔偿的诉讼请求时，其应当对被诉行政行为造成损害的事实提供证据。原告或第三人应在开庭审理前或法院指定的交换证据日提供证据，因正当事由申请延期，法院准许的，可以在法庭调查中提供，逾期提供的，视为放弃举证权利。在一审程序中无正当事由未提供而于二审程序中提供的证据，法院不予采纳。对需要鉴定的事项负有举证责任的当事人，在举证期限内无正当理由不提出鉴定申请、不预交鉴定费用或者拒不提供相关材料，致使对案件争议的事实无法通过鉴定意见予以认定的，应当对该事实承担举证不能的法律后果。

3. 质证规则

在质证过程中，质证的主体是当事人双方及其辩护人、诉讼代理人以及特殊情况下的第三人，法院在质证过程中是质证程序的主持者。就其实质而言，质证要求双方当事人在就证据材料的正面交锋中来判断该材料的证据效力及证明力问题。因涉及主体众多，同时也是由于质证对于诉讼而言的重要价值，质证程序领域存在相对复杂的规则。① 对于质证问题，《证据若干问题的规定》既规定了各种证据的共同质证规则，也规定了某些证据如书证、物证、证人、视听资料、鉴定意见等单独的质证规则。质证的方式是多样的。经法庭准许，当事人及其代理人可以就证据问题相互发问，也可以向证人、鉴定人或者勘验人发问。当事人及其代理人相互发问，或者向证人、鉴定人、勘验人发问时，发问的内容应当与案件事实有关联，不得采用引诱、威胁、侮辱等方式。当事人质证的内容是围绕证据的关联性、合法性和客观性，针对证据有无证明效力以及证明效力大小进行质证。

4. 认证规则

在行政诉讼领域，认证是指在举证、质证的基础上，经过对证据的审查核实，对证据的证明效力及是否作为认定案件事实依据进行认定的诉讼活动，主要包括对证据的审查和对证据证明效力的认定两个环节。② 在行政诉讼领域，

① 参见谢安平、郭华：《证据法学》，中国人民公安大学出版社 2009 年版，第 369 ~ 370 页。

② 参见姜明安主编：《行政法与行政诉讼法》（第 7 版），北京大学出版社、高等教育出版社 2019 年版，第 474 页。

认证证据的标准是从证据三大属性，即客观性、合法性、关联性角度进行综合审查判断，即法官对证据证明力进行判断的过程。判断的内容包括证据有无证明力以及证明力的大小。以北京某科贸有限公司与青岛海关行政复议案①为例，原告北京某科贸有限公司法定代表人犯走私普通货物罪，该案办理过程中，日照海关作出《涉嫌走私的货物、物品偷逃税款海关核定证明书》。原告对上述税款海关核定证明书不服，向日照海关的上一级海关青岛海关提起行政复议，青岛海关依法作出不予受理行政复议决定书，本案原告对上述不予受理决定不服，提起行政诉讼。案件审理过程中，原告提交了包括涉案税款核定证明书在内的五组证据，法院组织原告、被告针对证据进行质证，判决认为涉案的税款核定证明书的作出系作为刑事证据使用，并不属于海关行政复议的范畴，海关据此决定驳回行政复议申请于法有据。

七、海关行政诉讼程序

（一）海关行政诉讼程序的概念

海关行政诉讼程序，是指法律规定的，人民法院办理海关行政案件必须遵循的行为方式、步骤、顺序、期限等的总称。我国行政诉讼程序总体上包括第一审程序、第二审程序、审判监督程序。海关行政诉讼同样也包括三个方面的程序。

（二）海关行政诉讼一审程序

海关行政诉讼一审程序，是指人民法院对某一海关行政诉讼案件第一次审理时必须遵循的程序。一审程序是海关行政诉讼的基本程序，是全部审判的基础。海关行政诉讼一审自立案起到作出判决、裁定止，具体程序和有关规定如下：

1. 起诉与受理

行政诉讼程序的发生，人民法院依法行使行政审判权力，是从起诉人提起

① (2013)青行初字第6号判决书。

诉讼,人民法院对案件的受理开始的。起诉是利害关系人的诉讼行为,受理是人民法院的诉讼行为,只有在这两种诉讼行为相结合的情况下才能启动行政诉讼程序。起诉和受理,是海关行政诉讼程序的开始阶段,是一审程序发生的前提,原被告取得相应的诉讼地位,审理期限开始计算。

海关行政诉讼的起诉是指海关行政相对人认为海关行政机关的具体行政行为侵犯了其合法权益,向人民法院提起诉讼,依法请求人民法院对海关具体行政行为进行审查并保护自己合法权益的诉讼行为。参照《行政诉讼法》第 49 条的规定,行政相对人提起海关行政诉讼必须具备下列条件:(1)原告必须是认为海关的具体行政行为侵犯了自己合法权益的公民、法人或其他组织。(2)必须有明确的被告,即提起行政诉讼时应指明是哪个海关的具体行政行为侵犯了其合法权益。(3)有具体的诉讼请求和事实根据。具体的诉讼请求是指原告对被告提出的具体的权利主张和人民法院作出何种判决的要求,如要求法院确认海关具体行政行为违法或撤销、变更具体行政行为或者要求海关履行法定职责。事实根据是指原告向法院起诉时明确提出诉讼请求所依据的事实情况和根据。(4)属于人民法院的受案范围和受诉人民法院管辖。

海关行政诉讼的受理,是指人民法院对海关行政诉讼原告的起诉行为是否符合法律规定起诉要件进行审查后,作出是否予以立案的行为。人民法院接到海关行政诉讼起诉状后,应当根据《行政诉讼法》第 51 条的规定接收起诉状。能够判断符合起诉条件的,应当当场登记立案;当场不能判断是否符合起诉条件的,应当在接收起诉状后 7 日内决定是否立案;7 日内仍不能作出判断的,应当先予立案。

2. 庭前准备

庭前准备是开庭审理的一个重要阶段,也是诉讼的必经环节。根据《行政诉讼法》第 67 条、第 68 条等法律规范之规定,庭前准备的主要内容包括:(1)送达起诉状和答辩状。人民法院在立案之日起 5 日内,将起诉状副本发送被告。被告应在收到起诉状副本之日起 10 日内向法院提交作出具体行政行为的有关材料,并提交答辩状。人民法院在收到答辩状之日起 5 日内,将答辩状副本发送原告。被告不提出答辩状的,不影响人民法院审理。(2)组成合议庭。合议庭是行政审判的基本组织。除适用简易程序审理的行政案件由审判员一人独任审理外,[①]合议庭由院长或行政审判庭庭长指定合议庭中审判员一人担任审判长。院长或庭长参加合议庭时由院长或庭长担任审判长。合议庭依照法律规定由3人以上的单数审判员或审判员和人民陪审员组成。(3)审查诉讼材料。核心是对当事人双方的基本情况、原告诉讼请求、被告的行政行为表现形式及法律依据、被告答辩情况、案件事实依据及理由等进行了解,从而掌握当事人争执的焦点。法院可以决定当事人补充证据,可以决定是否需要做鉴定和证据是否保全;对案件存疑的地方可以进一步调查;如果发现当事人不够资格,有权确认、更换和追加当事人。(4)通知与案件有利害关系的其他诉讼主体参加开庭准备工作。通知当事人准备开庭,公告开庭日期、地点并通知当事人。

当然,庭前准备可能会由于撤诉的产生而不进入正式的开庭审理阶段。在海关行政诉讼中,存在以下几种撤诉情形:一是海关行政诉讼原告自愿放弃起诉权,法院审查同意后,可准许其撤诉,为自愿申请撤诉。二是海关行政诉讼原告经法院合法传唤,原告无正当理由拒不到庭,或者未经法庭准许中途退庭的,可以按照撤诉处理。[②] 三是海关行政管理机关改变其所作的具体行政行为,原告同意并申请撤诉的,人民法院也可裁定撤诉。[③] 根据《最高人民法院关于认真贯彻执行〈关于行政诉讼撤诉若干问题的规定〉的通知》规定,人民法院经审查认为被诉具体行政行为违法或者明显不当,可以根据案件的具体情况,建议被告改变其所作的具体行政行为,主动赔偿或补偿原告的损失,原告同意后可以申请撤诉。[④]

3. 开庭审理

行政诉讼一般应公开审理,涉及国家机密、个人隐私和法律另有规定的,则可以不公开审理。[⑤] 据此,海关行政诉讼一审程序中,人民法院应当实行开庭审理。司法实践中,公开审理是原则,不公开审理是例外,开庭审理大致包括以下几个阶段。

---

① 参见《行政诉讼法》第83条。

② 参见《行政诉讼法》第58条。

③ 参见《行政诉讼法》第62条。

④ 《最高人民法院关于行政诉讼撤诉若干问题的规定》由最高人民法院审判委员会第1441次会议通过,于2008年2月1日起施行。

⑤ 参见姜明安主编:《行政法与行政诉讼法》(第7版),北京大学出版社、高等教育出版社2019年版,第494页。

(1)预备阶段。此阶段的主导人员是书记员和审判长。先由书记员宣布当事人及其诉讼代理人入庭;宣布法庭纪律;宣布全体起立,请审判长、审判员、陪审员入庭;向审判长报告当事人及其诉讼代理人的出庭情况。审判长核对当事人及其诉讼代理人的身份,并询问各方当事人对于对方出庭人员有无异议;宣布身份无误并对对方出庭人员没有异议的当事人可以参加本案诉讼;宣布案由及开始庭审;说明不公开审理的理由;宣布缺席审理,并说明传票送达合法和缺席审理的依据;宣布无独立请求权的第三人经人民法院传票传唤,无正当理由拒不到庭的,不影响案件的审理;宣布合议庭组成人员、书记员名单;告知当事人有关的诉讼权利义务,询问各方当事人是否申请回避。当事人提出申请回避的,合议庭应当宣布休庭。根据《行政诉讼解释》(2018 年)第 74 条之规定,当事人申请回避,应当说明理由,并应在案件开始审理时提出。如果回避事由是在案件开始审理后知道的,则应当在法庭辩论终结前提出。[①] 回避申请提出后,法庭应当对回避申请予以审查,当事人申请回避的理由不能成立的,由审判长在重新开庭时宣布予以驳回,记入笔录。当事人对驳回回避申请的决定不服,申请复议的,不影响案件的开庭;当事人申请回避的理由成立,决定回避的,由审判长宣布延期审理。

(2)法庭调查阶段。法庭调查是法院在诉讼当事人和其他诉讼参与人的参加下,核实和审查证据,查明案件真相的诉讼阶段。法庭调查的内容是:由原告宣读起诉状,被告宣读答辩状;当事人陈述和询问当事人;询问证人、审查证人证言;询问鉴定人、勘验人,审查鉴定意见、勘验笔录;审查书证、物证及视听资料。法庭调查的目的是审查证据。当事人可以申请出示自己拥有的证据或将证据提交法庭,也可以申请人民法院要求对方当事人出示证据,还可以要求重新鉴定、调查或勘验,是否准许,由人民法院决定。法院在法庭调查期间也可以针对调查中出现的新情况要求当事人出示或补充证据。

(3)法庭辩论阶段。法庭辩论是指在审判人员的主持下,当事人及其代理人对法庭调查的事实、证据,提出和陈述自己观点的阶段。法庭辩论由审判长主持,任何发言须经审判长许可。辩论时,审判长有权制止当事人重复陈述或

---

① 参见姜明安主编:《行政法与行政诉讼法》(第 7 版),北京大学出版社、高等教育出版社 2019 年版,第 494 页。

陈述与案件无关的内容，包括侮辱、攻击、谩骂对方的言论。辩论中提出与案件有关的新的事实、证据，由合议庭决定停止辩论，恢复法庭调查。法庭辩论的顺序是，先由原告及其诉讼代理人发言，再由被告及其诉讼代理人答辩，然后双方互相辩论。第三人参加诉讼的，应在原被告发言之后再发言。法庭辩论结束后，由审判长依照原告、被告、第三人的顺序依次征询各方最后意见。审判长认为应该查明的事实已辩论清楚，即可宣告结束辩论，宣布休庭，进入评议环节。

(4)合议庭评议阶段。合议庭评议是指合议庭根据经过庭审认定的证据，确认案件事实，适用法律、法规和参照规章，最终形成法院对案件的判决。评议时，合议庭成员可平等地表达自己对案件处理的意见。当合议庭成员意见不一致时，适用少数服从多数的原则，按多数意见作出裁决。评议过程应制作评议笔录，评议中的不同意见必须如实记入笔录，由合议庭全体人员签名。对于重大、疑难的行政案件，则由院长提交审判委员会讨论决定。

(5)公开宣判阶段。宣判阶段是开庭审理的最后步骤。经过法庭调查、法庭辩论和合议庭评议，法院能够正确认定事实，可以依法公开作出判决。海关行政案件无论是否公开审理，都要公开宣判。能够当庭宣判的，由审判长在休庭结束、恢复开庭后，当庭宣判，并在一定工作日内向当事人发放判决书。不能当庭判决需要报审判委员会讨论决定的案件，应定期判决，并在宣判后立即发给当事人判决书。在宣读判决后，法庭还应告知上诉的权利、期限及上诉法院。公开宣告判决后，由审判长宣布闭庭。

(三)海关行政诉讼的二审程序

二审程序又称“上诉程序”。海关行政诉讼二审程序，是指一审法院作出裁判后，诉讼当事人不服，在法定期限内提请一审法院的上一级法院重新进行审理并作出裁判的程序。我国实行两审终审制，因此二审程序又称终审程序。海关行政诉讼二审程序因海关行政诉讼当事人的上诉而发生，并不是每一个海关行政诉讼案件的必经程序。二审程序有利于当事人进一步寻求救济，有利于上级法院对下级法院的监督，有利于正确、及时、彻底地解决行政争议。

1. 海关行政诉讼二审程序的提起

提起海关行政诉讼二审程序，必须符合如下条件：(1)主体适格。提起海关行政诉讼二审程序的主体称上诉人。海关行政诉讼一审程序中原告、被告、第三人及其法定代理人、法人和其他组织的法定代表人，都有资格提起上诉；委托代理人必须经被代理人的特别授权，才能以被代理人的名义提起上诉。被上诉人必须是提起上诉的当事人的对方当事人。第一审人民法院作出判决和裁定后，海关行政诉讼双方当事人均提起上诉的，上诉各方均为上诉人。诉讼当事人中一部分提出上诉，没有提出上诉的对方当事人则为被上诉人，其他当事人依原审诉讼地位列明。(2)对象适格。海关行政诉讼上诉必须针对尚未发生法律效力的海关一审行政判决、裁定。对超过上诉期限、已经发生法律效力的海关一审行政诉讼案件的判决或高级人民法院对海关行政诉讼案件的判决和裁定以及最高人民法院关于海关行政诉讼案件的判决和裁定，当事人不得提起上诉；除起诉不予受理、驳回异议以及管辖异议的裁定外，法律规定对海关行政诉讼一审中的其他裁定都不能提起上诉。(3)程序适格。海关行政诉讼上诉必须在法定期限内以法定的方式提起。海关行政诉讼当事人不服人民法院的第一审判决的，有权在判决书送达之日起 15 日内向上一级人民法院提起上诉。当事人不服人民法院第一审裁定的，有权在裁定书送达之日起 10 日内向上一级人民法院提起上诉。逾期不提起上诉的，人民法院的第一审判决或者裁定发生法律效力。上诉的提起，可以向原审人民法院，也可以向上一级人民法院提出。海关行政诉讼上诉必须递交上诉状。海关行政诉讼上诉状一般包括如下内容：当事人姓名、法人或其他组织的名称及其法定代表人的姓名，原审人民法院的名称，案件编号和案由，上诉请求和理由。在递交上诉状的同时还必须交纳诉讼费用。

2. 海关行政诉讼二审程序的受理

当事人提出上诉，应当按照其他当事人或者诉讼代表人的人数提出上诉状副本。原审人民法院收到上诉状之后，应当在 5 日内将上诉状副本发送其他当事人，对方当事人应当在收到上诉状副本之日起 15 日内提出答辩状。原审人民法院应当在收到答辩状之日起 5 日内将起诉状副本发送上诉人。对方当事人不提出答辩状的，不影响人民法院审理。原审人民法院收到上诉状、答辩状，应当在 5 日内连同全部案卷和证据，报送第二审人民法院；已经预收的诉讼费用，一并报送。第二审人民法院收到全部案卷、诉状和证据后，经审查，符合法律规定上诉条件的应受理。

3. 海关行政诉讼二审程序的审理

由于二审和一审审理的是同一海关行政诉讼案件,诉讼当事人没有改变,只是称谓发生变化,因而当事人双方的诉讼主张与第一审有密切联系。此时上诉人不仅要求撤销或变更第一审裁判,而且要求第二审人民法院确认自己的合法权益。一审是二审的基础,二审是一审的继续。两者适用的程序基本相同。但海关行政诉讼第二审也有自己的特点:一是审理上诉案件一律由审判员组成合议庭。二是二审案件可以实行书面审理。也就是说,人民法院对上诉案件,应当组成合议庭,开庭审理。经过阅卷、调查和询问当事人,对没有提出新的事实、证据或者理由,合议庭认为不需要开庭审理的,也可以不开庭审理。[①] 海关行政诉讼二审程序的审理过程中,海关不得改变被诉具体行政行为。原因在于,二审程序中,海关具体行政行为已为法院所审查,无论合法与否,已经得到国家审判权的确认,海关对此已失去了处分权。上诉人如因海关改变原来具体行政行为而撤回上诉的,人民法院一律不予准许。行政相对人在海关行政诉讼二审期间提出海关行政赔偿请求的,二审法院可以进行调解;调解不成的,应告知当事人另行起诉。

在审理期限方面,根据《行政诉讼法》第 88 条之规定,人民法院审理上诉案件,应当在收到上诉状之日起 3 个月内作出终审判决。有特殊情况需要延长的,由高级人民法院批准,高级人民法院审理上诉案件需要延长的,由最高人民法院批准。根据以上规定,海关行政诉讼二审案件的审理,同样有时间限制,不能超过 3 个月;海关行政诉讼二审判决是终审判决,即发生法律效力的判决。海关行政诉讼当事人对二审判决仍有异议,不能再提起上诉,只能通过海关行政诉讼审判监督程序提出申诉,但申诉期间不停止原海关行政诉讼判决或裁定的执行。

(四)海关行政诉讼的审判监督程序

对于海关行政诉讼案件而言,行政诉讼审判监督程序并不是每一个行政案件的必经程序,只有对已经发生法律效力且被认为是违反法律、法规的判决或裁定,才可能适用审判监督程序。

---

① 参见《行政诉讼法》第 86 条。

1. 海关行政诉讼审判监督程序概述

海关行政诉讼审判监督程序是指法院根据当事人的申请、检察机关的抗诉或法院自己发现已经发生法律效力的海关行政诉讼判决、裁定确有错误的，依法对案件进行再审并作出裁判的一种诉讼程序。海关行政诉讼审判监督程序包括再审程序和提审程序。其中，再审程序又分为上级法院的指令再审[①]和本院审判委员会决定的自行再审[②]；提审是指上级法院直接审理认为确有错误的下级法院已发生法律效力的判决、裁定的诉讼程序。[③]

2. 海关行政诉讼审判监督程序的提起

(1) 海关行政诉讼审判监督程序的提起的条件

海关行政诉讼审判监督程序作为纠正生效海关行政诉讼判决、裁定的错误所设的一个具有补救性质的特殊程序，其提起必须符合一定的条件。根据《行政诉讼法》第91条、第92条、第93条之规定，提起海关行政诉讼审判监督程序的条件分为：①实质要件。已经生效的海关行政诉讼判决、裁定违反法律法规的规定。[④] ②形式要件。人民法院作出的海关行政诉讼判决、裁定已经发生效力。[⑤] ③主体要件。提起海关行政诉讼审判监督程序的主体必须是有海关行政诉讼审判监督权的组织。除人民检察院、人民法院外，任何机关和个人都不能直接决定海关行政诉讼审判监督程序发生。[⑥]

(2) 海关行政诉讼审判监督程序的提起途径和方式

根据有权提起审判监督程序的主体不同，提起海关行政诉讼审判监督程序的途径和方式有如下两种：①人民法院院长通过审判委员会讨论决定再审。人民法院院长对本院已经发生法律效力的海关行政诉讼判决、裁定，发现违反法律、法规规定认为有需要再审的，应当提交审判委员会决定是否再审；[⑦]上级人民法院有权提审或指令再审。上级人民法院对下级人民法院已经发生法律效力的海关行政诉讼判决、裁定，发现违反法律、法规规定的，有权提审或者指令

---

① 参见《行政诉讼法》第92条第2款。
② 参见《行政诉讼法》第92条第1款。
③ 参见《行政诉讼法》第92条第2款。
④ 参见《行政诉讼法》第91条。
⑤ 参见《行政诉讼法》第90条。
⑥ 参见《行政诉讼法》第92条、第93条。
⑦ 参见《行政诉讼法》第92条第1款。

下级人民法院再审。[①] ②人民检察院提出抗诉。人民检察院对人民法院已经发生法律效力的海关行政诉讼判决、裁定，发现违反法律、法规规定的，有权按照海关行政诉讼审判监督程序提出抗诉。最高人民检察院对各级人民法院已经发生法律效力的判决、裁定，上级人民检察院对下级人民法院已经发生法律效力的判决、裁定，发现有《行政诉讼法》第91条规定情形之一，或者发现调解书损害国家利益、社会公共利益的，应当提出抗诉。地方各级人民检察院对同级人民法院已经发生法律效力的判决、裁定，发现有《行政诉讼法》第91条规定情形之一，或者发现调解书损害国家利益、社会公共利益的，可以向同级人民法院提出检察建议，并报上级人民检察院备案；也可以提请上级人民检察院向同级人民法院提出抗诉。[②]

（3）海关行政诉讼审判监督程序的审理

①裁定中止原判决的执行。

按照审判监督程序决定再审的案件，应当裁定中止原海关行政诉讼判决或裁定的执行。根据《行政诉讼解释》（2018年）第118条之规定，按照审判监督程序决定再审的案件，裁定中止原判决、裁定、调解书的执行，但支付抚恤金、最低生活保障费或者社会保险待遇的案件，可以不中止执行。上级人民法院决定提审或者指令下级人民法院再审的，应当作出裁定，裁定应当写明中止原判决的执行；情况紧急的，可以将中止执行的裁定口头通知负责执行的人民法院或者作出生效判决、裁定的人民法院，但应当在口头通知后10日内发出裁定书。

海关行政诉讼案件进入审判监督程序，就面临对已生效的错误的海关行政诉讼判决如何处理的问题。如果继续执行错误判决，可能产生难以弥补的损失；如果停止执行，撤销原判决，有违对法律文书执行力的尊重，是在没有法定程序审理的情况下对"发现错误"的提前确认；如果裁定中止原判决的执行，则其效力尚未消失，通过再审程序最终确认后决定撤销还是维持。因此，按照海关行政诉讼审判监督程序决定再审或提审的案件，不必先将原海关行政诉讼判决撤销，而应当由实施再审或提审的人民法院在新的判决中确定是否撤销。中止原海关行政诉讼判决的裁定是人民法院的司法文书，需要依法作出。根据

---

① 参见《行政诉讼法》第92条第2款。

② 参见《行政诉讼法》第93条第1款、第2款。

《行政诉讼解释》(2018年)第101条第3款之规定,裁定书应当写明裁定结果和作出该裁定的理由。裁定书由审判人员、书记员署名,加盖人民法院印章。

②另行组成合议庭。

人民法院审理再审海关行政诉讼案件,应当另行组成合议庭。① 所谓"另行组成合议庭"是指原审理海关行政诉讼案件的合议庭组成人员都应该更换,而不能只更换一个审判长或部分审判员。原来是海关行政诉讼一审案件的,按照第一审程序另行组成合议庭;原来是海关行政诉讼二审案件的,按照第二审程序另行组成合议庭。最高人民法院和上级人民法院提审的案件,无论哪一级,对再审案件都应按照第二审程序依法组成合议庭审理。

③再审分别适用第一审、第二审的审理程序。

程序上,海关行政诉讼再审只是纠正确有违法的已发生法律效力的海关行政诉讼判决、裁定和行政赔偿调解协议。因此,海关行政诉讼再审没有独立的审判程序,其是根据原来案件审判的不同情况,分别适用海关行政诉讼第一审程序和第二审程序。人民法院按照行政审判监督程序再审的海关行政诉讼案件,发生法律效力的判决、裁定是由第一审法院作出的,按照第一审程序审理,对所作判决、裁定,当事人可以上诉。发生法律效力的判决、裁定是由第二审法院作出的,按照第二审程序审理,所作的判决、裁定,是发生法律效力的判决、裁定,不能再上诉。最高人民法院和上级人民法院提起的海关行政诉讼提审案件,按照第二审程序审理,所作的判决、裁定是发生法律效力的判决、裁定,当事人也不能再上诉。②

八、海关行政诉讼裁判

(一)海关行政诉讼裁判概述

在其概念上,海关行政诉讼裁判是指人民法院就其所受理的海关行政诉讼案件本身,按照法定程序进行审查后,所作出的特定判断和意思表示,以及对与

---

① 参见《行政诉讼解释》(2018年)第119条第2款。

② 参见《行政诉讼解释》(2018年)第119条第1款。

行政案件审理相关事项的处置。在其内容上,行政诉讼裁判包括行政判决、行政裁定和行政决定。所谓行政诉讼判决,是指人民法院审理其受理的行政案件终结时,根据审理所查清的事实,按照相关法律,以国家审判机关的名义,依照法定程序就被诉具体行政行为合法性及相关行政争议,作出的结论性处理决定和强制性的裁判。所谓行政诉讼裁定,是指人民法院审理或执行行政诉讼案件过程中,就程序等相关问题所作的对诉讼参与人发生法律效果的意思表示。行政诉讼裁定包括不予受理;驳回起诉;管辖异议;终结诉讼;中止诉讼;移送或者指定管辖;诉讼期间停止具体行政行为的执行或者驳回停止执行的申请;财产保全;先行给付;准予或不准予撤诉;补正判决书的笔误;中止或者终结执行;提审、指令再审或者发回重审;准许或者不准许执行行政机关的具体行政行为等。所谓行政诉讼决定,是指人民法院为了保证行政诉讼的顺利进行,就某些特定事项作出的司法行为。行政诉讼决定包括有关回避的决定;对妨害行政诉讼行为采取司法强制措施的决定;有关诉讼期限的决定;审判委员会对已生效的行政案件的裁判认为应当再审的决定;有关执行程序和诉讼费用的减免决定等。

(二)海关行政诉讼一审判决

一审判决是指人民法院适用第一审程序所作出的判决,也包括在审判监督程序中适用第一审程序作出的判决。在行政诉讼审判领域,一审案件的判决基于以下主要工作的完成而作出:一是一审案件经过法庭调查、法庭辩论和当事人的最后陈述;二是合议庭认为该海关行政诉讼案件事实已经清楚,双方当事人对自己诉讼理由的陈述已经充分,有关证据材料已全部核实;三是有关法律、行政法规依据已经全部明确,有关参照的行政规章已经明了并且其中相互不一致的规定也通过有关部门作出了有效解释或裁定。完成以上主要工作后,经过合议庭成员按民主集中制进行合议,根据《行政诉讼法》的有关规定,人民法院可以依法作出维持判决、撤销判决、履行判决、变更判决、驳回判决、确认判决、赔偿判决等不同类型的判决。在以上判决类型中,可以独立适用的是前六种判决类型。与前六种判决不同的是赔偿判决,其除了在单独提起的行政诉讼中不得单独适用外,一般应当在撤销判决、变更判决、确认判决之后被附带适用。

1. 驳回判决

驳回判决,是指人民法院作出驳回原告诉讼请求的判决。根据《行政诉讼法》第 69 条之规定，驳回原告诉讼请求的判决应当适用如下条件：原海关具体行政行为证据确凿，适用法律、法规正确，并符合法定程序。缺乏其中任何一项条件，都会影响被诉海关具体行政行为的合法性，不能作出驳回判决。

2. 撤销判决

撤销判决，是指人民法院经过审查，认为被诉海关具体行政行为属于下列六种情形之一的，作出对原海关具体行政行为予以撤销的判决：(1) 原海关具体行政行为作出的主要证据不足；(2) 该海关具体行政行为所适用的法律、法规错误；(3) 原海关具体行政行为的作出违反法定程序；(4) 原海关具体行政行为的作出超越了原海关行政管理机关的职权范围；(5) 作出该海关具体行政行为属于海关执法机关滥用职权；(6) 该海关具体行政行为明显不当的。

3. 履行判决

履行判决适用于原告起诉被告不履行法定职责的案件，其内容表现为法院对被告不履行或者拖延履行法定职责的情况，判决其在一定期限内履行。根据《行政诉讼法》第 72 条之规定，人民法院经过审理，查明被告不履行法定职责的，判决被告在一定期限内履行。这里，不履行包括拒绝履行、实际未履行和拖延履行三种情形。① 在海关行政诉讼领域，该判决主要适用于认为符合法定条件申请海关行政管理机关颁发许可证和执照，相应海关行政管理机关拒绝颁发或者不予答复等情形。人民法院经过审理，确认海关拒绝履行、实际未履行或拖延履行法定职责的，判决其在一定期限内履行。

4. 变更判决

变更判决，是指人民法院作出改变被诉海关具体行政行为的判决。根据《行政诉讼法》第 77 条第 1 款之规定，行政处罚明显不当，或者其他行政行为涉及对款额的确定、认定确有错误的，人民法院可以判决变更。在海关行政诉讼领域，该判决只适用于原海关行政处罚显失公正的情形。对于其他海关具体行政行为，人民法院无权直接变更。人民法院审理海关行政案件不得加重对海关行政相对人的处罚，但利害关系人同为原告的除外。人民法院审理海关行政诉讼案件不得对海关未予处罚的人直接给予海关行政处罚。

---

① 参见姜明安主编：《行政法与行政诉讼法》(第 7 版)，北京大学出版社、高等教育出版社 2019 年版，第 531 页。

5. 确认判决

确认判决,是指人民法院对行政行为的合法性和法律的有无作出确认的判决,具体包括确认违法和确认无效判决,确认违法判决又分为确认违法但不撤销行政行为和确认违法且不需要撤销或判决履行。根据《行政诉讼法》第 74 条第 1 款之规定,行政行为有下列情形之一的,人民法院判决确认违法,但不撤销行政行为:(1)行政行为依法应当撤销,但撤销会给国家利益、社会公共利益造成重大损害的;(2)行政行为程序轻微违法,但对原告权利不产生实际影响的。该条第 2 款规定确认违法且不需要撤销或判决履行判决,即行政行为有下列情形之一,不需要撤销或者判决履行的,人民法院判决确认违法:(1)行政行为违法,但不具有可撤销内容的;(2)被告改变原违法行政行为,原告仍要求确认原行政行为违法的;(3)被告不履行或者拖延履行法定职责,判决履行没有意义的。而在确认无效判决方面,根据《行政诉讼法》第 75 条之规定,行政行为有实施主体不具有行政主体资格或者没有依据等重大且明显违法情形,原告申请确认行政行为无效的,人民法院判决确认无效。当然,确认判决的作出也赋予法院督促被告履行职责,积极给予赔偿的权力。根据《行政诉讼法》第 76 条之规定,人民法院判决确认违法或者无效的,可以同时判决责令被告采取补救措施;给原告造成损失的,依法判决被告承担赔偿责任。

6. 赔偿判决

赔偿判决,是指人民法院作出责令海关作出行政赔偿的判决。赔偿判决可以单独作出,也可以同其他判决一并作出。根据《行政诉讼法》第 76 条、第 78 条之规定,海关行政赔偿判决主要适用于以下情形:其一,海关作出的具体行政行为被确认违法或无效的;其二,海关不依法履行、未按照约定履行或者违法变更、解除《行政诉讼法》第 12 条第 1 款第 11 项规定的协议的,人民法院判决海关承担继续履行、采取补救措施或者赔偿损失等责任。

九、海关行政诉讼二审程序的判决

在我国,由于审判制度实行两审终审制,二审判决即是终审判决。海关行政诉讼案件依照二审程序展开审判,其审判活动的具体结果即为这里的海关行政诉讼二审程序的判决。海关行政诉讼二审程序是指上级人民法院依照法律规定,基于当事人在法定范围内对海关行政诉讼一审判决所提起的上诉,对尚未生效的海关一审行政判决或裁定进行审理的程序。根据《行政诉讼法》第 89 条之规定，二审判决类型主要有维持原判、撤销判决、变更判决。以汕头市 M 经贸有限公司（以下简称 M 公司）诉汕头海关责令退运案[①]为例，M 公司向汕头海关申报进口品名为"残极甑炭块"的货物 226. 23 吨。汕头海关对货物取样后，经多次移送鉴定，并委托中国环境科学研究院固体废物污染控制技术研究所作出了进口物品固体废物属性鉴别报告，鉴定结果为：所检样品属于国家禁止进口的固体废物。汕头海关向 M 公司作出了责令退运决定书，认为 M 公司申报进口"残极甑炭块"，经鉴定属于国家禁止进口的固体废物，根据《海关行政处罚实施条例》第 11 条的规定，责令 M 公司将该批禁止进口的固体废物退运境外。M 公司不服汕头海关作出的责令退运决定书提起诉讼，请求撤销汕头海关作出的责令退运决定书。一审法院广东省汕头市中级人民法院经审理，作出(2014)汕中法行初字第 6 号行政判决：撤销汕头海关作出的汕关缉查退字〔2014〕1 号责令退运决定。宣判后，汕头海关不服，提起上诉。广东省高级人民法院作出(2015)粤高法行终字第 440 号行政判决：撤销广东省汕头市中级人民法院(2014)汕中法行初字第 6 号行政判决；驳回 M 公司的诉讼请求。这里，本案的二审审理法院认为海关针对国家禁止进口的固体废物作出责令退运决定，在对固体废物进行鉴定过程中已经充分听取了行政相对人意见，符合行政程序相关规定，通过撤销判决纠正了一审法院作出的错误判决。

十、海关行政诉讼再审案件的裁判

当事人向上一级人民法院申请再审，应当在判决、裁定或者调解书发生法律效力后 6 个月内提出。有下列情形之一的，自知道或者应当知道之日起 6 个月内提出：(1)有新的证据，足以推翻原判决、裁定的；(2)原判决、裁定认定事实的主要证据是伪造的；(3)据以作出原判决、裁定的法律文书被撤销或者变更的；(4)审判人员审理该案件时有贪污受贿、徇私舞弊、枉法裁判行为的。[②] 海关行政诉讼再审案件适用以上规定。在其功能上，海关行政诉讼再审案件旨在纠正原审判决、裁定可能存在的错误及瑕疵。经审理，二审法院应当根据案件

---

① (2015)粤高法行终字第 440 号行政判决书。

② 参见《行政诉讼解释》(2018 年)第 110 条。

具体情况作出相应的裁判。在此方面,可以参照行政诉讼法律规范的相应规定作出。实际上,《行政诉讼法》在其第七章第五节"审判监督程序"部分并未规定法院审理行政诉讼再审案件应当如何作出判决。在规范层面,根据《行政诉讼解释》(2018 年)第 122 条、第 123 条的规定,人民法院如认为原生效判决、裁定确有错误的,则在撤销原生效判决或者裁定的同时,应当根据具体情况作出相应的处理。

第四节 海关国家赔偿

一般而言,国家赔偿是指以国家为赔偿主体的侵权损害赔偿,[①]行政赔偿属于国家赔偿的一种,是指填补因违法行政行为而产生的损害的制度。[②] 从海关行政救济角度来说,行政赔偿是我国重要的行政救济制度之一,海关行政赔偿属于行政赔偿的范畴。在法律适用方面,海关行政赔偿适用《国家赔偿法》等法律规范规定的有关行政赔偿具体规范。

一、海关行政赔偿概述

(一)海关行政赔偿的概念

1. 国家赔偿与行政赔偿

海关行政赔偿是国家赔偿制度的一部分,受《国家赔偿法》等法律规范调整。在我国,现行《国家赔偿法》于 1994 年 5 月 12 日公布,1995 年 1 月 1 日正式实施,分别于 2010 年、2012 年修正。根据《国家赔偿法》第 2 条第 1 款之规定,国家赔偿是指国家机关及其工作人员在行使职权的过程中,侵犯公民、法人或者其他组织的合法权益并造成损害,由国家承担赔偿责任的法律制度,其要义在于:

---

① 参见周佑勇:《行政法原论》(第 3 版),北京大学出版社 2018 年版,第 398 页。
② 参见[日]中西又三:《日本行政法》,江利红译,北京大学出版社 2020 年版,第 270 页。

第一,国家赔偿是由国家承担法律责任。实践中,国家赔偿领域的侵权行为是由不同的国家机关或工作人员实施的。但是,不是由这些机关或工作人员承担国家赔偿责任,而是由国家以国家财政收入或国家财产进行赔偿。

第二,国家赔偿是追究国家机关及其工作人员的行为的责任。在国家赔偿的框架下,这里的国家实际上是指国家机关,如国家行政机关、监察机关、司法机关、检察机关、军事安全机关和监狱管理机关等。工作人员是指在上述机关中履行职责的公务人员。此外,对于法律法规授权的组织,行政机关委托的组织和人员行使职权的行为所造成的损害,国家也应当依法赔偿。

第三,国家赔偿是针对上述机关及其工作人员行使职权而产生的责任。国家赔偿是指国家机构的官方行为。这意味着国家不赔偿因国家机构及其工作人员的民事或个人行为造成的损害,仅对其职务行为承担赔偿责任。

2. 海关行政赔偿

海关行政赔偿制度是国家赔偿制度的一部分。在其概念上,海关行政赔偿制度是指海关及其工作人员侵犯公民、法人或其他组织的合法权益并在履行海关职责过程中造成损害承担赔偿责任的法律制度。在适用法律方面,海关行政赔偿除适用《国家赔偿法》之外,也适用根据该法以及《海关法》等法律制定的行政法规、行政规章等法律规范。

(二)海关行政赔偿的特征

1. 海关行政赔偿属于国家赔偿

海关行政赔偿是国家赔偿的一种,属于行政赔偿的范畴。国家是海关行政赔偿责任的主体。国家机关及其工作人员侵犯行政相对人的合法权益引起的赔偿责任,由国家承担。

国家是一个拟制的抽象概念,国家的功能必须通过特定的国家机构来实现。因此,海关及其工作人员是完成国家海关职能并侵犯行政相对人的主体,履行代表国家行政赔偿义务的机构必然是海关。根据《行政诉讼法》和《国家赔偿法》的规定,海关行政赔偿申请人应当首先向涉嫌侵权的海关提出赔偿申请。海关先承担责任后,再通过财政拨款将赔偿责任转移给国家。

2. 海关行政赔偿以海关及其工作人员行使职权的行为承担责任

这里的"海关"包括各级海关;"工作人员"不仅包括具有公务员身份的海关工作人员,还包括受海关委托执行公务的一般公民。"行使职权"意味着国家对国家机关及其工作人员的民事行为和个人行为造成的损害不给予赔偿，只对职务行为承担赔偿责任。根据《中华人民共和国海关行政赔偿办法》（以下简称《海关行政赔偿办法》）的规定，海关行政赔偿是以海关及其行政人员违法行使职权为前提。

3. 海关行政赔偿以侵犯海关行政相对人的合法权益并造成损害为必要条件

海关行政赔偿的原因是存在海关所作出的行政侵权行为，即海关及其工作人员行使职权过程中侵犯了公民、法人或者其他组织的合法权益。应当指出的是，海关及其工作人员行使职权侵犯的是公民、法人或者其他组织的合法权益，而不是违法权益；造成的损害是由海关及其工作人员行使职权所致，即海关及其工作人员行使职权的行为与相对人的损害存在因果关系。如果相对人的损害是由于其他因素导致的，不产生国家赔偿的问题，只能构成民事侵权；行政相对人所受到的损害必须是实际发生，国家不赔偿可能发生的损害。

4. 海关行政赔偿责任的承担遵循依法承担原则

如果没有法律的规定，即使公民受到了海关行政机关的违法侵害，国家也有可能不承担赔偿责任。海关行政赔偿的方式、范围、程序等均应该按法律的明确规定进行，如果没有法律法规明确规定，一般不予赔偿。

二、海关行政赔偿的归责原则

归责，即法律责任的归结，是指国家机关或其他社会组织根据法律的规定，依照法定程序判断、认定、归结和执行法律责任的活动。国家赔偿归责原则是国家赔偿责任的理论基石，是从法律价值上判断国家在何种情况下承担赔偿责任的根本标准和依据。是否选择及选择什么样的归责原则，对于确定国家赔偿责任的构成、免责条件、范围以及举证责任的负担等均具有重要意义。实践中，多数国家往往采取两种或者更多归责原则，很少有国家在其国家赔偿归责原则体系中采用单一归责原则。①

在概念上，海关行政赔偿责任的归责原则，可以界定为在海关行政赔偿案

---

① 参见吴展：《我国国家赔偿法归责原则体系之缺陷与重构》，载《广东行政学院学报》2007 年第 3 期。

件中从法律上确定赔偿义务机关赔偿责任所依据的某种标准,即海关为什么要承担赔偿责任,某种损害发生后,是以行为人的过错为依据,还是以已发生的损害结果为依据,抑或以行为的违法为依据。在归责原则方面,主要存在过错归责原则和无过错归责原则。

(一)过错归责原则

过错归责原则是指国家机关及其工作人员在行使职权时,存在故意或过失或者致害行为本身存在某种欠缺,从而成为承担赔偿责任的根据。在追究国家行政赔偿责任时,适用过错责任原则的根据在于:

第一,过错责任原则可以合理解决共同侵权行为和混合过错的责任承担问题。在海关执法实践中,由于联合执法现象的存在或管理职权的交叉,一些情形下也会出现海关和其他行政主体都有行使职权致使受害人遭受损失的情况,也可能出现因相对人自己或第三人的过错而导致损害的情况。在这种情况下,如果根据违法归责原则就很难分清责任的轻重,因为海关虽然存在违法,但损失并不都是海关的行为造成,把责任全部归责于“违法”的海关显然不合适。

第二,过错责任原则比违法责任原则更具包容性。海关等行政主体行政作为义务的来源广泛,不仅源于法律、法规等的明文规定,还源于先行行为、行政合同、行政承诺等;海关行政行为不仅包括不合法行为也存在不合理行为;海关行政行为不仅有作为违法也存在不作为违法。而违法归责原则只解决合法问题,不解决合理问题;只解决行政作为行为违法问题,难解决行政不作为行为违法的问题;只解决海关违反法律、法规明文规定义务的现象,不解决海关违反先行行为、行政合同、行政承诺等义务的现象。因此,适用过错归责原则更具有包容性和实用性。

第三,适用过错归责原则可以有效落实国家追偿。根据《国家赔偿法》第31 条之规定,赔偿义务机关赔偿后,应当向有下列情形之一的工作人员追偿部分或者全部赔偿费用:(1)有本法第 17 条第 4 项、第 5 项规定情形的;(2)在处理案件中有贪污受贿,徇私舞弊,枉法裁判行为的。对有前款规定情形的责任人员,有关机关应当依法给予处分;构成犯罪的,应当依法追究刑事责任。在违法归责原则指导下,忽略违法与公务员的故意或重大过失之间的关系,主要认定行政主体违法,致使国家追偿制度落空。但如果适用过错责任归责原则,其归责的路径是先确认行政主体存在过错,再细分行政机关工作人员个人与行政主体之间的过错份额,进而确定是否向行政机关工作人员追偿。

(二)无过错归责原则

无过错原则,是指无论国家机关及其工作人员有无过错,只要损害结果发生,致害人就要承担赔偿责任。无过错归责原则主要涵盖危险责任和风险责任等公共行为,比如,公有公共设施赔偿,以及刑事赔偿中的轻罪重判、受害人有罪而被超期羁押等情形。从实践角度来说,无过错归责原则是为了弥补过错责任原则的不足而设立的制度,其目的在于赔偿受害人所受的损失。之所以如此,是因为国家机关及其工作人员在无过错的情形下,也可能侵害相对人合法权利。而且,无过错原则是在具有高度危险的领域对过错原则的补充,在此领域,完全依靠过错原则,则无力提供充分救济;在性质上,无过错原则不以过错为基础,不从行为本身是否有过错出发,而是从结果出发,有损害结果即导致赔偿。以公有公共设施领域为例,将公有公共设施的致害纳入国家赔偿的理由如下:

第一,公有公共设施的致害纳入国家赔偿是适应服务性政府的要求。我国《国家赔偿法》定位于行政权力的致害救济,而对政府的公共服务职责认识不足。随着政府职能从高权行政转向服务行政,提供优质便捷的公有公共设施已成为政府的重要职责,如果政府没有尽到职责,就应承担赔偿责任。

第二,公有公共设施的致害纳入国家赔偿是规制海关行政不作为的有效办法。公有公共设施的致害大多是由于国家行政机关工作人员或特许的人员行政不作为造成的。对于公有公共设施,有权管理的人员必须尽职尽责管理保护好。但由于行政人员的行政不作为,造成受害人损害,或者不正当履行职务而造成受害人损害,这种致害行为说到底还是行政机关违法行使职权或不行使职权造成的,应当成为行政赔偿的一项内容。这有利于促使行政机关增强责任心,精心设置、管理公有公共设施,不因赔偿责任与己无关而怠于行使职责。如海关对使用的办公楼、海关专用的执法设备等办公设施有管理修缮义务,未尽到义务致人损害,海关要承担行政赔偿责任。

第三,公有公共设施的致害纳入国家赔偿有利于相对人。适用民法规定不利于保护受害者的合法权益。如果将公有公共设施致害纳入国家赔偿范围并确立无过错责任或危险责任原则，对公有公共设施受害者获赔极为有利。

三、海关行政赔偿的范围

（一）海关行政赔偿范围概述

行政赔偿的范围，是指国家行政机关及其行政人员在行使职权时，对受害人造成损害的行为和损害予以赔偿的制度。各国行政赔偿的范围都有一定的限制，只是限制的大小不同而已；范围界定标准有的采用行为标准（导致行政赔偿责任的原因行为范围），有的采用损害标准（行政赔偿的损害范围），有的采用行为与损害相结合的方式。我国《国家赔偿法》采用的主要是行为标准。行政赔偿的范围是行政赔偿制度的核心问题，既涉及国家在多大范围内对行政行为负担赔偿责任，更决定着受害人对哪些事项享有索赔的权利。海关行政赔偿的范围是指海关在行使职权或者作出与行使职权相关的行为时，给公民、法人或者其他组织造成损害的，国家给予赔偿的范围。

海关行政赔偿范围的确定对于行政相对人来说，意味着界定受害人享有和行使行政赔偿请求权的界限，意味着属于海关行政赔偿范围内的事项和损害，国家必须承担责任，赔偿义务机关必须履行赔偿义务，任何个人和组织不得限制和剥夺受害人的行政赔偿请求权；对于海关来说，明确其因为行使行政行为而对行政相对人造成损害的赔偿范围，不仅有利于海关更加合法、合理地行使行政职权，而且确定了海关只要行使了法律规定的属于国家承担赔偿责任的行政侵权行为就必须履行行政赔偿义务。对于法院来说，明确海关行政赔偿纠纷的范围，有利于明确法院受理行政赔偿案件的范围，也有利于确定人民法院对海关的司法监督程度。我国有关法律、法规对于海关行政赔偿的范围采用了成文的条款性的规定，有概括性语言，亦有具体列举，有肯定性的范围，又有否定性的范围。

（二）侵犯人身权的海关行政赔偿范围

“人身权”是人重要的一项权利，所以宪法在内的各个部门法均界定了此项权利。宪法意义上的人身权是指公民为了生存而必不可少的、与公民的身体和名誉密不可分的权利;民法学意义上的人身权是指与权利主体自身密不可分的、没有财产内容的权利,包括人格权(人身自由权、生命健康权、姓名权、肖像权、名誉权、荣誉权、婚姻自由权等);行政法学意义上的人身权范围比较广泛,除了宪法、民法规定的人身权外,还包括行政法律规定的特殊人身权,如公务员的身份保障权。根据《国家赔偿法》以及《海关行政赔偿办法》的规定,海关及其工作人员有下列违法行使行政职权,侵犯公民人身权情形之一的,受害人有取得赔偿的权利:

1. 违法扣留公民的职权行为。人身自由是公民的基本权利,是公民从事任何社会活动的基础,但是,行政机关在公民有某种违法行为或者在客观情势必要的情况下,可以对其予以拘留或采取限制人身自由的行政强制措施。基于公民人身自由和社会秩序之间的矛盾,法律规定了行政机关限制公民人身自由的条件、措施或程序等,行政机关必须依法实施,否则就会侵犯人身权,构成需要赔偿的范围。具体包括:(1)对没有走私犯罪嫌疑的公民予以扣留的;(2)未经直属海关关长或者其授权的隶属海关关长批准实施扣留的;(3)扣留时间超过法律规定期限的;(4)有其他违法扣留情形的。

2. 违法采取其他限制公民人身自由的行政强制措施的职权行为。法律明确规定了采取行政强制措施的条件等,行政机关必须要依法实施。所谓依法实施,首先是指限制公民人身自由的行政强制措施只有在法律有规定时才能采取,其次是指在采取限制公民人身自由的强制措施时必须要符合法律的相关规定,如法定条件、法定期限、法定程序等,否则就属于违法采取限制公民人身自由的行政强制措施。

3. 非法拘禁或者以其他方法非法剥夺公民人身自由的职权行为。"中华人民共和国公民的人身自由不受侵犯",是宪法规定的公民的基本权利。因此,任何人或机关都不能对公民的人身自由非法剥夺。"非法"是指法律规定了行政机关有权实施拘留、限制人身自由及采取行政强制措施,但行政机关在实施强制措施过程中,违背了拘留和行政强制措施的有关规定,采取了拘禁或者以其他方法剥夺或者限制公民的人身自由的措施。也就是说,海关在法定的范围以外,不允许以任何方式方法限制或剥夺公民的人身自由。否则,即构成非法拘禁或非法剥夺公民的人身自由。

4. 以殴打、虐待等行为或者唆使、放纵他人以殴打、虐待等行为造成公民身体伤害或者死亡的职权行为。生命健康权是宪法规定的人的基本权利,是人进行各种活动,创造社会财富的基础。因此,公民的身体不受非法侵害,生命不可剥夺。在行政执法过程中,任何海关行政机关都限于使用法律规定的手段,而任何法律都不允许行政机关用殴打或者其他造成公民身体伤害的暴力达到执法目的。

5. 违法使用武器、警械造成公民身体伤害或者死亡的职权行为。武器、警械是指枪支、警棍、警绳、手铐等。有权使用武器、警械的行政机关工作人员主要有人民警察(包括海关缉私警察)、武警部队人员等。武器、警械的使用必须具备一定的条件。根据有关规定,人民警察在执行逮捕、拘留、押解人犯和值勤、巡逻、处理治安案件等公务时,可以使用武器、警械,但应符合使用条件、使用时间、使用种类、使用程序等。对于违法使用武器、警械有以下几种情况:(1)不该使用的场合,使用了武器、警械;(2)使用武器、警械超过了必要的限度;(3)该使用甲种武器、警械却错误地选择使用了乙种武器、警械;(4)没有经过批准程序使用武器、警械等。凡是海关行政机关违法使用了武器、警械造成公民身体伤害或者死亡的都应承担赔偿责任。

6. 造成公民身体伤害或者死亡的其他职权行为。这属于概括性规定,目的在于防止遗漏了某些对公民人身权造成损害应当承担赔偿责任的行为,意指凡是海关行政机关在行使职权或相关职务行为时造成公民身体伤害或死亡的,国家都要承担赔偿责任。根据我国《国家赔偿法》第 33 条之规定,对于侵犯人身权的赔偿,以支付赔偿金为主要赔偿方式。侵犯公民人身自由的,每日赔偿金按照国家上年度职工日平均工资计算。第 34 条具体规定了侵犯公民生命健康权的赔偿金计算方法:(1)造成身体伤害的,应当支付医疗费、护理费,以及赔偿因误工减少的收入。减少的收入每日的赔偿金按照国家上年度职工日平均工资计算,最高额为国家上年度职工年平均工资的 5 倍。(2)造成部分或者全部丧失劳动能力的,应当支付医疗费、护理费、残疾生活辅助具费、康复费等因残疾而增加的必要支出和继续治疗所必需的费用,以及残疾赔偿金。残疾赔偿金根据丧失劳动能力的程度,按照国家规定的伤残等级确定,最高不超过国家上年度职工年平均工资的 20 倍。造成全部丧失劳动能力的,对其扶养的无劳动能力的人,还应当支付生活费。(3)造成死亡的,应当支付死亡赔偿金、丧葬费,总额为国家上年度职工年平均工资的 20 倍。对死者生前扶养的无劳动能力的人,还应当支付生活费。上述第 2 项和第 3 项规定的生活费的发放标准,参照当地最低生活保障标准执行。被扶养的人是未成年人的,生活费给付至 18 周岁止;其他无劳动能力的人,生活费给付至死亡时止。

(三)侵犯财产权的海关行政赔偿范围

财产权是指以财产利益为内容,直接体现某种物质利益的权利,包括物权、债权、继承权和知识产权。具体如所有权、经营自主权、土地使用权、租赁权、专利权、商标权、著作权等。根据《国家赔偿法》和《海关行政赔偿办法》第 6 条的规定,海关及其工作人员在行使行政职权时有下列侵犯财产权情形之一的,受害人有取得赔偿权利:

违法实施罚款,没收货物、物品、运输工具或其他财产,追缴无法没收的货物、物品、运输工具的等值价款,暂停或者撤销企业从事有关海关业务资格及其他行政处罚的;违法对生产设备、货物、物品、运输工具等财产采取扣留、封存等行政强制措施的;违法收取保证金、风险担保金、抵押物、质押物的;违法收取滞报金、监管手续费等费用的;违法采取税收强制措施和税收保全措施的;擅自使用扣留的货物、物品、运输工具或者其他财产,造成损失的;对扣留的货物、物品、运输工具或者其他财产不履行保管职责,严重不负责任,造成财物损毁、灭失的,但依法交由有关单位负责保管的情形除外;违法拒绝接受报关、核销等请求,拖延监管,故意刁难,或不履行其他法定义务,给公民、法人或者其他组织造成财产损失的;变卖财产应当拍卖而未依法拍卖,或者有其他违法处理情形造成直接损失的;造成财产损害的其他违法行为。由此可见,损害造成的原因主要集中在海关行政不作为或海关及其工作人员在实施海关行政处罚、海关行政强制、海关行政收费时违法操作。

关于侵犯财产权的赔偿,按照《国家赔偿法》第 36 条的规定处理:(1)处罚款、罚金、追缴、没收财产或者违法征收、征用财产的,返还财产;(2)查封、扣押、冻结财产的,解除对财产的查封、扣押、冻结,造成财产损坏或者灭失的,依照本条第 3 项、第 4 项的规定赔偿;(3)应当返还的财产损坏的,能够恢复原状的恢复原状,不能恢复原状的,按照损害程度给付相应的赔偿金;(4)应当返还的财产灭失的,给付相应的赔偿金;(5)财产已经拍卖或者变卖的,给付拍卖或者变卖所得的价款;变卖的价款明显低于财产价值的,应当支付相应的赔偿金;

(6)吊销许可证和执照、责令停产停业的,赔偿停产停业期间必要的经常性费用开支;(7)返还执行的罚款或者罚金、追缴或者没收的金钱,解除冻结的存款或者汇款的,应当支付银行同期存款利息;(8)对财产权造成其他损害的,按照直接损失给予赔偿。同时,以上直接损失的内容应当是具有确定性的利益,对于未经证实的不确定利益,不能认定为直接损失。以H公司诉浦江海关行政赔偿案[①]为例,原告H公司委托他人以错误的商品编号向海关申报进口人工草坪,浦江海关对此未予严格审核,致使少征了H公司的税款。浦江海关发现少征税款后,依照海关法的规定向H公司补征税款并无不当。H公司虽然有权以浦江海关原征税行为造成其损失为由,要求国家赔偿,但由于H公司提供的工程施工合同约定的单价,包括人工草坪、铺设所需辅料及人工费用等证据,与赔偿请求之间无法律上的因果关系,亦不能证明实际存在损害的后果,故法院对H公司的赔偿请求未予支持。

四、海关精神损害赔偿范围

海关行政赔偿主要以物质赔偿为主,实践中鲜有精神赔偿。《国家赔偿法》第35条规定:“有本法第三条或者第十七条规定情形之一,致人精神损害的,应当在侵权行为影响的范围内,为受害人消除影响,恢复名誉,赔礼道歉;造成严重后果的,应当支付相应的精神损害抚慰金。”本条包含三层意思:一是精神损害抚慰金的适用范围是国家机关侵犯公民人身自由权、生命健康权等人身权利造成的损害;二是适用精神损害抚慰金的前提是采用非财产性救济方式(如停止侵害、恢复名誉、消除影响、赔礼道歉)不足以弥补权利主体的损失;三是精神损害不同于其他形式的损害,无法以金钱予以衡量,因此赔偿数额不宜太高,仅“抚慰”即可。实践中,《国家赔偿法》将精神损害抚慰金纳入国家赔偿范围意义重大。在民事领域早已认可精神损害赔偿。[②] 民事侵权和国家公权力侵权同属侵权行为,造成精神损害理应都得到赔偿。

---

① 该案例载《最高人民法院公报》2004年第1期。

② 参见2020年《最高人民法院关于确定民事侵权精神损害赔偿责任若干问题的解释》第1条、第2条、第3条、第5条。

五、海关行政赔偿范围的排除

海关不承担赔偿责任的范围，也称海关行政赔偿的抗辩事由。根据《国家赔偿法》和《海关行政赔偿办法》，下列情形不属于海关行政赔偿的范围：(1)海关工作人员与行使职权无关的个人行为。行政机关工作人员行使职权的行为是行政行为，其行为结果归属于国家，行政机关工作人员与行使职权无关的行为属于个人行为，其行为结果应归属于个人，由此造成的损害由个人承担。(2)因公民、法人和其他组织自己的行为致使损害发生的。行政赔偿以损害为前提，但是有损害，不一定就有海关行政赔偿，在他人过错的情况下，行政机关可以免责。(3)因不可抗力、意外事件、正当防卫、紧急避险等造成损害后果的。我国民法典中规定的不可抗力、意外事件、正当防卫、紧急避险等，同样也适用于海关行政赔偿中的免责情况。(4)法律规定的其他情形。如国防、外交等国家行为造成的损害、因修改法律法规造成的损害、因行政相对人的过错而扩大的损害等，海关也不承担赔偿责任。

六、海关行政赔偿当事人

行政赔偿关系中的当事人是指因发生行政赔偿争议，以自己的名义参加行政赔偿活动，并受行政赔偿决定或裁判约束的主体。具体包括海关行政赔偿申请人、海关行政赔偿义务机关以及海关行政赔偿中的第三人。

(一)海关行政赔偿申请人

海关行政赔偿申请人是指因其合法权益在海关行政管理活动中受到海关及其工作人员的侵害，而有权依法要求赔偿的当事人。根据《国家赔偿法》第6条第1款的规定，受害的公民、法人和其他组织有权要求赔偿。根据《国家赔偿法》第7条的规定，公民、法人或者其他组织的合法权益因行使行政职权造成损害的，有权请求赔偿。可见，海关行政赔偿申请人是合法权益受到海关及其工作人员行使行政职权行为侵害的公民、法人或其他组织。

根据《国家赔偿法》及相关法律规范的规定，赔偿请求资格在法定条件下可以转移:受害的公民死亡,其行政赔偿请求权转移至其继承人或其他有扶养关系的亲属;赔偿申请人为无民事行为能力人或者限制民事行为能力人的由其法定代理人或指定代理人代为要求赔偿;企业法人或者其他组织被行政机关撤销、变更、兼并、注销的,其行政赔偿请求权转移至其继受组织。

(二)海关行政赔偿义务机关

海关行政赔偿义务机关是指因其本身或者由其委托的其他组织以及所属的工作人员,在行使职权过程中侵犯行政相对人的合法权益,而依法必须承担赔偿责任的海关。国家赔偿的责任主体是国家,但国家是庞大的、结构复杂的政治实体,受害者无法直接请求国家承担具体的赔偿义务,必须通过组成国家的各个具体的行政机关去赔偿。行政赔偿义务机关是代表国家承担赔偿义务的机关。行政赔偿义务机关代表国家处理赔偿请求、支付赔偿费用、参加赔偿诉讼等。行政赔偿的义务机关,应当区分不同情况而定。根据《国家赔偿法》《海关行政赔偿办法》的规定,认定海关行政赔偿义务机关的规则如下:

1. 单独的赔偿义务机关

海关本身行使行政职权侵犯公民、法人和其他组织的合法权益造成损害的,该行政机关为赔偿义务机关;海关所属的工作人员行使行政职权侵犯公民、法人和其他组织的合法权益造成损害的,其所属的海关为赔偿义务机关。两者的区分在于:海关以自己名义发布命令,工作人员负责执行的,是行政机关实施的行为;海关没有明确命令,工作人员在执法过程中根据具体情况自行决定实施侵权行为的,视为该公务员所在的行政机关实施的行为。另外,海关依法设立的派出机构行使行政职权侵犯公民、法人和其他组织的合法权益造成损害的,设立该派出机构的海关为赔偿义务机关;受海关委托的组织或者个人在行使受委托的海关行政权力时侵犯公民、法人或其他组织的合法权益造成损害的,委托的海关为赔偿义务机关;赔偿义务机关被撤销的,继续行使其职权的海关为赔偿义务机关;没有继续行使其职权的海关的,该海关的上一级海关为赔偿义务机关。

2. 共同赔偿义务机关

两个以上的海关共同行使行政职权时侵犯公民、法人和其他组织的合法权益造成损害的,共同行使行政职权的海关为共同赔偿义务机关;海关与其他行政机关联合执法的，海关与其他行政机关为共同的赔偿义务机关；两个以上的海关行政公务人员分属不同的海关，在其共同行使职权时侵犯公民、法人和其他组织的合法权益造成损害的，应当以海关行政公务人员所在的海关为共同的赔偿义务机关。

3. 选择性赔偿义务机关

经海关行政复议机关复议的，复议决定没有加重损害的，由造成侵权行为的海关为赔偿义务机关；如果复议决定加重损害的，海关行政复议机关对加重部分承担赔偿义务；如果赔偿申请人只对作出原行政决定的海关提起行政赔偿诉讼，作出决定的海关为被告；如果赔偿申请人只对海关行政复议机关提起赔偿诉讼的，仅以海关行政复议机关为赔偿义务机关。

（三）海关行政赔偿第三人

海关行政赔偿第三人是指同海关行政赔偿案件处理结果有法律上的利害关系，除海关行政赔偿申请人以外的其他公民、法人和其他组织。根据《海关行政赔偿办法》第 20 条的规定，同赔偿案件处理结果有利害关系的其他公民、法人或者其他组织，可以作为第三人参加赔偿案件处理。申请以第三人身份参加赔偿案件处理的，应当以书面形式提出，并对其与赔偿案件处理结果有利害关系负举证责任。赔偿义务机关认为必要时，也可以通知第三人参加。第三人参加赔偿案件处理的，赔偿义务机关应当制作《第三人参加行政赔偿案件处理通知书》，并送达第三人、赔偿申请人。

七、海关行政赔偿的程序

（一）海关行政赔偿程序概述

行政赔偿程序是指受害人依法取得国家赔偿、行政机关或者人民法院依法办理行政赔偿事务应当遵守的步骤、方法、顺序和时限的总称。[1] 海关行政赔偿程序是指海关行政赔偿申请人请求海关行政赔偿和海关行政赔偿义务机关、人

① 参见应松年主编：《行政法与行政诉讼法》，中国政法大学出版社 2009 年版，第 375 页。

民法院处理海关行政赔偿案件所遵循的方式、步骤、期间、顺序的总称。海关行政赔偿程序是海关行政赔偿申请人依法获得行政赔偿这一实体权利的程序保障。根据《行政诉讼法》《国家赔偿法》《海关行政赔偿办法》等相关规定,海关行政赔偿程序有两种类型:一是单独请求海关行政赔偿的程序;二是附带请求海关行政赔偿的程序。所谓单独请求海关行政赔偿的程序是指请求人仅就行政侵权行为造成损害的后果提出具体的赔偿请求,而未针对侵权的具体行政行为或事实行为提出违法性审查。所谓附带请求海关行政赔偿的程序是指海关行政相对人在提起海关行政复议和海关行政诉讼的同时一并提出海关行政赔偿请求所遵循的方式、步骤、期间和顺序的总称。

(二)海关处理海关行政赔偿案件的程序

在国家赔偿领域,如赔偿申请人请求赔偿,则由行政赔偿义务机关先行处理是世界各国通行做法,[①]海关行政赔偿也适用上述做法。如赔偿申请人单独提出海关行政赔偿请求,其必须首先向赔偿义务海关提出,作为赔偿义务机关的海关有义务处理行政赔偿案件。

实践中,海关行政赔偿申请人必须以书面形式提出赔偿请求。如果赔偿申请人书写申请书确有困难的,可以委托他人代书,最后由本人签名或盖章,以示申请书的内容是本人的真实意思表示。如果海关行政赔偿申请人委托他人代书亦有不便,也可以口头申请,由赔偿义务海关将其口头申请记入笔录,经海关赔偿申请人确认无误后,由请求人签字或盖章。该笔录则与正式申请书的法律效力相同。作为赔偿请求的重要书面文件,赔偿申请人向赔偿义务机关递交的申请书应当载明受害人的基本情况和要求行政赔偿的案由。基于上述要求,申请书应记载下列事项:(1)受害人姓名、性别、年龄、工作单位和住所,法人或者其他组织的名称、住所和法定代表人或者主要负责人的姓名、职务;(2)具体的赔偿要求、事实根据和理由;(3)赔偿义务海关的名称;(4)提交赔偿申请的年、月、日。

海关行政赔偿义务机关在收到行政赔偿申请书后,应当出具加盖本行政机关专用印章并注明收讫日期的书面凭证,并指定相应的机构和人员对申请书进

① 参见周佑勇:《行政法原论》(第3版),北京大学出版社2018年版,第413页。

行初步审查。经审查,如果申请书的形式完备,属于行政赔偿的范围,提出申请的时间在法定时限内,申请人主体适格等方面均符合法定要求,则海关行政赔偿义务机关应当决定立案处理,反之则告知申请人补正材料或者不予受理。受理的,作出受理决定书,不受理的,作出不予受理决定书,均送达赔偿申请人。对于申请材料不全需要补齐的,海关赔偿义务机关应当当场或者在5日内一次性告知赔偿申请人需要补正的全部内容。

海关赔偿义务机关在尊重事实、尊重法律的基础上,在充分听取赔偿申请人意见和协商后,最终可能作出赔偿、不予赔偿决定两种决定。海关赔偿义务机关决定赔偿的,应当制作赔偿决定书,并且自作出决定之日起10日内送达赔偿申请人。海关赔偿义务机关决定不予赔偿的,则应当自作出决定之日起10日内书面通知赔偿请求人,并说明不予赔偿的理由。海关行政赔偿决定书中应当载明以下内容:(1)赔偿请求人及其赔偿请求;(2)所认定的事实、理由和依据;(3)是否给予赔偿的结论;(4)不服该决定的诉权;(5)海关赔偿义务机关名称以及海关赔偿决定书的制作时间。

(三)附带请求海关行政赔偿的程序

根据《海关行政赔偿办法》第17条第1款之规定,赔偿申请人要求行政赔偿应当先向赔偿义务机关提出,也可以在申请行政复议和提起行政诉讼时一并提出。附带请求海关行政赔偿的程序,是指海关行政相对人在提起海关行政复议和海关行政诉讼的同时,一并提出海关行政赔偿请求所遵循的方式、步骤、期间和顺序的总称。附带请求海关行政赔偿的程序的要义在于:将确认海关行政职权行为违法与要求海关行政赔偿两项请求一并提出,并要求并案处理。在处理过程中,海关行政复议机关或人民法院通常先对海关行政职权的违法性进行确认,之后再决定是否应予海关行政赔偿。

1. 海关行政复议附带赔偿程序

在海关行政复议中一并提出赔偿请求的受理及审理适用行政复议程序。根据行政复议法规定的行政复议程序,海关行政复议机关对违法的具体行政行为进行审查并作出裁决。在赔偿案件处理方面,海关行政复议机关可以适用调解,以调解或裁决的形式解决赔偿争议。在办案期限方面,海关行政复议机关应当在收到复议申请书之日起60日内作出复议决定,申请人对海关行政复议机关作出的包括赔偿决定在内的复议决定不服,可以在收到决定书之日起 15 日内,向人民法院提起行政诉讼。

2. 海关行政诉讼附带赔偿程序

海关行政诉讼附带赔偿程序是指人民法院受理和审理行政诉讼的同时附带裁决行政赔偿请求的程序。提起海关行政诉讼附带赔偿要符合以下条件:原告是行政侵权行为的受害人;有明确的海关作为被告;有具体的诉讼请求和相应的事实根据;属于人民法院受案范围和受诉人民法院管辖;管辖适用行政诉讼法关于管辖的规定;原告单独提出赔偿请求的,必须先向赔偿义务机关提出,对赔偿义务机关的处理决定不服或者对赔偿义务机关的不作为不服可以提起诉讼;在法律规定的时效内起诉。当事人提出赔偿请求的时效为 2 年,从侵害行为被确认为违法之日起计算。对赔偿义务机关逾期不予赔偿或者对赔偿数额有异议的,应当在赔偿义务机关处理期限届满后的 3 个月内,向人民法院提起诉讼,一并要求赔偿的时效按照行政诉讼的规定进行。

对海关行政诉讼附带赔偿案件,法院一律组织合议庭审理;原告应当对被诉具体行政行为造成损害的事实提供证据;作为被告的海关有义务提供不予赔偿或者减少赔偿额方面的证据。

八、海关行政追偿程序

(一)海关行政追偿概述

赔偿制度解决的是国家或行政机关与被侵权人之间的关系,追偿制度解决的是国家或国家行政机关与其行政公务人员之间的关系。在行政赔偿中,行政公务人员是直接实施侵权行为的人,其所造成的损害应由其所在行政机关予以赔偿。但是,具体实施侵权行为的行政公务人员不能完全免除责任,由此就产生了行政赔偿中的追偿制度。在其概念上,海关行政追偿是指海关代表国家向行政赔偿申请人支付赔偿费用以后,依法责令有故意或重大过失的海关行政公务人员、受委托的组织或个人承担部分或全部赔偿费用的法律制度。

（二）海关行政追偿的性质和意义

海关工作人员或者受委托的组织和个人，在行使职权时，以国家海关代表的身份出现。因此，其职权行为侵犯公民、法人或其他组织的合法权益时，受害人不能向行使职权的个人或者被委托的组织要求赔偿，只能向代表国家的海关行政赔偿义务机关要求赔偿。但是，致害人因故意或重大过失导致的损失，其应当承担责任。因此，海关行政追偿制度实际上是一种制裁，着眼于监督责任人恪尽职守、依法行政、防止其滥用职权。海关行政追偿制度既可以保证受害人及时得到赔偿，避免海关行政因资金薄弱难以向受害人支付足额赔偿费用的情形，又可监督海关行政人员依法行使行政职权，增强其责任感，使海关行政人员尽职尽责，同时还可以减轻国家财政负担。以防城港 G 纸业有限公司（以下简称 G 公司）诉防城海关行政赔偿案为例，①在案涉行政行为方面，防城海关在未对原告展期理由进行审查的情况下所作不予展期的决定不符合法律规定，其责令 G 公司将货物补税内销缺乏法律依据，该海关以“法律无规定”为由拒绝为 G 公司办理退运手续违反了“法无明文禁止则可为之”原则，其对该公司厂房的查封行为亦违反了《海关稽查条例》的有关规定，该海关应对上述行为所造成的直接经济损失承担行政赔偿责任。对于前述过错行政行为，海关赔偿后可以向相关责任人员追偿。此外，海关行政追偿是基于海关与其行政公务人员之间的特别权力关系而对后者实施的制裁方式。这一制裁并不排除对于有故意或者重大过失的行政公务人员追究其他如失职、渎职等法律责任。

（三）海关行政追偿的方式

海关行政追偿的方式是海关先向受害人赔偿，然后根据法定条件和情况责令致害的海关行政人员支付赔偿费用。实践中，以上方式能够使受害人及时得到海关行政赔偿，有利于保护受害人的合法权益，同时建立对有故意或重大过失的海关行政人员进行追偿的制度也有助于监督其依法行政，忠于职守，督促海关行政人员合法、合理地行使海关行政权，履行职责。

---

① 防城港桂振纸业有限公司不服中华人民共和国防城海关行政处理决定案［EB/OL］（2022－07－11），载 http://www.doc88.com/p－014901173838.html。

（四）海关行政追偿人与被追偿人

1. 海关行政追偿人

海关行政追偿人应当是赔偿义务机关。包括因海关的行政公务人员行使职权，侵犯公民、法人或其他组织的合法权益造成损害、引起赔偿的，该行政公务人员所在的海关为海关行政追偿人；受海关委托的组织或个人行使所委托之海关行政职权，造成侵权损害赔偿的，委托的海关是海关行政追偿人。

2. 海关行政被追偿人

海关行政被追偿人是实施造成受害人合法权益损害的侵权行为的海关行政公务人员或受委托的组织和个人。在数人共同实施加害行为的情况下，该数人均为海关行政被追偿人，应根据各行为人在加害行为中的地位、作用以及过错的轻重，分别确定其追偿责任；直接受海关委托行使海关行政职权的组织内部的成员实施加害行为，该受委托的组织为海关行政被追偿人。该组织在承担了追偿责任之后，还可以根据内部的规定追究直接责任人员的责任。海关行政公务人员因执行错误命令而造成损害的，应以发布错误命令的责任人为被追偿人，而不应以执行命令的人为被追偿人；经合议行为发生的赔偿责任，所有投赞成票的工作人员都是被追偿人。

（五）被追偿人的权利和责任

根据《海关行政赔偿办法》第 55 条之规定，有关责任人员对追偿有申辩的权利。其也具有不服决议，向上级行政机关或者监察、人事行政机关申诉的权利；被追偿人理应有进行赔偿，履行赔偿义务的责任。如前所述，除追偿金钱外，被追偿人还可能被追究失职责任。根据《海关行政赔偿办法》第 50 条之规定，对有本办法第 5 条、第 6 条所列行为导致国家赔偿的有故意或者重大过失的责任人员，由有关部门依法给予行政处分；有违法所得的，依法没收违法所得；构成犯罪的，依法追究刑事责任。

（六）海关行政追偿的条件

根据其性质和形式，海关行政追偿的实施需要具备以下两个条件：

1. 赔偿义务海关已经向受到侵害的公民、法人或其他组织支付了赔偿金或者履行了其他的赔偿要件。赔偿本身的性质决定了只有具备国家承担了赔偿责任这一前提条件,才可能产生追偿问题。在赔偿义务海关向受害人履行赔偿义务之前,不发生追偿。

2. 海关行政公务人员或者受海关委托的组织或个人行使海关行政职权侵犯受害人的合法权益并造成损失,其在主观上有故意或者重大过失。行政追偿的核心是责任人员有故意或者重大过失,也就是严重的主观错误。所谓故意,是指致害的海关行政公务人员或受委托的组织或个人在行使海关行政权力、执行海关行政职务过程中,明知自己的行为会给行政相对人的合法权益造成侵权伤害,却仍然希望或放任这种损害结果发生的主观态度。所谓重大过失,是指海关行政公务人员或受委托的组织或个人在行使海关行政职权时未能达到一般人应有的注意义务,致使他人合法权益遭到侵犯并造成损害的。

(七)海关行政追偿金额

赔偿义务海关有权依法责令有故意或重大过失的海关行政公务人员或受委托的组织、个人承担部分或全部赔偿费用。海关行政追偿金额的范围,以赔偿义务海关支付的损害赔偿金额为限,即最高不得超过赔偿义务海关已经赔偿金额的总和。在海关行政赔偿案件处理过程中,赔偿义务海关所支付的办案经费、诉讼费用等应从海关的财政经费支付,不宜列入海关行政追偿范围;如果赔偿义务海关因自己的过错而支付了过多的赔偿金,对超额部分无权追偿。海关行政追偿金额的大小要与被追偿人的过错程度相适,同时考虑被追偿者的薪金收入。